iPad 2

Giesbert Damaschke

Markt+Technik

Bibliografische Information der Deutschen Nationalbibliothek
Die Deutsche Bibliothek verzeichnet diese Publikation in der Deutschen Nationalbibliografie; detaillierte bibliografische Daten sind im Internet über <http://dnb.d-nb.de> abrufbar.

10 9 8 7 6 5 4 3 2 1

12 11

ISBN 978-3-8272-4706-3

Lektorat: Boris Karnikowski, bkarnikowski@pearson.de
Herstellung: Philipp Burkart, pburkart@pearson.de
Korrektorat: Gaby Meyer, München
Coverkonzept: webwo GmbH, Marco Lindenbeck, mlindenbeck@webwo.de
Satz: Cordula Winkler, Nadine Krumm, mediaService, Siegen (www.media-service.tv)
Druck und Verarbeitung: Kösel Druck, Krugzell (www.KoeselBuch.de)
Printed in Germany

Inhaltsverzeichnis

Liebe Leser,

als Apple im März 2010 das erste iPad vorstellte, da waren die Reaktionen durchaus gemischt und reichten von „revolutionär" bis zu „nichts besonderes". Doch allen Unkenrufen zum Trotz wurde das iPad ein phänomenaler Erfolg. Knapp 15 Millionen Geräte verkaufte Apple in den ersten neun Monaten. Mit dem iPad 2 knüpft Apple an sein Erfolgsmodell an und baut es konsequent aus. Das iPad ist schneller, leichter und leistungsfähiger als je zuvor.

Die Kritiker des iPads stolperten über ein naheliegendes Missverständnis – sie verglichen das iPad mit einem Notebook. Doch genau das ist das iPad nicht. Apple, selbstbewusst wie immer, spricht vollmundig vom Beginn der „Post-PC-Ära" und sieht im iPad eine grundlegend neue Form von Computer, die die Art und Weise, wie wir mit diesen Geräten arbeiten, von Grund auf verändern wird.

Und wissen Sie was? Apple hat Recht. Das iPad ist so einfach zu bedienen wie noch nie ein Computer zuvor. Es gibt keine Maus, keine Tastatur, keine Kabel, keine Laufwerke, keine Steckplätze. Das iPad besteht nur aus einem großen, berührungsempfindlichen Bildschirm und ist ziemlich genauso groß wie dieses Buch, aber sehr viel dünner.

Sie können mit dem iPad so bequem wie noch nie im Internet surfen und E-Mails bearbeiten, Musik hören oder Filme, Videos und Fotos auf einem brillanten Display betrachten. Termin- und Adressverwaltung beherrscht das iPad natürlich auch und im Handumdrehen verwandelt es sich in einen Notizblock. Via WLAN führen Sie Videotelefonate oder setzen das iPad als universelle Straßen- und Landkarte ein. Wenn Sie gern einmal ein E-Book lesen möchten – auch das ist mit dem iPad kein Problem.

Und das ist erst der Anfang. Durch die Installation von Programmen – den sogenannten Apps – lässt sich das iPad beliebig erweitern. Mit Apples iWork übernimmt das iPad etwa die typischen Computeraufgaben Textverarbeitung, Tabellenkalkulation und Präsentation, mit iMovie können Sie Videos auf dem iPad schneiden und veröffentlichen, Garageband verwandelt es in ein Tonstudio. Es kann Ihnen als Spielekonsole ebenso dienen wie als virtuelle Staffelei, als Musikinstrument ebenso wie als Nachschlagewerk – die Möglichkeiten sind schier unbegrenzt.

All das erledigt das iPad chamäleongleich. Die Maschine verschwindet fast vollständig hinter der Anwendung – das iPad verwandelt sich in Ihren Händen genau in das, was Sie damit tun möchten. Es ist ein Fenster zum Internet, und zwei Fingertipps später ist es eine Spielekonsole. Sie drücken einen Knopf, tippen einmal auf den Bildschirm und schon wird es ein Notizblock. Ein Fingertipp, und Sie lesen in Ihrem E-Book, schlagen einen Atlas auf, schreiben eine E-Mail oder sehen sich einen Film an.

Kurz: Das iPad ist genau das, was Sie daraus machen.

Ihr

Giesbert Damaschke

1 Erste Schritte mit dem iPad

Das iPad stellt sich vor

Zu Beginn machen wir uns rasch ein Bild von den Bedienelementen des iPads, damit Sie wissen, was mit „Standby-Taste“ oder „Dock-Connector“ gemeint ist.

Das iPad, eingeschaltet, aktiviert und einsatzbereit. (Foto: Apple)

1 Kopfhöreranschluss und Mikro Apple bietet als Zubehör ein Headset an (also die Kombination aus Kopfhörer und Mikrofon), über das Sie das iPad auch fernsteuern können. Hier passen natürlich auch alle gängigen Kopfhörer mit 3,5-mm-Stecker anderer Hersteller hinein.

2 Standby-Taste (Ein-/Ausschalter) Mit einem kurzen Druck wechseln Sie zwischen Standby und Betrieb. Halten Sie die Taste ca. fünf Sekunden gedrückt, können Sie das iPad komplett aus- und wieder einschalten. Im Standby-Betrieb kann das iPad weiterhin Musik wiedergeben, akzeptiert aber keine Eingaben. So wird vermieden, dass Sie versehentlich die Musik ausschalten oder zu einem nicht gewünschten Song wechseln.

3 Seitenschalter Der Schalter kann eine von zwei möglichen Funktionen haben (dazu gleich mehr). Standardmäßig deaktiviert er alle Systemsounds, die das iPad als akustisches Feedback liefert. Alternativ dazu können Sie ihn auch als „Ausrichtungssperre“ benutzen, also verhindern, dass das iPad den Bildschirminhalt dreht, wenn Sie das Gerät drehen.

4 Lautstärkeregler Über den Kippschalter an der rechten Seite regeln Sie die Lautstärke. Der obere Teil erhöht die Lautstärke, der untere verringert sie.

5 Home-Bildschirm Sie erreichen alle Funktionen und Programme des iPads über das große Touch-Display. Der Home-Bildschirm entspricht dem Schreibtisch/Desktop bei Mac OS X/Windows und kann aus mehreren Bildschirmseiten bestehen. Jede Bildschirmseite bietet Platz für bis zu 20 Programmsymbole. Im Hochformat werden sie in fünf Reihen mit je vier, im Querformat entsprechend in vier Reihen mit je fünf Symbolen angeordnet.

Hoch- und Querformat: Das iPad besitzt einen internen Lagesensor, der dafür sorgt, dass der Bildschirminhalt automatisch der Lage des iPads angepasst wird. Halten Sie es etwa im Querformat, wird der Bildschirminhalt entsprechend gedreht. Halten Sie es im Hochformat, folgt der Inhalt prompt Ihrer Bewegung. Das ist normalerweise erwünscht, manchmal aber auch nicht. Daher kann die Drehung auch ausgeschaltet und der Inhalt arretiert werden. Wie das geht, erfahren Sie weiter unten in diesem Kapitel.

6 **Dock** Die grau spiegelnde Fläche im unteren Bereich des Bildschirms ist das Dock, in dem Sie bis zu sechs besonders oft benutzte Programme ablegen können.

7 **Home-Taste** Mit einem Druck auf diesen Knopf gelangen Sie von jedem Programm aus immer zum Home-Bildschirm zurück.

8 **Dock-Connector** Hier kommt das Anschlusskabel hinein, dessen anderes Ende in die USB-Buchse des Computers oder des Netzteils gesteckt wird.

9 **Lautsprecher** Falls kein Kopfhörer angeschlossen ist, erfolgt die Tonausgabe über den internen Lautsprecher, der für ein Gerät dieser Größe erstaunlich gut ist, allerdings nur Mono liefert. Für einen Stereo-Effekt müssten zwei Lautsprecher mit einem Mindestabstand vorhanden sein, den das iPad aufgrund seiner Baugröße nicht bieten kann.

10 **SIM-Kartenschacht (nur iPad mit 3G)** Der seitliche Schacht für die Micro-SIM-Karte lässt sich mit dem kleinen Werkzeug öffnen, das Sie in dem Mäppchen mit der Bedienungsanleitung finden. Falls Sie das Mäppchen nicht griffbereit haben, können Sie auch eine Büroklammer benutzen.

11 **Frontkamera** Die vordere Kamera bietet eine VGA-Auflösung (640 × 480 Bildpunkte) und wird vor allem für Videotelefonie mit FaceTime benutzt. Sie können damit aber auch Fotos und Videos aufnehmen.

12 **Rückseitenkamera** Die rückseitige Kamera macht Fotos mit bescheidenen 0,7 Megapixel (genauer: 960 × 720 Bildpunkten) und kann HD-Videos mit 720p (also mit 1280 × 720 Punkten) aufzeichnen.

Verbindungskabel und Netzteil

Über das weiße Verbindungskabel nimmt Ihr iPad Kontakt zu Ihrem Computer auf (der dazu natürlich eingeschaltet sein muss). Das flache Ende stecken Sie in den Dock-Connector an Ihrem iPad, den USB-Stecker in den USB-Port Ihres Computers. Dabei wird das iPad übrigens auch gleichzeitig aufgeladen. Schneller geht das Aufladen allerdings, wenn Sie das Netzteil benutzen, das zum Lieferumfang gehört.

Stromversorgung

Der Akku des iPads hält locker zehn Stunden durch. Doch diese Leistung hat ihren Preis. Die Leistungsaufnahme des Akkus beim Ladevorgang ist ungewöhnlich hoch – für die meisten Standard-USB-Ports zu hoch. Das iPad benötigt zum Aufladen eine Stromstärke von zwei Ampere (A), ein Standard-USB-Port liefert allerdings meist nur 500 mA, also nur ein Viertel.

Liefert ein USB-Port am Computer nicht genügend Leistung, wird das iPad nur aufgeladen, wenn es ausgeschaltet ist.

In diesem Fall erscheint im Display oben rechts die Anzeige „Lädt nicht". Die ist zwar nicht ganz richtig – im ausgeschalteten Zustand wird der Akku durchaus geladen, allerdings sehr langsam –, aber am besten ist es, Sie benutzen zum Laden das mitgelieferte Netzteil.

So legen Sie eine SIM-Karte ein (nur iPad mit 3G)

iPad-Versionen

Das iPad liegt in zwei Versionen vor, die Apple ein wenig umständlich benennt: „iPad mit Wi-Fi" und „iPad mit Wi-Fi + 3G" (kurz: „iPad mit 3G" oder noch kürzer: „iPad 3G"). Die Kürzel bezeichnen die Onlinefähigkeiten des iPads. Wi-Fi ist die amerikanische Bezeichnung für WLAN, 3G steht für UMTS. Das iPad Wi-Fi kann also über WLAN ins Internet, während das iPad Wi-Fi + 3G unterwegs zusätzlich auch über eine UMTS-Verbindung online gehen kann.

Für den Zugriff auf UMTS benötigen Sie beim iPad mit 3G eine Micro-SIM-Karte, die Sie von einem Mobilfunkanbieter Ihrer Wahl bekommen. Um diese Karte ins iPad einzulegen, benutzen Sie das kleine, büroklammerähnliche Werkzeug, das sich im Mäppchen mit der Kurzübersicht zum iPad findet. Alternativ dazu können Sie natürlich auch eine echte Büroklammer nehmen.

Drücken Sie die Spitze des Werkzeugs so weit in die Öffnung des SIM-Kartenfachs hinein, bis das Fach herauskommt und Sie es komplett herausziehen können. Legen Sie die SIM-Karte ein (da eine Ecke der Karte abgeschnitten ist, können Sie die Karte überhaupt nicht falsch herum einlegen) und schieben Sie das Fach wieder in Ihr iPad. Fertig.

Micro-SIM-Karte: Eine Micro-SIM-Karte ist deutlich kleiner als eine herkömmliche SIM-Karte, wie Sie sie vermutlich von Ihrem Handy her kennen. Sie können also nicht die Karte Ihres Handys auch für das iPad benutzen, sondern benötigen einen neuen Vertrag mit einem Anbieter. Das iPad mit 3G ist nicht an einen bestimmten Anbieter gebunden, Sie können hier jede passende SIM-Karte einlegen. Die Mobilfunkbetreiber haben für das iPad verschiedene Tarifpakete geschnürt, hier lohnt sich ein Preis- und Leistungsvergleich.

So kommen Inhalte aufs iPad

Ohne iTunes geht nichts: Das iPad benötigt für den Betrieb das Programm iTunes. In iTunes wird das Gerät aktiviert, von iTunes bekommt es seine Inhalte, via iTunes wird es auch verwaltet. Wie Sie einen Apple-Account einrichten, iTunes installieren und einsetzen, erfahren Sie im Anhang A.

Die Zusammenarbeit von iTunes und iPad ist von zentraler Bedeutung. Wir werden die hier angerissenen Themen im Verlauf des Buches natürlich deutlich vertiefen, aber für den Anfang reicht eine eher allgemeine Vorstellung.

Das iPad ist für sich genommen zwar ein feines Gerät, eine großartige Surfstation und noch manches mehr, doch entfaltet es seine Fähigkeiten erst in Kombination mit dem Programm iTunes auf Ihrem Computer.

Damit überhaupt Musik, Videos, Fotos, Spiele oder andere Daten auf Ihr iPad gelangen, müssen sie vom Computer an das iPad übertragen werden. Dieser Vorgang wird „Synchronisation" oder kurz „Sync" genannt. Dabei gilt die Faustregel: Es ist nichts auf dem iPad, was nicht zuvor in iTunes war (wie alle Regeln ist auch diese nicht ohne Ausnahmen, doch dazu gleich). Was Musik, Video & Co angeht, können Sie sich das iPad auch als eine Art mobile Verlängerung von iTunes vorstellen.

Backup: Bei jeder Synchronisation des iPads mit iTunes wird automatisch ein Backup angelegt. Mehr zum Thema Backup finden Sie in Kapitel 14.

In iTunes speichern und verwalten Sie Ihre Musik und Videos. Hier erstellen Sie Wiedergabelisten, die bei einem Sync auf das iPad übertragen werden. Außerdem legen Sie in iTunes fest, welche Inhalte aus anderen Programmen (also zum Beispiel Adressen, Termine oder Fotos) auf das iPad kopiert werden sollen.

Dabei ist die Verbindung zwischen iPad und iTunes (fast) eine Einbahnstraße: Sie kopieren zwar Inhalte vom Computer auf das iPad, aber es ist nicht so ohne weiteres möglich, Inhalte vom iPad auf den Computer zu übertragen. Sie können das iPad also nicht als eine Art mobile Festplatte benutzen, um etwa Musik von Ihrem Computer auf das iPad und anschließend vom iPad auf einen anderen Computer zu kopieren.

Zu den erwähnten Ausnahmen gehören einige Programme, die etwa PDF-Dateien aus dem Internet speichern und später via iTunes auf Ihren Computer kopieren können. Es ist auch möglich, auf dem iPad Musik, Filme, E-Books oder Programme zu kaufen, die beim nächsten Sync vom iPad auf den Computer übertragen werden. Und schließlich werden auch Adressen, Notizen oder Termine, die Sie auf Ihrem iPad eintragen, beim Sync an den Computer übermittelt.

Einschalten, Standby, ausschalten

So, jetzt müssen Sie nur noch wissen, wie Sie Ihr iPad ein- und ausschalten, dann kann's losgehen.

- **Kaltstart („booten")** Auch wenn es nicht so aussieht – das iPad ist ein leistungsfähiger, unixbasierter Computer. Wie jeder Computer muss auch das iPad beim Kaltstart gebootet werden, das heißt: es lädt sein Betriebssystem, das auf den Namen „iOS" hört. Um ein ausgeschaltetes iPad zu booten, halten Sie die Standby-Taste ca. fünf Sekunden gedrückt.
- **Standby-Modus einschalten** Sobald das iPad einsatzbereit ist, versetzen Sie es mit einem kurzen Druck auf die Standby-Taste in den Standby-Betrieb. Dabei wird der Bildschirm ausgeschaltet, aber einige Prozesse wie etwa die Musikwiedergabe oder der Mailabruf laufen weiter.
- **Standby-Modus verlassen** Um das iPad wieder benutzen zu können, drücken Sie einmal kurz auf die Standby- oder auf die Home-Taste unten in der Mitte. Es erscheint der Sperrbildschirm mit einem großen **Entriegeln**-Schalter.
- **Komplett ausschalten** Um das iPad vollständig auszuschalten, drücken Sie die Standby-Taste ca. fünf Sekunden lang. Es erscheint ein roter Schiebeschalter **Ausschalten**. Schieben Sie den Schalter mit dem Finger nach rechts, sichert das iPad alle eventuell noch offenen Dateien und schaltet sich anschließend aus.

Das iPad aktivieren

Nach diesen allgemeinen Erläuterungen schalten wir das iPad ein. Sie sehen zuerst eine Grafik, die Sie darauf hinweist, dass das iPad mit iTunes verbunden werden muss. Und genau das sollten Sie auch tun. Starten Sie also iTunes auf Ihrem Computer und schließen Sie das iPad über das mitgelieferte Kabel an Ihren Computer an.

Nur nicht schwarz sehen: Bevor Ihr iPad einsatzbereit ist, müssen Sie es zuerst mit Ihrem Computer verbinden und dort iTunes starten.

Schließen Sie Ihr iPad also an Ihren Computer an und starten Sie iTunes. Hier können Sie Ihrem iPad nun einen Namen geben, unter dem es in iTunes verwaltet wird (der Name lässt sich jederzeit ändern).

SIM-Karte entsperren: Besitzen Sie ein iPad mit 3G und es ist eine SIM-Karte eingelegt, müssen Sie vor der Aktivierung zuerst den Code der Karte über das eingeblendete Ziffernfeld eingeben.

Inhalte festlegen

Außerdem legen Sie fest, welche Inhalte synchronisiert werden sollen und wie dies geschehen soll. Mit diesem Thema werden wir uns später noch ausführlich beschäftigen. Wenn Sie zu Beginn nicht möchten, dass iTunes damit beginnt, Ihr iPad automatisch mit Inhalten zu befüllen, sollten Sie die entsprechenden Optionen allesamt ausschalten. Keine Sorge, Sie können später individuell festlegen, welche Inhalte iTunes kopieren soll – und welche nicht. Mit einem Klick auf **Fertig** ist Ihr iPad einsatzbereit.

Standardmäßig möchte iTunes Ihnen es so einfach wie möglich machen und kopiert automatisch vorhandene Musik, Videos und Apps (also die Programme) aufs iPad. Das ist allerdings nicht immer erwünscht. In diesem Fall deaktivieren Sie die entsprechenden Einträge und konfigurieren iTunes später nach Ihren Wünschen.

Das iPad in iTunes

Ein angeschlossenes iPad wird in iTunes in der Seitenleiste unter **Geräte** aufgeführt. Klicken Sie diesen Eintrag an, zeigt Ihnen iTunes im Hauptfenster verschiedene Registerkarten, über die Sie sämtliche Einstellungen am iPad vornehmen: **Übersicht**, **Infos**, **Apps**, **Klingeltöne**, **Musik**, **Filme**, **TV-Sendungen**, **Podcasts**, **iTunes U**, **Bücher** und **Fotos**. (Manche Register tauchen nur auf, wenn entsprechende Inhalte in der iTunes-Mediathek vorhanden sind.)

Werfen wir für den Anfang kurz einen Blick auf **Übersicht**. Hier bekommen Sie genau das, was der Titel ankündigt: eine Übersicht über die wichtigsten Eckdaten des iPads. Außerdem können Sie von hier aus die wichtigsten Einstellungen vornehmen, also zum Beispiel überprüfen, ob die iPad-Software noch aktuell ist, wie iTunes und iPad zusammenarbeiten sollen und wie die Speicherbelegung Ihres iPads aussieht.

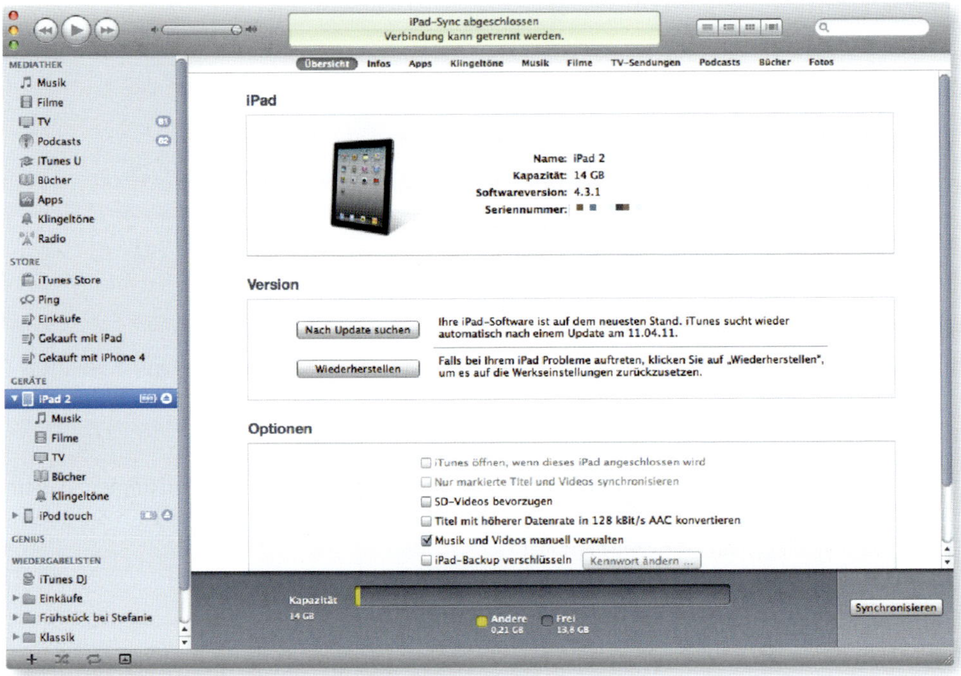

Das iPad wird vollständig über iTunes verwaltet.

Das iPad aktualisieren

Wie bei jedem Programm und jedem Betriebssystem gibt es auch bei der Systemsoftware des iPads regelmäßig Updates, mit denen kleine und große Fehler im System behoben werden.

Das Betriebssystem: Das Betriebssystem des iPads heißt „iOS", das von Apple auch beim iPhone und iPod touch eingesetzt wird.

Nach der Aktivierung sucht iTunes daher automatisch nach der neuesten Softwareversion für Ihr iPad. Sollte es dabei fündig werden, wird Ihnen angeboten, das iPad zu aktualisieren, was Sie auf jeden Fall tun sollten. Sobald Sie der Aktualisierung zugestimmt haben, geht der Rest automatisch. Sie dürfen während des Vorgangs natürlich das iPad nicht vom Computer trennen.

Wenn Sie selbst überprüfen möchten, ob neue iPad-Software vorliegt, klicken Sie das iPad in der Seitenleiste von iTunes an, wechseln zur Registerkarte **Übersicht** und klicken auf **Nach Update suchen**.

Das iPad umbenennen

Bei der Aktivierung des iPads geben Sie dem Gerät einen Namen, unter dem es in iTunes in der Seitenleiste angezeigt wird. Sollte Ihnen dieser Name später nicht mehr gefallen, können Sie ihn problemlos ändern. Klicken Sie dazu einmal auf den iPad-Eintrag in der Seitenleiste von iTunes. Der Name wird zu einem Eingabefeld und kann nun geändert werden.

Das iPad vom Computer trennen

Sie können das iPad im Prinzip jederzeit von Ihrem Computer trennen, ohne es zuerst vom System abmelden zu müssen. Natürlich gibt es wieder einmal eine Ausnahme: Wann immer Daten zwischen iPad und Computer ausgetauscht werden – etwa bei der Aktualisierung oder bei der Synchronisation der Daten –, dürfen Sie Ihr iPad natürlich nicht einfach abklemmen, sondern müssen warten, bis der Vorgang abgeschlossen ist.

Automatismen ausschalten

Standardmäßig startet iTunes, sobald Sie Ihr iPad an Ihren Computer anschließen, und synct Ihr Gerät nach Ihren Vorgaben. Das ist einerseits recht praktisch, andererseits aber mitunter auch unerwünscht.

Wenn Sie Ihr iPad zum Beispiel nur aufladen möchten, kann es etwas nervig sein, wenn gleichzeitig iTunes hochfährt und Daten abgleicht. In diesem Fall empfiehlt es sich, die Automatismen auszuschalten.

Um den automatischen Start von iTunes zu deaktivieren, schließen Sie Ihr iPad an Ihren Computer an, wählen es in der Seitenleiste aus und schalten im Register **Übersicht** die Option **iTunes öffnen, wenn dieses iPad angeschlossen wird** aus.

Den automatischen Syncprozess deaktivieren Sie unter **iTunes > Einstellungen** (Mac) bzw. **Datei > Einstellungen** (Windows) auf der Registerkarte **Geräte**. Dort setzen Sie mit der Maus einen Haken vor den Eintrag **Automatische Synchronisierung von iPods, iPhones und iPads verhindern**.

Allerdings müssen Sie sich in Zukunft nun selbst darum kümmern, dass Ihr iPad immer auf dem neuesten Stand ist. Um es zu syncen, schließen Sie es an, starten iTunes, wählen es in der Seitenleiste aus und klicken auf **Synchronisieren**.

Der Bildschirm des iPads

Alle Aktionen des iPads werden über den großen Bildschirm gesteuert. Dabei funktioniert das GUI (Graphical User Interface, grafische Benutzeroberfläche) genau so, wie Sie das von Ihrem Computer kennen. Na ja, fast genauso.

Der Touchscreen

Der Bildschirm des iPads ist die derzeit konsequenteste und leistungsfähigste Umsetzung des Touchscreen-Verfahrens. Dabei handelt es sich um ein „kapazitives Display“, das im Unterschied zu einem „resistiven Display“ nicht auf Druck, sondern auf Berührung mit einem elektrisch leitfähigen Gegenstand reagiert.

Beim iPad sind dieser Gegenstand Ihre Fingerkuppen, wobei das iPad die gleichzeitige Berührung mit bis zu elf Fingern verarbeiten kann. So können etwa zwei Personen gemeinsam ein Spiel auf dem iPad spielen. Diese Technologie ermöglicht völlig neue Bedienkonzepte. Eines davon haben Sie schon beim Ausschalten des iPads kennengelernt: Dass Sie den auf dem Bildschirm abgebildeten Schiebeschalter tatsächlich wie einen echten Schalter mit Ihrem Finger verschieben können, verdanken Sie dem kapazitiven Display.

Der Lagesensor

Das iPad besitzt einen Lage- und Beschleunigungssensor (Accelerometer). Damit ist das iPad in der Lage, Bewegungen und Lageveränderungen zu erkennen. Der Bildschirminhalt wird dann entsprechend angepasst. Es gibt im Grunde also kein „oben" und „unten", keine „richtige" und „falsche" Haltung des iPads. Ganz gleich, wie Sie das iPad halten, Sie werden immer den Inhalt korrekt angezeigt bekommen. Na gut – fast immer, es gibt einige wenige Applikationen, die den Sensor ignorieren. Und natürlich können Sie die Rotation auch ausschalten (dazu weiter unten mehr). Zudem besitzt das iPad ein Gyroskop, mit dem es die Lage im Raum erkennen kann.

Der Sperrbildschirm

Wenn Sie das iPad nach der Aktivierung und Aktualisierung einschalten, sehen Sie den „Sperrbildschirm", der das iPad verriegelt, um eine versehentliche Bedienung zu verhindern. Sie entriegeln das iPad, indem Sie den Schalter mit dem Finger von links nach rechts schieben.

Die Entriegelung des iPads dürfte in Zukunft einer Ihrer häufigsten Fingerbewegungen werden.

Der Home-Bildschirm

Nachdem Sie Ihr iPad entriegelt haben, sehen Sie den Home-Bildschirm mit 17 Symbolen. Vier davon befinden sich am unteren Rand – das ist das Dock –, während die übrigen 13 Symbole darüber untergebracht sind. Dabei handelt es sich, Sie werden es sich gedacht haben, um die Symbole der 17 standardmäßig installierten Programme des iPads.

Am unteren Rand, oberhalb des Docks, sehen Sie zwei kleine Punkte, wobei sich der Punkt links bei genauerem Hinsehen als Lupe entpuppt (dabei handelt es sich um Spotlight, die globale Suchfunktion des iPads, mit der wir uns in Kapitel 14 beschäftigen werden). Der rechte Punkt ist weiß und markiert die aktuelle Bildschirmseite.

Der Home-Bildschirm des iPads kann aus bis zu elf Bildschirmseiten mit bis zu je 20 Symbolen bestehen. Im Dock (das auf jeder Bildschirmseite unverändert zu sehen ist) können Sie maximal sechs Symbole platzieren.

Die Statusleiste

Am oberen Rand des Bildschirms sehen Sie die Statusleiste mit aktuellen Informationen zum Zustand Ihres iPads. Manche Programme blenden diese Leiste aus, um jedes Pixel auf dem Bildschirm nutzen zu können, ansonsten ist sie immer sichtbar. Links sehen Sie die Verbindungsqualität zum WLAN (beim iPad mit 3G stehen hier auch Informationen zu Ihrem Mobilfunkanbieter), in der Mitte die Uhrzeit und rechts den Ladezustand der Batterie. Es gibt noch weitere Symbole, die bei Bedarf angezeigt werden, etwa wenn Sie mit dem iPod-Programm Musik hören, der Bildschirm arretiert oder Bluetooth aktiviert wurde.

Die Statusleiste am oberen Bildschirmrand informiert Sie über den aktuellen Zustand des iPads.

Die Standardprogramme auf dem iPad

Über die 17 Symbole rufen Sie die Standardprogramme oder Apps des iPads auf. Diese Programme haben folgenden Funktionen:

App Store Über den von Apple kontrollierten App Store haben Sie Zugriff auf alle Programme, die es für Ihr iPad gibt. Jeder Anbieter, der hier vertreten sein möchte, muss sein Programm zuvor von Apple prüfen lassen. Mit dem App Store beschäftigen wir uns in Kapitel 12.

Einstellungen Die Einstellungen sind der Systembereich des iPads. Hier legen Sie alle übergreifenden Parameter wie etwa Uhrzeit, WLAN-Verbindung, Hintergrund des Home- und Sperrbildschirms oder die Landeseinstellungen der Tastatur fest. Außerdem steuern Sie hier die Einstellungen der verschiedenen Apps. Die Einstellungen werden uns in diesem Buch immer wieder unterkommen.

FaceTime Mit dem iPad können Sie via WLAN kostenlose Videotelefonate in alle Welt führen – vorausgesetzt, Ihr Gesprächspartner hat ein FaceTime-fähiges Gerät. Das sind alle neueren iOS-Geräte (iPhone 4, iPad 2, iPod touch der 3. Generation) und Macs mit Mac OS X ab Version 10.6. Mit FaceTime beschäftigen wir uns in Kapitel 6.

Fotos Die Fotos-Applikation verwandelt Ihr iPad in ein interaktives Fotoalbum. Sie können sich Ihre Lieblingsbilder ansehen, eine Diashow mit sehenswerten Effekten und Musikuntermalung veranstalten oder Ihr iPad in einen digitalen Bilderrahmen verwandeln. Die Fotos werden von Ihrem Computer aus mit iTunes auf das iPad kopiert. Wie das iPad mit Fotos umgeht, erfahren Sie in Kapitel 9.

iBooks Das iPad ist auch ein vorzüglicher E-Book-Reader, also ein Gerät, mit dem Sie elektronische Bücher lesen können. Zur Anzeige von E-Books dient iBooks, das gleichzeitig auch der Zugang zu Apples digitalem Buchladen, dem iBookstore ist. Das Programm ist von Haus aus nicht auf dem iPad installiert und muss von Ihnen nachträglich aus dem App Store geladen werden. Das Programm ist kostenlos. Mit iBooks beschäftigen wir uns in Kapitel 13.

iPod Mit der iPod-App geben Sie Musik, die Sie in iTunes organisiert haben, auf dem iPad wieder. Beim Sync der Musikstücke werden nicht nur Titel und Interpreten, sondern auch die Cover übertragen, so dass Sie auf dem iPad komfortabel durch Ihre Musiksammlung blättern können. Die Möglichkeiten und Bedienung des iPods auf dem iPad lernen Sie in Kapitel 11 kennen.

iTunes Trotz des gleichen Namens bietet iTunes auf dem iPad nicht die Funktionalität von iTunes auf dem Computer. Auf dem iPad ist iTunes lediglich der Zugang zum iTunes Store. Sie können mit Ihrem iPad also Musik, Filme, Podcasts und andere Inhalte direkt herunterladen, ohne sie zuerst auf dem Computer geladen zu haben. Das Programm wird zusammen mit dem App Store in Kapitel 12 vorgestellt.

Kalender Der Kalender auf dem iPad erleichtert Ihnen Ihre kurz- und langfristige Planung und hilft Ihnen dabei, keinen Termin mehr zu versäumen. Das Programm kann mehrere verschiedene Kalender verwalten (etwa um private und berufliche Termine zu trennen) und synchronisiert seine Einträge mit dem Kalender auf Ihrem Computer. Der Kalender wird uns in Kapitel 7 beschäftigen.

Kamera Die beiden Kameras des iPads sind vor allem für Videotelefonate via FaceTime gedacht, aber natürlich können Sie damit Fotos und auch Videos aufzeichnen. Bei den Fotos müssen Sie sich allerdings mit gerade einmal 0,7 Megapixel bescheiden (genauer: mit einer Auflösung von 960 × 720 Bildpunkten), doch dafür zeichnet das iPad Videos mit 720p (also mit einer Auflösung von 1280 × 720 Bildpunkten) auf. Die Kamera wird im Kapitel 9 vorgestellt.

Karten Mit diesem Programm haben Sie praktisch die gesamte Welt unter Ihrem Finger. Karten stellt Ihnen nicht nur die üblichen Stadt- und Straßenkarten dar, sondern zeigt Ihnen auch die ganze Welt aus Satellitenperspektive. Die faszinierenden Möglichkeiten von Karten lernen Sie in Kapitel 8 kennen.

Kontakte Die Kontakte sind Ihr Adressbuch auf dem iPad. Hier können Sie alle Informationen zu Ihren Freunden und Bekannten verwalten. Die Adressen lassen sich in Gruppen zusammenfassen, blitzschnell durchsuchen und mit den Adressen auf Ihrem Computer abgleichen. Die Kontakte sind das Thema im Kapitel 6.

Mail Der Name ist Programm. Mit Mail schreiben, empfangen und bearbeiten Sie Ihre elektronische Post. Das Programm unterstützt mehrere Accounts, kommt mit den diversen Dateianhängen zurecht und erweist sich bei schlichtem Äußeren als flexibel und leistungsstark. Diesem Programm ist das Kapitel 4 gewidmet.

Notizen Eine rasche Notiz, ein Einkaufszettel, eine Aufgabenliste, ein Romanentwurf – es gibt kaum etwas, was Sie auf dem iPad nicht notieren könnten. Das Programm Notizen verwaltet Ihre Einfälle zuverlässig und sicher. Auch diese Daten lassen sich mit dem Computer syncen. Den Notizen widmen wir uns in Kapitel 5.

Photo Booth Die Kamera liefert zwar nur bescheidene Fotos, aber dafür kann man mit ihr dank Photo Booth jede Menge Spaß haben. Photo Booth ist ein Juxprogramm, mit dem Sie Fotos in Echtzeit verzerren, verbeulen, einfärben oder anderweitig malträtieren können. Die lustigen Ergebnisse lassen sich natürlich speichern oder per E-Mail verschicken. Photo Booth wird im Kapitel 9 erläutert.

Safari Safari ist der Webbrowser auf dem iPad. Er beherrscht die aktuellen Webstandards, unterstützt allerdings weder Flash noch Java. In Kapitel 3 werden wir mit Safari eine Spritztour durchs Internet machen.

Videos Das brillante Display des iPads verlangt förmlich nach Filmen. Kein Problem, kopieren Sie Ihre Filme oder TV-Serien von Ihrem Computer aufs iPad oder kaufen Sie sie im iTunes Store direkt auf Ihrem iPad. Für die Wiedergabe der Filme ist das Programm Videos zuständig, das wir uns in Kapitel 10 genauer ansehen werden.

YouTube Das Internet ist voller lustiger, lehrreicher, skurriler, kurz: sehenswerter Filme. Und fast alle finden Sie im gigantisch großen Videoportal YouTube. Das können Sie natürlich auch mit dem iPad betreten. Starten Sie das Programm YouTube, und schon gehorcht Ihnen eine der größten Filmsammlungen der Welt auf Fingertipp. Dem Programm widmen wir uns zusammen mit Videos in Kapitel 10.

Fingerübungen

Ein Gerät, bei dem das einzige Eingabeinstrument der eigene Finger ist, muss mit einigen Besonderheiten aufwarten, damit man es überhaupt bedienen kann.

Der gewohnte Mausklick wird durch einen Fingertipp ersetzt. Wann immer Sie ein Element auf dem Bildschirm auswählen möchten, tippen Sie es an; Schalter werden durch Antippen oder (wie beim Entriegeln des iPads) mit dem Finger verschoben.

Wischen statt scrollen

Dem Scrollen oder Blättern in Dokumenten oder Webseiten, wie Sie es von Ihrem Computer wohl gewöhnt sind, entspricht beim iPad das „Wischen". Dabei streichen Sie mit einem Finger über den Bildschirm und verschieben so den Inhalt nach links oder rechts, aber auch nach oben und unten. Lassen Sie den Finger dabei auf dem Display, bewegen Sie sich langsam durch die Seite; geben Sie ihr einen schwungvollen Stups, geht es deutlich schneller.

Zwicken zum zoomen

Neu und ohne Parallele bei einem herkömmlichen Computer ist die Zoomfunktion mit den Fingern, die Sie etwa bei dem Webbrowser Safari, in den Programmen Karten oder bei Fotos einsetzen können. Auch einige Spiele machen davon Gebrauch.

Dabei setzen Sie zwei Finger auf den Bildschirm – typischerweise den Daumen und den Zeigefinger – und vergrößern den Bildschirminhalt, indem Sie die Finger auseinanderziehen. Entsprechend verkleinern Sie den angezeigten Inhalt, wenn Sie Ihre Finger wieder zusammenziehen (Apple nennt diesen Vorgang „pinch to zoom" oder einfach nur „pinch", was soviel wie „drücken, kneifen, zwicken" heißt).

Untermenüs und Pfeile

Das häufigste Bedienelement, auf das Sie beim iPad stoßen werden, ist ein Pfeil nach rechts. Wann immer Sie so einen Pfeil sehen, können Sie mit einem Fingertipp ein Untermenü aufrufen. Dabei rutscht der aktuelle Bildschirminhalt nach links und von rechts das Untermenü herein. Gleichzeitig erscheint oben links eine pfeilförmige Taste, in der der Name des übergeordneten Menüpunktes erscheint.

Die „Aktionstaste"

In vielen Apps werden Sie eine Taste sehen, die aus einem Rechteck und einem geschwungenem Pfeil besteht. Mitunter besteht diese Taste auch nur aus einem Pfeil.

Mit einem Tipp auf diese Taste wird – abhängig von der aktuellen Applikation – eine bestimmte Aktion ausgelöst. Das aktuelle Dokument kann etwa per Mail verschickt, an eine andere App übergeben oder gedruckt werden.

Ein offizieller Name für diese Taste findet sich in den Apple-Dokumentationen nicht, doch hat sich hier der Name „Action Menu" bzw. „Aktionsmenü" eingebürgert. In diesem Buch werde ich diese Taste „Aktionstaste" nennen.

Apps starten und verlassen

Sobald Sie eines der Symbole auf dem Bildschirm antippen, startet die entsprechende App, ein Tipp auf **Kontakte** ruft also das Adressbuch auf, mit einem Tipp auf **Notizen** öffnen Sie den Notizblock auf dem iPad und so weiter.

Jede App läuft Fullscreen

Anders, als Sie es wohl von Ihrem Computer gewohnt sind, füllt jede App immer den kompletten Bildschirm aus, es gibt also keine neben- oder übereinandergelagerten Programmfenster. Auch die gewohnten Tasten zum Verlassen eines Programms finden Sie auf dem iPad nicht, diese Aufgabe übernimmt hier die Home-Taste. Drücken Sie einmal auf die Home-Taste, verlassen Sie das aktuelle Programm und gelangen wieder zum Home-Bildschirm, wo Sie zum Beispiel ein anderes Programm starten können.

Zwischen Apps wechseln

Alle Programme, die Sie bei diesem kleinen Testlauf gestartet und wieder verlassen haben, werden vom iPad im Hintergrund verwaltet, um Ihnen einen schnellen Wechsel zwischen verschiedenen Apps zu erlauben.

Die Taskbar

Drücken Sie zweimal schnell nacheinander die Home-Taste, wird eine Leiste mit allen Programmen eingeblendet, die Sie bislang gestartet haben und zu denen Sie mit einem Fingertipp wechseln können. Diese Leiste ist gewissermaßen das Gegenstück zur Taskbar am Computer, die Sie dort mit der Tastenkombination cmd+⇥ (Mac) bzw. Alt+⇥ (Windows) aufrufen.

Die Taskbar zum schnellen Wechsel zwischen aktiven Apps rufen Sie mit einem Doppeldruck auf die Home-Taste auf.

In die Leiste oder Taskbar passen im Hochformat sechs, im Querformat sieben Symbole. Sollten mehr als diese sechs oder sieben Apps im Hintergrund laufen, gelangen Sie zu den übrigen Symbolen, indem Sie die Leiste mit dem Finger von rechts nach links schieben.

So können Sie jederzeit zwischen zwei Programmen wechseln, ohne das erste Programm über die Home-Taste verlassen zu müssen. Falls das Programm, das Sie suchen, noch nicht gestartet wurde und daher in der Leiste nicht auftaucht, kehren Sie mit einem Druck auf die Home-Taste zum Home-Bildschirm zurück und starten es von dort.

Dieses Verfahren mag zu Beginn reichlich umständlich anmuten, doch sobald Sie mehr als die Standard-Apps installiert haben, werden Sie rasch die Vorzüge dieser Methode schätzen lernen (woher Sie weitere Apps bekommen und wie Sie sie installieren erfahren Sie in Kapitel 12).

Apps beenden

Ein Programm, das Sie über die Home-Taste verlassen, wird in der Regel nicht beendet, sondern nur angehalten. Das ist auch gut so, denn so landen Sie beim Wechseln zwischen Apps immer da, wo Sie eine App verlassen haben. Doch manchmal muss ein Programm tatsächlich beendet und neu gestartet werden, zum Beispiel, um eine neue Konfiguration zu laden.

Um ein Programm zu beenden, rufen Sie zuerst mit einem Doppeltipp auf die Home-Taste die Taskbar auf. Halten Sie nun ein (beliebiges) Symbol in der Taskbar so lange gedrückt, bis die Symbole einen kleinen Wackeltanz aufführen. Die Symbole werden nun um ein rotes Minuszeichen ergänzt, über das Sie die entsprechende App vollständig beenden.

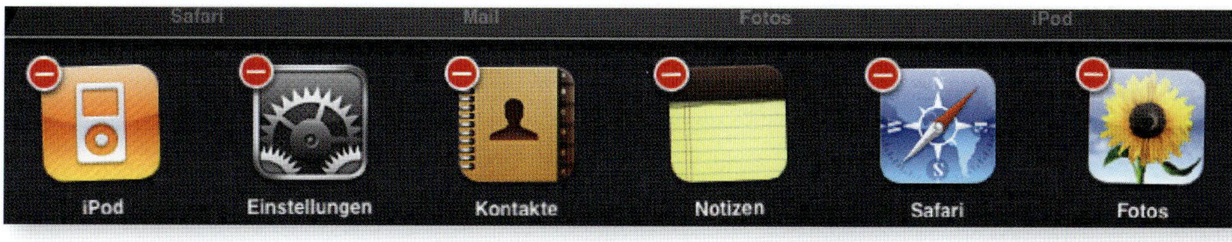

Beim Tanz der Symbole können Sie Einträge mit einem Tipp auf das rote Minuszeichen aus der Taskbar entfernen und so die entsprechenden Programme beenden.

Die Bildschirmrotation ausschalten

Wie bereits erwähnt und wie Sie vermutlich schon selbst herausgefunden haben, dreht sich der Bildschirminhalt des iPads, wenn Sie das iPad selbst drehen. Ganz gleich ob Hoch- oder Querformat, der Bildschirminhalt wird immer korrekt ausgerichtet.

Das ist natürlich eine sehr feine Sache, aber es gibt Situationen, in denen man diese automatische Drehung überhaupt nicht gebrauchen kann. Sehen Sie zum Beispiel einen Film, möchten Sie sicher nicht, dass eine unbedachte Bewegung des iPads das Bild auf den Kopf stellt. Auch bei der Lektüre kann die Drehung mitunter stören, etwa wenn Sie sich bequem auf die Seite legen und das iPad meint, die Darstellung vom Hoch- ins Querformat ändern zu müssen.

Daher ist es natürlich möglich, die Bildschirmrotation aus- und einzuschalten. Dabei gibt es zwei Möglichkeiten: Zum einen können Sie den Seitenschalter, der das iPad standardmäßig stumm schaltet, zum Sperrschalter machen. Falls Sie das nicht möchten, können Sie zum anderen die Rotation über die Taskbar ausschalten.

Um den Seitenschalter umzufunktionieren, tippen Sie auf **Einstellungen** und wählen dann **Allgemein**. Hier tippen Sie im Abschnitt **Seitenschalter** auf den Punkt **Ausrichtungssperre**.

Falls Sie den Seiten- lieber als Stummschalter benutzen möchten, schalten Sie die Rotation folgendermaßen aus.

Rufen Sie mit einem Doppeldruck auf die Home-Taste die Taskbar auf und wischen einmal von links nach rechts. Nun erscheinen die Steuerelemente für die Medienwiedergabe und links außen eine Taste mit einem kreisförmigen Pfeil. Tippen Sie diesen Pfeil an, wird die aktuelle Position (Hoch- oder Querformat) verriegelt, was durch ein Schloss in dem Pfeil und durch ein kleines Schloss in der Statusleiste signalisiert wird. Mit einem erneuten Tipp lösen Sie die Sperre wieder.

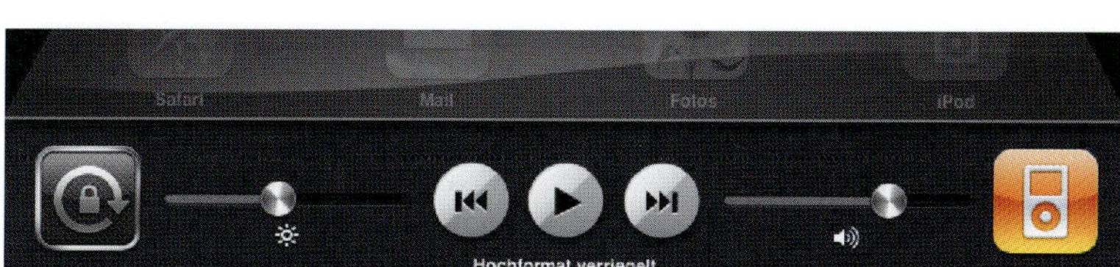

Über eine Taste in der Taskbar lässt sich die automatische Rotation des Bildschirms ein- und ausschalten.

Falls Sie den Seitenschalter dazu benutzen, die Bildschirmdrehung zu verhindern, zeigt die Taskbar übrigens keinen kreisförmigen Pfeil, sondern einen Lautsprecher. Mit einem Tipp darauf schalten Sie die Systemtöne aus bzw. wieder ein.

Ton aus? Von wegen! Die Funktion **Ton aus** für den Seitenschalter bzw. in der Taskbar könnte einen auf die Idee bringen, damit ließen sich sämtliche Töne und Geräusche des iPads unterbinden. Das ist aber nicht der Fall. Hier werden lediglich die Systemtöne ausgeschaltet, wie etwa ein Erinnerungston für einen Termin oder das Klingeln bei einem Anruf via FaceTime. Die Musikwiedergabe oder die Soundkulisse eines Spiels ist davon nicht betroffen.

Den Bildschirm anpassen

Sie können den Bildschirm des iPads Ihren Wünschen anpassen. So lässt sich der Hintergrund des Sperrbildschirms ebenso ändern wie der des Home-Bildschirms. Auch die Anordnung der Symbole kann verändert, neue Bildschirmseiten können hinzugefügt und Symbole in Ordnern zusammengefasst werden. Das scheint aktuell, wo es nur wenige Symbole gibt, die reichlich Platz auf dem Bildschirm haben, vielleicht noch ein wenig sinnlos, aber das wird sich ändern, sobald Sie weitere Apps installieren.

Neue Hintergründe

Sie können sowohl den Hintergrund des Sperrbildschirms als auch den des Home-Bildschirms festlegen. Das geht so:

1. Tippen Sie auf dem Home-Bildschirm das Symbol **Einstellungen** an.
2. Wählen Sie in der linken Leiste durch Fingertipp den Punkt **Helligkeit & Hintergrund**.
3. Sie sehen nun die aktuell gewählten Hintergrundbilder. Tippen Sie auf den Pfeil nach rechts, um diese zu ändern.
4. Tippen Sie dazu auf **Hintergrundbild**, um aus den 30 mitgelieferten Fotos eines als Hintergrund auszuwählen. Sobald Sie eigene Fotos auf dem iPad gespeichert haben (wie das geht, erfahren Sie in Kapitel 9), stehen Ihnen auch diese als Hintergrundbild zur Verfügung.
5. Tippen Sie auf das Foto, das Sie als neuen Hintergrund benutzen möchten. Das Foto wird nun bildschirmfüllend angezeigt.
6. Über die Tasten oben rechts legen Sie fest, ob das Foto für den **Sperrbildschirm**, den **Home-Bildschirm** oder für **Beide** benutzt werden soll.
7. Anschließend finden Sie sich in den Einstellungen wieder. Durch einen Druck auf die Home-Taste verlassen Sie die Einstellungen und landen wieder auf dem Home-Bildschirm, der nun das neugewählte Hintergrundbild zeigt.

Die Hintergrundbilder des Sperrbildschirms und des Home-Bildschirms können von Ihnen festgelegt werden.

Eigene Bilder: Sobald Sie über iTunes eigene Fotos auf das iPad kopiert haben, können Sie auch diese Bilder für den Hintergrund benutzen. Mehr dazu im Kapitel 9.

Anordnung der Symbole, neue Seiten

Um die Reihenfolge der Symbole zu ändern, gehen Sie folgendermaßen vor:

1. Tippen Sie auf ein beliebiges Symbol und lassen Sie den Finger so lange auf dem Display, bis die Symbole auf dem Bildschirm zu wackeln beginnen.
2. In diesem Wackelmodus lassen sich die Symbole mit dem Finger beliebig verschieben, auch in das Dock.
3. Ziehen Sie ein Symbol mit dem Finger über den rechten Rand hinaus. Es wird eine neue Bildschirmseite eingefügt, auf der Sie das Symbol ablegen können.
4. Um das Symbol wieder an seinen angestammten Platz zu holen, ziehen Sie es über den linken Rand hinaus und wechseln so wieder zur vorherigen Seite.
5. Ein Druck auf die Home-Taste beendet den Wackelmodus und übernimmt Ihre Änderungen.

Verwaltung via iTunes: Je mehr Programme Sie auf Ihrem iPad installiert haben, desto mühseliger wird die manuelle Anordnung der Symbole. Doch keine Sorge, hier bietet Ihnen iTunes eine komfortable Möglichkeit, die Bildschirmseiten Ihres iPads zu verwalten. Mehr dazu in Kapitel 12.

Sobald die Symbole wackeln, können Sie sie verschieben und neue Bildschirmseiten anlegen. Wieviele Seiten Ihr Home-Bildschirm umfasst und auf welcher Seite Sie sich aktuell befinden, verraten Ihnen die kleinen Punkte oberhalb des Docks. Der Punkt links außen entpuppt sich bei näherem Hinsehen übrigens als Lupe und verweist auf die Suchfunktion Spotlight, mit der wir uns in Kapitel 15 beschäftigen.

Bei der Anordnung der Programmsymbole und der Einrichtung neuer Bildschirmseiten sind zwei Punkte zu beachten:

- **Es ist nicht möglich, eine leere Seite einzufügen.** Zwar scheinen Sie im Wackelmodus eine leere Seite einfügen zu können, doch diese Seite wird entfernt, sobald das iPad zum Normalbetrieb zurückkehrt.
- **Die Symbole lassen sich nicht beliebig platzieren,** sondern werden immer der Reihe nach angeordnet. Sie können also zum Beispiel sieben Symbole nicht in zwei Reihen mit drei und vier Symbolen anordnen. Daraus werden im Hochformat zwei Reihen mit vier und drei bzw. im Querformat mit fünf und zwei Symbolen.

Seitenwechsel

Zwischen den verschiedenen Seiten des Home-Bildschirms bewegen Sie sich mit Wischbewegungen auf dem Display. Die kleinen Punkte unten zeigen Ihnen, wieviele Seiten es gibt und auf welcher Seite Sie sich aktuell befinden. Die Lupe links außen ist das Symbol für die globale Suchfunktion Spotlight, der wir uns in Kapitel 15 widmen werden.

Das Dock

Wie schon erwähnt wird die untere Leiste von Apple „Dock" genannt. Sie werden bemerkt haben, dass die hier abgelegten Symbole sich beim Bewegen des Bildschirms nicht von der Stelle rühren. So haben Sie die im Dock abgelegten Programme von jeder Bildschirmseite aus im direkten Zugriff.

Ordner

Es ist auch möglich, mehrere Apps in einem Ordner zusammenzufassen, um so für mehr Übersicht auf dem Bildschirm zu sorgen. Auch das wird im Wackelmodus erledigt.

- **Ordner anlegen** Ziehen Sie ein Symbol auf ein anderes und lassen es dort los, wird automatisch ein Ordner mit diesen beiden Symbolen angelegt.
- **Ordner umbenennen** Tippen Sie auf den Namen des Ordners. Es wird die Tastatur eingeblendet und Sie können einen eigenen Namen vergeben.
- **Ordner löschen** Gelöscht wird ein Ordner, wenn er leer ist. Öffnen Sie also den Ordner im Wackelmodus mit einem Fingertipp und ziehen Sie alle Symbole heraus.
- **Ordner verschieben** Ein kompletter Ordner lässt sich im Wackelmodus genauso verschieben wie ein Programmsymbol.
- **Ordner öffnen/schließen** Einen Ordner öffnen Sie mit einem Fingertipp. Ein Tipp auf den Bildschirm außerhalb des Ordners schließt ihn wieder.

Ein Druck auf die Home-Taste beendet den Wackelmodus und übernimmt Ihre Änderungen.

Ordentliche Grenzen: Ein Ordner kann maximal 20 Programmsymbole aufnehmen. Es ist nicht möglich, Ordner in Ordnern anzulegen.

Mit Ordnern sorgen Sie für mehr Übersicht auf dem Home-Bildschirm.

Mit dem iPad ins Internet

Falls Sie ein iPad mit 3G mit aktivierter SIM-Karte benutzen, ist Ihr iPad immer online, sobald es das Signal Ihres Mobilfunkanbieters empfängt. Ansonsten kann das iPad über WLAN bzw. Wi-Fi ins Internet gehen.

WLAN vs. Wi-Fi: WLAN ist die Abkürzung für „Wireless LAN" (kabelloses Netzwerk), Wi-Fi bedeutet dagegen überhaupt nichts. Es ist ein reines, wohl von „Hi-Fi" inspiriertes Kunstwort, das als griffiges Kürzel lediglich Marketingzwecken dient.

Wi-Fi aktivieren

Bevor Ihr iPad sich mit einem WLAN verbinden kann, muss der WLAN-Empfang natürlich eingeschaltet sein. Das ist standardmäßig der Fall. Sollte Ihr iPad ein vorhandenes WLAN nicht erkennen, überprüfen Sie, ob der WLAN-Empfang aktiviert ist. Dies erledigen Sie unter **Einstellungen > Wi-Fi**.

Mit einem WLAN verbinden

Standardmäßig zeigt Ihnen das iPad automatisch alle verfügbaren WLAN-Verbindungen in einem Dialog an. Um sich mit einem WLAN zu verbinden, tippen Sie den entsprechenden Eintrag an und geben das Kennwort des WLANs ein (das Sie natürlich kennen müssen). Dabei merkt sich das iPad ein WLAN, mit dem Sie sich einmal verbunden haben, und stellt beim nächsten Mal die Verbindung automatisch her.

Den WLAN-Empfang schalten Sie in den Einstellungen ein bzw. aus.

Hinweise ausschalten: Falls Sie mit Ihrem iPad oft unterwegs in Bus & Bahn arbeiten möchten, kann die automatische Erkennung verfügbarer WLANs und die damit verbundene Abfrage des Kennworts sich rasch als störend erweisen. Sie können die Funktion unter **Einstellungen > Wi-Fi** über den Schalter bei **Auf Netze hinweisen** deaktivieren.

2

Tastatur und Zwischenablage

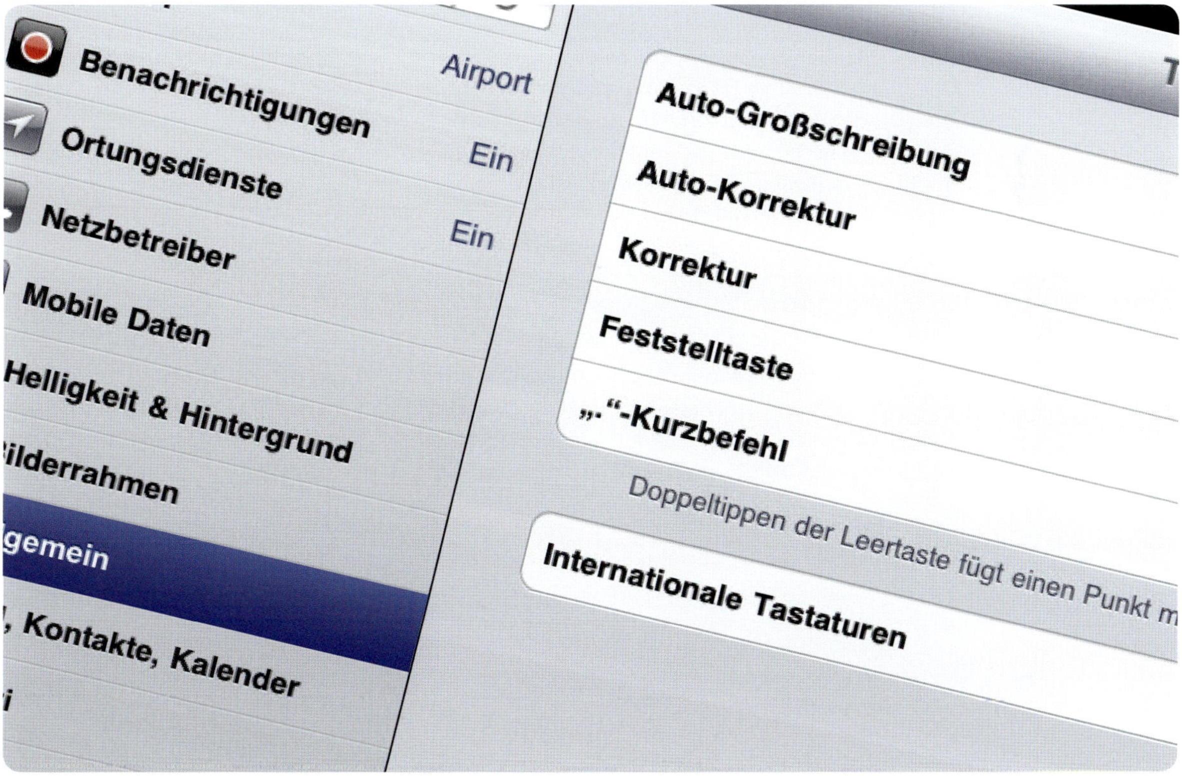

Die Tastatur

Das iPad ist nicht nur für den reinen Konsum von Webseiten, Filmen oder Musik gedacht, sondern auch zur Eingabe von Texten. Das mag auf den ersten Blick etwas verwirren, scheint das iPad doch keine Tastatur zu besitzen. Doch das täuscht – es besitzt sogar eine exzellente, leistungsfähige und geradezu grenzenlos flexible Tastatur. Die besteht allerdings nicht aus festen Knöpfen, sondern aus Tasten, die auf dem Display eingeblendet werden, sobald Sie an irgendeiner Stelle Text eingeben möchten.

Soft- statt Hardware

Auf dieser virtuellen Tastatur können Sie so tippen, wie Sie es von einer normalen Tastatur gewohnt sind. Allerdings sind zwei Dinge zu berücksichtigen:

- Es fehlt das „taktile Feedback". Sie spüren also nicht, dass Sie eine Taste herunterdrücken. Standardmäßig sorgt aber ein akustisches Signal beim Tippen für Orientierung.
- Vieltipper, die das Zehnfinger-System beherrschen, müssen sich ein wenig umgewöhnen. Nicht nur, weil die Tastatur anders belegt ist als gewohnt, sondern auch, weil sie auf jede Berührung reagiert. Man kann also nicht die Finger wie gewohnt auf der Tastatur ruhen lassen.

Diese beiden Aspekte können anfangs für ein wenig Irritation sorgen, die sich aber erfahrungsgemäß nach wenigen Tippversuchen auflöst.

Klick! Das Tastaturgeräusch können Sie unter **Einstellungen > Allgemein > Töne > Tastaturanschläge** ein- und ausschalten.

Diese Tastaturlösung des iPads hat eine ganze Reihe von Vorteilen. Da die Tastatur nicht aus festverdrahteter Hardware, sondern aus flexibler Software besteht, nimmt sie nur dann Platz weg, wenn sie benötigt wird und kann obendrein beliebig angepasst werden. So ist es möglich, die Belegung der Tasten etwa auf Russisch zu ändern oder sie in ein Eingabemedium für chinesische Schriftzeichen zu verwandeln.

Notizen: Der Einsatz der Tastatur wird am Beispiel des Programms Notizen erläutert, das in Kapitel 5 ausführlicher vorgestellt wird.

Die Tastatur ein- und ausblenden

Um die folgenden Erläuterungen nachvollziehen zu können, rufen Sie **Notizen** mit einem Tipp vom Home-Bildschirm aus auf. Beim ersten Start sehen Sie im Hochformat ein leeres, gelbes Notizblatt. Halten Sie das iPad im Querformat, wird zusätzlich links eine Liste mit den bereits gespeicherten Notizen angezeigt, die zu Beginn natürlich noch leer ist.

Tippen Sie in das leere Notizblatt. Die Tastatur wird eingeblendet. Damit haben Sie auch schon die erste Besonderheit der Tastatur kennengelernt. Die erscheint nämlich immer dann, sobald Sie Text eingeben können, also zum Beispiel bei den Notizen, E-Mails, Webadressen, Formularen auf Webseiten und so weiter und so fort.

Um sie verschwinden zu lassen, tippen Sie unten rechts auf das kleine Tastatursymbol mit dem nach unten weisenden Pfeil.

Die Tastenbelegung

Die Tastenanordnung und -belegung orientiert sich an der gewohnten Computertastatur, unterscheidet sich aber doch und ist ein wenig gewöhnungsbedürftig.

Die Schreibmarke (Cursor) ist ein senkrechter Strich | und markiert die aktuelle Schreibposition.

Mit der Löschtaste [⌫] löschen Sie ein Zeichen links von der Schreibmarke. Halten Sie die Taste etwas länger gedrückt, wird das Löschtempo beschleunigt. Zuerst löschen Sie einzelne Zeichen, danach ganze Wörter.

Die Tastatur des iPads wird bei Bedarf eingeblendet.

Über [.?123] wechseln Sie zur Tastenbelegung mit Satzzeichen und Ziffern.

Ein Tipp auf das Tastatursymbol blendet die Tastatur wieder aus.

Über die Shifttaste [⇧] wechseln Sie kurzfristig zwischen Klein- und Großbuchstaben. Bei aktivierter Großschreibung wird diese Taste hervorgehoben.

Mit [↵] fügen Sie einen Zeilenumbruch ein.

Sollte Ihnen die Tastatur im Hochformat zu klein sein, kippen Sie Ihr iPad zur Seite. Die Tastatur wird nun im Querformat angezeigt.

Umlaute und Akzente

Bei der ersten Begegnung mit der Tastatur sucht man oft vergeblich nach der Möglichkeit, Umlaute oder Akzente einzugeben. Doch keine Sorge, das geht natürlich auch.

Um ein Sonderzeichen einzugeben, halten Sie den zugrundeliegenden Buchstaben ein klein wenig länger gedrückt. Es erscheint ein Auswahlmenü mit den möglichen Varianten des Buchstabens – also beim „a" zum Beispiel „ä", „à", „â" und so weiter. Entsprechend finden Sie ein „ö" unter dem [O], ein „ß" unter dem [S], ein „é" unter dem [E] und so weiter.

Umlaute und andere Sonderzeichen erreichen Sie, indem Sie eine Taste etwas länger gedrückt halten.

Schnelle Umlaute: Um einen Umlaut oder ein ß zu tippen, können Sie auch einfach rasch über den Buchstaben nach oben streichen, ohne den gewünschten Umlaut explizit auszuwählen.

Ziffern, Satz- und Sonderzeichen

Das iPad besitzt insgesamt drei Tastenbelegungen. Die erste Belegung ist für die Eingabe von Buchstaben und der vier wichtigsten Satzzeichen Komma, Punkt, Ausrufe- und Fragezeichen gedacht. Ziffern und weitere Satz- und Sonderzeichen geben Sie über die zweite Belegung ein, zu der Sie mit einem Tipp auf die Taste [.?123] wechseln. An der Position dieser Taste sehen Sie in der zweiten Belegung nun ein [ABC], das Sie wieder zur ersten Belegung mit den Buchstaben zurückbringt.

Ziffern und die wichtigsten Satzzeichen finden Sie auf der zweiten Tastenbelegung. Auch hier sind einige Tasten mehrfach belegt.

In der zweiten Belegung wird die Shifttaste durch ein [#+=] ersetzt, mit dem Sie zur dritten Belegung wechseln. Hier finden Sie die etwas seltener benötigten Satzzeichen wie [ ], { }, # oder %. Die dritte Belegung weist nun wiederum die Tasten [123] und [ABC] auf, so dass Sie von hier zurück zur zweiten Belegung [123] oder zur ersten Belegung mit den Buchstaben [ABC] gelangen.

Auf der dritten Tastenbelegung finden Sie weitere Satz- und Sonderzeichen mit ebenfalls mehrfach belegten Tasten.

Auch bei diesen beiden zusätzlichen Tastenbelegungen erreichen Sie über einige Tasten mehrere Zeichen. So verbirgt sich etwa das Auslassungszeichen **…** (eine sogenannte Ellipse) unter dem Punkt, legen Sie Wert auf typografische Anführungszeichen wie **„…“** oder »…«, dann halten Sie einfach mal das Anführungszeichen ["] fest und lassen sich überraschen. Das Gradzeichen ° erreichen Sie über die [0], Promille **‰** finden Sie unter [%], Juristen tippen ihr Paragraphenzeichen **§** mit einem etwas längeren Tipp auf das Ampersand [&], und wer das Zeichen ₩für die koreanische Währung Won sucht, wird beim Euro fündig.

Die internationale Tastatur

Wie eingangs erwähnt, passt sich die Tastatur problemlos allen Herausforderungen an und lässt sich mit wenigen Fingertipps in eine russische Tastatur verändern, für die Eingabe arabischer Texte benutzen oder in ein Zeichentablett für chinesische Schriftzeichen verwandeln.

Tastatur hinzufügen

Wählen Sie dazu **Einstellungen** > **Allgemein** > **Tastatur** > **Internationale Tastaturen** > **Tastatur hinzufügen**. Hier sehen Sie nun die Liste der möglichen länderspezifischen Tastaturen. Wählen Sie die gewünschte zusätzliche Tastenbelegung. Sie können so viele Sprachen einstellen, wie Sie möchten.

Tastatur wechseln

Sobald Sie nun Text eingeben, werden Sie feststellen, dass die Tastatur links neben der Leertaste um eine Weltkugel ergänzt wurde. Ein Tipp auf diese Kugel, und schon ändert sich die Belegung in die aktivierte Sprache. Dabei können Sie auch mehrere Sprachen aktivieren, mit jedem Tipp auf die Weltkugel blättern Sie in der Sprachbelegung einen Schritt weiter, also etwa von Deutsch nach Arabisch, nach Griechisch, nach Chinesisch und wieder nach Deutsch.

Schneller Wechsel: Halten Sie die Weltkugel etwas länger gedrückt, erscheint ein Menü mit allen aktivierten Tastaturen, in dem Sie die gewünschte Belegung direkt auswählen können.

Das iPad bietet Tastaturen in mehreren Sprachen. Sobald eine internationale Tastatur aktiviert ist, erscheint eine Weltkugel links neben der Leertaste, über die Sie zwischen den Belegungen wechseln.

Reihenfolge der Tastaturen

In welcher Reihenfolge durch die aktivierten Tastaturen geschaltet wird, können Sie selbst festlegen. Üblicherweise speichert das iPad die Tastaturen in der Reihenfolge, in der Sie sie aktiviert haben. Möchten Sie das ändern, rufen Sie **Allgemein > Tastatur > Internationale Tastaturen** auf und tippen oben rechts auf **Bearbeiten**. Nun wird rechts eine Griffmarkierung eingeblendet, über die Sie die Einträge in die gewünschte Reihenfolge bringen können.

Tastaturen löschen

Im **Bearbeiten**-Modus lässt sich eine Tastatur auch wieder entfernen. Tippen Sie dazu einfach auf das rote Minuszeichen links neben dem entsprechenden Eintrag.

Die Reihenfolge der Tastaturen lässt sich über die graue Griffmarkierung rechts festlegen, über das rote Minuszeichen wird eine Tastatur wieder gelöscht.

Schreibhilfen

Um Ihnen die Texterfassung mit der Tastatur zu erleichtern, bietet das iPad einige Einstellungen, mit denen häufig wiederkehrende Eingaben vereinfacht werden können.

In den Einstellungen der Tastatur lassen sich verschiedene Schreibhilfen aktivieren.

Automatische Großbuchstaben

Der Beginn eines Satzes verlangt üblicherweise nach einem großen Buchstaben. Daher ist die Shifttaste bei einer neuen Notiz oder nach einem Punkt, dem ein Leerzeichen folgt, automatisch aktiviert.

Diese Hilfsfunktion lässt sich über die Einstellungen des iPads ein- und ausschalten. Rufen Sie dazu **Einstellungen** > **Allgemein** > **Tastatur** auf. Hier finden Sie den Schalter **Auto-Großschreibung**, den Sie mit einem Fingertipp ein- oder ausschalten können.

Schnelles Satzende

Eine typische Zeichenkombination ist ein Punkt, gefolgt von einem Leerzeichen. Denn damit wird das Ende eines Satzes und der Anfang des nächsten Satzes markiert.

Da diese Kombination so oft benötigt wird, hat Apple dem iPad ein Tastenkürzel spendiert, mit dem sich dergleichen schnell eintippen lässt: ein Doppeltipp auf die Leertaste. Haben Sie die automatischen Großbuchstaben aktiviert, können Sie bei Satzende mit einem Doppeltipp sofort weiterschreiben und müssen sich nicht um Punkt und Großschreibung kümmern.

Diese Funktion wird unter **Einstellungen** > **Allgemein** > **Tastatur** über den Schalter **„."-Kurzbefehl** ein- und ausgeschaltet.

Dauerhafte Großbuchstaben

Normalerweise genügt im Alltag die einfache Großbuchstaben-Funktion der Tastatur. Doch wenn Sie häufiger mehrere Großbuchstaben nacheinander eintippen müssen – etwa Abkürzungen wie ROFL, UNESCO oder IMAP –, dann ist der ständige Wechsel zwischen Groß- und Kleinschreibung etwas lästig. Hier bräuchte man die von einer normalen Tastatur gewohnte Möglichkeit, dauerhaft auf Großschreibung zu wechseln.

Auch so eine „Feststelltaste" bzw. „Caps-Lock" hat das iPad zu bieten. Allerdings ist sie von Haus aus nicht aktiviert. Um diese Taste einzuschalten, aktivieren Sie unter **Einstellungen > Allgemein > Tastatur** den Schalter **Feststelltaste**.

Die Feststelltaste wird mit einem Doppeltipp auf die Shifttaste gedrückt. Die Taste wird blau markiert. Ein weiterer Tipp auf diese Taste oder der Wechsel zwischen den Tastenbelegungen deaktiviert die Großschreibung wieder.

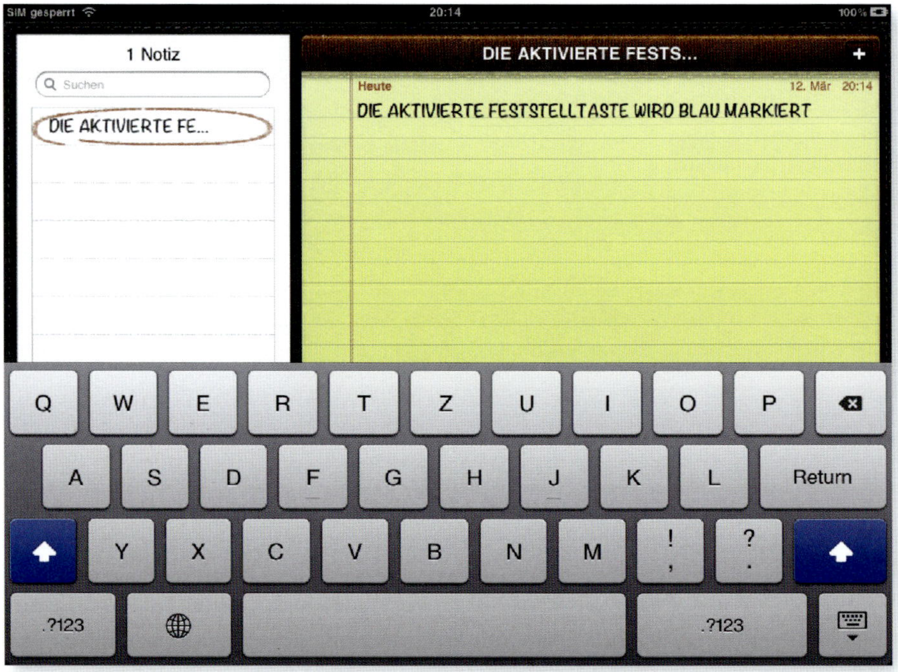

Die Feststelltaste des iPads wird nur selten benötigt und ist daher von Haus aus nicht eingeschaltet. Sie lässt sich aber problemlos aktivieren.

Eingaben widerrufen/wiederholen

Die zweite Tastenbelegung bietet neben den Ziffern- und Satzzeichen auch die Taste [Widerrufen]. Damit löschen Sie den zuletzt eingegebenen Text. Doch Vorsicht! Hier wird nicht etwa nur der letzte Buchstabe oder das letzte Wort gelöscht, sondern die vollständige Eingabe seit dem letzten Speichern, unter Umständen also ein ganzer Absatz oder noch mehr.

Um einen versehentlich durch diese Taste gelöschten Text zurückzuholen, wechseln Sie mit einem Tipp auf [#+=] die dritte Belegung. Hier finden Sie nun anstelle von [Widerrufen] die Taste [Wiederholen], die eine widerrufene Eingabe wiederholt, also wiederherstellt.

Sie können Ihr iPad aber auch einfach einmal kurz durchschütteln. Es erscheint ein Menü mit der Option **Eingeben widerrufen** bzw. **wiederholen**.

Cursor positionieren mit der Textlupe

Wer einen Text am Computer bearbeitet, der klickt einfach mit der Maus an die gewünschte Stelle und platziert so die Schreibmarke bzw. den Cursor genau da, wo er den Text ändern möchte. Beim iPad funktioniert das ähnlich, nur dass Sie hier statt eines Mauszeigers Ihren Finger benutzen und auf die gewünschte Stelle tippen.

Allerdings hat die Sache einen Haken. Zum einen können Sie die Schreibmarke nicht über Pfeiltasten bewegen – denn die gibt es auf dem iPad nicht. Zum anderen ist es nicht immer ganz einfach, genau die Stelle zu treffen, die man treffen möchte. Konsequenz: Es scheint ein pures Glücksspiel zu sein, ob die Schreibmarke an der gewünschten Stelle erscheint. Doch keine Sorge, der erste Eindruck täuscht. Denn hier hat das iPad eine Besonderheit zu bieten: die Textlupe.

Halten Sie den Finger etwas länger auf einer Stelle im Text, wird eine Lupe mit einem stark vergrößertem Ausschnitt samt blinkendem Cursor angezeigt. Bewegen Sie nun den Finger, ohne ihn vom Display zu nehmen, können Sie den Cursor exakt an die gewünschte Position steuern. Lassen Sie den Bildschirm los, blinkt der Cursor genau da, wo er blinken soll.

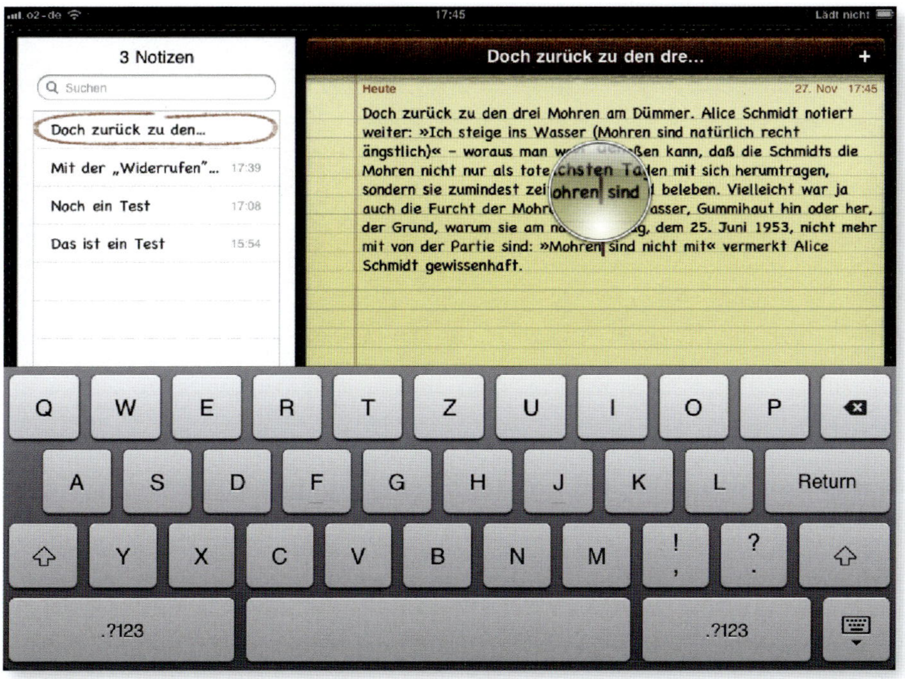

Die Lupenfunktion des iPads ist anfangs etwas ungewohnt, funktioniert aber hervorragend und erlaubt die buchstabengenaue Steuerung der Schreibmarke.

Die Rechtschreibkorrektur

Das iPad besitzt eine automatische Rechtschreibkorrektur, die während der Eingabe Wörter ergänzt oder korrigiert oder längere Wörter nach Eingabe der ersten Buchstaben automatisch ergänzt. Dergleichen kennen Sie vermutlich von Ihrer Textverarbeitung am Computer. Beim iPad funktioniert die Korrektur allerdings ein wenig anders als gewohnt.

Auto-Korrektur ein- und ausschalten: Die automatische Korrekturfunktion schalten Sie unter **Einstellungen > Allgemein > Tastatur** mit dem Schalter **Auto-Korrektur** aus oder ein.

Während Sie bei einer Textverarbeitung eine Korrektur ausdrücklich bestätigen müssen, damit sie in Ihren Text übernommen wird, ist es beim iPad genau umgekehrt. Hier müssen Sie eine Korrektur ablehnen, andernfalls wird sie durchgeführt.

Die Auto-Korrektur

Beim Tippen werden Sie feststellen, dass immer wieder Korrektur- oder Ergänzungsvorschläge eingeblendet werden.

- **Korrektur/Ergänzung annehmen** Tippen Sie ein Leer- oder ein Satzzeichen, wird die Korrektur bzw. die Ergänzung übernommen.
- **Korrektur/Ergänzung ablehnen** Falls Sie die Eingabe noch nicht abgeschlossen haben, tippen Sie einfach weiter. Die eingeblendete Korrektur verschwindet. Falls das Wort allerdings abgeschlossen ist, müssen Sie die Korrektur explizit verneinen. Dafür tippen Sie auf den eingeblendeten Wortvorschlag.

Bei der Rechtschreibkorrektur des iPads werden Korrektur- und Ergänzungsvorschläge automatisch übernommen, wenn sie nicht explizit abgelehnt werden. Die Korrekturfunktion lässt sich in den Einstellungen auch ausschalten.

Das ist ein wenig gewöhnungsbedürftig, funktioniert in der Praxis aber recht gut. Dabei ist Auto-Korrektur lernfähig, eine Korrektur, die Sie abgelehnt haben, wird Ihnen so schnell kein zweites Mal vorgelegt.

Die Korrektur

Die Korrekturfunktion ist nicht nur bei der Eingabe, sondern auch später noch aktiv. Erkennt sie ein Wort nicht, wird es wie vom Computer gewohnt rot unterschlängelt. Tippen Sie auf ein so markiertes Wort, blendet das iPad Korrekturvorschläge ein, die Sie mit einem Tipp übernehmen können. Das klingt gut, es könnte aber besser sein. Denn leider gibt es hier keine Möglichkeit, ein Wort neu zu lernen. Ein Wort, das von der Korrekturfunktion als falsch erkannt wurde, aber trotzdem richtig geschrieben ist – was etwa bei Eigennamen oft der Fall ist –, wird also stur als vermeintlich falsch markiert.

Dagegen hilft nur eins: Schalten Sie diese Korrektur unter **Einstellungen > Allgemein > Tastatur > Korrektur** aus. Das funktioniert übrigens nur, wenn die Auto-Korrektur aktiviert ist. Ist diese ausgeschaltet, steht auch die Korrekturfunktion nicht zur Verfügung. Es ist also nicht möglich, die Auto-Korrektur zu deaktivieren und dennoch die Korrekturfunktion zu benutzen.

Die Korrekturfunktion kann Ihnen auch nachträglich Korrekturvorschläge unterbreiten.

Kopieren, ausschneiden, einfügen

Das iPad bietet eine ausgeklügelte „Copy & Paste"-Funktion, also die Möglichkeit, beliebige Textpassagen zu markieren, zu kopieren oder auszuschneiden und an anderer Stelle einzufügen. Das funktioniert nicht nur innerhalb eines Dokuments, sondern systemweit. Es ist also möglich, Text von einer Webseite oder eine Adresse aus den Kontakten zu markieren, in die Zwischenablage zu kopieren und in eine Notiz oder E-Mail einzufügen.

Text markieren und kopieren

Um einen Textbereich zu markieren, den Sie in die Zwischenablage kopieren möchten, tippen Sie mit dem Finger auf den Text und lassen den Finger kurze Zeit auf dem Bildschirm.

Je nach Programm kann sich das Verhalten ein wenig unterscheiden, aber in der Regel wird zuerst die Textlupe eingeblendet, um eine genaue Positionierung des Anfangs- oder Endpunkts einer Markierung zu ermöglichen.

Nehmen Sie nun den Finger vom Display, erscheint das Copy & Paste-Menü, in dem Sie die Taste **Auswählen** antippen. Dabei werden am Anfang und Ende der Markierung blaue Griffpunkte eingeblendet, über die Sie die Markierung nun vergrößern oder verkleinern können. Damit Sie dabei genau arbeiten können, wird die aktuelle Position in einer vergrößerten Lupenansicht gezeigt.

Wenn der gewünschte Abschnitt markiert ist, tippen Sie im eingeblendeten Menü auf den Punkt **Kopieren** oder – falls Sie den markierten Abschnitt verschieben möchten – auf **Ausschneiden**. Der markierte Bereich wird in die Zwischenablage übernommen und die Markierung im Dokument aufgehoben.

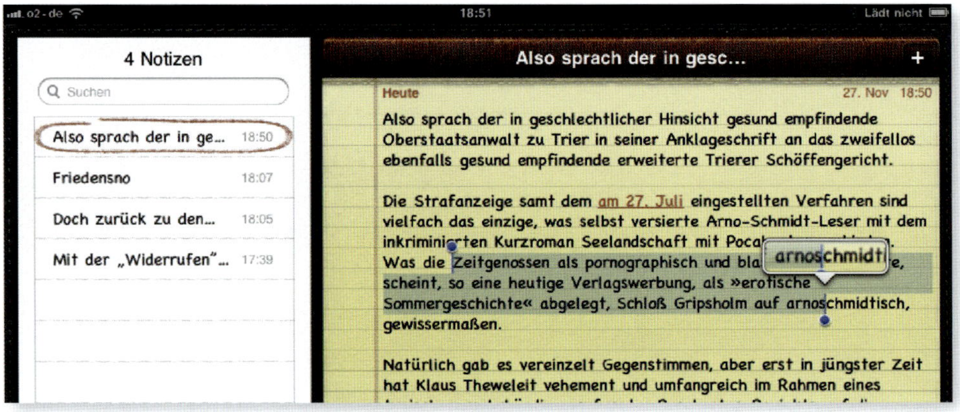

Damit Sie den gewünschten Bereich buchstabengenau markieren können, blendet das iPad eine Textlupe ein.

Text einfügen

Sobald sich der markierte Text in der Zwischenablage befindet, lässt er sich an beliebiger Stelle in einer Notiz, einer E-Mail, einem Webformular – kurz, überall da, wo Sie Text eingeben können – einfügen.

Dazu halten Sie wieder den Finger etwas länger auf das Display und wählen aus dem angezeigten Menü den Punkt **Einsetzen**. Der Inhalt der Zwischenablage wird an der Position der Schreibmarke eingefügt. Gegebenenfalls müssen Sie die Schreibmarke zuerst mit Hilfe der Lupenfunktion platzieren.

3

Safari

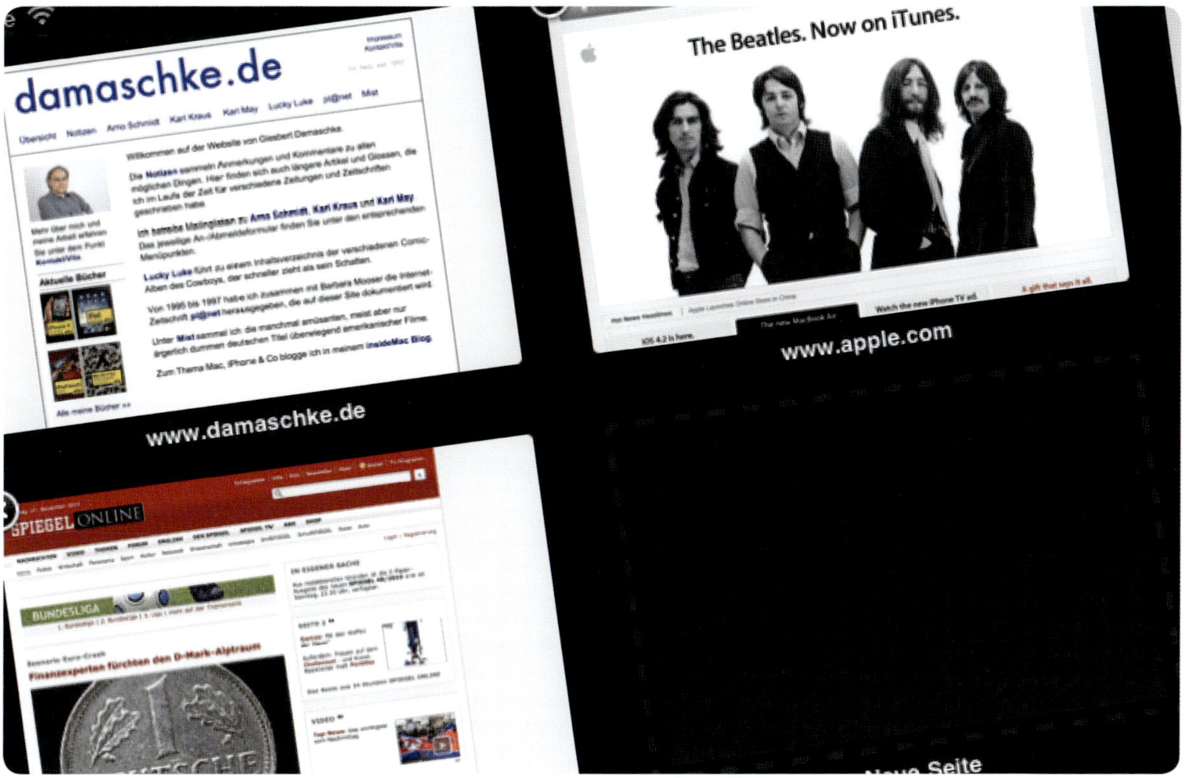

damaschke.de
www.damaschke.de
The Beatles. Now on iTunes.
www.apple.com
SPIEGEL ONLINE

Der Webbrowser Safari

Mit Safari steht Ihnen auf dem iPad das Internet offen. Der Browser unterstützt moderne Webstandards wie HTML5 und kann so ziemlich all das, was Ihr Browser auf dem Computer auch kann.

Na ja. Fast.

Kein Flash, kein Java

Auf zwei Dinge müssen Sie beim Internet mit dem iPad verzichten: Java und Flash. Der Verzicht auf Java fällt allerdings nicht allzusehr ins Gewicht. Java wird in der Regel nur für sehr spezielle Programme benötig, die auf dem iPad keine Rolle spielen.

Flash wird im Internet vor allem für Videos benutzt, die in Webseiten eingebunden werden, aber auch für Spiele, interaktive Inhalte und vielfach auch für Anzeigen.

Allerdings ist Flash eine recht aufwendige Technik, die zum Teil erhebliche Rechnerressourcen verlangt. Und genau die sind auf einem mobilen Gerät ein kostbares Gut. Nach Ansicht von Apple benötigt Flash zu viel Rechenleistung, Speicherplatz und Batterie, als dass man es für sinnvoll hielte, Flash auf einem mobilen Gerät zu installieren. Das mag sich in Zukunft ändern, aber das ist sehr unwahrscheinlich und Sie müssen sich mit dem Fehlen von Flash beim iPad abfinden.

Wenn es Sie jetzt ärgert, dass Sie keine Flashfilme gucken und keine Flashspiele spielen können, trösten Sie sich: Immer mehr Websites gehen dazu über, Flash-Alternativen zu unterstützen, die auf dem iPad klaglos funktionieren. Hier ist zum Beispiel die Videosite YouTube zu nennen, die Sie auf dem iPad problemlos nutzen können. Auch andere große Anbieter wie Vimeo, Flickr, CNN oder die New York Times bieten ihre Webseiten alternativ ohne Flash an.

Webseiten aufrufen

Da Safari ein zentrales Programm ist, das man jederzeit möglichst schnell zur Hand haben möchte, erreichen Sie es standardmäßig über das Dock. Beim ersten Aufruf werden Sie von einer leeren Seite begrüßt, später lädt Safari immer die zuletzt angezeigte Webseite.

Um eine Webseite einzugeben, tippen Sie oben in das Adressfeld. Das iPad blendet nun die Tastatur ein, die an die Erfordernisse von Webadressen (URLs) angepasst ist, es fehlt zum Beispiel die Leertaste, da ein solches Zeichen in einer URL nicht erlaubt ist. Das erleichtert die Eingabe von Adressen und verhindert Fehler. Geben Sie die gewünschte Adresse ein und tippen Sie anschließend auf **Öffnen**.

.com & Co

Bei der Eingabe der Top-Level-Domain (TLD) einer Webseite – das sind die letzten Buchstaben nach dem Punkt, also etwa „.com" oder „.de" – erleichtert Ihnen die Tastatur die Eingabe über die **.com**-Taste. Da Sie bei der Eingabe von Adressen fast immer auf das übliche „www." verzichten können, genügt also für den Aufruf der US-Webseite von Apple die Eingabe „apple", ein Tipp auf die **.com**-Taste und ein anschließendes **Öffnen**.

Was aber, wenn Sie gar keine Adresse mit „.com", sondern mit „.de", „.org", „.net" oder „.edu" aufrufen wollen? Nun, ganz einfach, dann halten Sie die **.com**-Taste nur etwas länger gedrückt, und schon werden die genannten Top-Level-Domains eingeblendet.

Die Tastatur wird automatisch eingeblendet, sobald Sie in das Feld zur Eingabe einer Webadresse tippen.

Webseiten zoomen

Wenn Sie eine Webseite aufgerufen haben, stellt Safari sie zuerst möglichst vollständig dar. Da das Display des iPads eine Auflösung von 1024 × 768 Bildpunkten besitzt, werden fast alle Webseiten groß genug dargestellt, um den Inhalt gut erkennen und Texte lesen zu können.

Falls das einmal nicht der Fall ist, reicht bei vielen Seiten ein Doppeltipp auf die Stelle, die Sie interessiert. Safari analysiert das entsprechende Element der Seite – eine Textspalte, einen Kasten, ein Bild – und zoomt so weit heran, bis das gewünschte Element bildschirmfüllend dargestellt wird. Wenn das nicht funktioniert, ziehen Sie die Seite mit den Fingern auf. Außerdem können Sie das iPad natürlich auch um 90 Grad nach rechts oder links drehen und die Webseite im Querformat betrachten.

Neu laden/abbrechen/löschen

Manchmal möchte man eine Seite aktualisieren, den Ladevorgang abbrechen oder natürlich auch eine neue Adresse eintippen:

- **Neu laden** Um die aktuelle Adresse erneut anzusteuern und den Seiteninhalt zu aktualisieren, tippen Sie auf den kreisförmigen Pfeil rechts im Adressfeld.
- **Abbrechen** Während eine Webseite geladen wird, verwandelt sich der kreisförmige Pfeil in ein **X**. Mit einem Tipp auf dieses **X** wird der Ladevorgang abgebrochen. Das empfiehlt sich dann, wenn eine Seite nur sehr langsam geladen wird.
- **Neue Adresse** Eine neue Adresse geben Sie an, indem Sie auf die Adresszeile tippen und den aktuellen Inhalt durch einen Tipp auf das **X** rechts am Rand löschen.

Über die Pfeile links oben können Sie sich, wie Sie es vermutlich vom Browser auf Ihrem Computer her gewohnt sind, durch die von Ihnen aktuell besuchten Seiten bewegen. Mit dem Pfeil nach links blättern Sie chronologisch zurück, mit dem Pfeil nach rechts entsprechend wieder nach vorn.

Mehrere Seiten öffnen und Seiten schließen

Wer eine neue Webseite öffnen, die aktuelle aber nicht verlieren möchte, der öffnet auf dem Computer die neue Webseite in einem neuen Tab oder Fenster. Das geht auch bei Safari auf dem iPad.

Um eine neue, leere Seite zu öffnen, tippen Sie auf das Symbol mit den beiden übereinanderliegenden Quadraten links oben (die unschwer als Symbolisierung mehrerer Seiten zu erkennen sind).

Safari verkleinert die aktuelle Seite und blendet daneben eine leere Seite mit dem Titel **Neue Seite** ein. Tippen Sie auf diese leere Seite, öffnet Safari ein neues, leeres Fenster. Die Schreibmarke wird dabei automatisch in das Suchfeld rechts gesetzt (mit der Suche beschäftigen wir uns weiter unten). Um eine Adresse direkt einzugeben, ohne erst danach mit Google & Co zu suchen, tippen Sie in das Adressfeld links daneben. So können Sie bis zu neun Webseiten gleichzeitig geöffnet halten. Öffnen Sie eine weitere Seite, wird die älteste geladene Webseite geschlossen, um Platz für die neue Seite zu bekommen. Sobald Sie mehr als eine Webseite geöffnet haben, zeigt das Symbol mit einer Ziffer an, wieviele Seiten aktuell geladen sind.

Seitenwechsel

Um zwischen verschiedenen geöffneten Seiten zu wechseln, tippen Sie erneut auf das Seitensymbol oben links. Wieder verkleinert Safari die Darstellung, und Sie sehen eine Übersicht über alle aktuell geladenen Webseiten. Mit einem Fingertipp auf die entsprechende Miniatur wechselt Safari die Seiten.

Seiten schließen

Ab und an sollten Sie ein wenig aufräumen und die nicht mehr benötigten Seiten wieder schließen. Wechseln Sie dazu über das Seitensymbol oben links in die verkleinerte Darstellung und tippen Sie auf das schwarze **X**, um eine Seite zu schließen.

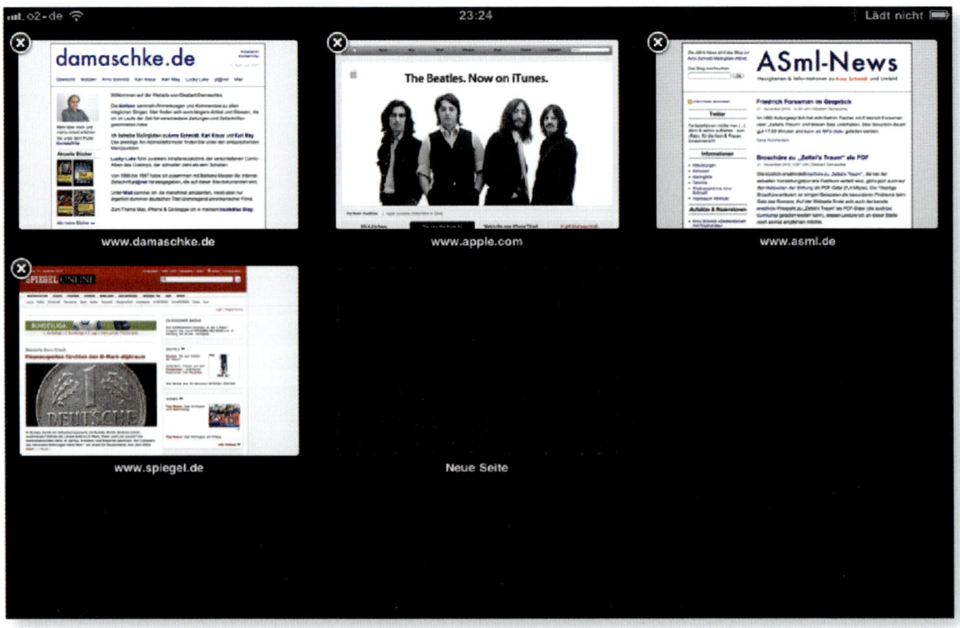

Safari kann bis zu neun Webseiten gleichzeitig geöffnet halten. Sie wechseln mit Fingertipp und können in der Übersicht auch nicht mehr benötigte Seiten über das kleine **X** schließen.

Links auf Webseiten

Auf einer Webseite kann es unterschiedliche Arten von Links geben, die vom iPad auch unterschiedlich behandelt werden:

- Links zu anderen **Webseiten**
- Links, die eine **E-Mail-Adresse** sind
- **Telefonnummern**, die von Safari als Link interpretiert werden

Links zu Webseiten

Möchten Sie einem Link auf einer Webseite folgen, machen Sie genau das, was Sie auch am Computer tun: Sie klicken ihn an. Auf dem maus- und stiftlosen iPad heißt das natürlich: Sie tippen ihn mit dem Finger an. Die verlinkte Webseite wird im gleichen Fenster geladen wie die aktuell angezeigte.

Link in neuem Fenster öffnen

Soll die neue Webseite nicht die aktuell geladene Seite überschreiben, öffnen Sie sie in einem neuen Fenster. Das geht so:

1. Tippen Sie auf den gewünschten Link und lassen Sie Ihren Finger auf dem Display.
2. Es erscheint ein Auswahlmenü, in dem Sie den Punkt **Auf neuer Seite öffnen** wählen.

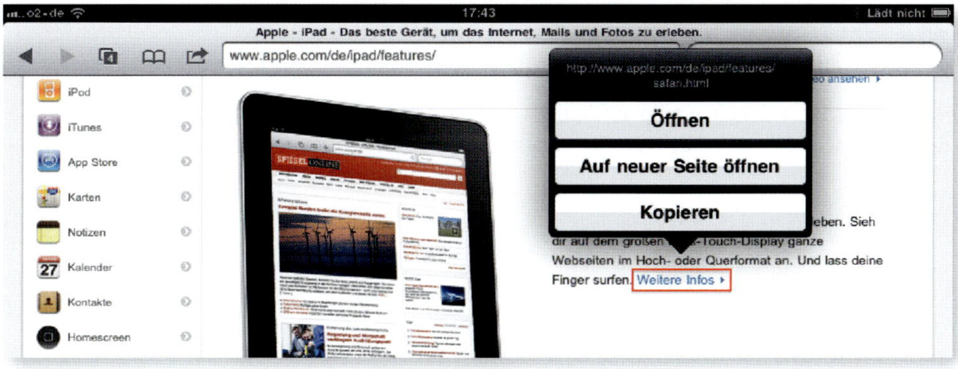

Das Kontextmenü eines Links (hier: „Weitere Infos“) erscheint, wenn Sie ihn etwas länger gedrückt halten. Hier erfahren Sie übrigens auch, zu welcher Webadresse ein Link genau führt.

Links kopieren

Vielleicht wundern Sie sich etwas über den Punkt **Kopieren** im Kontextmenü eines Links. Damit wird nicht der verlinkte Text, sondern die verlinkte URL kopiert. Wenn ein Linktext also zum Beispiel „Weitere Infos“ lautet und der Link zur Adresse „www.hiergehtslang.tld/infos“ führt, so landet nach einem Tipp auf **Kopieren** nicht der Text, sondern die damit verbundene Adresse in der Zwischenablage. So können Sie etwa Adressen verlinkter Webseiten schnell und einfach in eine E-Mail oder ein anderes Dokument übernehmen.

E-Mail-Links

Auf Webseiten finden sich oft auch Links, die nicht mit einer Webseite, sondern einer E-Mail-Adresse verknüpft sind. Tippen Sie auf einen solchen Link, öffnet sich das Programm Mail mit einem neuen, leeren Mailformular, in dem die verlinkte Adresse als Empfänger eingetragen ist (mit Mail auf dem iPad beschäftigt sich das Kapitel 4).

Auch ein E-Mail-Link besitzt ein Kontextmenü, das Sie mit einem längeren Tipp auf den Link aufrufen. Hier haben Sie zusätzlich die Möglichkeit, die Mailadresse Ihren Kontakten auf dem iPad hinzuzufügen (das Programm Kontakte wird in Kapitel 6 vorgestellt).

Telefonnummern auf Webseiten

Schließlich tauchen auf Webseiten auch Telefon- oder Faxnummern auf. Diese Nummern sind auf den Seiten selbst in aller Regel nicht als Link ausgeführt, werden von Safari aber als solche interpretiert. Tippen Sie einen solchen Link an, können Sie die Telefonnummer ebenfalls den Kontakten einverleiben.

Die automatische Erkennung von Telefonnummern ist einerseits ganz praktisch, funktioniert aber andererseits nicht wirklich zuverlässig. Mitunter hält Safari auch beliebige andere Ziffern- und Zahlenkombinationen für eine Telefonnummer und stellt sie als Link dar.

E-Mail-Links und Telefonnummern können über das Kontextmenü in die Kontakte übernommen werden.

Die Lesezeichen

Beim Surfen im Internet stößt man immer wieder auf wichtige oder interessante Seiten, die man sich merken möchte. Das geht natürlich auch mit dem iPad.

URL ist die Abkürzung für „Uniform Resource Locator", was man mit „einheitlichem Quellenverweis" übersetzen kann. Gemeint ist damit die eindeutige Adresse, unter der sich eine Webseite von jedem Computer im Internet aufrufen lässt.

Tippen Sie dazu auf die Aktionstaste (den Pfeil) oben links in Safari. Es öffnet sich ein Menü, in dem Sie nun verschiedene Optionen haben:

- **Lesezeichen** Die Adresse wird in den Lesezeichen des iPads gespeichert. Lesezeichen lassen sich in Ordnern verwalten, so dass Sie bei Ihren gespeicherten Lesezeichen nicht den Überblick verlieren.
- **Zum Home-Bildschirm** Die Adresse wird als Symbol auf dem Home-Bildschirm des iPads abgelegt (dazu gleich mehr).
- **URL der Seite senden** Die Adresse der Webseite wird per E-Mail verschickt (wozu Sie natürlich Mail konfiguriert haben müssen, mehr dazu in Kapitel 4).

Das Lesezeichenmenü öffnen Sie mit einem Tipp auf die Aktionstaste.

Drucken: Der Punkt **Drucken** im Aktionsmenü funktioniert nur, wenn Sie in einem WLAN mit einem passenden Drucker eingeloggt sind. Damit beschäftigen wir uns in Kapitel 15.

Lesezeichen speichern

Um ein Lesezeichen zu speichern, gehen Sie folgendermaßen vor:

1. Tippen Sie auf die Aktionstaste (das ist die Taste mit dem Rechteck und dem geschwungenen Pfeil) und wählen Sie **Lesezeichen**.
2. Als Name für das Lesezeichen wird der Titel der aktuellen Seite benutzt. Das können Sie natürlich ändern, indem Sie den Text einfach übertippen.
3. Über das untere Feld (in dem anfangs **Lesezeichen** steht) legen Sie den Ordner fest, in dem das Lesezeichen gespeichert werden soll. Zu den Ordnern kommen wir gleich.
4. Tippen Sie auf **Sichern**.

Möchten Sie später auf ein gespeichertes Lesezeichen zugreifen, tippen Sie auf das Buchsymbol oben links in Safari, um die Lesezeichen zu öffnen, und anschließend auf den gewünschten Eintrag.

Lesezeichen auf dem Home-Bildschirm

Eine besondere Form von Lesezeichen sind die erwähnten Lesezeichen auf dem Home-Bildschirm. Dabei handelt es sich um Verknüpfungen zu bestimmten Webseiten, die Sie direkt vom Home-Bildschirm aufrufen können, ohne zuvor Safari starten zu müssen.

Lesezeichen auf dem Home-Bildschirm erlauben den schnellen Zugriff auf wichtige Webseiten, ohne dass Sie Safari starten müssen.

Manche Webseiten bieten spezielle Symbole für den Home-Bildschirm des iPads an. Falls ein solches Symbol nicht vorliegt, benutzt Safari einen verkleinerten Screenshot der Webseite als Symbol für den Home-Bildschirm.

Um ein solches Lesezeichen wieder vom Home-Bildschirm zu entfernen, versetzen Sie ihr iPad zuerst in den im ersten Kapitel im Zusammenhang mit der Anpassung des Bildschirms erläuterten Wackelmodus, indem Sie ein beliebiges Symbol auf dem Bildschirm längere Zeit gedrückt halten. Anschließend löschen Sie das Lesezeichen durch einen Fingertipp auf das kleine **x**, das links oben am Symbol eingeblendet wird. Um den Wackelmodus zu beenden, drücken Sie einmal kurz die Home-Taste.

Die Lesezeichenleiste

Vielleicht haben Sie sich schon gefragt, was das für eine seltsame graue Leiste ist, die Safari automatisch unterhalb der Adresszeile einblendet, sobald Sie in das Adressfeld tippen.

Dabei handelt es sich um die anfangs leere Lesezeichenleiste. Hier können Sie Lesezeichen für Webseiten ablegen, die Sie noch etwas schneller als über das normale Menü erreichen möchten. Auch auf dieser Leiste können Sie Ordner einsetzen, um bei vielen Adressen schnell die gewünschte Webseite zu finden.

Damit ein Lesezeichen in der Leiste auftaucht, geben Sie den neuen Speicherort bei der Anlage eines Lesezeichens an:

1. Tippen Sie auf das Pluszeichen und wählen Sie **Lesezeichen**.
2. Passen Sie gegebenenfalls den Titel des Lesezeichens an.
3. Tippen Sie auf den Eintrag **Lesezeichen**.
4. Es erscheint ein Menü, in dem Sie den Eintrag **Lesezeichenleiste** wählen.
5. Mit **Sichern** schließen Sie den Vorgang ab, das Lesezeichen erscheint nun in der Leiste.

Lesezeichen in der Lesezeichenleiste sind nur einen Fingertipp entfernt.

Lesezeichenleiste dauerhaft einblenden

Die Lesezeichenleiste wird normalerweise nur angezeigt, wenn Sie in das Adressfeld tippen, um eine Webadresse einzugeben. Praktischer wäre es doch, wenn Sie diese Leiste jederzeit im Zugriff haben. Kein Problem, lassen Sie sich die Leiste einfach dauerhaft einblenden:

1. Wählen Sie auf dem Home-Bildschirm die **Einstellungen**.
2. Tippen Sie links auf den Punkt **Safari**.
3. Aktivieren Sie den Schalter **Lesezeichenleiste immer einblenden**.

Soll die Lesezeichenleiste immer im direkten Zugriff sein, aktivieren Sie den entsprechenden Schalter in den Einstellungen.

Lesezeichen verwalten

Im Laufe der Zeit sammeln sich viele Lesezeichen zu verschiedenen Themen an, die man nur selten jeden Tag benötigt, aber auch nicht löschen möchte. Hier sorgen Ordner für mehr Übersicht. Ordner lassen sich in den Lesezeichen und auch in der Lesezeichenleiste ablegen.

Ordner anlegen

Um einen Lesezeichenordner anzulegen, gehen Sie folgendermaßen vor:

1. Tippen Sie auf das Lesezeichensymbol (das Buch) oben links.
2. Tippen Sie im Lesezeichenmenü rechts oben auf **Bearbeiten**.
3. Wählen Sie oben links **Neuer Ordner**.

4. Geben Sie den Titel des neuen Ordners an.

5. Im zweiten Eingabefeld können Sie den Ordner innerhalb eines anderen Ordners anlegen, also zum Beispiel Strukturen wie „Nachrichten > Computer > Apple" erzeugen. Um einen Ordner auf der Lesezeichenleiste anzulegen, tippen Sie auf **Lesezeichen** und wählen anschließend **Lesezeichenleiste**.

6. Tippen Sie auf der Tastatur auf **Fertig**.

Ordner sorgen in den Lesezeichen und auf der Lesezeichenleiste schnell für Übersicht.

Lesezeichen bearbeiten

Die Lesezeichen und Ordner auf Ihrem iPad sind nicht in Stein gemeißelt, sondern können von Ihnen jederzeit bearbeitet werden. Lesezeichen lassen sich umbenennen, verschieben und natürlich auch löschen.

Um die Lesezeichen zu bearbeiten, tippen Sie zuerst auf das Lesezeichensymbol oben links und anschließend auf die Taste **Bearbeiten**.

- Tippen Sie ein Lesezeichen an, können Sie es umbenennen, in einen anderen Ordner verschieben oder die damit bezeichnete Webadresse anpassen.
- Über die graue Grifffläche rechts lässt sich ein Lesezeichen verschieben und so die Reihenfolge anpassen.
- Um ein Lesezeichen zu löschen, tippen Sie auf das rote Minuszeichen.

Schnelles Löschen: Möchten Sie nur rasch ein Lesezeichen löschen, müssen Sie nicht erst in den Bearbeitungsmodus wechseln. Sie können das Lesezeichen auch einfach durchstreichen. Daraufhin wird die Taste **Löschen** eingeblendet. Ein Tipp darauf, und das Lesezeichen verschwindet.

Lesezeichen mit dem Computer abgleichen

Wenn Sie auf dem iPad die gleichen Lesezeichen speichern möchten wie auf Ihrem Computer, müssen Sie sie nicht alle mühsam noch einmal auf dem iPad eintragen. Das können Sie auch iTunes überlassen. Und zwar so:

1. Schließen Sie Ihr iPad an den Computer an, starten Sie iTunes, und wählen Sie das iPad in der Seitenleiste aus.
2. Wechseln Sie zur Registerkarte **Infos**.
3. Im Abschnitt **Andere** aktivieren Sie den Punkt **Lesezeichen synchronisieren**.
4. Möchten Sie die bereits auf dem iPad gespeicherten Lesezeichen löschen, aktivieren Sie im Abschnitt **Erweitert** den Punkt **Lesezeichen**.
5. Nach einem Klick auf **Anwenden** werden die Lesezeichen vom Computer an das iPad übertragen und stehen anschließend auch dort zur Verfügung. Und nicht nur das: Legen Sie auf dem iPad ein neues Lesezeichen an, wird dieses beim nächsten Sync mit iTunes auch an den Computer übertragen.

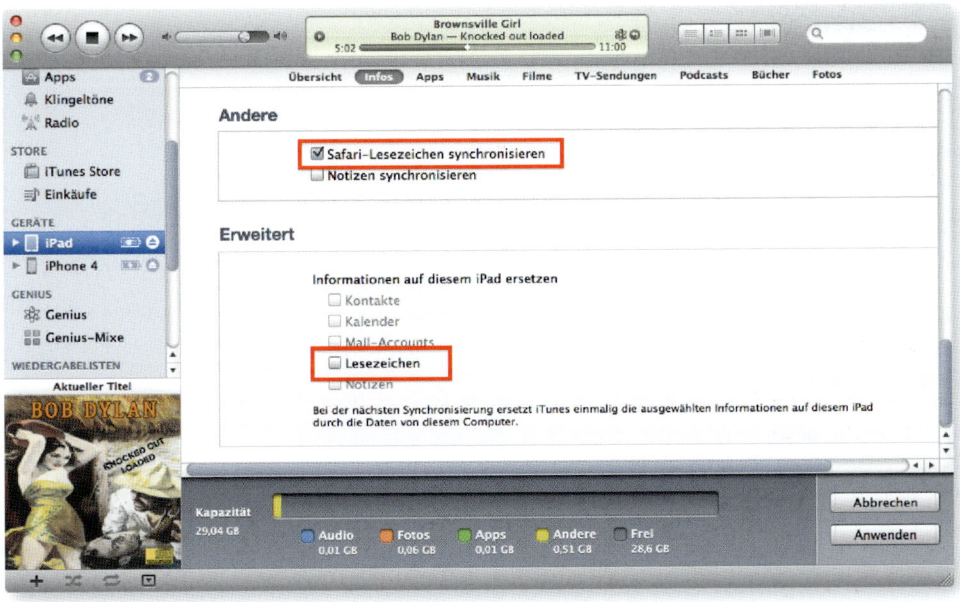

Wenn Sie möchten, können Sie Ihre Lesezeichen auf dem iPad auch mit denen auf Ihrem Computer abgleichen.

MobileMe: Falls Sie einen MobileMe-Account besitzen, können Sie die Lesezeichen auch drahtlos synchronisieren. MobileMe wird im Anhang vorgestellt.

Dateien downloaden

Mitunter stößt man im Internet auf Downloadlinks, also auf Adressen, die nicht zu einer anderen Webseite weisen, sondern zu einer Datei – etwa einem PDF-Dokument oder einem Programm.

Von Ihrem Computer wissen Sie vermutlich, was passiert, wenn Sie einen derartigen Link anklicken: Die verknüpfte Datei wird aus dem Internet heruntergeladen und auf dem Computer gespeichert. Dergleichen ist auf dem iPad nur sehr beschränkt möglich.

So werden etwa PDF-Dateien, die Sie über einen solchen Link in Safari laden, auf dem iPad zwar angezeigt, lassen sich von Haus aus allerdings nicht speichern. Erst wenn Sie eine App installiert haben, die mit PDF-Dateien umgehen kann, ist eine Übergabe von Safari an diese App möglich. Eine solche App ist etwa iBooks, mit der wir uns in Kapitel 13 beschäftigen werden.

Auf Webseiten verlinkte PDF-Dateien werden von Safari geladen und angezeigt, können aber nur dann gespeichert werden, wenn eine entsprechende App installiert ist (hier sind dies zum Beispiel iBooks, GoodReader, Stanza und USB Disk).

Bilder speichern: Wie sie Bilder von Webseiten auf dem iPad speichern, erfahren Sie im Zusammenhang mit der Fotos-App in Kapitel 9.

Webformulare

Webseiten, bei denen Sie individuelle Angaben eintragen können – etwa Ihre Adresse für eine Bestellung, eine Suchanfrage in der Wikipedia oder die Zugangsdaten zu einem Onlinedienst –, stellen dafür Formulare bereit. Normalerweise füllen Sie ein Formular aus, indem Sie die einzelnen Eingabefelder der Reihe nach antippen. Dabei blendet Safari eine erweiterte Tastatur ein, die Sie beim Ausfüllen des Formulars unterstützt.

Zum einen können Sie sich über die beiden Tasten **Zurück** und **Weite**r bequem von Eingabefeld zu Eingabefeld bewegen, zum anderen kann Safari nach einem Tipp auf **Autom. ausfüllen** versuchen, die Felder weitgehend automatisch auszufüllen. Felder, die von Safari automatisch ausgefüllt wurden, werden gelb markiert.

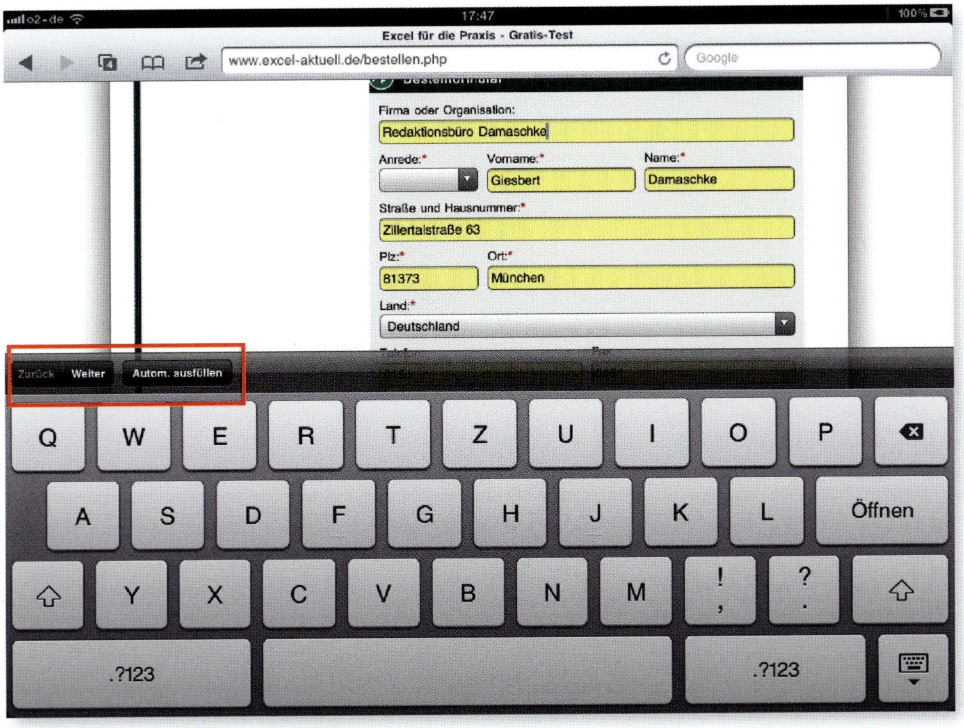

Bei Webformularen blendet Safari eine erweiterte Tastatur ein, die Sie beim Ausfüllen des Formulars unterstützt. Manche Formulare können auch automatisch ausgefüllt werden.

Kein Standard: Das automatische Ausfüllen eines Formulars ist ein kleines Glücksspiel, das nur dann aufgeht, wenn die Feldbezeichnungen im HTML-Code des Formulars vom Browser korrekt erkannt werden können. Da es hier leider keine verbindlichen Standards gibt, ist das mal mehr, mal weniger zuverlässig der Fall.

Automatisches Ausfüllen

Auf welche Daten Safari beim automatischen Ausfüllen zugreift, legen Sie in den **Einstellungen** fest. Rufen Sie hier den Eintrag **Safari** auf und tippen Sie dort auf **Autom. ausfüllen**.

Hier aktivieren Sie den Eintrag **Kontaktinfo benutzen**. Im Feld **Meine Infos** wählen Sie aus Ihren Kontakten den Eintrag, dessen Daten Safari benutzen soll. Möchten Sie die Funktion ausschalten, deaktivieren Sie den Eintrag **Kontaktinfo benutzen**. (Mit den Kontakten beschäftigen wir uns in Kapitel 6.)

Namen und Kennwörter merken

Safari kann sich außerdem die Namen und Kennwörter merken, die Sie in Anmeldeformularen eintragen. Das ist normalerweise sehr sinnvoll, schließlich möchten Sie etwa bei einem Webforum nicht immer wieder erneut Ihre Daten eintragen müssen, um daran teilnehmen zu können.

Diese Funktion schalten Sie unter **Einstellungen > Safari > Autom. ausfüllen** über den Schalter **Namen und Kennwörter** ein bzw. wieder aus.

Möchten Sie, dass Safari alle bereits gespeicherten Eingaben wieder vergisst, tippen Sie auf **Alle löschen** und bestätigen die Sicherheitsabfrage.

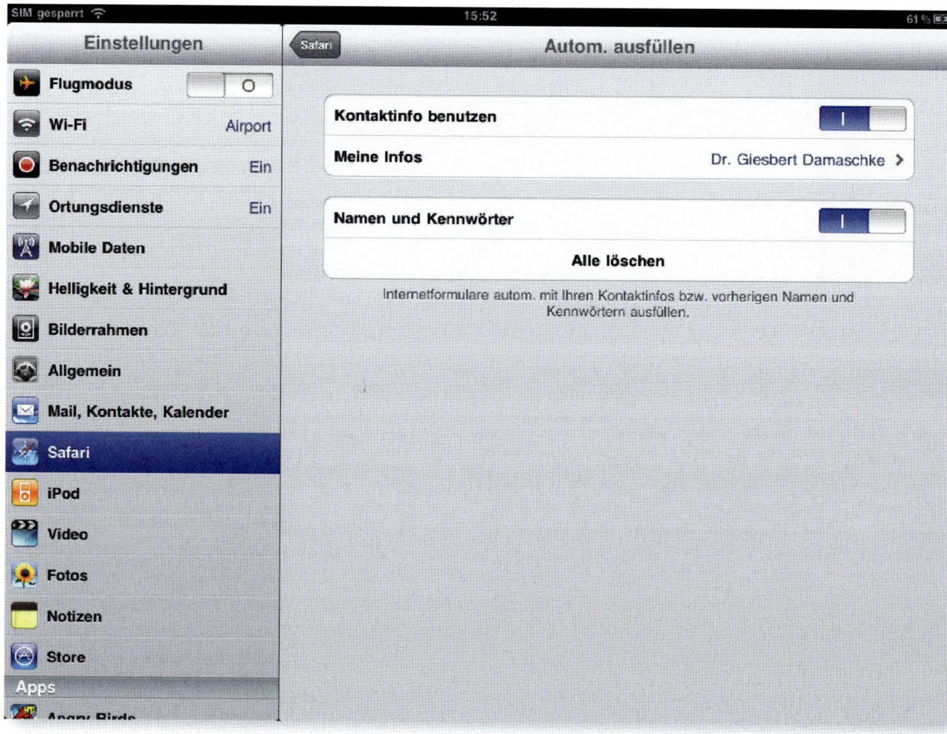

Ist die Kennwortfunktion von Safari aktiviert, werden Sie bei der Eingabe von Zugangsdaten gefragt, ob Safari das Kennwort speichern soll. Damit ersparen Sie sich beim nächsten Besuch die erneute Eingabe.

Frames und Textfelder

Manche Webseiten bestehen aus mehreren Teilen, durch die Sie unabhängig navigieren, etwa Frames oder Textfelder. Hier bietet der Browser auf dem Computer für jeden Frame oder jedes Textfeld eine eigene Scrollbar, mit der Sie den Inhalt des jeweiligen Elements verschieben können, ohne die gesamte Webseite zu verschieben.

Auf dem iPad funktioniert das allerdings nicht, hier gibt es schließlich keine Scrollbars. Wischen Sie mit dem Finger über das Display, verschieben Sie immer die komplette Seite, nicht das einzelne Feld oder den Frame

Doch es gibt einen einfachen Trick: Verschieben Sie das gewünschte Element mit zwei Fingern. So bewegt sich nur der Inhalt des Textfeldes bzw. des Frames, die Webseite selbst bleibt unbeweglich.

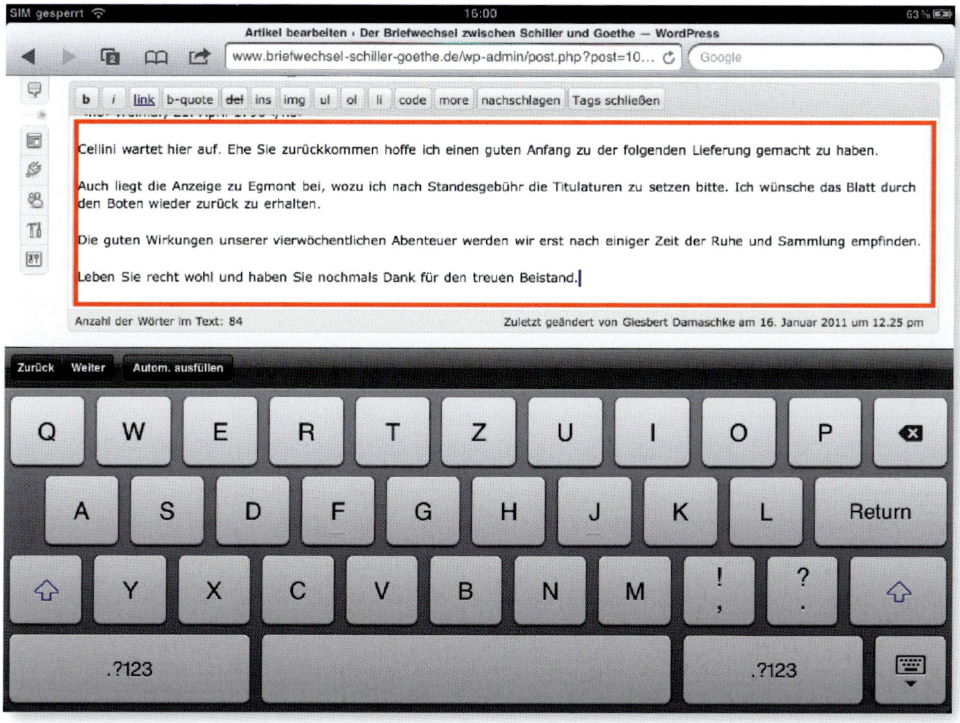

In Textfeldern (hier rot markiert) können Sie den Inhalt mit zwei Fingern verschieben und so zum Beispiel auch Ihr Blog auf dem iPad verwalten.

Suchen und finden mit Safari

Das Tolle am Internet ist, dass Sie hier Informationen zu allen, aber wirklich allen Themen finden. Vorausgesetzt, Sie wissen, wie Sie suchen müssen. Dafür gibt es die Suchmaschinen. Hier ist der Zugriff auf Bing, Google und Yahoo beim iPad bereits fest eingebaut.

Bing, Google, Yahoo

Um die Suche aufzurufen, tippen Sie in das Eingabefeld oben rechts. Es öffnet sich die Eingabeleiste und der Cursor blinkt im Suchfeld. Geben Sie Ihren Suchbegriff ein und tippen Sie anschließend auf die Taste **Suchen**.

Standardmäßig sucht Safari mit Google. Wenn Sie stattdessen lieber auf Bing oder Yahoo zurückgreifen möchten, gehen Sie folgendermaßen vor: Rufen Sie auf dem Home-Bildschirm die **Einstellungen** auf. Tippen Sie dort auf den Eintrag **Safari**. Hier können Sie nun beim Punkt Suchmaschine zwischen Bing, Google und Yahoo wählen. Welche Suchmaschine aktiv ist, zeigt Ihnen ein Blick in das leere Suchfeld. Dort steht in hellem Grau der Name der aktuell gewählten Suchmaschine.

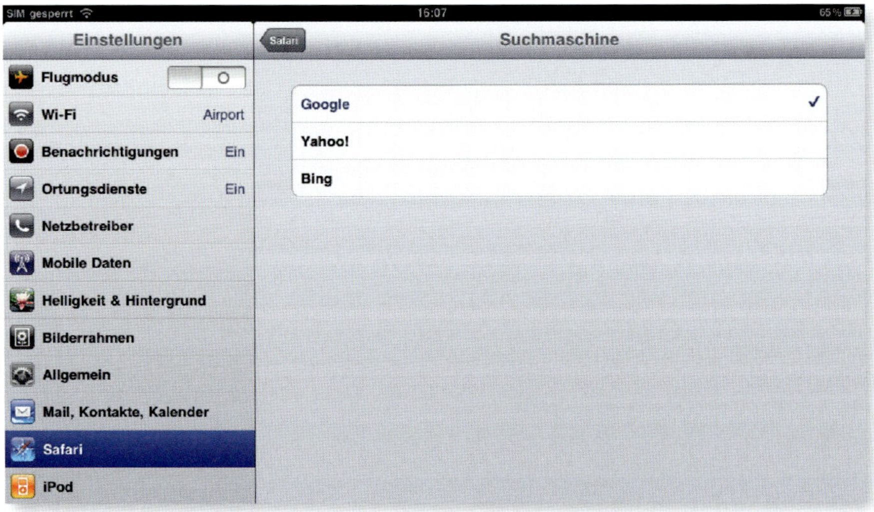

Die Suchmaschinen Bing, Google und Yahoo sind beim iPad bereits eingebaut. Natürlich können Sie in Safari auch alle anderen Suchmaschinen über die Eingabe der Webadresse ansteuern.

Auf Webseiten suchen

Doch Safari kann nicht nur im Internet, sondern auch die aktuell angezeigte Webseite durchsuchen. Auch dafür benutzen Sie das Suchfeld oben rechts. Tippen Sie dort den Begriff ein, den Sie auf der Webseite suchen.

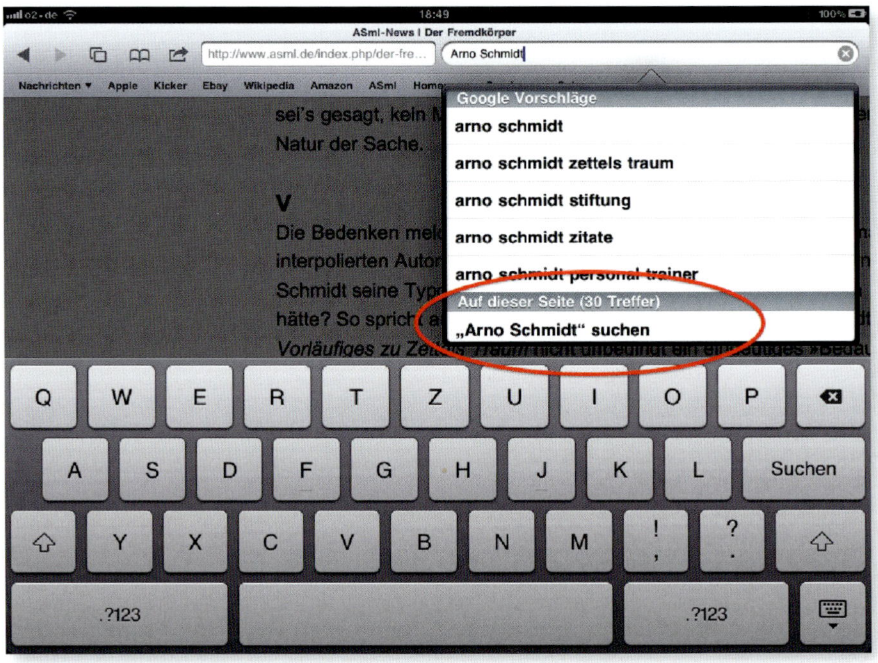

Über das Suchfeld oben rechts können Sie nicht nur das Internet, sondern auch die aktuell angezeigte Webseite durchsuchen.

Bereits während der Eingabe des Suchbegriffs werden Ihnen Suchvorschläge, passend zu Ihrer Eingabe, gemacht. Unterhalb dieser Liste erscheint der Punkt **Auf dieser Seite** und die Anzahl der Treffer.

Tippen Sie auf den Suchbegriff unterhalb dieses Eintrags, werden die Treffer auf der Webseite gelb markiert. Dabei zoomt Safari den Text der Webseite automatisch heran, so dass Sie die gefundene Stelle nicht übersehen können. Gleichzeitig erscheint am unteren Rand eine weitere Leiste. Hier können Sie über die Taste **Weiter** von Fundstelle zu Fundstelle springen oder im Eingabefeld unten rechts einen neuen Suchtext eingeben. Mit **Fertig** beenden Sie die Suche.

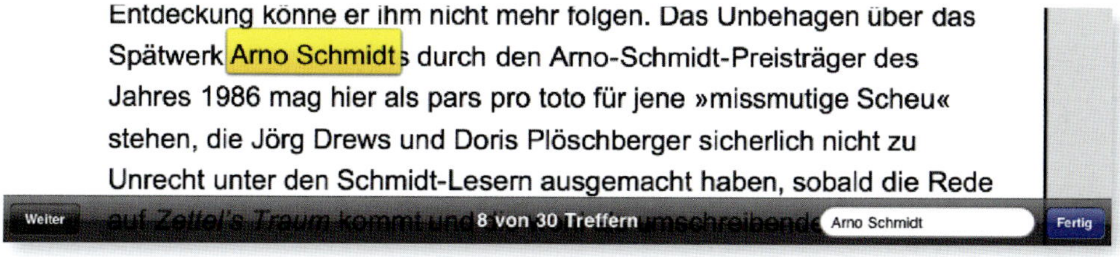

Die Suche auf einer Webseite wird durch die zusätzlich eingeblendete Menüleiste erleichtert.

JavaScript, Cookies & Co

Einige der möglichen Einstellungen von Safari haben Sie bereits kennengelernt, doch Sie können den Browser noch weiter anpassen. Rufen Sie dazu die **Einstellungen** auf und wechseln Sie zum Punkt **Safari**.

- **Betrugswarnung** Besonders wichtig ist hier die Option **Betrugswarnung**, die Sie immer aktiviert lassen sollten. Damit fängt Safari sogenannte „Phishing-Sites" ab, also Webseiten, die es darauf anlegen, Ihnen Ihre Zugangsdaten zu kennwortgeschützten Seiten abzuluchsen.

Vorsicht vor den Kennwortfischern! „Phishing" ist ein Kunstwort aus „Password" und „fishing" und könnte mit „Passwort angeln" übersetzt werden. Beim Phishing werden in betrügerischer Absicht vermeintlich echte Mitteilungen großer Unternehmen wie E-Bay, Paypal oder Geldinstituten per E-Mail verschickt, mit dem Ziel, von arglosen Anwendern Kennwörter, Zugangsdaten und ähnliche sensible Daten zu erfahren. Eine typische Phishing-Mail fordert den Empfänger dazu auf, sich umgehend auf einer bestimmten Webseite anzumelden, um Schäden oder finanzielle Verluste zu verhindern. Die verlinkten Webseiten liegen meist auf Servern in eher exotischen Gegenden und überraschen mit mehr oder weniger echt aussehenden Formularseiten. Wer hier seine Daten einträgt, übermittelt sie an die Betrüger, die nun versuchen, aus diesen Daten möglichst schnell Kapital zu schlagen.

- **JavaScript** Hier können Sie festlegen, ob der Browser **JavaScript** ausführen soll. Diese Option ist standardmäßig aktiviert. Möchten Sie JavaScript deaktivieren, tippen Sie auf den gleichnamigen Schalter.

- **Pop-Ups unterdrücken** Pop-Ups sind Browserfenster, die sich beim Aufruf einer Webseite automatisch öffnen und meistens Werbung enthalten. Diese Zwangseinblendungen werden von Safari standardmäßig ignoriert. Sollte eine Webseite einmal nicht funktionieren, weil Informationen in einem automatisch geöffneten Fenster angezeigt werden sollen, schalten Sie die Unterdrückung von Pop-Ups hier aus.

- **Cookies** Bei den Cookies haben Sie die Wahl zwischen **Nie**, **Von besuchten Seiten** und **Immer**. Standard ist hier, dass Safari nur die Cookies von der Webseite speichert, die Sie tatsächlich besuchen. Das ist gut so und sollte so bleiben, andernfalls wäre es möglich, Ihnen zum Beispiel Cookies von Webseiten unterzujubeln, die Sie niemals aufgerufen haben.

Gemerkte Daten löschen

Safari merkt sich im Laufe der Zeit eine ganze Menge Daten, die Sie in den Einstellungen löschen können:

- Mit Verlauf löschen entfernen Sie die Liste aller besuchten Webseiten.

- Über Cookies löschen werden alle gespeicherten Cookies entfernt. Ein Cookie besitzt ein Verfallsdatum, ab dem er ungültig wird. Manche Anbieter platzieren allerdings ausgesprochen langlebige Cookies, was aus Datenschutzgründen ein wenig problematisch ist. Es kann also eine gute Idee sein, hier von Zeit zu Zeit aufzuräumen.

- Der Cache ist ein bestimmter Speicherbereich, in dem sich Safari die zuletzt besuchten Seiten merkt. Das beschleunigt zwar den Internetzugriff, bietet aber auch die Möglichkeit, Ihren Weg durchs Internet zu rekonstruieren. Die hier gespeicherten Daten löschen Sie mit Cache löschen.

Kennwörter löschen: Die gemerkten Kennwörter löschen Sie wie oben erläutert in den Einstellungen zu **Automatisch ausfüllen**.

4

Mail

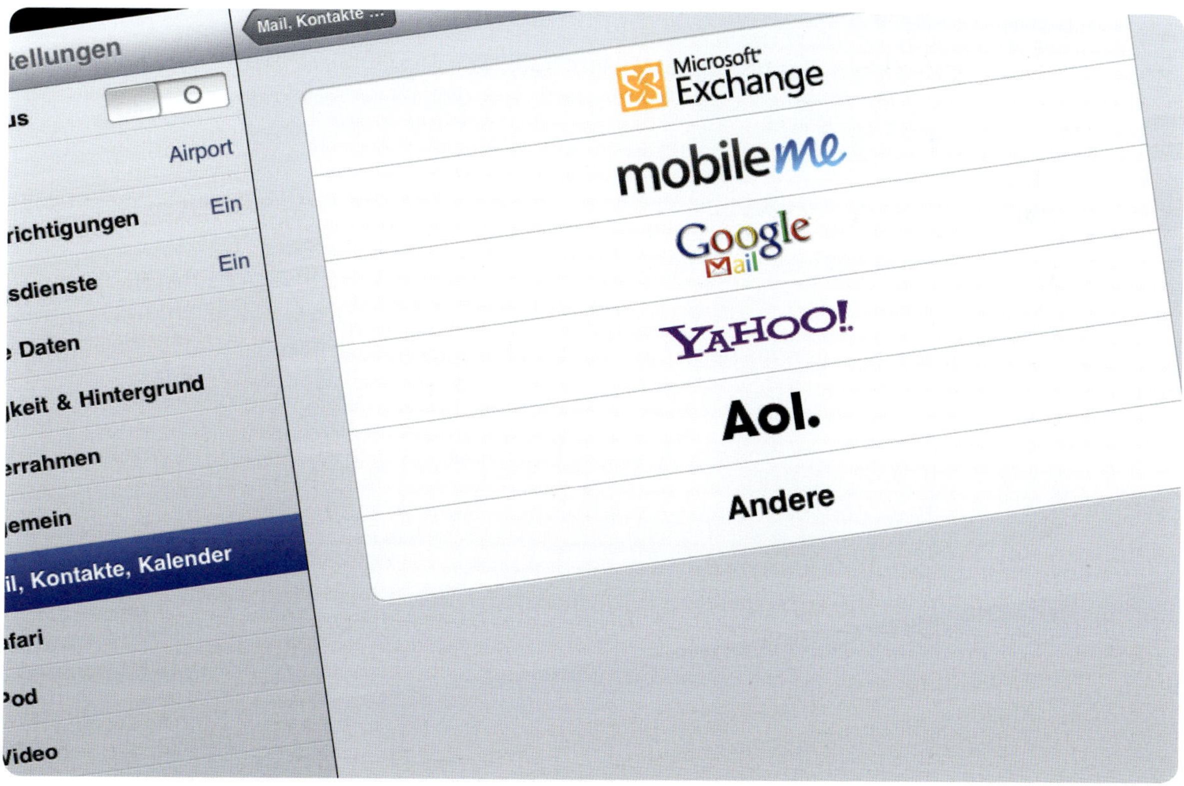

Mail, Kontakte ...
Airport
Ein
Ein
Daten
Microsoft Exchange
mobileme
Google Mail
YAHOO!
Aol.
Andere

Ihr Account

Account und Postfach

Damit Sie auf Ihrem iPad mit Mail arbeiten können, müssen Sie zuerst Ihr E-Mail-Konto bzw., wie es bei Apple heißt, Ihren E-Mail-Account einrichten (und natürlich online sein). Im Deutschen wird „Account" (Konto) oftmals mit „Postfach" ersetzt, was gelegentlich zu Verwirrung führt.

Mehrere Accounts: Das iPad kann problemlos mit mehreren Accounts umgehen. Sie können hier also zum Beispiel sowohl Ihren privaten als auch Ihren beruflichen Mailaccount verwalten. Die beiden Accounts sind vollständig voneinander getrennt.

- Ein **Account** meint beim iPad die technischen Daten, die Ihr iPad benötigt, um Kontakt zu einem Server aufzunehmen und dort Ihre Post abzuholen bzw. zu versenden. Die Accountdaten umfassen verschiedene Angaben wie die Adresse des Mailservers, den Typ des Servers (IMAP oder POP), Ihre E-Mail-Adresse, Ihren Benutzernamen und Ihr Kennwort. Zu einem Account können (je nach Anbieter) auch ein Kalender und ein Adressbuch gehören, deren Informationen ebenfalls mit den entsprechenden Programmen auf dem iPad synchronisiert werden.

- Ein **Postfach** dagegen ist ein Ordner, in dem Sie Mails ablegen, also zum Beispiel der Posteingang, „Gesendet", der Papierkorb und natürlich auch Ordner, die Sie selbst angelegt haben.

Die eigenen Ordner: Auf Ihrem Computer haben Sie vermutlich zahlreiche Ordner zur Organisation Ihrer elektronischen Post angelegt – auf dem iPad können Sie das nicht tun. Falls Sie mit einem IMAP-Account arbeiten, lassen sich allerdings die Ordner vom Mailserver auf das iPad übertragen. Mit dem Unterschied zwischen POP und IMAP beschäftigen wir uns weiter unten.

Mailaccounts mit iTunes übertragen

Am einfachsten richten Sie Mail ein, indem Sie Ihre Accountdaten von Ihrem Computer via iTunes auf das iPad übertragen. Dazu schließen Sie Ihr iPad an Ihren Computer an und wählen es unter **Geräte** in der Seitenleiste aus.

Wechseln Sie zur Registerkarte **Infos**. Dort aktivieren Sie im Abschnitt **Mail-Accounts synchronisieren** die gewünschten Accounts aus und klicken auf **Anwenden**.

Dabei werden ausschließlich die Accountdaten und keine Mails auf Ihr iPad übertragen.

Outlook & Co: Bei der Übertragung der Accountdaten via iTunes werden die häufigsten Mailprogramme unterstützt. Unter Windows sind dies etwa Microsoft Outlook und Outlook Express, auf dem Mac betrifft dies Apple Mail oder Microsoft Entourage. Falls Ihre Accountdaten in iTunes nicht auftauchen, erkennt iTunes Ihr Mailprogramm nicht, und Sie müssen Mail auf dem iPad manuell einrichten.

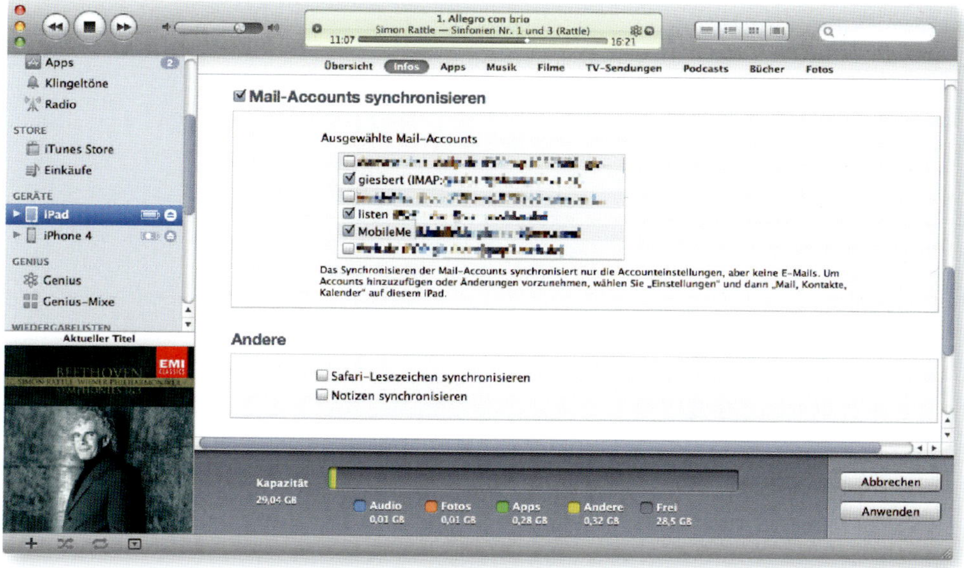

Um sich Tipparbeit zu ersparen, können Sie Ihre Accountdaten via iTunes vom Computer ans iPad übertragen.

Accounts manuell einrichten

Natürlich ist es auch möglich, einen Account direkt auf dem iPad anzulegen. Haben Sie noch keinen Account eingerichtet, tippen Sie auf das Mail-Symbol im Dock. Das Programm leitet Sie sofort zur Einrichtung eines neuen Accounts um.

Haben Sie bereits einen Account eingerichtet und möchten nun einen weiteren hinzufügen, rufen Sie auf dem Home-Bildschirm die **Einstellungen** auf und wählen **Mail, Kontakte, Kalender**. Dort sehen Sie eine Liste der bereits vorhandenen Accounts. Um einen weiteren (oder auch ersten) Account einzurichten, tippen Sie auf **Account hinzufügen**.

Das iPad bietet Ihnen nun einige populäre Dienste an – Exchange, MobileMe, Google Mail, Yahoo Mail und AOL –, bei denen Sie Ihren Mailaccount besonders schnell und einfach einrichten können, da die wichtigsten Informationen bereits auf dem iPad vorhanden sind. So müssen Sie etwa für Google Mail lediglich Ihren Benutzernamen und Ihr Kennwort eintragen, den Rest übernimmt Mail.

Falls Sie einen anderen Account einrichten wollen, tippen Sie auf **Andere** und anschließend auf **Mail-Account hinzufügen**. Hier geben Sie zunächst Name, Mailadresse und Ihr Kennwort ein. Speichern Sie die Eingaben mit **Sichern**. Das iPad versucht nun, die restlichen Daten automatisch zu ermitteln, was bei Anbietern wie etwa Web.de funktioniert. Schlägt der Versuch fehl, tragen Sie die fehlenden Daten in einem weiteren Dialog ein.

Accountdaten: Falls das iPad Ihren Account nicht automatisch anlegen kann, müssen Sie eine Reihe von Daten wie Accounttyp, Servername(n) oder Kennwörter selbst eintragen. Wenden Sie sich dazu an Ihren Provider, der Ihnen die benötigten Informationen geben kann.

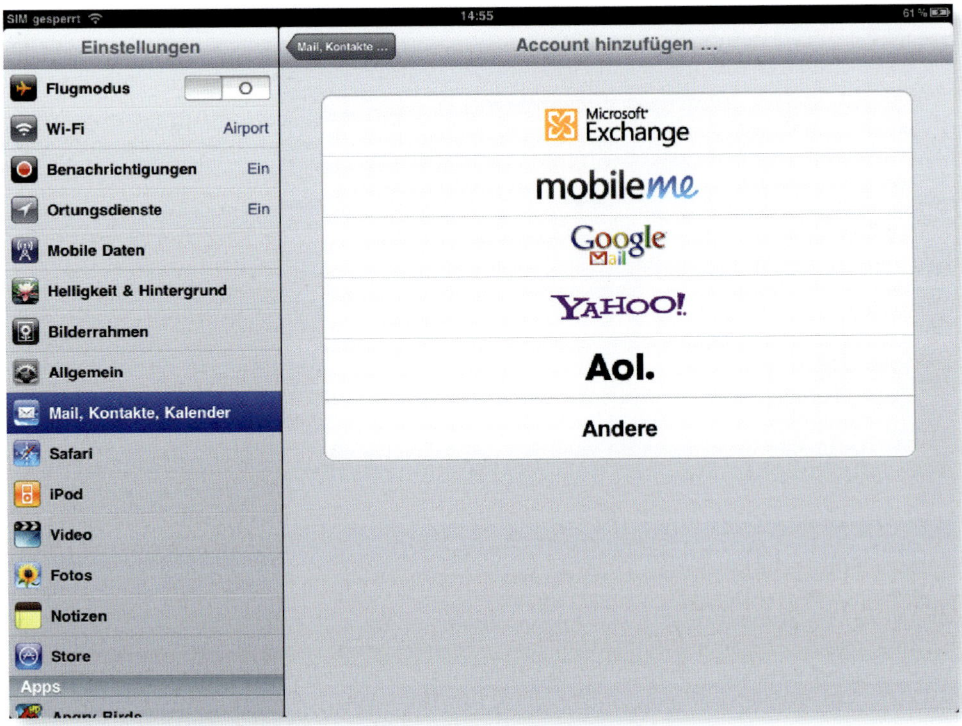

Einige der populären Anbieter werden direkt unterstützt, alle anderen werden über **Andere** manuell konfiguriert.

Bearbeiten

Manchmal ändern sich die Daten Ihres Mailaccounts oder Sie entdecken einen Tippfehler, den Sie korrigieren möchten. Das ist jederzeit möglich und geht so: Rufen Sie vom Home-Bildschirm die **Einstellungen** auf und wählen Sie **Mail, Kontakte, Kalender**. Tippen Sie auf den **Account**, den Sie bearbeiten möchten. Es erscheint ein Dialog, in dem Sie sämtliche Daten ändern können.

(De)aktivieren

Mail kann mehrere Accounts verwalten. Aber nicht immer müssen alle Accounts auch aktiv sein. Benutzen Sie zum Beispiel einen bestimmten Account nur bei Bedarf und möchten nicht, dass Mail bei jedem Start diesen Account abruft, müssen Sie ihn nicht gleich löschen. Stattdessen deaktivieren Sie ihn und schalten ihn bei Bedarf wieder ein. Auch das erledigen Sie im **Bearbeiten**-Dialog. Schalten Sie hier die Option **Mail** aus, um den Mailabruf für diesen Account vorübergehend stillzulegen.

Löschen

Um einen Account komplett vom iPad zu löschen, tippen Sie bei der Bearbeitung auf die rote Taste **Account** löschen. Nachdem Sie eine Sicherheitsabfrage bestätigt haben, wird der Account gelöscht.

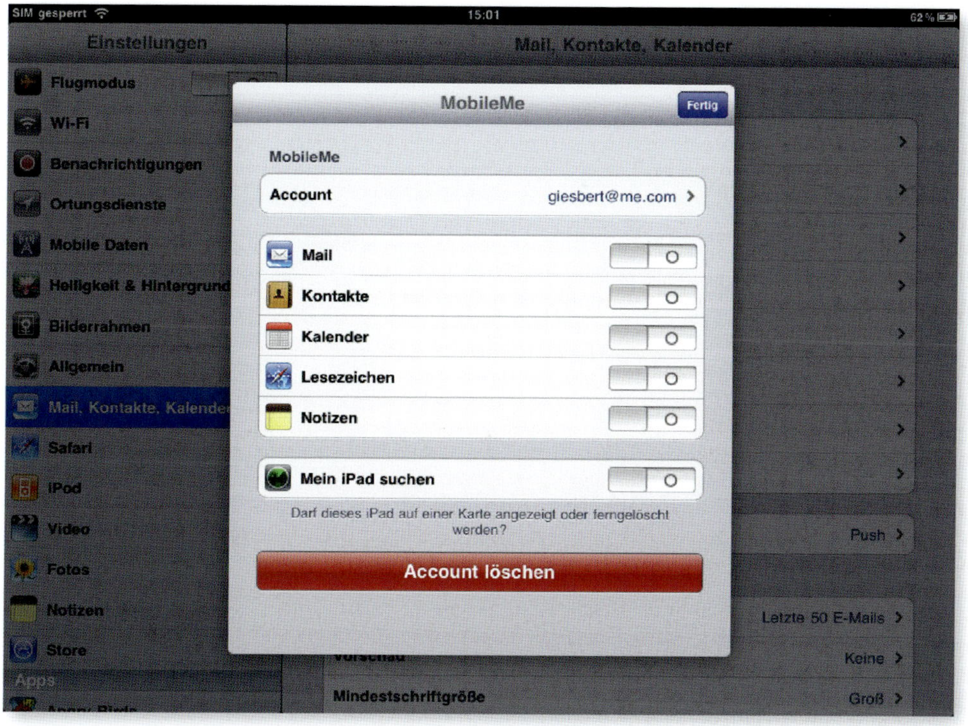

Die Daten eines Accounts lassen sich auch nachträglich ändern. Ein Account kann aktiviert oder deaktiviert werden, ohne dass Sie die Daten des Accounts löschen oder neu anlegen müssen.

Exkurs: POP vs. IMAP

Es gibt zwei verschiedene Arten, E-Mails zu verwalten: als IMAP oder POP. Auf vielen Computern ist POP Standard, aber auf einem mobilen Gerät hat IMAP viele Vorteile (aber auch ein paar Nachteile). Auch das iPad unterstützt diese beiden zentralen Protokolle.

POP-Accounts

POP steht für Post Office Protocol und ist ein ehrwürdiges Protokoll, das es praktisch seit Beginn von E-Mail gibt. Bei einem POP-Postfach wird die elektronische Post üblicherweise nach dem Mailabruf vom Server gelöscht. Die Mail befindet sich dann nur noch auf dem Gerät, von dem aus das Postfach abgefragt wurde.

Rufen Sie mit Ihrem iPad ein POP-Postfach ab, dann befinden sich die neuen E-Mails auf Ihrem iPad. Greifen Sie später mit Ihrem Computer auf das Postfach zu, ist es leer. Machen Sie es umgekehrt und greifen zuerst mit dem Computer auf Ihr POP-Postfach zu, ist die neue Mail zwar auf Ihrem Computer, aber nicht auf Ihrem iPad.

Standardmäßig ist Ihr iPad schlau genug, Mails nach dem Mailabruf brav auf dem Server zu belassen. Doch es kann nicht schaden, einmal nachzusehen. Tippen Sie dazu beim Bearbeiten eines POP-Accounts auf den Eintrag **Erweitert**. Hier finden Sie das Feld **Vom Server löschen**, in dem **Niemals** stehen sollte. Falls Sie möchten, können Sie diesen Eintrag natürlich ändern. Zur Auswahl stehen die Optionen **Niemals**, **Sieben Tage** und **Beim Bewegen aus dem Posteingang**.

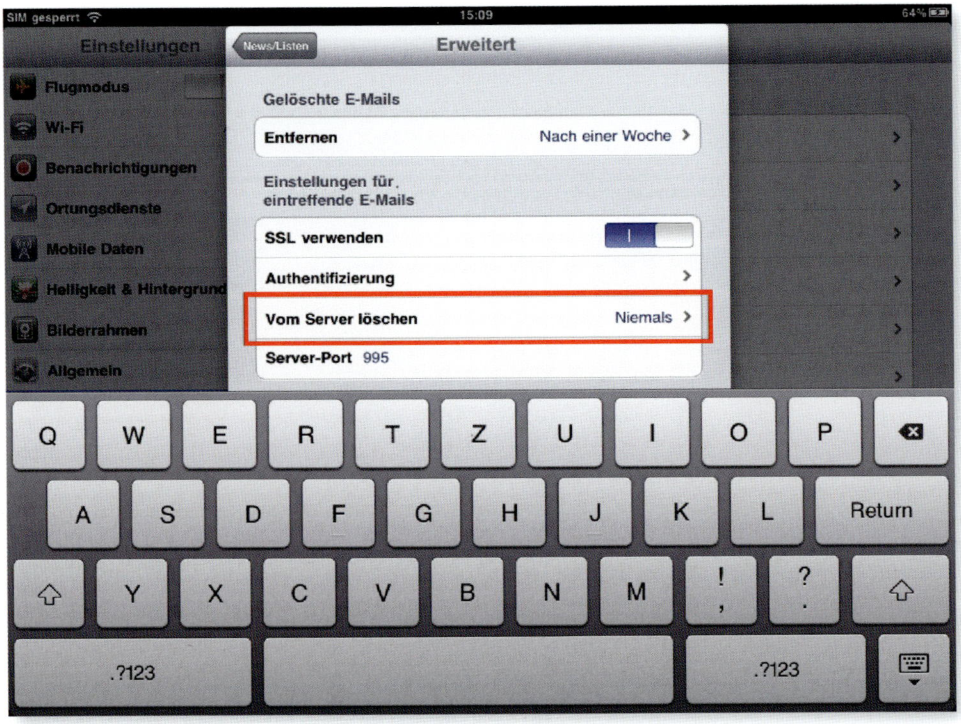

Achten Sie bei POP-Accounts darauf, dass die Mails beim Abruf nicht vom Server gelöscht werden.

IMAP

Bei IMAP tritt dieses Problem nicht auf. Denn hier werden die E-Mails vollständig auf dem Server verwaltet. Wenn Sie eine E-Mail abrufen, dann schickt Ihnen der Server eine Kopie dieser Mail und markiert sie auf dem Server als „gelesen" – aber er löscht sie nicht. Ganz gleich, ob Sie die Mail mit Ihrem Computer, Ihrem Smartphone oder Ihrem iPad abrufen – sie steht Ihnen auf allen Geräten immer zur Verfügung.

Und nicht nur das. Auch die Postfachstruktur, in der Sie Ihre E-Mails verwalten, befindet sich auf dem Server und wird auf dem Gerät, mit dem Sie Ihre Mails abrufen, abgebildet. Verschieben Sie auf dem Computer eine Mail aus dem Posteingang in ein Postfach wie etwa „Kunden" und greifen später mit Ihrem iPad auf Ihre Mails zu, dann finden Sie auch dort die entsprechende Mail im Postfach „Kunden".

Bei einem IMAP-Account können Sie Ihre Mails also unterwegs auf dem iPad verwalten und in die passenden Ordner sortieren. Schalten Sie Ihren Computer im Büro ein, ist Ihr Posteingang schon aufgeräumt. Bei einem POP-Account müssten Sie noch einmal von vorn anfangen.

IMAP-Ordner

Welche IMAP-Ordner auf dem iPad angezeigt werden, hängt davon ab, welche Ordner Sie im IMAP-Interface auf dem Computer freigegeben haben. Das Vorgehen unterscheidet sich hier je nach Anbieter und soll kurz am Beispiel von Google Mail erläutert werden.

1. Wählen Sie bei Google Mail den Punkt **Einstellungen** und wechseln Sie zur Registerkarte **Labs**. Hier aktivieren Sie **Erweiterte IMAP-Steuerelemente**.

2. Auf der Registerkarte **Weiterleitung und POP/IMAP** aktivieren Sie nun den **IMAP-Zugriff**.

3. Wechseln Sie zum Register **Labels** (das entspricht den Ordnern anderer Mailprogramme). Hier können Sie nun per Mausklick festlegen, welcher Ordner über IMAP gezeigt werden soll und welcher nicht.

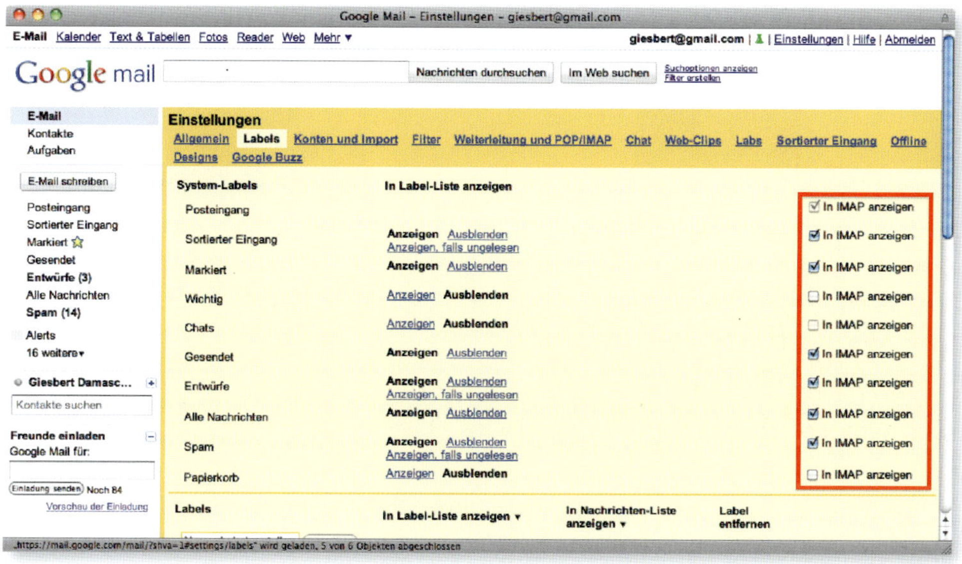

Welche IMAP-Ordner auf dem iPad zugänglich sind, legen Sie in den Einstellungen Ihres IMAP-Accounts auf dem Computer fest. (Hier als Beispiel: Google Mail.)

Der Bildschirm von Mail

Damit sind die Grundlagen gelegt, um mit dem iPad auf Ihre Mails zugreifen und natürlich auch eigene Mails schreiben zu können. Mail startet genau da, wo Sie das Programm zuletzt verlassen haben. Falls Sie Ihren ersten Account angelegt haben, sehen Sie zuerst dessen Posteingang.

Wie Mail den Bildschirm nutzt, hängt davon ab, wie Sie Ihr iPad halten.

- Im **Querformat** fügt Mail links eine Seitenleiste ein, über die Sie auf die verschiedenen Postfächer und, falls vorhanden, auch auf die verschiedenen Accounts zugreifen. Rechts wird die aktuell gewählte Mail angezeigt.

- Im **Hochformat** nutzt Mail den gesamten Bildschirm für die Anzeige der elektronischen Post. Links oben sehen Sie eine Taste, die den Namen des aktuell gewählten Postfachs trägt, also zum Beispiel **Eingang**. Tippen Sie auf diesen Eintrag, wird ein Menü eingeblendet, über das Sie zu den übrigen Postfächern und, falls vorhanden, den anderen Accounts wechseln.

Je nachdem, wie Sie Ihr iPad halten, wird der Bildschirm von Mail anders genutzt. Im Hochformat muss die Seitenleiste explizit aufgerufen werden.

Je nachdem, ob Sie einen oder mehrere Account(s) eingerichtet haben, präsentiert sich Mail beim Start unterschiedlich.

- **Ein Account** Mail zeigt Ihnen die Postfächer des Accounts (also zum Beispiel Eingang, Entwürfe, Gesendet, Papierkorb).
- **Mehrere Accounts** Die Anzeige wird unterteilt in **Posteingänge** und **Accounts**. Ein gemeinsamer Posteingang **Alle** bietet den schnellen Zugriff auf neue Mails, die bei verschiedenen Accounts eingetroffen sind. Über die Einträge im Abschnitt **Accounts** können Sie auf sämtliche Postfächer des jeweiligen Accounts zugreifen.

E-Mails empfangen

Der Abruf von E-Mails ist denkbar einfach: Tippen Sie auf das Mail-Symbol im Dock. Üblicherweise beginnt Mail sofort damit, die vorhandenen Accounts nach neuen Mails abzufragen und diese zu laden.

Falls das einmal nicht passiert oder Sie sich überzeugen möchten, dass Sie auch tatsächlich auf dem aktuellen Stand sind, tippen Sie auf den Account und anschließend auf das Postfach **Eingang**. In der Statuszeile am unteren Bildschirmrand sehen Sie den Zeitpunkt, zu dem das Postfach zuletzt aktualisiert wurde. Falls Sie selbst noch einmal Post abrufen möchten, tippen Sie auf den kreisförmigen Pfeil links unten in der Seitenleiste.

Um eine Mail im Posteingang zu lesen, tippen Sie auf den gewünschten Eintrag, die Mail wird Ihnen angezeigt. Wenn Sie Mail beenden, ohne alle eingetroffenen neuen Mails zu lesen, zeigt das Programm durch eine kleine rote Markierung an, wieviele ungelesene Mails noch auf Sie warten.

Automatischer Mailempfang

Bequemer ist es allerdings, wenn Sie den regelmäßigen Mailabruf Ihrem iPad überlassen. Rufen Sie dazu **Einstellungen > Mail, Kontakte, Kalender** auf und wählen Sie **Datenabgleich**. Hier können Sie nun im unteren Bereich einstellen, ob das iPad **Alle 15 Minuten**, **Alle 30 Minuten** oder **Stündlich** nach neuen Mails suchen soll. Falls Sie das doch lieber selbst übernehmen möchten, wählen Sie **Manuell**.

Schiebung! Der Eintrag **Push** im Menü **Datenabgleich** bezieht sich auf pushfähige Dienste. Das sind beim iPad zum Beispiel Exchange-Accounts, Yahoo und der Apple-eigene Dienst MobileMe. Bei Push kontaktiert nicht das iPad den Server und fragt nach neuer Post, sondern der Server kontaktiert das iPad, sobald neue Nachrichten eingetroffen sind. So erhalten Sie jede Mail eines pushfähigen Accounts praktisch verzögerungsfrei. Das funktioniert bei MobileMe oder Exchange auch mit den Terminen und Kontakten.

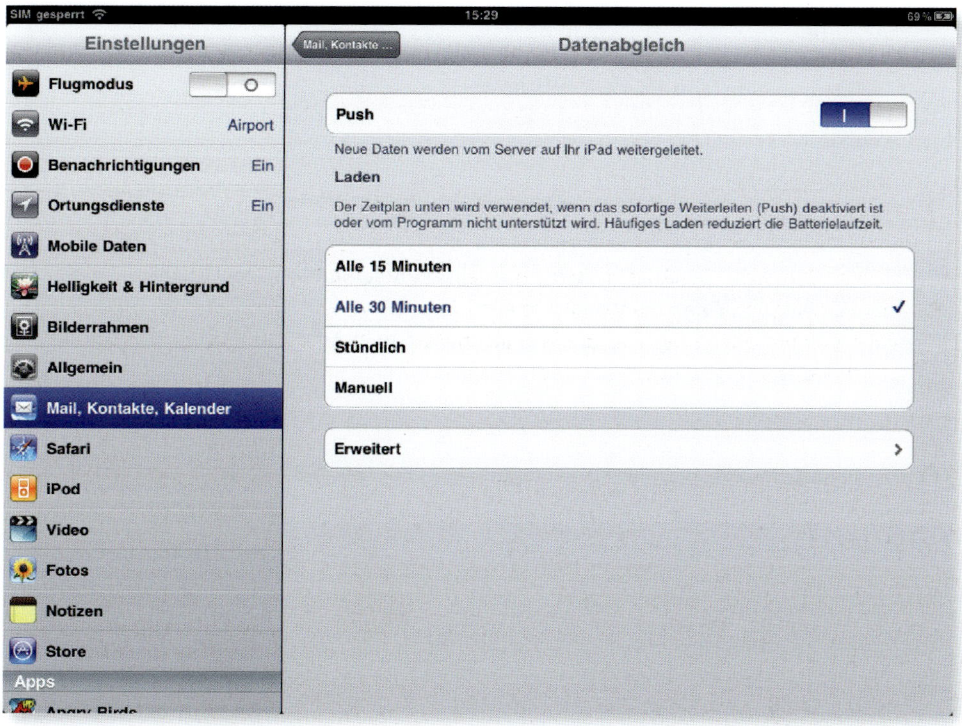

Sie müssen sich nicht selbst darum kümmern, dass Ihre E-Mails regelmäßig empfangen werden – das können Sie getrost Ihrem iPad überlassen.

Mailabruf individuell einstellen

Diese Einstellungen gelten für alle Accounts auf Ihrem iPad. Haben Sie mehrere Accounts konfiguriert, können Sie den Mailabruf auch individuell für jeden Account einzeln festlegen.

Rufen Sie dazu **Einstellungen > Mail, Kontakte, Kalender > Datenabgleich** auf. Hier wählen Sie den unteren Eintrag **Erweitert**. Nun können Sie für jeden Account einzeln festlegen, wie der Mailabruf vorgenommen werden soll.

Ansichtssache

Vorschau und Schriftgröße

Mail zeigt Ihnen in der Seitenleiste eine kleine, zweizeilige Vorschau auf den Inhalt der Mails. Die Mails selbst werden in einer mittelgroßen Schriftgröße angezeigt. Diese Einstellungen sind normalerweise im Einsatz optimal, können aber natürlich angepasst werden.

Rufen Sie dazu **Einstellungen > Mail, Kontakte, Kalender** auf. Unter **Vorschau** legen Sie fest, wieviele Zeilen ein Maileintrag in der Seitenleiste belegen soll, die Schriftgröße bestimmen Sie mit **Mindestschriftgröße**.

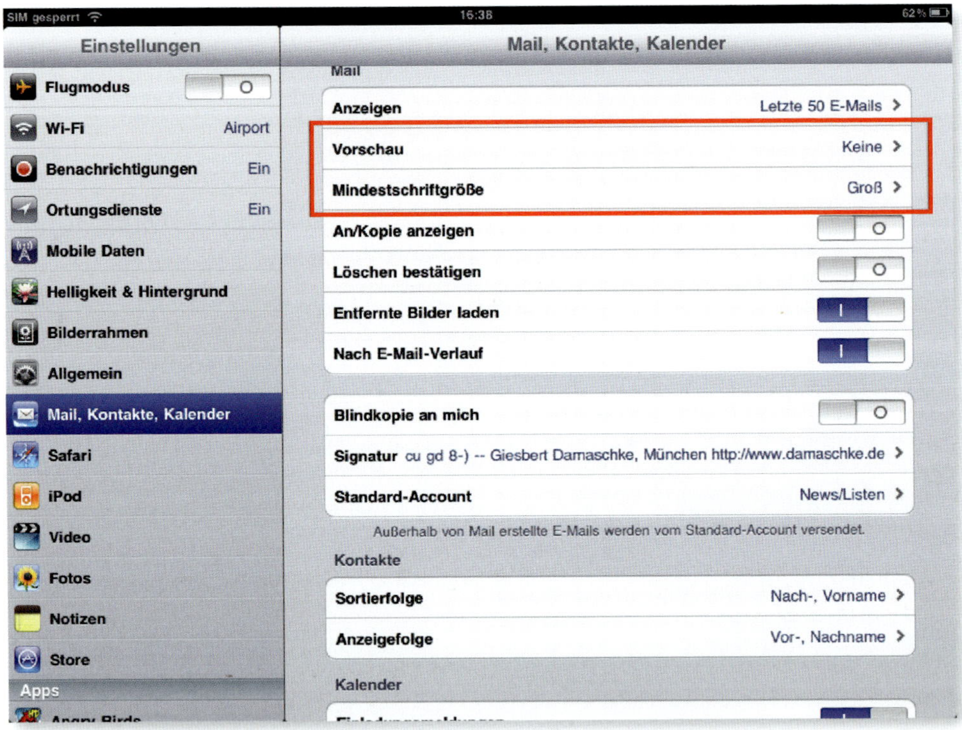

Wie Mail Ihre elektronische Post darstellt, legen Sie in den Einstellungen fest.

Dateianhänge

Mitunter bekommt man E-Mails, die eine Datei im Gepäck haben, etwa ein Bild, ein PDF-Dokument oder eine Excel-Tabelle. Auch diese Dateien können Sie auf dem iPad empfangen und lesen. Bilder werden in der Regel (allerdings nicht immer) sofort angezeigt, alle anderen angehängten Dateien erreichen Sie über ein kleines Symbol am Ende der Mail. Mit einem Tipp auf eines dieser Symbole öffnet das iPad die Datei und zeigt sie Ihnen an. Dabei werden neben PDF und TXT auch die gängigen Formate von Microsoft Office und die der Apple-Bürosoftware iWork unterstützt.

Dateiaustausch: Sollten Sie ein Programm installiert haben, das die angehängte Datei verarbeiten kann, haben Sie auch die Möglichkeit, den Dateianhang an dieses Programm durchzureichen. Wie Sie neue Programme auf Ihrem iPad installieren, erfahren Sie in Kapitel 12.

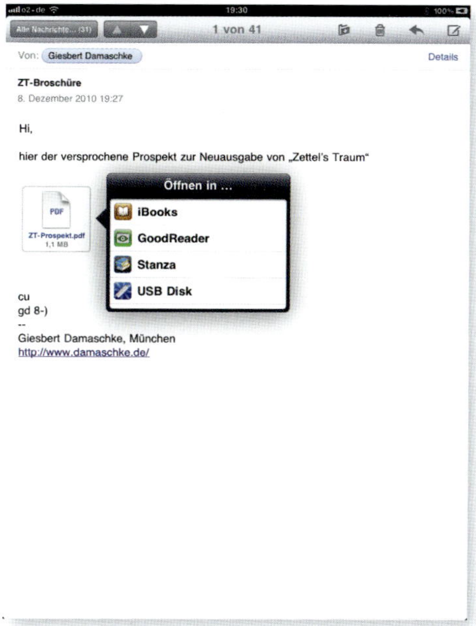

Dateianhänge in den üblichen Formaten kann das iPad problemlos anzeigen (links zum Beispiel eine PDF-Datei). Falls Sie ein entsprechendes Programm installiert haben (rechts etwa die Apps iBooks, GoodReader, Stanza und USB Disk), können Sie Dateianhänge auch an dieses Programm weiterreichen und dort betrachten bzw. bearbeiten.

E-Mails schreiben, speichern und senden

Um eine neue E-Mail zu schreiben, starten Sie Mail und tippen oben rechts auf das stilisierte Blatt Papier mit einem Stift. Es öffnet sich ein neues Mailformular, in dem Sie den Adressaten, die Betreffzeile und Ihre Nachricht eintippen. Mit einem Tipp auf **Senden** schicken Sie Ihre Mail auf die Reise.

Empfänger eintragen

Den Empfänger Ihrer Mail können Sie entweder eintippen oder, was natürlich sehr viel bequemer ist, aus Ihren Kontakten wählen (mit den Kontakten beschäftigen wir uns in Kapitel 6). Tippen Sie dafür auf das blaue Pluszeichen rechts. Es öffnen sich Ihre Kontakte, in denen Sie den gewünschten Empfänger mit Fingertipp in Ihr Mailformular übernehmen.

Dabei ist es auch möglich, mehrere Empfänger einzutragen. Geben Sie die Empfänger manuell ein, bestätigen Sie jede Adresse mit **Return** und tragen Sie anschließend den nächsten Empfänger ein.

Von jeder gesendeten Mail wird automatisch eine Kopie im Postfach **Gesendet** des Accounts abgelegt, von dem aus die Mail verschickt wurde.

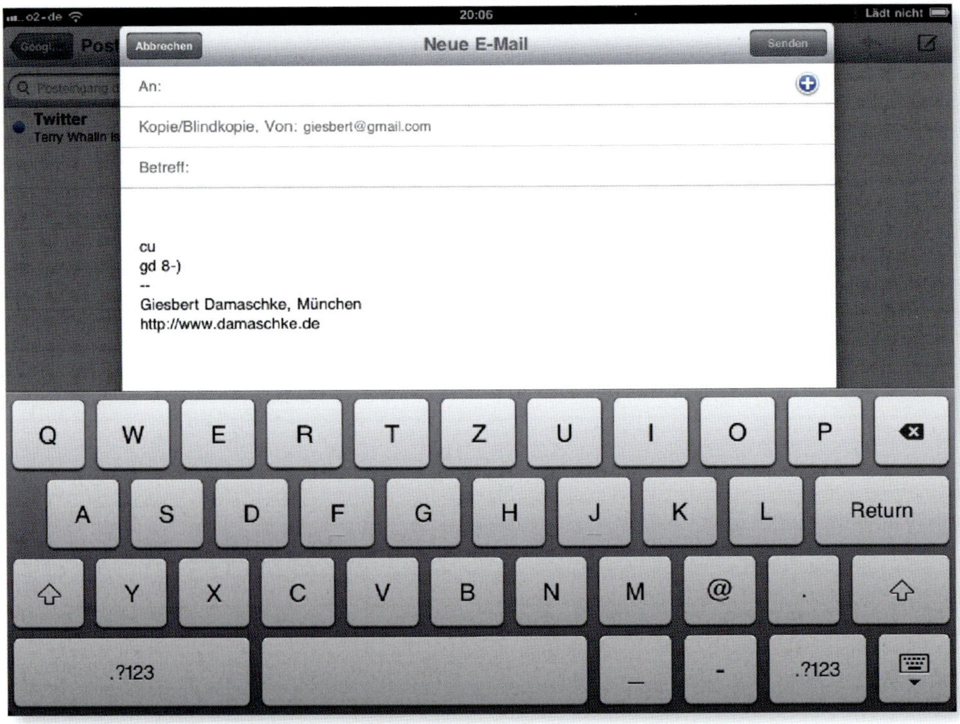

Bis zur neuen Mail sind es nur ein paar Fingertipps: Mail starten, auf das Symbol oben rechts tippen und los geht's.

Entwürfe speichern

Möchten Sie das Schreiben der Mail unterbrechen, tippen Sie im Mailformular auf den Punkt **Abbrechen** oben links. Es erscheint ein Dialog, in dem Sie die Mail in den Entwürfen speichern oder löschen können. Tippen Sie dazu auf **Entwurf löschen** oder **Entwurf sichern**.

Eine Mail muss nicht am Stück geschrieben, sondern kann auch als Entwurf gespeichert und später weiterbearbeitet werden.

E-Mails beantworten/weiterleiten

Eine eintreffende Mail kann von Ihnen beantwortet oder an andere Adressen weitergeleitet werden. Tippen Sie dazu bei einer geöffneten Mail auf die Aktionstaste rechts oben (die bei Mail nur aus einem Pfeil besteht) und wählen Sie die gewünschte Option.

- Bei **Antworten** wird Ihre neue Mail mit der Adresse des Absenders ausgefüllt.
- Ging die Mail nicht nur an Sie, sondern an mehrere Empfänger, können Sie mit **An alle** Ihre Antwort auch an diese Personen richten.
- Über **Weiterleiten** lässt sich jede Mail an beliebige andere Empfänger schicken.

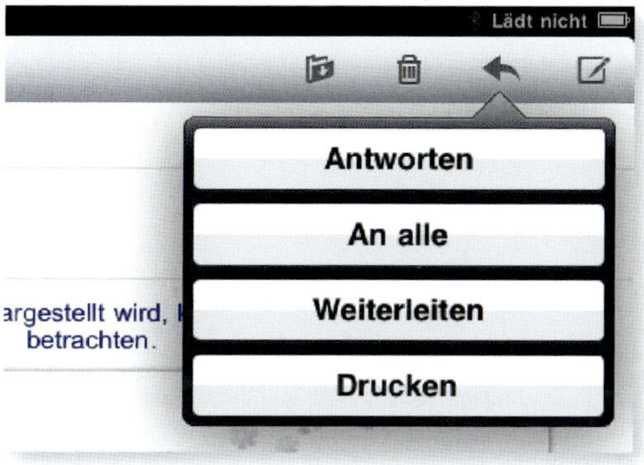

Jede Mail kann über die Aktionstaste (die in der Mail-App nur aus einem Pfeil besteht) beantwortet oder an einen anderen Empfänger weitergeleitet werden.

Drucken: Wie bei Safari zeigt auch das Aktionsmenü der Mail-App den Eintrag **Drucken**. Mit der Druckfunktion des iPads beschäftigt sich Kapitel 15.

E-Mails suchen

Wenn Sie viele Mails auf Ihrem iPad verwalten, dann kann es schon mal etwas schwieriger werden, rasch eine bestimmte Mail zu finden. Hier unterstützt Sie das Programm mit einer Suchfunktion, die das aktuelle Postfach durchstöbert.

Das Eingabefeld für die Suche steht am Kopf der Seitenleiste. Tippen Sie das Feld an, werden die Optionen eingeblendet. Sie können nach **Von**, **An** und dem **Betreff** suchen. Die Option **Alle** durchsucht die genannten drei Felder, eine Suche im kompletten Mailtext ist nicht möglich.

Spotlight: Die Suche in Mail bezieht sich immer auf das aktuell ausgewählte Postfach. Möchten Sie alle Postfächer durchsuchen, greifen Sie zu Spotlight, das in Kapitel 15 vorgestellt wird.

Über die Suchfunktion finden Sie eine bestimmte Mail in einem Postfach schnell und zuverlässig wieder.

Der E-Mail-Verlauf

Viele Mails sind eine Antwort auf eine andere Mail. Ein einfaches Beispiel: Sie fragen bei mehreren Freunden per Mail an, ob man sich nicht einmal wieder treffen sollen und nehmen als Betreff „Treffen in München?".

Die Freunde antworten, und Sie klären die Details wie Treffpunkt und Termin in weiteren Mails. In kürzester Zeit befinden sich zahlreiche Mails mit dem Betreff „Re: Treffen in München?" im Posteingang. Mitunter verliert man dann ein wenig den Überblick und läuft Gefahr, andere Mails zu übersehen.

Hier bietet Mail die Möglichkeit, zusammengehörende Mails im Posteingang zu einem Eintrag zusammenzufassen (Apple nennt dies „E-Mail-Verlauf"). Eine kleine Zahl neben dem Eintrag zeigt an, dass sich hinter diesem Eintrag mehrere Mails verbergen. Ein Tipp auf den Eintrag, und schon sehen Sie alle Mails, die zu diesem Mailwechsel gehören. Gleichzeitig wird in der Titelzeile der Seitenleiste anstelle des Postfachnamens die Anzahl der Mail im gewählten Verlauf angezeigt.

Wenn Ihnen allerdings eine ungruppierte Anzeige aller Mails lieber ist, rufen Sie **Einstellungen > Mail, Kontakte, Kalender** auf und deaktivieren im Abschnitt **Mail** den Punkt **Nach E-Mail-Verlauf**.

Ist die Anzeige nach E-Mail-Verlauf aktiviert, zeigt Mail einen Mailwechsel im Posteingang durch einen übergeordneten Eintrag an. Tippen Sie diesen Eintrag an, werden die zusammengehörenden Mails aufgelistet.

E-Mails löschen

Nicht alle Mails, die einem so ins Postfach purzeln, möchte man tatsächlich auch aufheben. Da heißt es dann Abschied nehmen und weg damit. Kurz: Mails sollten ab und an auch mal gelöscht werden. Hier haben Sie verschiedene Möglichkeiten:

E-Mails löschen

- **Papierkorb:** Sie können jede Mail, die Sie aktuell lesen, mit einem Tipp auf den Papierkorb sofort löschen. Die Mail verschwindet in einer netten Animation und wird vom Papierkorb regelrecht aufgesogen.
- **Durchstreichen:** Mails lassen sich auch in der Seitenleiste löschen, indem Sie den Eintrag mit dem Finger durchstreichen und anschließend auf die Taste **Löschen** tippen.
- **Mehrere Mails:** Wenn Sie mehrere Mails löschen möchten, ist es natürlich sehr lästig, jede Mail einzeln auswählen zu müssen. Müssen Sie auch nicht. Tippen Sie in der Seitenleiste auf die Taste **Bearbeiten** oben rechts. Nun markieren Sie jede zu löschende Mail. Die Mails werden als kleiner Papierstapel gezeigt. Mit einem Tipp auf **Löschen** unten links befördern Sie die ausgewählten Mails in den Müll.

Löschen bestätigen

Um zu verhindern, dass Sie versehentlich eine wichtige Mail in den Papierkorb werfen, können Sie das Löschen von Mails mit einer Bestätigung absichern.

Wählen Sie dazu **Einstellungen > Mail, Kontakte, Kalender** und aktivieren Sie im Abschnitt **Mail** den Punkt **Löschen bestätigen**.

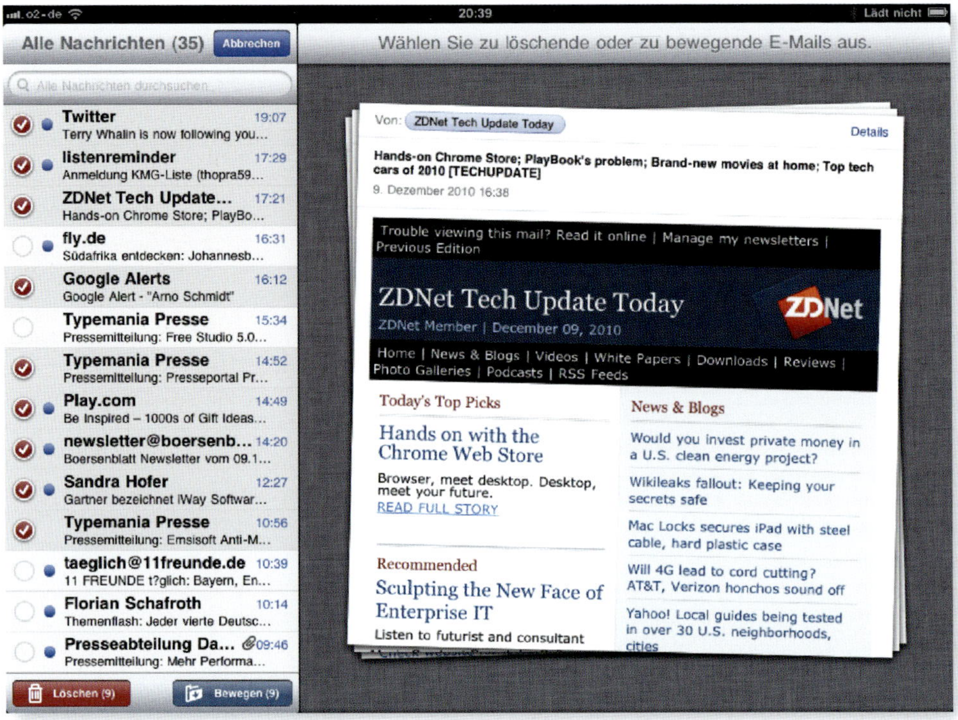

Sie können E-Mails entweder mit einem Fingerstrich einzeln löschen oder mehrere auf einmal.

Ist diese Funktion aktiviert, löst ein Tipp auf den Papierkorb nicht sofort die Löschaktion aus, sondern es wird zuerst eine rote Taste **E-Mail löschen** oder, falls Sie mehrere Mails markiert haben, **Ausgewählte löschen** eingeblendet. Erst nach einem Tipp auf diese Taste geht die Mail ins digitale Nirvana ein.

Sicher ist sicher – aktivieren Sie die Bestätigungsfunktion, um vor versehentlichem Löschen von Mails besser geschützt zu sein.

Papierkorb leeren

Mails, die Sie auf dem iPad löschen, landen zuerst im Papierkorb. Erst wenn der ebenfalls geleert wird, werden die Nachrichten endgültig gelöscht.

Steuern Sie dazu in der Seitenleiste den Papierkorb an und tippen Sie auf **Bearbeiten**. Möchten Sie den Papierkorb komplett leeren, tippen Sie unten links auf die Taste **Alle löschen**.

Sollen nur ausgewählte Mails vom iPad verschwinden, tippen Sie diese an und wählen anschließend die **Löschen**-Taste unten links.

Löschen bei Google Mail

Google Mail nimmt beim Löschen von Mails eine Sonderstellung ein. Die Idee bei Google ist, dass man Mails nicht mehr löschen muss, da man bei Google praktisch unbegrenzt Speicherplatz zur Verfügung hat. Daher wird bei Google eine Mail standardmäßig nicht gelöscht, sondern in den Ordner mit sämtlichen Mails verschoben.

Beim iPad können Sie einstellen, wie Google Mail mit gelöschten Mails umgehen soll. Wählen Sie dafür **Einstellungen > Mail, Kontakte, Kalender** und tippen Sie auf den den Eintrag für Ihren Google-Mail-Account. Dort finden Sie den Schalter **E-Mail archivieren**. Ist dieser Schalter aktiviert, landet eine Mail beim Löschen nicht im Papierkorb, sondern im Ordner **Alle Nachrichten**. Deaktivieren Sie den Schalter, wird eine Mail tatsächlich gelöscht, also in den Papierkorb bugsiert.

Bei Google Mail werden Mails standardmäßig nicht gelöscht, sondern im Ordner „Alle Nachrichten" gesichert. Deaktivieren Sie diese Option, um eine Mail tatsächlich zu löschen.

E-Mails bewegen

Sie können auf dem iPad Mails auch in verschiedene Postfächer schieben. Das funktioniert natürlich nur, wenn diese vorhanden sind. Sie selbst können (wie eingangs erwähnt) keine eigenen Ordner bzw. Postfächer anlegen, die Postfächer „Entwürfe", „Gesendet" und „Papierkorb" legt Mail bei Bedarf automatisch an.

Wenn Sie mit einem IMAP-Account arbeiten, ist es allerdings möglich, dessen Ordnerstruktur auch auf dem iPad abzubilden. Wie das im Detail funktioniert, hängt von Ihrem Account ab, ein Beispiel wurde weiter oben mit Google Mail gezeigt.

Um Mails in ein anderes Postfach zu bewegen, haben Sie zwei Möglichkeiten:

- Um eine einzelne Mail zu verschieben, lassen Sie sich diese Mail anzeigen und tippen auf das Ordnersymbol mit Pfeil rechts oben. Die verfügbaren Postfächer werden eingeblendet. Mit einem Fingertipp verschieben Sie die Mail in das gewünschte Postfach.
- Sollen mehrere Mails verschoben werden, tippen Sie in der Seitenleiste auf **Bearbeiten**, markieren die gewünschten Mails und wählen anschließend **Bewegen**.

Gelöschte Mails zurückholen

Mit dem Bewegen von Mails haben Sie auch die Möglichkeit, versehentlich gelöschte Nachrichten aus dem Papierkorb zu fischen.

Wechseln Sie dazu zum Papierkorb und tippen Sie auf **Bearbeiten**. Markieren Sie die entsprechende Mail und tippen Sie unten rechts auf **Bewegen**. Nun können Sie die Mail aus dem Papierkorb holen und zum Beispiel erneut in den Posteingang legen.

Signatur

Es ist im Mailverkehr üblich, seine E-Mails mit einer Signatur zu versehen. Das ist eine Standardformulierung, die automatisch an den Schluss Ihrer E-Mail angehängt wird. Von Haus aus macht das iPad Werbung für sich selbst und versieht jede Ihrer Mails mit dem Hinweis „Von meinem iPad gesendet". Das können Sie natürlich ändern.

Eine Signatur wird jeder ausgehenden E-Mail automatisch angehängt.

Die Signatur legen Sie unter **Einstellungen > Mail, Kontakte, Kalender** über den Eintrag **Signatur** fest. Ihre Eingabe wird sofort gespeichert und ist ab sofort gültig. Kontrollieren Sie Ihre Signatur sorgfältig, bevor Sie sie benutzen, so ersparen Sie sich peinliche Tippfehler, die Sie an jede Ihrer Mails anhängen.

Absender einer Mail festlegen

Sobald Sie mehrere Accounts auf Ihrem iPad eingerichtet haben, können Sie festlegen, mit welchem Absender Sie eine Mail verschicken möchten.

Befinden Sie sich aktuell in der Anzeige eines bestimmten Accounts, greift das iPad bei einer neuen Mail auch auf diesen Account zu. Lassen Sie sich also aktuell den Posteingang eines Accounts namens „Privat" anzeigen, wird eine neue Mail automatisch vom Account „Privat" verschickt.

Falls Sie dagegen den Posteingang „Alle" geöffnet haben, wählt das iPad den Account, der in den Einstellungen als Standardaccount festgelegt ist. Normalerweise ist das der Account, den Sie auf dem iPad zuerst eingerichtet haben, aber das lässt sich auch nachträglich noch ändern.

Rufen Sie dazu **Einstellungen > Mail, Kontakte, Kalender** auf. Im Abschnitt **Mail** tippen Sie auf **Standard-Account** und wählen nun den gewünschten Account aus.

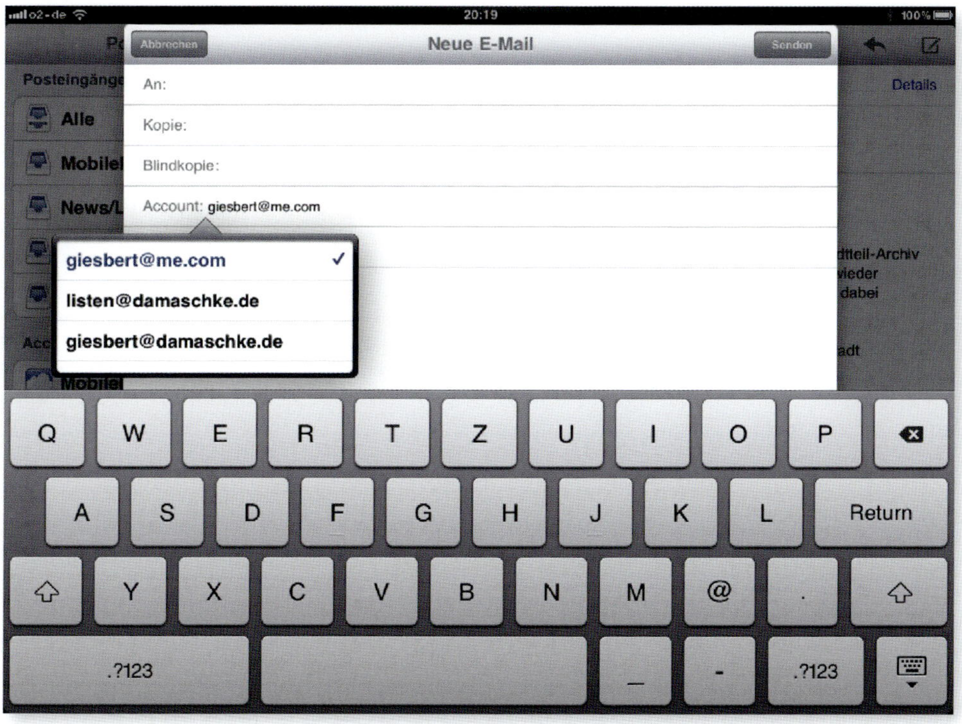

Falls Sie eine Mail nicht über den Standardaccount verschicken möchten, legen Sie im Mailformular den gewünschten Absenderaccount fest.

Unabhängig davon können Sie auch in jedem Mailformular den Account wählen, von dem aus Sie eine Mail verschicken. Tippen Sie dazu auf die **Zeile Kopie/Blindkopie, Von:**. Es wird eine zusätzliche Zeile **Account** eingeblendet, in der Sie den gewünschten Absender festlegen.

Mails in Kopie und Blindkopie

Bei einer Mail an mehrere Empfänger müssen Sie nicht alle Adressen in das Feld **An** schreiben, sondern können sie auch in Kopie versenden. Das ist technisch völlig gleichgültig – jeder Empfänger, ganz gleich, in welchem Feld seine Adresse steht, bekommt die Mail –, ist aber mitunter eine sinnvolle Unterscheidung. Zum Beispiel dann, wenn Sie eine Mail vor allem an einen bestimmten Adressaten schicken möchten und andere Empfänger diese Mail lediglich „zur Kenntnisnahme" erhalten sollen.

Mail unterstützt auch Blindkopien. Auch diese Empfänger bekommen die Mail zugestellt – aber deren Adresse taucht bei den anderen Empfängern Ihrer Nachricht nicht auf. Sie als Absender wissen natürlich, wer die Mail bekommen hat, der Empfänger der Blindkopie weiß das auch, schließlich hat er die Mail erhalten. Doch die anderen Empfänger wissen das nicht, da der Empfänger der Blindkopie in der Mail selbst nicht mehr zu erkennen ist.

Um Empfänger für eine Kopie bzw. Blindkopie einzutragen, tippen Sie auf die zweite Zeile im Adressformular, in dem in Grau **Kopie/Blindkopie** steht. Das Mailformular wird um die entsprechenden Eingabefelder erweitert.

Was Sie können, können andere Leute natürlich auch, es ist also möglich, dass auch Sie eine Mail bekommen, in der Sie nicht als direkter Empfänger, sondern in Kopie oder Blindkopie eingetragen sind.

Wenn Sie bereits im Posteingang sehen möchten, ob eine eintreffende Mail an Sie direkt oder in Kopie geschickt worden ist, dann aktivieren Sie unter **Einstellungen > Mail, Kontakte, Kalender** den Schalter **An/Kopie anzeigen**. Nun wird bei jeder Mail in der Übersicht ein kleines Feld **An** bzw. **Kopie** angezeigt. Wird in der Übersicht nichts angezeigt, können Sie davon ausgehen, dass die entsprechende Mail als Blindkopie bei Ihnen eingetroffen ist.

Mails lassen sich auch als Blindkopie verschicken. Im Posteingang können Sie sich anzeigen lassen, ob eine Mail direkt an Sie adressiert, als Kopie oder Blindkopie an Sie geschickt wurde.

Blindkopie als Kontrolle

Sie können sich zur Kontrolle auch jede Ihrer verschickten Mails als Blindkopie zuschicken lassen. Rufen Sie dazu **Einstellungen > Mail, Kontakte, Kalender** auf und aktivieren Sie dort den Schalter **Blindkopie an mich**.

Details einer Mail

Standardmäßig gibt sich das iPad knausrig und zeigt Ihnen nur ein Minimum des Mail-Headers an: Absender, Betreffzeile, Datum.

Sie sehen weder, an welchen Account eine Mail geschickt wurde noch ob es außer Ihnen noch weitere Empfänger der Mail gibt.

Diese Information verrät Ihnen das Mail-Programm, wenn Sie rechts oben in der Mail auf **Details** tippen. Nun blendet Mail alle Empfänger der Mail ein. Außerdem wird die Taste **Markieren** angezeigt, über die Sie eine bereits gelesene Mail wieder als ungelesen markieren können.

Bilder in Mails ausschalten

Standardmäßig lädt das iPad bei jeder eintreffenden Mail alle grafischen Elemente wie Hintergründe, Verzierungen und natürlich auch Fotos. Das ist normalerweise auch so gewünscht, schließlich möchten Sie eine Mail auch vollständig angezeigt bekommen.

Doch das Laden von Grafiken hat einen kleinen Nachteil – es kostet Bandbreite und verlangsamt das Laden einer Mail. Das ist im WLAN kein Problem, hier stehen in der Regel genügend hohe Bandbreiten zur Verfügung, dass die kleine Ladeverzögerung nicht ins Gewicht fällt.

Sind Sie unterwegs aber über UMTS online, kann das Laden von Bildern zur Geduldsprobe werden. Obendrein werden dabei Daten übertragen, auf die Sie notfalls auch verzichten können. Daher kann es unter Umständen empfehlenswert sein, das automatische Laden von Bildern zu unterbinden. Dann sehen die Mails zwar nicht mehr so hübsch aus, doch der Text der Nachricht ist natürlich weiterhin lesbar.

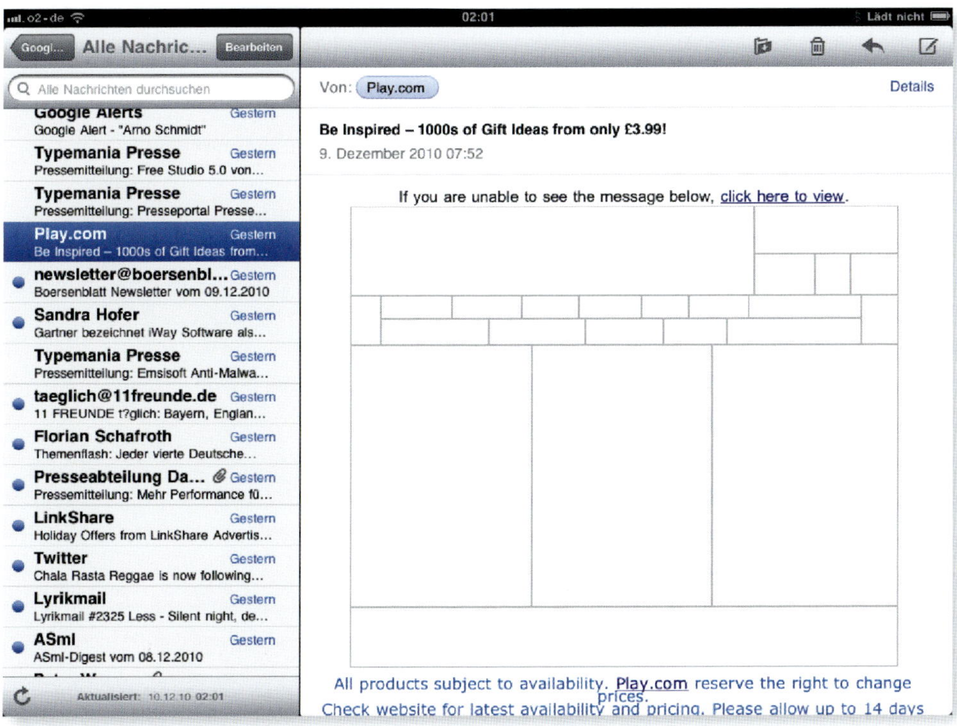

Besonders Newsletter und Werbemails setzen vielfach Grafiken ein, auf die man auf dem iPad auch gern verzichten kann.

Wählen Sie dazu **Einstellungen > Mail, Kontakte, Kalender** und deaktivieren Sie den Schalter **Entfernte Bilder laden**.

Möchten Sie bei einer Mail die Bilder nachträglich laden, wechseln Sie zu den Einstellungen und schalten das Laden der Bilder wieder ein.

Töne für E-Mails

Das iPad informiert Sie standardmäßig über den Empfang und den Versand elektronischer Nachrichten mit einem akustischen Signal. Beim Empfang piepst's, beim Versand zischt's. Das können Sie natürlich aus- und auch wieder einschalten.

Rufen Sie dafür **Einstellungen > Allgemein > Töne** auf. Nun können Sie über die Schiebeschalter bei **Neue E-Mail** und **E-Mail gesendet** die akustischen Hinweise ein- und ausschalten.

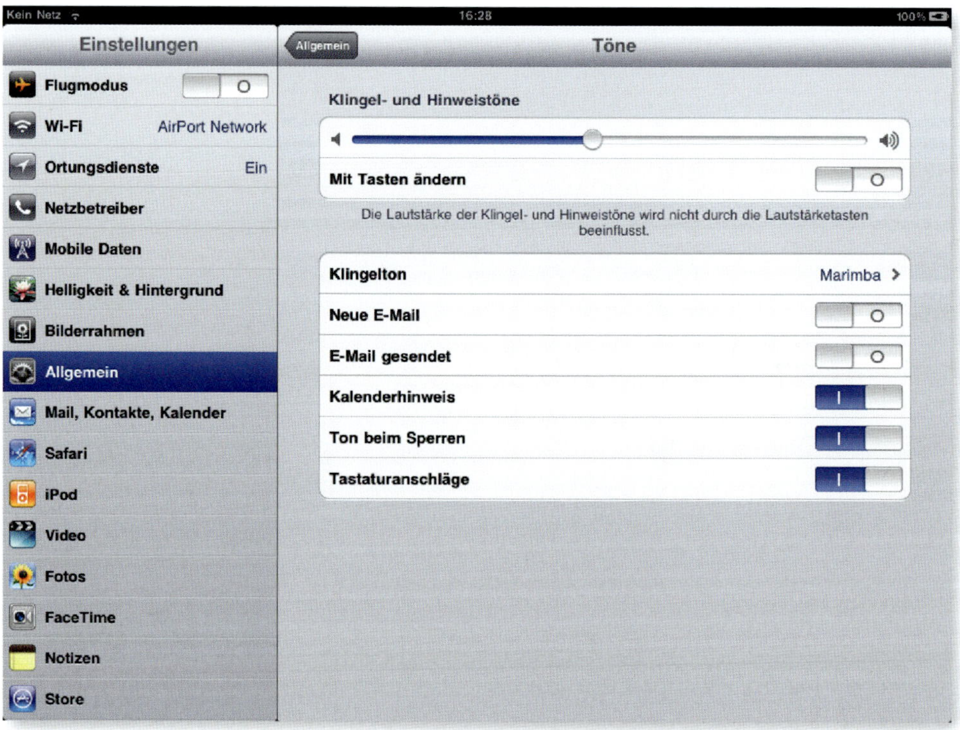

Ob Ihr iPad Sie auf neue oder verschickte Mails akustisch hinweisen soll, bestimmen Sie selbst.

5 Notizen

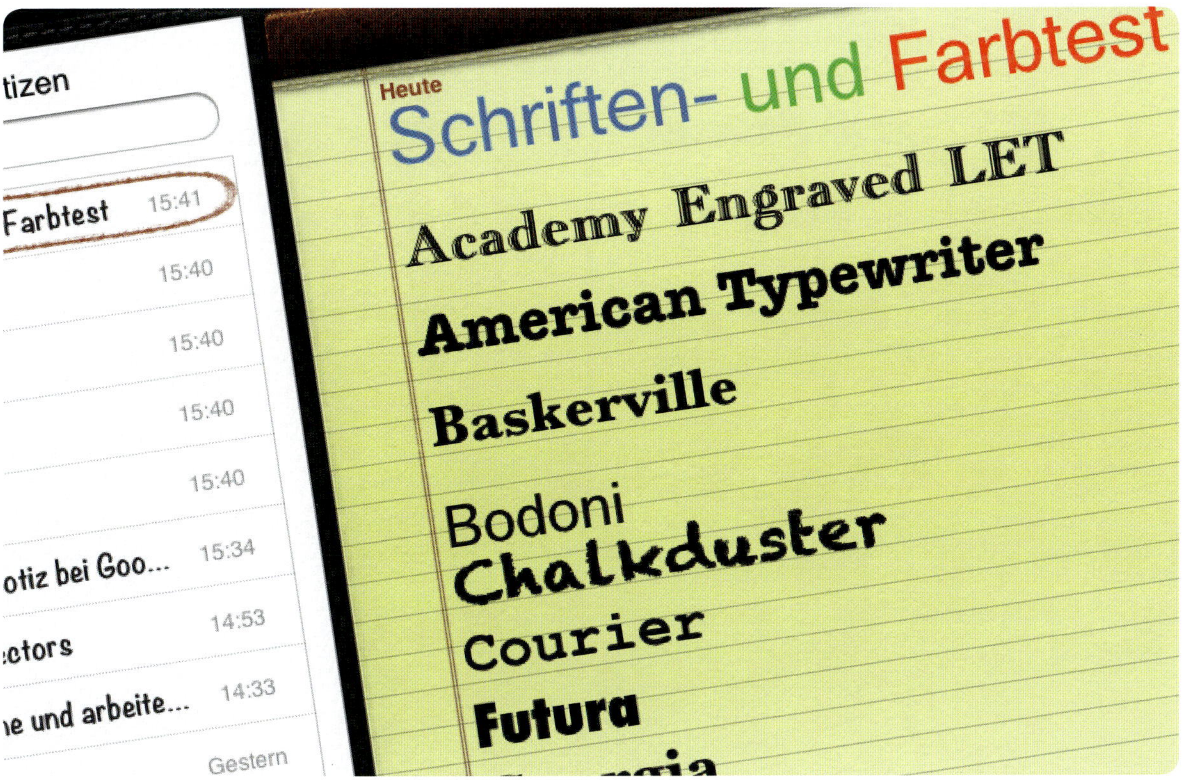

tizen
Farbtest 15:41
15:40
15:40
15:40
15:40
otiz bei Goo... 15:34
ctors 14:53
e und arbeite... 14:33
Gestern
Heute
Schriften- und Farbtest
Academy Engraved LET
American Typewriter
Baskerville
Bodoni
Chalkduster
Courier
Futura

Notizen auf dem iPad

Ob Einkaufszettel, Telefonnotiz, Aufgabenliste oder gar der Entwurf für den nächsten Bestseller – mit den Notizen steht Ihnen auf dem iPad ein einfaches, aber flexibles Programm für die schnelle Texterfassung zur Verfügung. Bei der Gestaltung des Programms orientiert sich Apple an einem klassischen gelben US-Notizblock mit Linien und Abrisskante.

Arbeiten mit der Tastatur: Wie Sie mit der Tastatur effizient arbeiten, den Cursor exakt platzieren oder beliebige Bereiche markieren, kopieren, ausschneiden und einfügen können, erfahren Sie in Kapitel 2.

Der Bildschirm

Das Programm starten Sie wie gewohnt mit einem Tipp auf das App-Symbol. Wie bei Mail wird der Bildschirm von Notizen unterschiedlich genutzt, je nachdem, ob Sie Ihr iPad hochkant oder quer halten.

- Im **Querformat** steckt der Notizblock in einem Lederetui, die Seitenleiste links listet alle Notizen in chronologischer Reihenfolge auf. Sie wählen eine Notiz durch einen Fingertipp aus. Die ausgewählte Notiz wird markiert.
- Im **Hochformat** füllt der aktuelle Notizzettel den gesamten Bildschirm. Die Seitenleiste mit der Übersicht über Ihre Notizen blenden Sie ein, indem Sie oben links auf die Taste **Notizen** tippen.

Das Programm kann praktisch beliebig viele Notizen anlegen. Ein neues Notizblatt legen Sie sich mit einem Tipp auf das Pluszeichen zurecht.

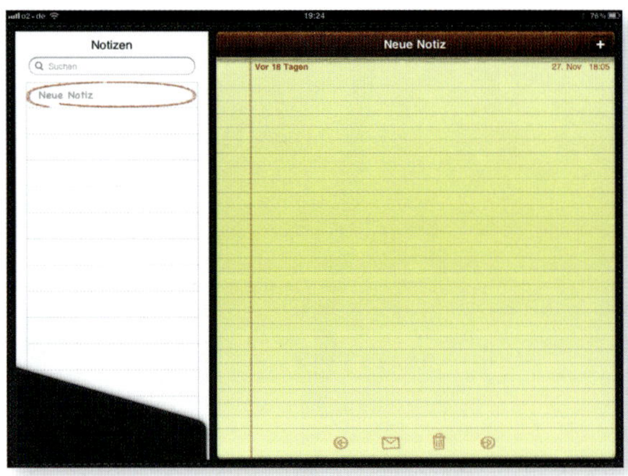

Die Darstellung der Notizen passt sich der Lage des iPads an. Die aktuell ausgewählte Notiz wird in der Seitenleiste markiert.

Notizen schreiben

Beim Start zeigt die Notizen-App die zuletzt benutzte Notiz an. Wenn Sie noch nichts notiert haben, startet das Programm mit einem leeren, gelben Notizblatt. Um etwas zu schreiben, tippen Sie einmal in das Blatt. Es erscheint ein blinkender Cursor und die Tastatur wird eingeblendet.

Um die Notiz abzuschließen, tippen Sie auf das Symbol zum Ausblenden der Tastatur unten rechts. Die Notiz wird dabei automatisch gespeichert. Oben rechts wird, ebenfalls automatisch, Datum und Uhrzeit der letzten Änderung eingetragen.

Sie können auch direkt zu einer neuen Notiz wechseln, indem Sie oben rechts auf das Pluszeichen tippen. Die aktuelle Notiz wird gespeichert, ein neues Blatt aufgeschlagen (was Sie übrigens wörtlich nehmen können – auf diese schicke Animation wollte Apple nicht verzichten) und die Tastatur angezeigt.

Notizen speichern

Jede Notiz wird mit Datum und Uhrzeit der letzten Bearbeitung gespeichert. Als Titel für die Übersicht wird der Anfang der ersten Zeile benutzt. Hier werden die Notizen nicht alphabetisch, sondern chronologisch angeordnet, die zuletzt angelegten bzw. bearbeiteten Notizen stehen am Anfang, die ältesten am Ende. Die Reihenfolge der Notizen ändert sich also, wenn Sie eine ältere Notiz erneut bearbeiten.

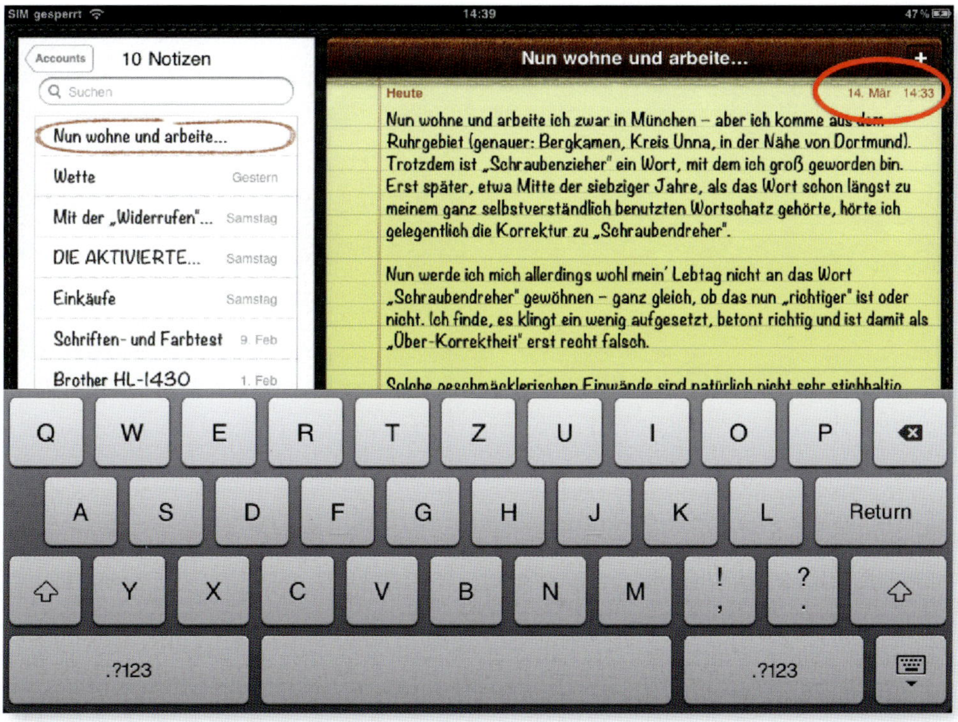

Die Notizen werden automatisch mit Datum und Uhrzeit gespeichert.

Notizen bearbeiten

Möchten Sie eine bereits gespeicherte Notiz bearbeiten, tippen Sie in der Übersicht auf den entsprechenden Eintrag und anschließend in die Notiz. Der blinkende Cursor wird an der Stelle eingeblendet, auf die Sie getippt haben, und es erscheint erneut die Tastatur. Nun können Sie Ihre Bearbeitungen vornehmen und mit einem Tipp auf die Taste zum Ausblenden der Tastatur unten rechts speichern.

Notizen löschen

Notizzettel haben oft das Schicksal, dass sich ihr Inhalt meist nach kurzer Zeit erledigt hat und der Zettel weggeworfen wird. Auf dem iPad ist das nicht anders, nur fällt hier kein Altpapier an, sondern die Notiz löst sich spurlos auf.

Weg ist weg! Die Notizen haben keinen Papierkorb, sondern werden sofort gelöscht. Es gibt keinen Weg, sie wieder zurückzuholen!

Um eine Notiz zu löschen, wählen Sie sie in der Seitenleiste aus und tippen anschließend auf den Mülleimer in der unteren Symbolleiste. Es erscheint eine rote Taste **Notiz löschen**. Nach einem weiteren Tipp auf diese Taste öffnet sich der Mülleimer, in dem die Notiz verschwindet.

Sie können eine Notiz auch in der Übersicht mit dem Finger durchstreichen und anschließend auf **Löschen** tippen. Auch hier müssen Sie den Löschvorgang bestätigen, bevor die Notiz vom iPad entfernt wird.

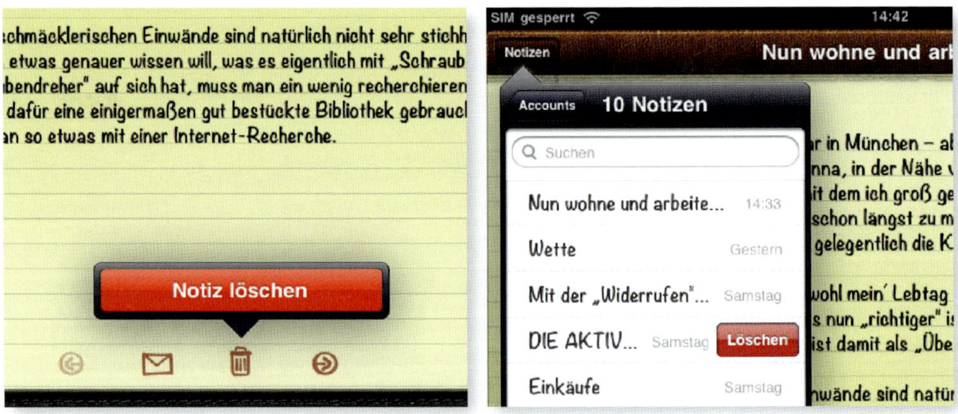

Das Löschen einer Notiz müssen Sie ausdrücklich bestätigen. Das ist auch gut so, es gibt nämlich keinen Weg zurück.

Die Data Detectors

Die Notizen arbeiten mit sogenannten „Data Detectors". Das bedeutet, dass Texteingaben automatisch daraufhin analysiert werden, ob sie eine Anschrift, eine Web- oder Mailadresse oder ein Datum enthalten. Falls dies der Fall ist, wird die Eingabe wie auf einer Webseite als Link markiert, also unterstrichen und in einem hellen Braunton gesetzt.

Das iPad markiert Adressen, Telefonnummern, Daten oder ähnliche Texte als Link und kann diese Einträge mit anderen Apps auf dem iPad verknüpfen.

Tippen Sie einen so markierten Text an, gibt es verschiedene Möglichkeiten:

- **Webadresse** Handelt es sich bei der Markierung um eine Webadresse, wird der Browser Safari geöffnet und die entsprechende Webseite aufgerufen (Safari wird in Kapitel 3 vorgestellt).
- **Mailadresse** Handelt es sich um eine Mailadresse, wird Mail mit einem leeren Mailformular geöffnet, in dem die Adresse als Empfänger eingetragen ist. Die Mail-App ist Thema im Kapitel 4.
- **Name, Anschrift** Bei Namen und Anschriften übergibt Notizen die Informationen an die Karten-App, die versucht, die Adresse zu lokalisieren und anzuzeigen (mit dem Programm Karten beschäftigen wir uns in Kapitel 8).
- **Telefonnummer** Mit dem iPad können Sie zwar nicht wie mit einem Handy telefonieren, aber mit Telefonnummern kann es dennoch etwas anfangen. Tippen Sie auf eine markierte Telefonnummer bietet Notizen Ihnen an, die Nummer zu einem bestehenden Kontakt hinzuzufügen oder einen neuen Kontakt anzulegen (den Kontakten widmen wir uns in Kapitel 6).

Lassen Sie den Finger etwas länger auf einem markierten Eintrag, öffnet sich ein Kontextmenü mit weiteren Möglichkeiten. So lassen sich Webadressen kopieren, um sie an anderer Stelle einzufügen oder bestehende Kontakte um weitere Anschriften ergänzen.

Notizen per E-Mail verschicken

Alle Notizen auf dem iPad lassen sich schnell und einfach per Mail verschicken. Wählen Sie die gewünschte Notiz in der Übersicht an und tippen Sie anschließend in der Symbolleiste unten auf den Briefumschlag.

Es erscheint ein Mailformular, in dem der Text der Notiz als Inhalt enthalten ist, während der Titel der Notiz als Betreffzeile der Mail benutzt wird. Sie müssen nur noch einen Adressaten einfügen und können die Notiz mit **Senden** auf die Reise schicken. Anschließend befinden Sie sich wieder in den Notizen.

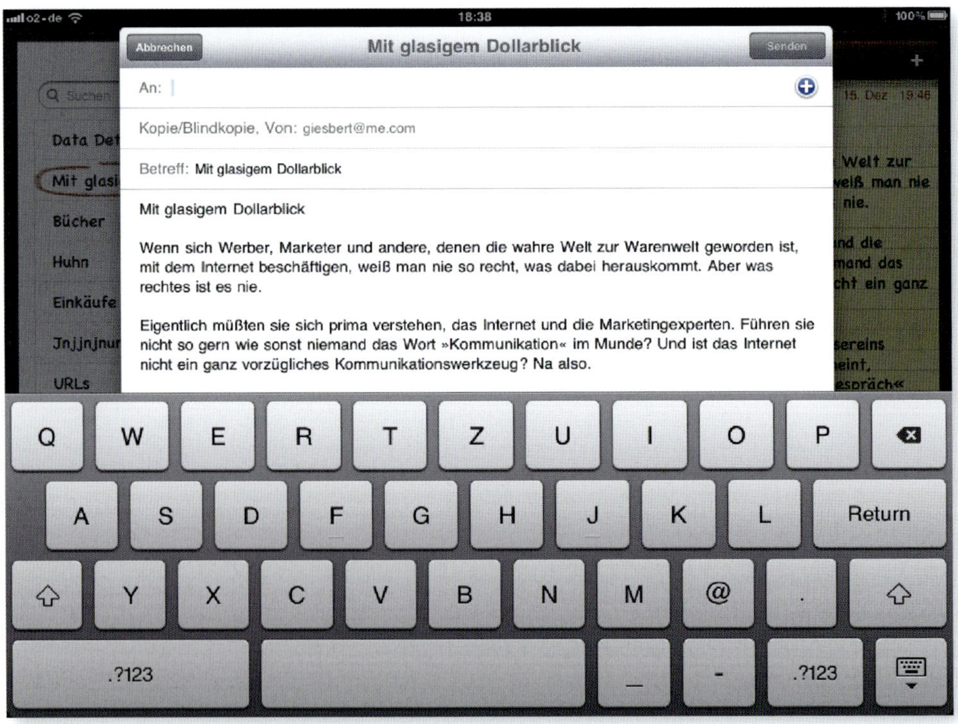

Jede Notiz auf Ihrem iPad lässt sich als Mail verschicken.

Mail: Damit Sie eine Notiz per Mail verschicken können, müssen Sie natürlich die Mail-App eingerichtet haben. Wie das geht, steht in Kapitel 4.

Notizen synchronisieren

Notizen auf dem iPad sind ja schön und gut, aber man möchte die normalerweise auch auf dem Computer griffbereit haben. Und natürlich möchte man auch umgekehrt die Notizen, die man auf dem Computer anlegt, ebenso auf dem iPad dabei haben.

Das geht allerdings nur dann, wenn Sie Ihre Notizen auf dem PC mit Outlook oder Outlook Express verwalten und auf dem Mac mit der Notizfunktion von Mail (das unter Mac OS X beliebte Programm Notizzettel wird vom iPad und von iTunes leider ignoriert).

Notizen abgleichen

Schließen Sie Ihr iPad an Ihren Computer an. Wählen Sie es in der Seitenleiste von iTunes unter **Geräte** aus. Auf der Registerkarte **Info** markieren Sie anschließend den Punkt **Notizen synchronisieren** und übernehmen diese Änderung mit einem Klick auf **Anwenden**.

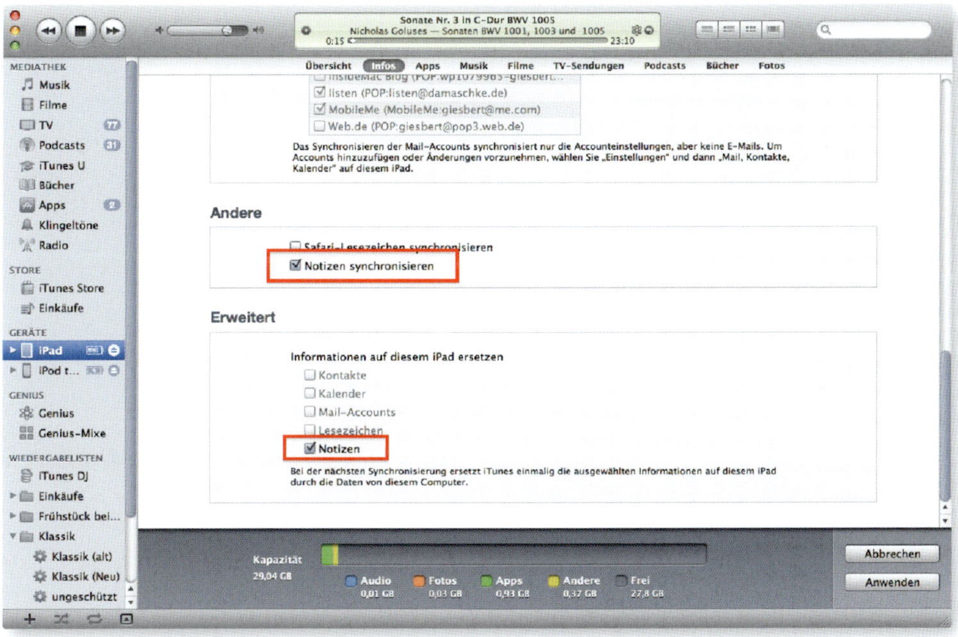

Notizen lassen sich via iTunes zwischen iPad und Computer austauschen.

Notizen ersetzen

Beim Sync werden die Notizenbestände von iPad und PC abgeglichen. Notizen, die Sie nur auf dem iPad angelegt haben, tauchen anschließend auch auf dem PC auf, und umgekehrt werden Notizen, die es nur auf dem PC gibt, zum iPad übertragen. Möchten Sie die Notizen auf dem iPad komplett löschen bzw. mit denen vom PC überschreiben, dann aktivieren Sie in iTunes im Abschnitt **Erweitert** in den Punkt **Notizen**.

Syncprobleme: Ältere Notizen, die bereits auf dem Computer gespeichert waren, bevor Sie den Sync aktiviert haben, werden unter Umständen beim Datenabgleich ignoriert. Hier hilft es, die Notiz kurz zu bearbeiten – also etwa ein Leerzeichen einzufügen und es wieder zu löschen – und anschließend zu speichern. Damit gilt die Notiz als neu und wird von iTunes auf das iPad kopiert.

Notizen drahtlos synchronisieren

Wenn Sie einen IMAP-fähigen Account eingetragen haben – etwa MobileMe, Google Mail oder AOL – dann können Sie Notizen auch „Over the Air“ (OTA), also drahtlos und ohne den Einsatz von iTunes synchronisieren.

Aktivieren Sie dazu unter **Einstellungen > Mail, Kontakte, Kalender** beim entsprechenden Account den Sync der **Notizen**. Haben Sie zudem unter **Einstellungen > Mail, Kontakte, Kalender > Datenabgleich** die Option **Push** aktiviert, werden Notizen, die Sie auf dem iPad anlegen fast zeitgleich mit Ihrem Account auf dem Server Ihres Anbieters synchronisiert und stehen damit beim nächsten Einschalten Ihres Computers auch dort zur Verfügung.

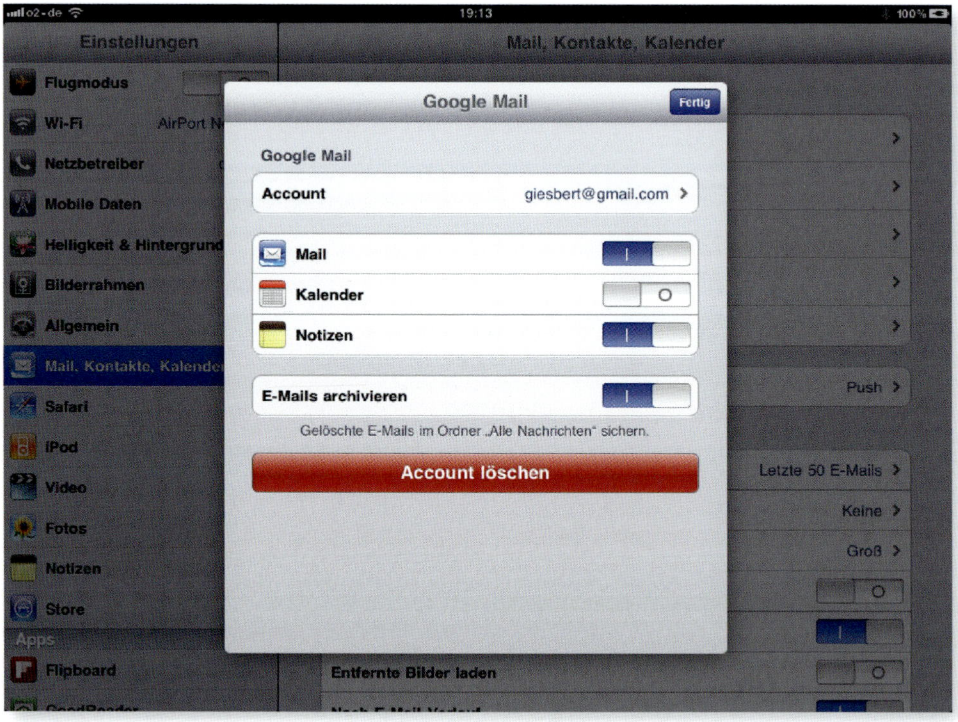

Bei manchen Accounts können die Notizen auch „Over the Air“ und unabhängig von iTunes gesynct werden.

Notizen von mehreren Accounts

Was mit einem Account geht, geht natürlich auch mit mehreren. Sie können die Notizen aus den verschiedensten Quellen synchronisieren und verwalten. Etwa die Notizen, die Sie lokal auf Ihrem Computer gespeichert haben und die, die Sie bei Google Mail und MobileMe verwalten.

Falls Sie Notizen von mehreren Accounts synchronisieren, ändert sich die Darstellung der Seitenleiste in der Notizen-App ein wenig. Zusätzlich zur Anzahl der Notizen erscheint eine Taste **Accounts**.

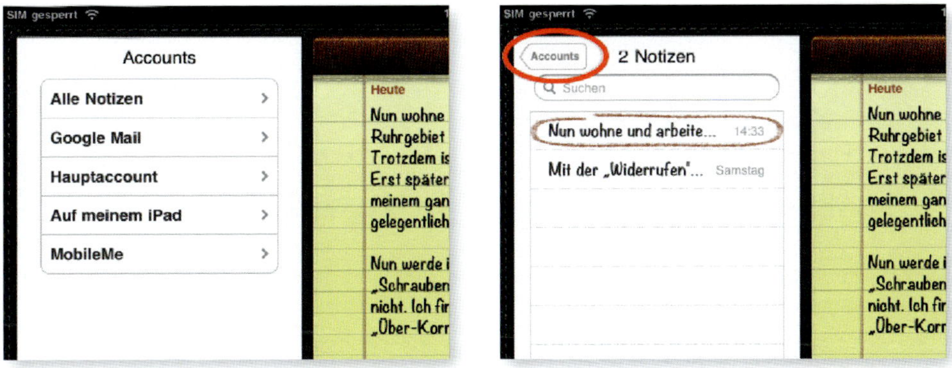

Notizen lassen sich auf dem iPad mit verschiedenen Accounts synchron halten.

Standard-account

Neue Notizen werden auf dem iPad im aktuell gewählten Account eingetragen. Lassen Sie sich also zum Beispiel die Notizen bei Google Mail anzeigen, landet eine neue Notiz auch bei Google Mail.

Falls Sie sich **Alle Notizen** anzeigen lassen und nun eine neue Notiz schreiben, dann wird diese Notiz dem Standardaccount zugeschlagen. Welcher das ist, legen Sie unter **Einstellungen** > **Notizen** > **Standard-Account** fest.

Notizen durchsuchen

Wenn Sie viele Notizen auf Ihrem iPad gespeichert haben, kann es mitunter etwas schwierig werden, eine bestimmte Notiz zu finden. Wie bei den anderen Programmen hilft Ihnen auch hier die Suchfunktion weiter.

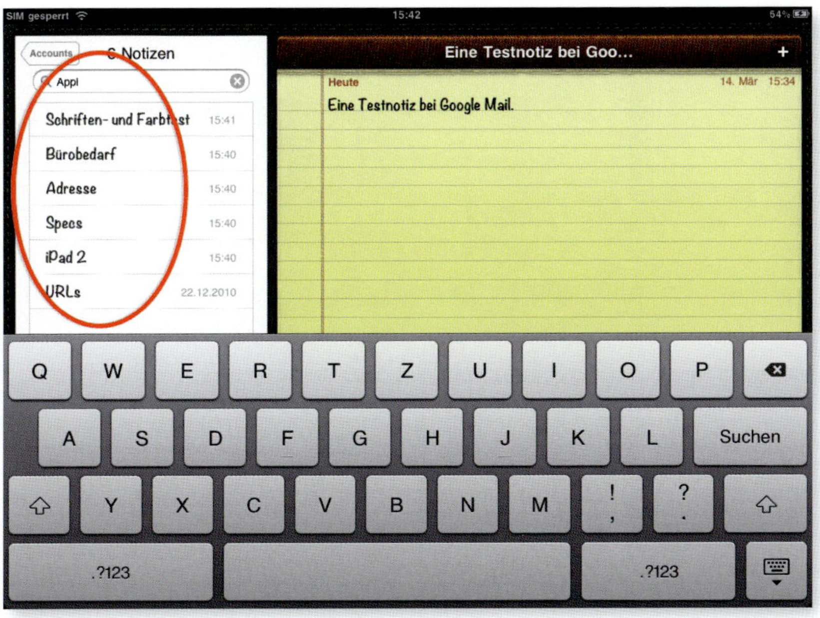

Das Suchergebnis wird mit jedem eingegebenen Buchstaben sofort aktualisiert.

Das Eingabefeld für die Suche befindet sich oberhalb der Seitenleiste, die Sie im Hochformat zuerst mit einem Tipp auf **Notizen** einblenden müssen.

Schriften und Farben in den Notizen

Obwohl das iPad über knapp 60 Schriften in verschiedenen Schnitten verfügt, stehen Ihnen für die Schriftauswahl bei den Notizen nur drei zur Wahl.

Schriftenliste: Wenn Sie einmal genau wissen möchten, welche Schriften auf Ihrem iPad eigentlich vorhanden sind, dann installieren Sie die kostenlose App **Fonts**, die einen komfortablen Fontviewer zur Verfügung stellt. Wie Sie eine App installieren, erfahren Sie in Kapitel 12.

Standardfont wählen

Der Standardfont für die Notizen ist „Noteworthy". Möchten Sie das ändern, dann rufen Sie **Einstellungen > Notizen** auf. Hier können Sie zwischen **Noteworthy**, **Helvetica** und **Marker Felt** wählen.

Nur für Mac

Wenn Sie an einem Mac arbeiten, lässt sich die Fontauswahl mit einem kleinen Trick erweitern. Denn im Mail-Programm von Mac OS X können Sie Notizen in verschiedenen Schriften, Farben und auch Größen anlegen. Wird eine solche Notiz auf das iPad gesynct, übernimmt das iPad die Fontinformationen und stellt (falls der benutzte Font auf dem iPad vorhanden ist) die Notiz entsprechend dar.

Unterschiedliche Schriften und Farben können Sie in den Notizen nur benutzen, wenn Sie mit einem Mac arbeiten. Schließen Sie Ihr iPad an einen Windows-Rechner an und syncen die Notizen mit Outlook, funktioniert das leider nicht.

6

Kontakte und FaceTime

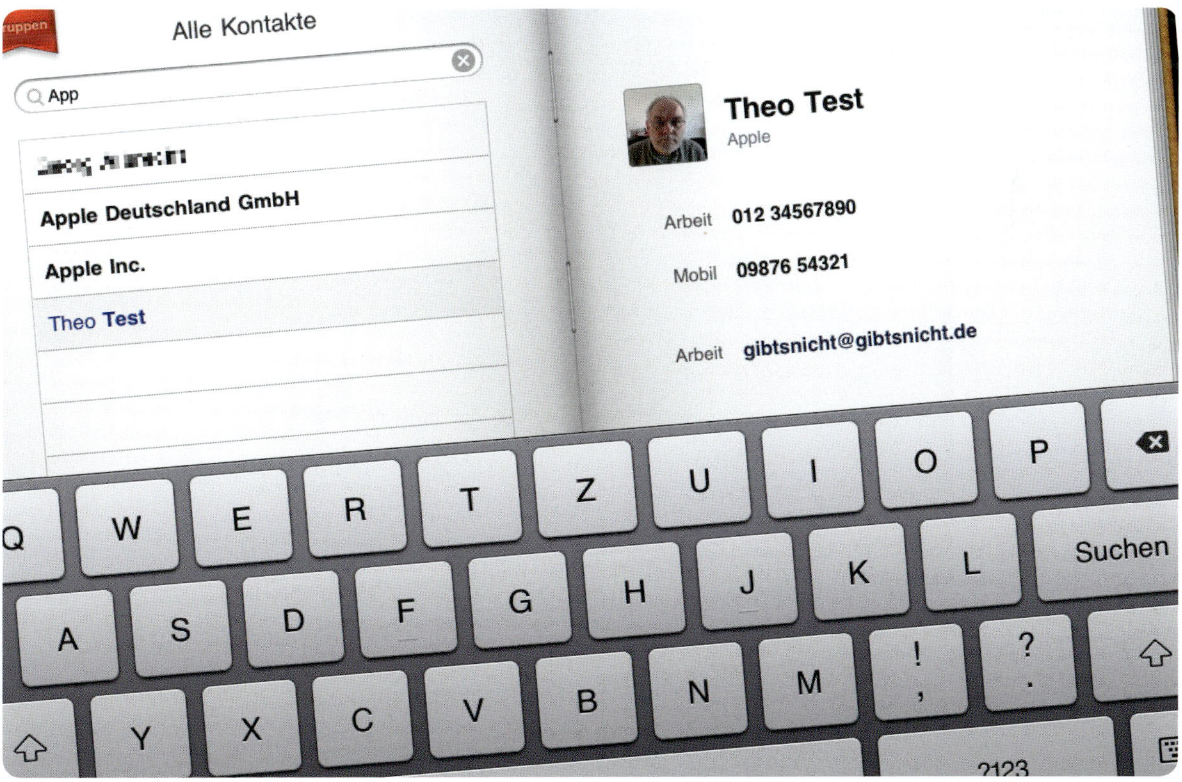

Das Adressbuch auf dem iPad

Das Programm Kontakte ist Ihr Adressbuch auf dem iPad. So haben Sie nicht nur jederzeit die gewünschte Telefonnummer, E-Mail-Adresse und Anschrift zur Hand, sondern können auch von anderen Applikationen wie Karten, Mail oder FaceTime auf die hier gespeicherten Daten zugreifen.

Um Ihre Adressbestände auf das iPad zu bekommen, stehen Ihnen verschiedene Möglichkeiten offen. Vermutlich haben Sie bereits jede Menge Adressen auf Ihrem Computer gespeichert, die Sie auch gern auf Ihrem iPad haben möchten. Das ist natürlich genauso wenig ein Problem wie die manuelle Erfassung neuer Kontakte auf dem iPad. Außerdem können Sie Kontaktdaten, die Ihnen als VCF-Datei per Mail zugeschickt wurden, Ihren Kontakten auf dem iPad hinzufügen. Wie das geht, erfahren Sie weiter unten in diesem Kapitel.

Adressen, die Sie auf dem iPad gespeichert haben, lassen sich über iTunes mit Ihrem Computer syncen, so dass Sie sowohl auf Ihrem Computer als auch auf Ihrem iPad immer den gleichen, aktuellen Datenbestand zur Hand haben.

Der Bildschirm

Die Kontakte-App präsentiert sich beim Start wie ein gebundenes Adressbuch aus Papier. Auf der linken Seite werden die einzelnen Einträge samt alphabetischem Index aufgelistet.

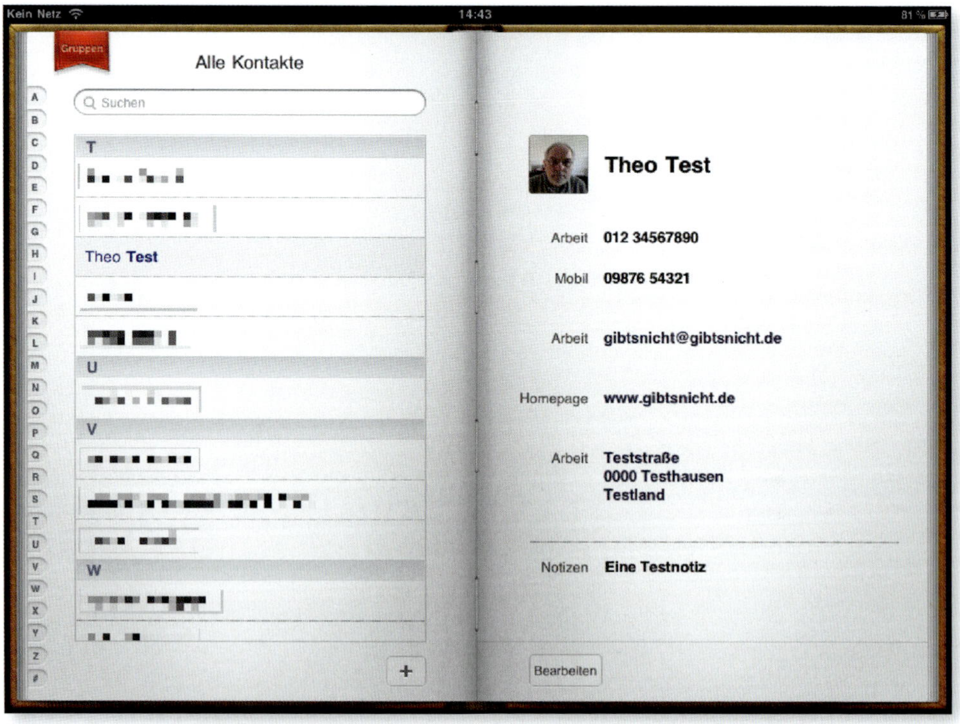

Bei der Kontakte-App hat sich Apple ein klassisches Adressbuch aus Papier zum Vorbild genommen.

Anders als einige andere Programme ändern die Kontakte ihr Aussehen nicht, wenn Sie das iPad im Hoch- oder Querformat halten. Im Hochformat wird das Adressbuch lediglich etwas kleiner und zentriert platziert. Der Rest des Bildschirms bleibt schwarz.

Kontakte mit dem Computer abgleichen

Die Übernahme von Kontakten aus Outlook, dem Windows-Adressbuch oder, auf einem Mac-Rechner, Entourage bzw. dem Mac-OS-Adressbuch wird – wie jeder Datenabgleich zwischen Computer und iPad – über iTunes gesteuert.

1. Schließen Sie Ihr iPad an Ihren Rechner an und wählen Sie es unter **Geräte** in der Seitenleiste von iTunes aus.
2. Auf der Registerkarte **Infos** aktivieren Sie den Punkt **Adressbuchkontakte synchronisieren** und legen fest, ob Sie **Alle Kontakte** oder **Ausgewählte Gruppen** mit dem iPad synchronisieren möchten.
3. Außerdem bestimmen Sie die Gruppe, zu der ein Kontakt hinzugefügt werden soll, den Sie auf dem iPad erstellt haben.
4. Falls Sie Ihre Kontakte bei Yahoo oder Google verwalten, lassen sich auch die dort gespeicherten Einträge mit dem iPad synchronisieren.

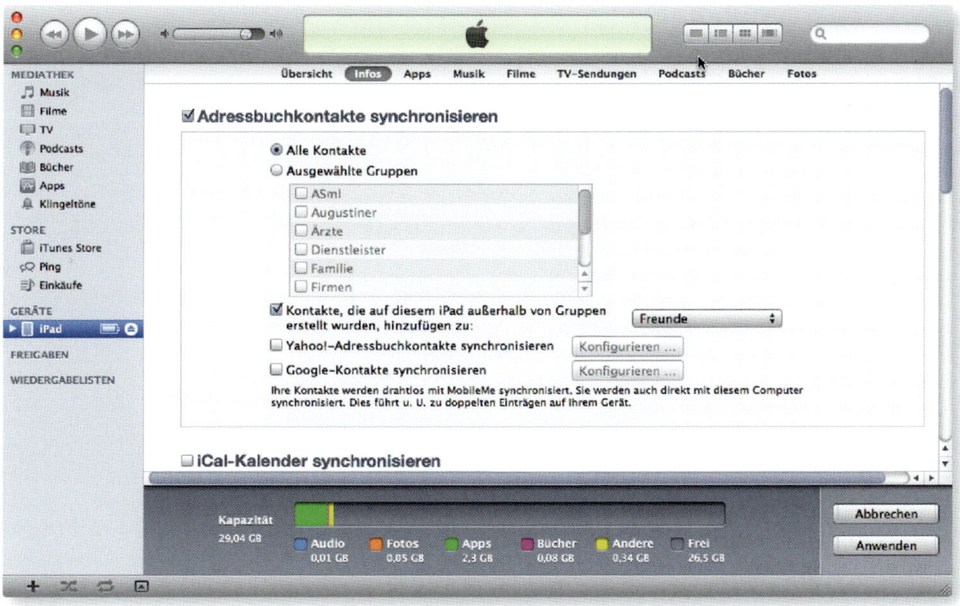

In iTunes legen Sie fest, welche Kontaktdaten mit dem iPad gesynct werden sollen.

Treffen Sie Ihre Wahl und klicken Sie anschließend auf **Anwenden**. Die Kontaktdaten werden nun auf das iPad übertragen. Sollten Sie auf dem iPad bereits Adressen eingetragen haben, tauchen diese im Gegenzug anschließend auf Ihrem Computer auf. Falls Sie das verhindern und die Kontakteinträge auf dem iPad vollständig löschen möchten, aktivieren Sie in iTunes im Abschnitt **Erweitert** unter „Informationen auf dem iPad ersetzen" den Punkt **Kontakte**.

Adressen auf dem iPad erfassen

Um Adressen und Kontaktdaten unterwegs direkt mit dem iPad zu erfassen, rufen Sie das Programm **Kontakte** auf dem Home-Bildschirm auf und tippen auf das Pluszeichen auf der linken Seite unten.

Sobald Sie einen Eintrag in einer Kategorie angelegt haben (hier zum Beispiel bei Telefon und E-Mail), erscheint eine weitere Eingabezeile. Es steht Ihnen also mehr als nur ein Eintrag pro Kategorie zur Verfügung.

Es öffnet sich ein neues Formular, das Ihnen die üblichen Standardfelder für Name, Telefonnummer, Adresse und Notizen bietet. Möchten Sie den Kontakteintrag mit einem Foto versehen, tippen Sie auf **Foto hinzufügen**. Sie können nun ein Bild aus den Fotoalben wählen oder mit der Kamera des iPads ein Foto aufnehmen. Mit den Fotoalben und der Kamera beschäftigt sich das Kapitel 9.

Haben Sie alle Daten eingetragen, tippen Sie auf **Fertig** und speichern so den neuen Eintrag. Haben Sie es sich anders überlegt, schließen Sie das Formular mit **Abbrechen**.

Auf den ersten Blick scheint es lediglich möglich zu sein, jeweils nur einen Eintrag in einer Kategorie anzulegen, also nur eine Telefonnummer, nur eine E-Mail-Adresse und nur eine Webadresse. Doch das täuscht. Sobald Sie etwa eine Telefonnummer erfasst haben, wird eine weitere Eingabezeile für Telefonnummern eingeblendet.

Kontakte einsetzen

Um die Daten eines bestimmten Kontakts nachzuschlagen, starten Sie die Kontakte-App mit einem Tipp auf das App-Symbol, suchen den gewünschten Eintrag links im Index und tippen ihn an. Auf der rechten Seite werden nun alle gespeicherten Daten angezeigt.

Kontakte suchen

Um einen bestimmten Eintrag in Ihren Kontakten zu finden, stehen Ihnen verschiedene Möglichkeiten zur Verfügung:

- **Wischen** Wenn Sie nur eine überschaubare Anzahl an Kontaktdaten eingetragen haben oder die Übersicht links schon fast an der gewünschten Stelle steht, wischen Sie die Liste mit dem Finger nach oben oder unten, um zum gesuchten Eintrag zu gelangen.
- **Das Register** Tippen Sie auf den entsprechenden Buchstaben des alphabetischen Registers, um zum gewünschten Bereich Ihrer Adressensammlung zu springen.
- **Das Suchfeld** Bei sehr umfangreichen Adresssammlung erweist sich die Suche als hilfreich. Geben Sie den Namen oder die Firma des gesuchten Kontakts ein. Die Liste der gefundenen Einträge wird mit jedem eingegebenen Buchstaben aktualisiert, meist genügt es schon, die ersten Buchstaben eines Kontakts einzugeben, um ihn zu finden. Bei der Suche werden nur Name und Firma berücksichtigt, Sie können also nicht nach einem Ort, einer Telefonnummer oder einem Stichwort in den Notizen suchen.

Die Sortierreihenfolge festlegen: Standardmäßig sortiert das iPad Kontakte alphabetisch nach dem Nachnamen und zeigt sie in der Übersicht nach dem Muster „Vorname Nachname" an. Möchten Sie das ändern, sich also zum Beispiel die Namen nach dem Muster „Nachname Vorname" anzeigen lassen, können Sie dies in den Einstellungen tun. Rufen Sie dazu **Einstellungen > Mail, Kontakte, Kalender** auf. Im Abschnitt **Kalender** können Sie nun sowohl die Sortier- als auch die Anzeigereihenfolge der Einträge festlegen.

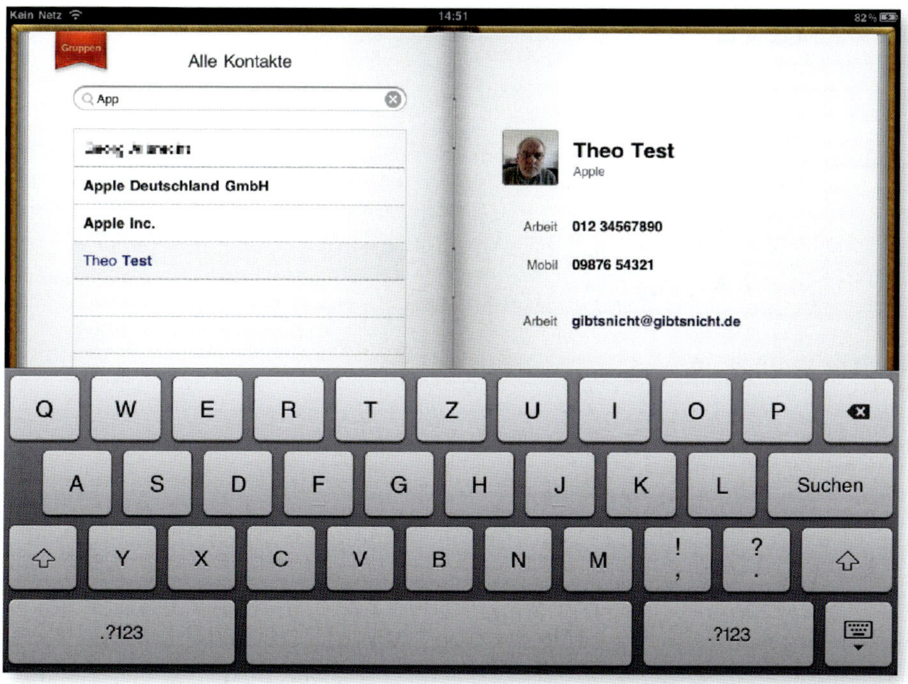

Die Suchfunktion der Kontakte-App sucht lediglich in den Namen und Firmen. „Theo Test" wurde in diesem Beispiel gefunden, weil er angeblich bei „Apple" arbeitet.

Informationen nutzen

Alle Inhalte eines Kontakte-Eintrags sind mit den verschiedenen Applikationen auf dem iPad verknüpft und können mit einem Tipp sofort genutzt werden:

- **Telefonnummern** Ein Tipp auf die Telefonnummer übergibt die Nummer an FaceTime, das versucht, eine Videoverbindung via Internet mit dieser Nummer aufzubauen (mit FaceTime beschäftigen wir uns weiter unten).
- **Mail-Adressen** Mit einem Tipp auf eine Mailadresse wechseln Sie zur Mail-App, um eine Mail an den Kontakt zu schicken. Der Mail-App widmen wir uns in Kapitel 4.
- **Webadresse** Ein Tipp auf eine Webadresse öffnet die entsprechende Webseite in Safari (Safari wird in Kapitel 3 vorgestellt).
- **Adresse** Ein Anschrift lässt sich mit einem Tipp in der Karten-App anzeigen (zu Karten mehr in Kapitel 8).

Daten kopieren: Jedes Feld in einem Eintrag kann kopiert und in ein anderes Dokument (etwa eine Mail oder in die Notizen) übernommen werden. Tippen Sie den gewünschten Eintrag an und lassen Sie den Finger so lange auf dem Display, bis die Taste **Kopieren** erscheint. Das gilt auch für Fotos, die Sie als Dateianhang einer Mail benutzen können.

Gruppen

Falls Sie Ihre Kontakte auf dem Computer in Gruppen verwalten, werden diese Gruppen auch auf das iPad gesynct. Über das rote Lesezeichen **Gruppen** links oben können Sie die Anzeige der Kontakte auf eine bestimmte Gruppe beschränken.

Es ist allerdings nicht möglich, auf dem iPad eine Gruppe anzulegen, eine bestehende Gruppe zu löschen oder umzubenennen. Obendrein können Sie weder bei einem neuen noch einem bestehenden Kontakt eine bestimmte Gruppe auswählen, der Sie den Kontakt zuordnen möchten. Jeder neue Kontakt wird standardmäßig der Gruppe einverleibt, die Sie in iTunes auf dem Computer ausgewählt haben. Falls Sie beim Sync keine Standardgruppe ausgewählt haben, bleibt auch der neue Kontakt auf dem iPad gruppenlos.

Die Kontakte-App übernimmt zwar die Gruppen aus dem Adressbuch vom Computer, kann aber selbst keine Gruppen anlegen oder Kontakte einer Gruppe zuweisen.

Gruppenzugehörigkeit: Mit einem kleinen Trick ist es allerdings möglich, neue Kontakte auf dem iPad in eine bestimmten Gruppe aufzunehmen. Bevor Sie die Kontaktdaten erfassen, tippen Sie oben links auf **Gruppen**. Wählen Sie nun die Gruppe aus, der Sie den neuen Kontakt zuordnen möchten. Erst jetzt tippen Sie auf das Pluszeichen, um einen neuen Kontakt anzulegen. Der Kontakt wird automatisch der Gruppe zugeordnet, die Sie ausgewählt haben.

Felder hinzufügen und löschen

Die vom iPad angebotenen Standardfelder sind für Ihre Zwecke vielleicht etwas zu wenig, und Sie möchten deshalb mehr oder andere Informationen erfassen.

In diesem Fall tippen Sie im Adressformular unten auf den Eintrag **Feld hinzufügen**. Hier können Sie das Formular nun um weitere Felder wie etwa einen zweiten Vornamen, einen Spitznamen, den Geburtstag oder einen Titel ergänzen.

Felder löschen

Um ein Feld zu löschen, tippen Sie auf das rote Minuszeichen neben dem entsprechenden Eintrag. Ein Feld lässt sich auch sehr einfach entfernen, wenn der Kontakteintrag bereits gespeichert wurde. Lassen Sie sich den gewünschten Eintrag in den Kontakten anzeigen und streichen Sie das Feld durch. Nach einem Tipp auf **Löschen** wird es aus dem Kontakteintrag entfernt.

Etiketten

Standardmäßig gibt Ihnen das iPad bei den Einträgen für Telefonnummer, E-Mail oder Webadressen verschiedene Bezeichnungen vor, die auf dem iPad „Etiketten" heißen. Telefonnummern sind von Haus aus „Mobil", E-Mail-Adressen „Privat" und eine Webadresse die „Homepage".

Welches Etikett ein Eintrag im Adressbuch bekommt, legen Sie mit wenigen Fingertipps fest.

Das lässt sich natürlich ändern und Ihren Wünschen anpassen. Tippen Sie dazu auf ein Etikett, um etwa aus einer Mobiltelefonnummer eine private Telefon- oder eine Faxnummer zu machen.

Der Auswahldialog ist zweigeteilt. Im ersten Abschnitt werden die Etiketten aufgeführt, die für die gewählte Kategorie zum Standard gehören, im zweiten finden Sie eine Reihe von Vorschlägen. Die Standardeinträge sind fest vorgegeben, die Vorschläge können Sie auch löschen.

Etiketten anlegen und löschen

Sagt Ihnen keines der angebotenen Etiketten zu, dann scrollen Sie bis ans Ende der Liste. Hier können Sie über den entsprechenden Punkt ein **Eigenes Etikett hinzufügen**. Das von Ihnen eingetragene Etikett wird alphabetisch im zweiten Bereich der Etikette einsortiert, ein Eintrag wie „Mein Etikett" landet also zwischen „Mail" und „Mobil".

Möchten Sie die Etiketten einmal aufräumen und etwa ein irrtümlich eingetragenes oder überflüssiges Etikett wieder löschen, dann tippen Sie auf **Bearbeiten**. Alle Etiketten im zweiten Bereich bekommen nun ein rotes Minuszeichen, über das Sie das entsprechende Etikett löschen können.

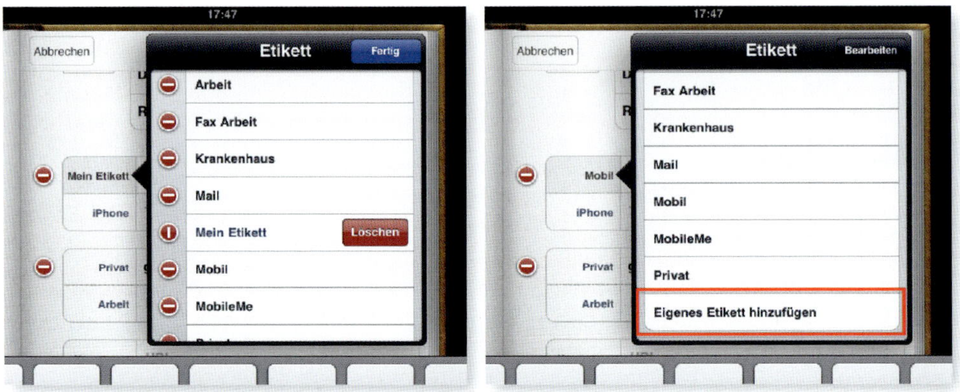

Felder in den Kontakteinträgen lassen sich mit eigenen Etiketten versehen, die Sie auch wieder löschen können.

Kontakte bearbeiten und löschen

Kontaktdaten sind oft recht umfangreich und manchen Änderungen unterworfen. Nicht immer hat man gleich alle Daten richtig erfasst, möchte später Tippfehler korrigieren oder einen Eintrag auch komplett löschen.

Dazu rufen Sie **Kontakte** auf und lassen sich den entsprechenden Eintrag anzeigen.

Die Notizen zu einem Eintrag lassen sich sofort bearbeiten. Tippen Sie in das Notizenfeld, wird die Tastatur eingeblendet und Sie können die Notiz bearbeiten.

Wie bereits erwähnt ist auch das Löschen eines einzelnen Feldes in einem Eintrag schnell erledigt: Streichen Sie das Feld einfach mit dem Finger durch.

Um die anderen Daten eines Kontaktes zu ändern, wählen Sie ihn aus und tippen unten auf **Bearbeiten**. Es öffnet sich nun das Kontaktformular, in dem Sie wie gewohnt Einträge vornehmen, Felder hinzufügen und entfernen oder Etiketten ändern können.

Um einen Eintrag komplett zu löschen, tippen Sie am Fuß des Formulars auf **Kontakt löschen**. Nach einer Sicherheitsabfrage wird der Kontakteintrag gelöscht.

Kontakte als VCF-Datei senden und empfangen

Jeder Kontakt kann als digitale Visitenkarte im VCF-Format verschickt werden. Es ist auch möglich, VCF-Dateien, die Sie per Mail bekommen haben, Ihren Kontakten hinzuzufügen.

Was ist VCF?

VCF steht für „vCard File" und bezeichnet ein Standardformat für die Weitergabe von Kontaktdaten. So kann der Empfänger der VCF-Datei den Kontakt mit wenigen Mausklicks in sein Adressbuch übernehmen.

Kontakt senden

Der Versand eines Kontakteintrags geht denkbar einfach. Lassen Sie sich den gewünschten Kontakt anzeigen und tippen Sie am Fuß des Eintrags auf **Kontakt senden**. Es wird ein Mail-Formular geöffnet, in dem die VCF-Datei als Anhang eingefügt ist.

Kontakt empfangen

Der Austausch von Kontaktdaten funktioniert natürlich in beide Richtungen. Sie können eine VCF-Datei nicht nur versenden, sondern eine empfangene Datei auch problemlos in Ihre Kontakte aufnehmen.

Wenn Sie eine E-Mail mit einer VCF-Datei im Anhang bekommen haben, tippen Sie das Anhangsymbol an.

Der Eintrag wird angezeigt, und Sie haben nun die Möglichkeit, die Daten entweder als neuen Kontakt aufzunehmen (**Neuen Kontakt erstellen**) oder die Daten mit einem bestehenden Kontakt zusammenzuführen (**Zu Kontakt hinzufügen**).

Eine VCF-Datei, die Sie per Mail bekommen haben, lässt sich mit wenigen Fingertipps Ihren Adressbeständen einverleiben.

FaceTime: Videotelefonie mit dem iPad

Mit FaceTime bietet das iPad die Möglichkeit, kostenlose Videotelefonate via Internet rund um den Globus zu führen. Allerdings ist das an zwei Bedingungen geknüpft:

- FaceTime funktioniert nur zwischen Geräten, die FaceTime unterstützen. Aktuell (April 2011) sind dies das iPad 2, das iPhone 4, der iPod touch (4. Generation) und die Macintosh-Computer von Apple.
- Beide FaceTime-Geräte müssen in einem WLAN eingebucht sein, da die Bild- und Tonübertragung via WLAN erfolgt. Es ist also nicht möglich, unterwegs mit dem iPad via 3G/UMTS auf FaceTime zuzugreifen.

FaceTime aktivieren

Zur Kontaktaufnahme via FaceTime dient Ihre E-Mail-Adresse. Beim ersten Start von FaceTime werden Sie aufgefordert, Ihre Apple-ID – die ja eine E-Mail-Adresse ist – für FaceTime zu aktivieren, was Sie mit der Eingabe Ihres Kennworts und einem Tipp auf **Anmelden** erledigen. Anschließend sind Sie von anderen FaceTime-Geräten über diese E-Mail-Adresse zu erreichen. Wenn Sie eine andere Adresse benutzen möchten, tippen Sie auf **Neuen Account erstellen**.

Mehr Adressen für FaceTime

Sie können mehr als eine Mailadresse für FaceTime freischalten. Rufen Sie dazu **Einstellungen > FaceTime** auf und tippen Sie auf **Weitere E-Adresse hinzufügen**. Geben Sie die gewünschte Adresse ein und bestätigen Sie mit **Return**.

Es wird nun eine Überprüfungsmail an die eingegebene Adresse geschickt. Rufen Sie also Ihre Mails ab und klicken Sie auf den Link, den Apple Ihnen geschickt hat. Im Browser öffnet sich nun ein Webformular, in dem Sie sich mit Ihrer Apple-ID anmelden und so die neue E-Mail-Adresse bestätigen.

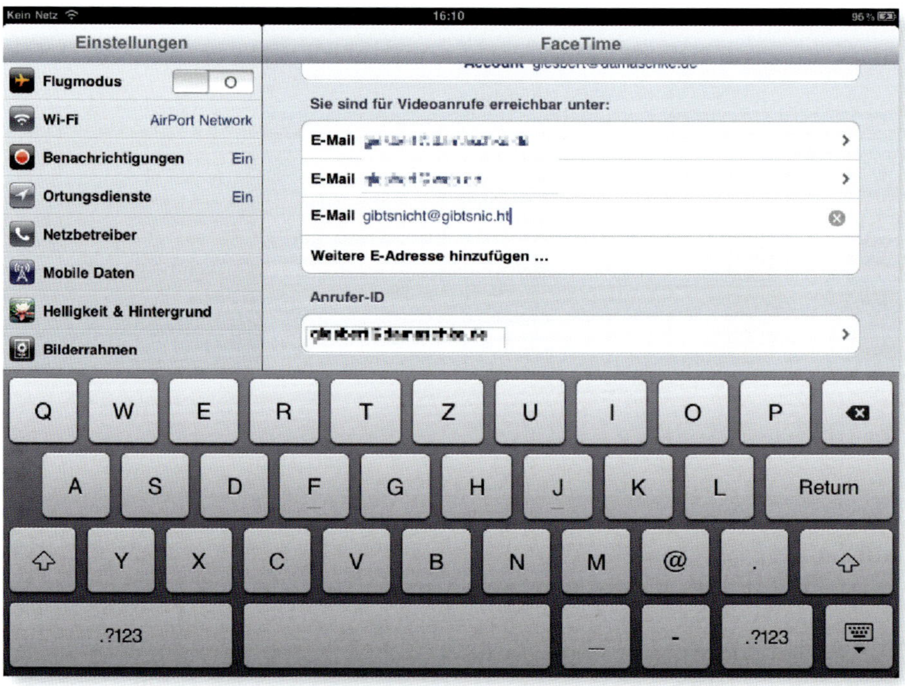

Sie können mehrere E-Mail-Adressen festlegen, unter denen Sie via FaceTime zu erreichen sind.

Adressen löschen

Um eine FaceTime-Adresse zu löschen, rufen Sie **Einstellungen > FaceTime** auf und tippen die gewünschte Adresse an. Nun können Sie mit einem Tipp auf **Diese E-Mail-Adresse entfernen** die Adresse als FaceTime-Kontaktadresse löschen.

FaceTime deaktivieren

Wenn Sie nicht mehr via FaceTime erreichbar sein möchten, können Sie die Funktion in den Einstellungen deaktivieren. Rufen Sie dazu **Einstellungen > FaceTime** auf und schalten Sie die Funktion über den Schalter **FaceTime** aus. Keine Sorge, Ihre Kontaktdaten werden dabei nicht gelöscht. Sobald Sie FaceTime erneut einschalten, sind Sie wieder unter den eingegebenen Adressen zu erreichen.

Ein FaceTime-Telefonat

Bei einem FaceTime-Telefonat werden Ton und Bild vom iPad via Internet auf das Gerät des Empfängers übertragen und dort angezeigt bzw. wiedergegeben.

Anrufen

Ein Videotelefonat ist denkbar einfach. Starten Sie die FaceTime-App, wählen Sie aus der Kontakte-Liste den gewünschten Eintrag und tippen Sie auf die Telefonnummer bzw. E-Mail-Adresse, über die der Kontakt via FaceTime zu erreichen ist.

Alternativ dazu können Sie auch die Kontakte-App starten und sich den Eintrag des gewünschten Gesprächspartners anzeigen lassen. Über die Taste **FaceTime** blenden Sie die möglichen Verbindungen ein, mit einem Fingertipp stellen Sie die Verbindung her.

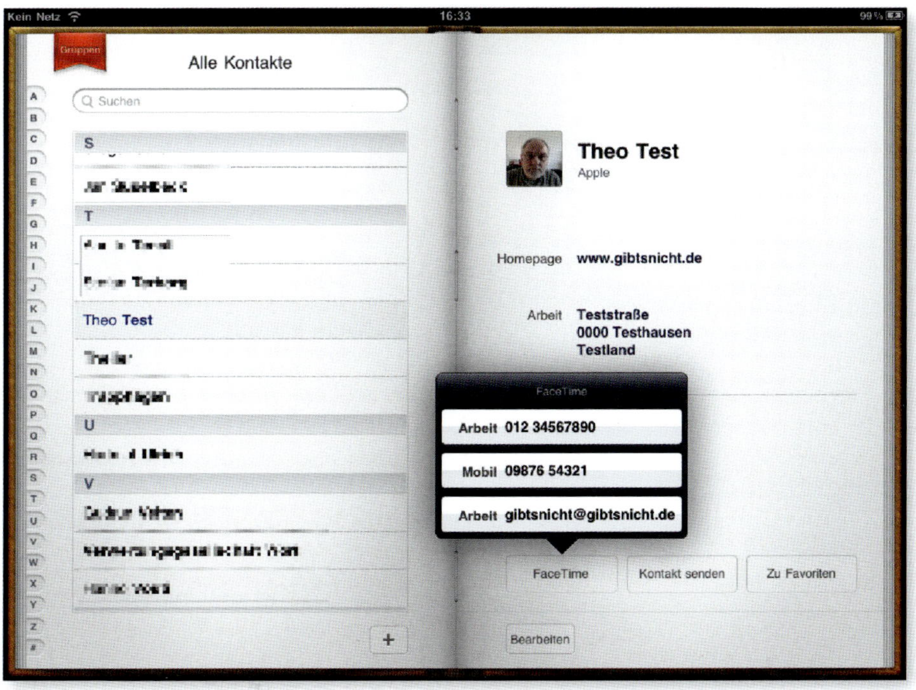

Ein FaceTime-Telefonat kann auch aus der Kontakte-App heraus eingeleitet werden.

Telefon? Als mögliche FaceTime-Adresse werden auch Telefonnummern angezeigt. Das mag etwas verwundern, kann das iPad doch gar keine Telefonverbindung aufbauen. Das muss es für FaceTime auch gar nicht können. Die Telefonnummern beziehen sich auf FaceTime-Verbindungen zwischen iPad und iPhone, das im FaceTime-Netzwerk über seine Telefonnummer identifiziert wird. Das iPad nimmt via Internet Kontakt zum FaceTime-Server auf, dort wird die Telefonnummer ausgewertet und der Videoanruf ans iPhone weitergeleitet.

Die Kamera

Sobald der Angerufene das Gespräch angenommen hat, sehen Sie ihn bildschirmfüllend auf dem iPad und können sich nun mit ihm unterhalten. Gleichzeitig sieht Ihr Gesprächspartner das, was die Frontkamera des iPads an ihn überträgt. Möchten Sie auf die Rückseitenkamera wechseln, tippen Sie auf das entsprechende Symbol zum Wechsel der Kamera.

Damit Sie wissen, was Ihr Gegenüber auf seinem FaceTime-Gerät zu sehen bekommt, wird oben eine Miniatur eingeblendet, in der das Bild zu sehen ist, das Ihr iPad überträgt. Diese Miniatur können Sie mit dem Finger auf dem Bildschirm verschieben.

FaceTime ermöglich Videotelefonate via Internet – kostenlos. Ganz gleich, ob Sie Ihren Kollegen im Nachbarzimmer anrufen oder einen Freund in den USA, es kostet Sie keinen Cent.

Pst! Möchten Sie vorübergehend die Tonübertragung unterbrechen, tippen Sie auf das durchgestrichene Mikrofon. Mit einem erneuten Tipp auf das Symbol schalten Sie den Ton wieder ein.

Die Favoriten

Damit Sie für ein Telefonat nicht immer durch Ihren kompletten Adressbestand blättern müssen, können Sie Kontakte, mit denen Sie häufiger telefonieren, als Favorit markieren. Dazu lassen Sie sich den entsprechenden Eintrag in der Kontakte-App zeigen. Tippen Sie unten rechts auf **Favoriten** und wählen Sie die Telefonnummer bzw. E-Mail-Adresse aus, die Sie als Favorit speichern möchten. In der FaceTime-App können Sie sich nun über die Taste **Favoriten** die so markierten Einträge anzeigen lassen.

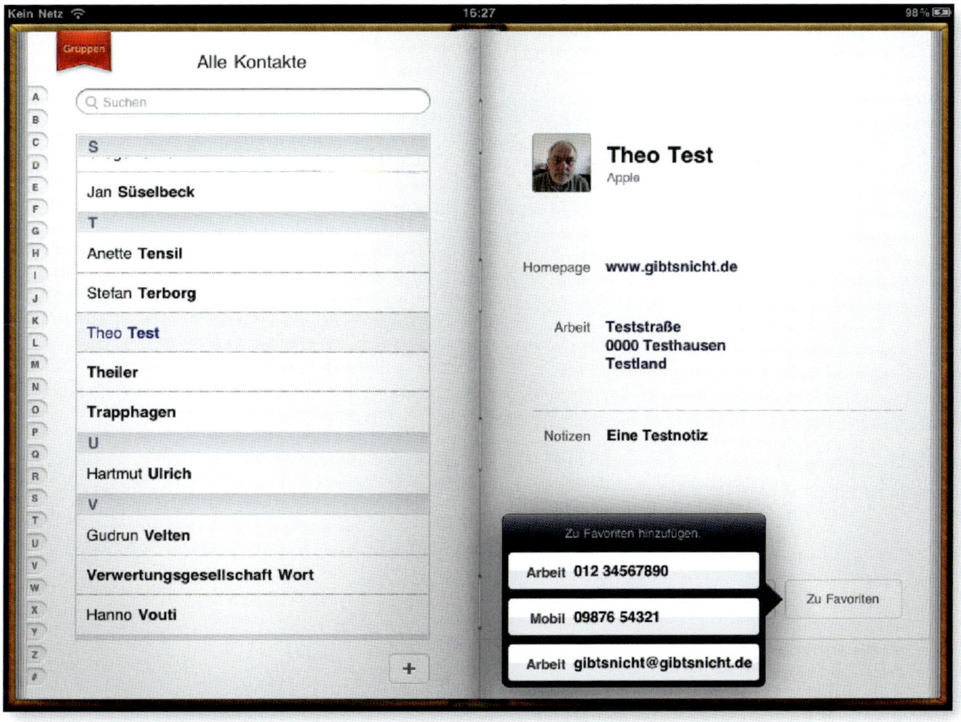

Bei Kontakten, mit denen Sie regelmäßig via FaceTime telefonieren, können Sie die Telefonnummer bzw. E-Mail-Adresse als Favorit markieren.

Angerufen werden

Wenn Sie auf dem iPad über FaceTime angerufen werden, drängelt sich FaceTime automatisch in den Vordergrund, aktiviert die Frontkamera und weist sie auf eine **FaceTime-Einladung** hin. Im oberen Bildschirmbereich sehen Sie die Telefonnummer bzw. die E-Mail-Adresse des Anrufers. Bei Telefonnummern bzw. E-Mail-Adressen, die Sie in Ihrem Adressbuch gespeichert haben, zeigt FaceTime den Namen des Anrufers an.

Über zwei große Tasten können Sie die Einladung **Ablehnen** oder **Annehmen**. Nach dem Ende des Telefonats (bzw. wenn Sie es ablehnen) wechselt das iPad wieder zu der Applikation, die vor dem Anruf aktiv war.

Namenskennung: Als weltweit verfügbares Angebot benutzt FaceTime bei Telefonnummern die internationale Notation. Damit FaceTime eine Mobilfunknummer im Adressbuch erkennt, muss diese entsprechend notiert sein. Eine deutsche Telefonnummer wie 0151 12345678 muss also als +49 151 12345678 gespeichert sein, damit FaceTime den Namen korrekt zuordnen und anzeigen kann.

Telefonat beenden

Um ein Telefonat zu beenden, müssen Sie auf die Taste **Beenden** tippen. Es genügt nicht, FaceTime mit einem Druck auf die Home-Taste zu verlassen. In diesem Fall bleibt die Verbindung nämlich bestehen, und Sie können sich weiterhin mit Ihrem Gegenüber unterhalten und gleichzeitig eine andere App starten, um zum Beispiel etwas nachzuschlagen.

Verlassen Sie FaceTime über die Home-Taste, bleibt die Telefonverbindung bestehen.

Möchten Sie zum Videotelefonat zurückkehren, tippen Sie auf den entsprechenden Text oben am Bildschirmrand.

Die Anruferliste

Unter dem Punkt **Anruferliste** führt FaceTime penibel Protokoll über alle FaceTime-Telefonate. Hier sehen Sie, wann Sie mit wem telefoniert haben. Ausgehende Anrufe werden dabei mit einem kleinen FaceTime-Symbol markiert, eingehende Anrufe bleiben ohne Markierung. Mit einem Tipp auf den Eintrag können Sie erneut anrufen, ein Tipp auf den Pfeil rechts zeigt Ihnen den Kontakteintrag und Informationen zur Dauer des geführten Telefonats.

Verpasste Anrufe

Haben Sie einen Anruf verpasst, wird das FaceTime-Symbol um eine kleine rote Zahl ergänzt, die Ihnen zeigt, wie viele Anrufe Sie nicht angenommen oder verpasst haben. Über die Anruferliste der FaceTime-App können Sie sich die Details zum Anruf anzeigen lassen und natürlich auch zurückrufen.

Klingeltöne

Mit welchem Klingelton sich das iPad bei einem eingehenden Anruf melden soll, legen Sie unter **Einstellungen > Allgemein > Töne > Klingelton** fest. Zur Auswahl stehen 25 verschiedene Töne und Soundeffekte.

Eigene Klingeltöne

Wie Sie eigene Klingeltondateien für das iPad mit Hilfe von iTunes erstellen, erfahren Sie im iTunes-Kapitel im Anhang A. Sobald Sie Klingeltöne in iTunes importiert haben, lassen sich diese wie gewohnt mit iTunes auf das iPad syncen und dort nutzen.

Schließen Sie dafür Ihr iPad an den Rechner an und wählen Sie es in der Seitenleiste von iTunes aus. Wechseln Sie nun zum Register **Klingeltöne**. Hier legen Sie fest, ob Sie alle oder nur einige ausgewählte Klingeltöne auf das iPad kopieren möchten. Die eigenen Klingeltöne tauchen auf dem iPad dann unter **Einstellungen > Allgemein > Töne > Klingeltöne** im Abschnitt **Persönlich** auf; die hauseigenen des iPads werden unter **Normal** aufgeführt.

Kontakte und Töne

Damit Sie schon am Klingeln erkennen, wer Sie da gerade per FaceTime anruft, können Sie Ihren Kontakten unterschiedliche Töne zuweisen. Tippen Sie dazu im Eintrag auf das Feld **Klingelton** und treffen Sie Ihre Wahl.

7

Der Kalender

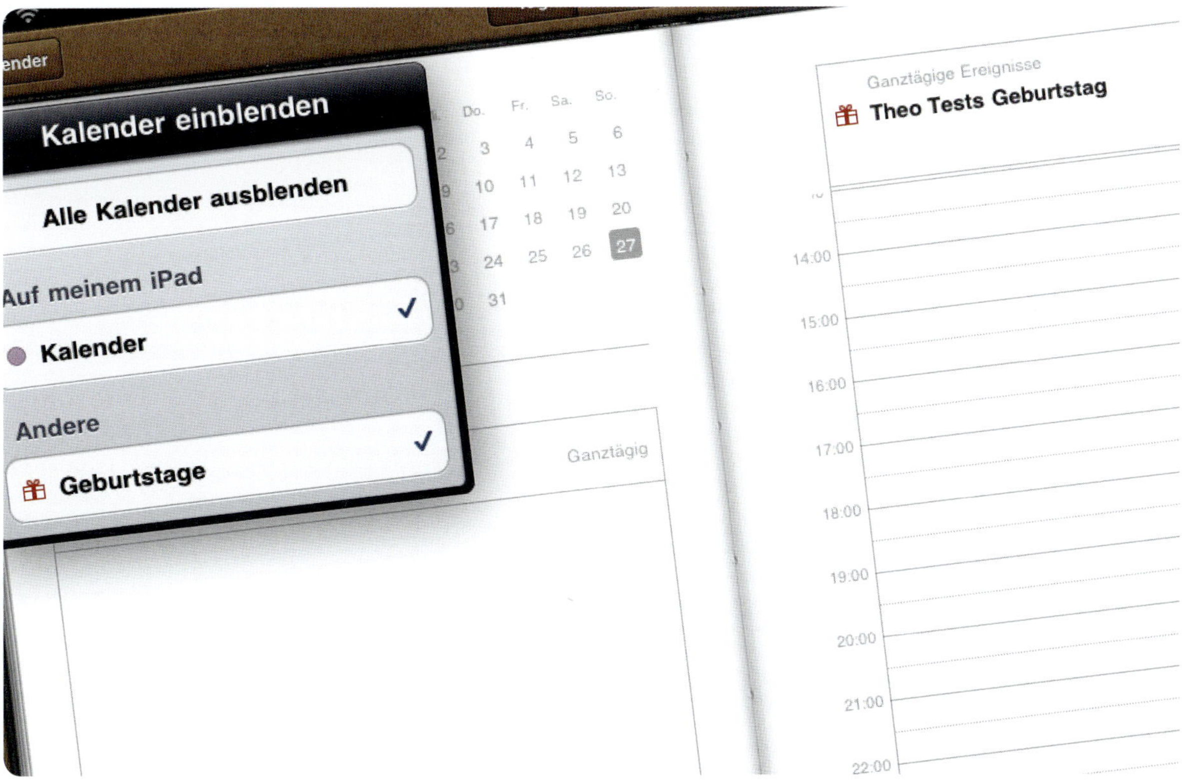

Terminverwaltung auf dem iPad

Eine Standardapplikation auf praktisch jedem Computer, Handy und Smartphone ist der Kalender. Hier werden Termine eingetragen, wichtige Ereignisse notiert, Geburtstage gespeichert und ähnliches mehr. Natürlich besitzt auch das iPad einen Kalender, der Ihnen eine genaue Zeitplanung Ihres Tagesablaufs ermöglicht. Kalendereinträge lassen sich problemlos mit Ihrem Computer abgleichen und Sie können auch Kalender aus anderen Quellen wie etwa Google einbinden. So sind Sie auch auf dem iPad immer auf dem aktuellen Stand.

Immer aktuell: Das Programmsymbol der Kalender-App weist übrigens eine kleine Besonderheit auf: Es zeigt immer das aktuelle Tagesdatum.

Mehrere Kalender

Der schlichte Programmname „Kalender" ist vielleicht ein wenig irreführend. Denn das Programm kann nicht einen, sondern mehrere Kalender verwalten. Die verschiedenen Kalender können gezielt ein- oder ausgeblendet werden und ermöglichen es Ihnen, etwa private und berufliche Termine sauber zu trennen.

Allerdings ist es hier so ähnlich wie mit den Gruppen in den Kontakten (siehe dazu Kapitel 6). Sie können zwar verschiedene Kalender vom Computer aus aufs iPad syncen, aber Sie können auf dem iPad selbst keine eigenen Kalender anlegen. Eine Ausnahme bilden hier Kalender, die Sie von externen Servern als Abo einbinden.

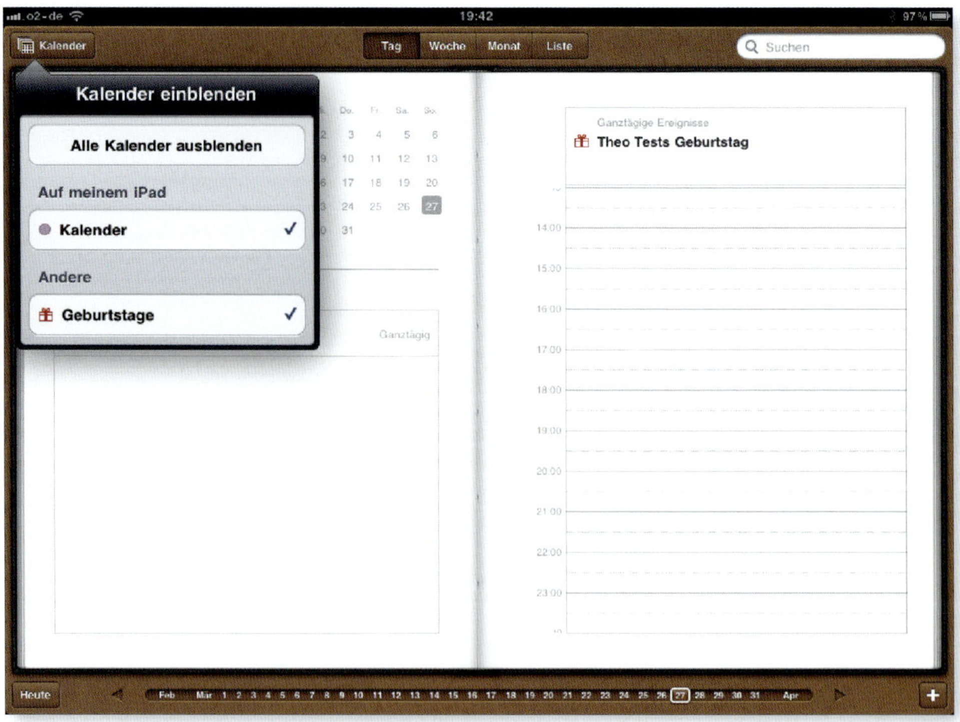

Geburtstage übernimmt die Kalender-App automatisch aus den entsprechenden Einträgen in den Kontakten und bindet sie als separaten Kalender ein.

Geburtstage

Haben Sie in den Kontakteinträgen auch Geburtstage verzeichnet, legt das iPad automatisch einen entsprechenden Kalender **Geburtstage** an, der die Daten im Kalenderblatt mit einem kleinen Geschenksymbol und dem Namen des Geburtstagskindes markiert.

Externe Kalender

Es ist auch möglich, Kalender von Kollegen oder Bekannten aus dem Netzwerk einzubinden und gemeinsam zu nutzen. Obendrein lassen sich Kalender abonnieren. Dabei handelt es sich um Terminsammlungen, die im Internet veröffentlicht werden und die sich automatisch auf dem iPad anzeigen lassen. Derartige Kalender gibt es für die verschiedensten Anlässe – von den Tourdaten einer Band über die Spieltermine der Lieblingsmannschaft bis zu Feiertagen der verschiedensten Länder. Wie Sie einen externen Kalender oder ein Kalenderabo einbinden, erfahren Sie weiter unten in diesem Kapitel.

Übersicht im Kalender

Wie es sich für einen richtigen Kalender gehört, können Sie auch auf Ihrem iPad die Darstellung des Kalenders anpassen, um genau das im Blick zu haben, was Sie im Blick haben möchten. Die Ansicht wechseln Sie mit einem Tipp auf die entsprechende Taste, die am oberen Rand des Kalenders untergebracht sind:

- Tag zeigt Ihnen eine Übersicht über die Ereignisse des aktuell gewählten Tages.
- Monat wechselt zur Monatsübersicht. Diese Ansicht ist gut geeignet, wenn Sie in Ihrem Kalender rasch vor- und zurückblättern möchten.
- Liste stellt Ihnen alle Einträge in Ihrem Kalender als Textliste dar. So finden Sie rasch jedes gesuchte Ereignis auf Ihrem iPad.

Verwalten Sie mehrere Kalender auf dem iPad, können Sie außerdem festlegen, welche Kalendereinträge angezeigt werden sollen. Tippen Sie dazu oben links auf **Kalender** und wählen Sie nun den bzw. die gewünschten Kalender aus.

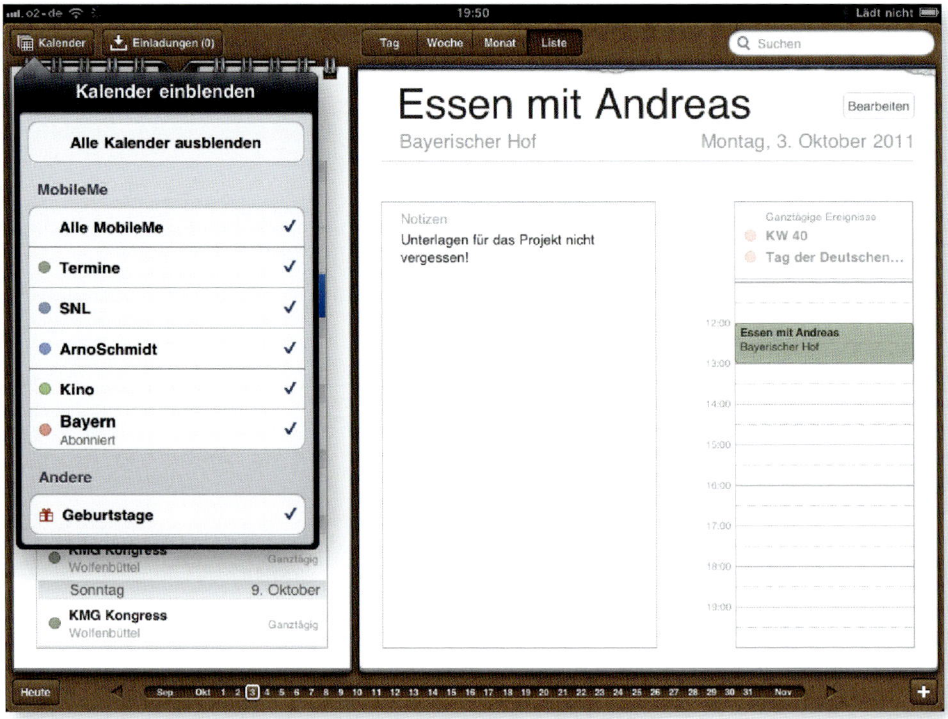

Die Darstellung des Kalenders orientiert sich an den klassischen Wand- oder Bürokalendern, ist aber deutlich flexibler als seine Papierkollegen.

Im Kalender blättern

Um zu einem bestimmten Datum zu gelangen, tippen Sie in der Navigationsleiste unten auf den gewünschten Eintrag. Der Inhalt der Leiste wird der aktuell gewählten Ansicht angepasst.

Über die Datumsleiste am unteren Rand des Kalenders blättern Sie rasch zu einem gesuchten Datum.

- **Tag und Liste** Die Leiste zeigt die Tage eines Monats; über die Pfeile links und rechts können Sie den vorherigen bzw. den kommenden Monat auswählen.
- **Woche** Die Leiste bietet Zugriff auf zehn Wochen. Die aktuelle Woche steht dabei immer an dritter Stelle, Sie können von hier aus also zwei Wochen zurück und sieben Wochen vor blättern.
- **Monat** Die Leiste zeigt die Monate eines Jahres, links und rechts sind Tasten, über die Sie ein Jahr zurück- bzw. vor blättern können.

Wenn Sie beim Blättern im Kalender schnell wieder zum aktuellen Datum gelangen möchten, tippen Sie auf die Taste **Heute** links unten.

Kalendereinträge mit dem Computer synchronisieren

Wie bei den Kontakten, können Sie auch beim Kalender die Daten von Ihrem Computer mit denen auf dem iPad abgleichen. Tragen Sie einen Termin auf dem Computer ein, findet er sich nach dem nächsten Sync auch auf dem iPad; tragen Sie auf dem iPad einen Termin ein, wird dieser beim Sync an den Computer übertragen.

Datenabgleich: Das iPad unterstützt von Haus aus auf dem PC Outlook 2003, Outlook 2007, Outlook 2010 oder Outlook Express, auf dem Mac iCal und Entourage. Wenn Sie ein anderes Kalenderprogramm benutzen (etwa Lotus Notes), benötigen Sie spezielle Zusatzprogramme des Herstellers Ihres Kalenderprogramms.

Kalender abgleichen

Für den reibungslosen Abgleich der Daten zwischen iPad und Computer dient einmal mehr iTunes.

Sie können alle oder auch nur ausgewählte Kalender zwischen Computer und iPad via iTunes synchronisieren.

Schließen Sie also Ihr iPad an Ihren Computer an und starten Sie iTunes. Wählen Sie das iPad in der Seitenleiste unter **Geräte** aus und klicken Sie auf die Registerkarte **Infos**.

Aktivieren Sie hier den Kalender-Sync und wählen Sie gegebenenfalls aus, ob Sie alle oder nur bestimmte Kalender mit dem iPad synchron halten wollen. Falls Sie nur die Termine der letzten Wochen auf dem iPad vorhalten wollen, aktivieren Sie zusätzlich den Punkt **Keine Ereignisse synchronisieren …** und geben den gewünschten Zeitraum ein.

Nach einem Klick auf **Anwenden** werden die Daten übernommen.

In Zukunft werden alle Termine zwischen iPad und Computer bei jedem Sync automatisch abgeglichen, so dass Sie Ihre Termine immer in aktueller Form vorliegen haben, ganz gleich, ob Sie mit Ihrem iPad bequem auf dem Sofa lümmeln oder im Arbeitszimmer am Computer sitzen.

Drahtloser Kalendersync

Wie bei den Kontakten können Sie auch beim Kalender die Daten Ihres Computers und die auf dem iPad mit Apples kostenpflichtigem Onlinedienst MobileMe synchronisieren, ohne dass Sie dazu Ihr iPad an den Computer anschließen müssten. Der Datenabgleich erfolgt dann drahtlos via Internet „Over the Air" (OTA).

Terminänderungen am Computer bzw. iPad werden dann automatisch mit dem jeweils anderen Gerät abgeglichen. Um den Sync via MobileMe zu aktivieren benutzen Sie den entsprechenden Schalter in Ihrem MobileMe-Konto unter **Einstellungen > Mail, Kontakte, Kalender**.

Weitere Konten: Anders als bei den Kontakten steht diese Option des drahtlosen Syncs auch für Konten bei Google und Yahoo zur Verfügung.

Beim drahtlosen Sync geben Sie den Zeitraum, der im Kalender gesynct werden soll, nicht mehr in iTunes ein, sondern nehmen diese Einstellung direkt auf dem iPad vor. Wählen Sie **Einstellungen > Mail, Kontakte, Kalender** und legen Sie im Abschnitt **Kalender** unter **Sync** den gewünschten Rahmen fest, etwa **Ereignisse 3 Mo. zurück** oder **Alle Ereignisse**.

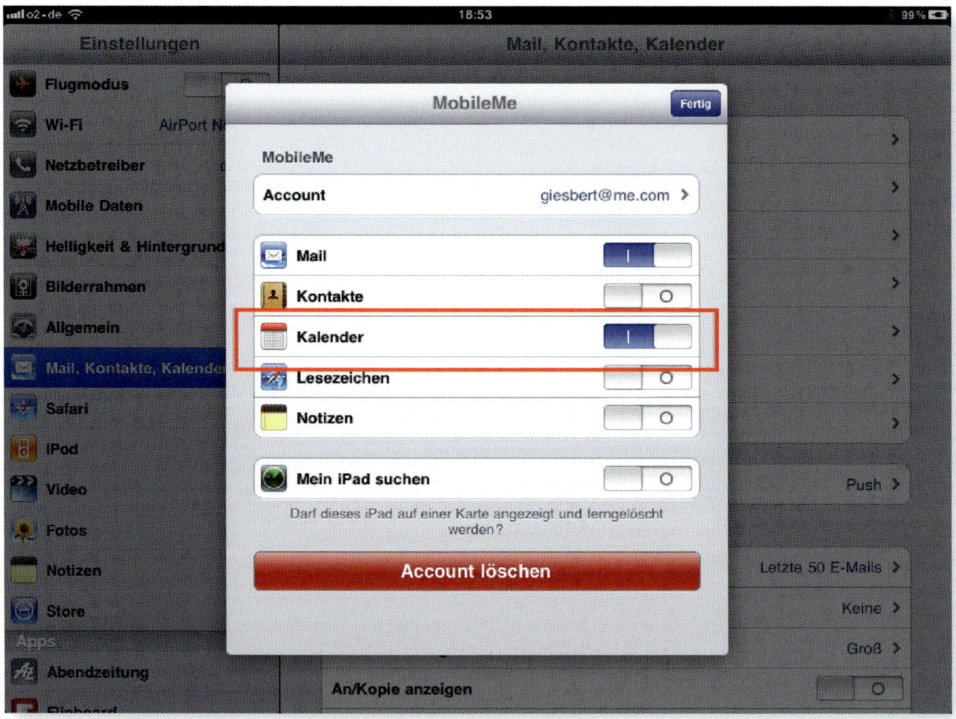

Kalenderdaten lassen sich bei MobileMe-, Google- und Yahoo-Konten auch drahtlos und ohne iTunes synchronisieren.

Termine eintragen

Um ein Ereignis in den Kalender einzutragen, tippen Sie im Kalender auf das Pluszeichen unten rechts. Sie können nun die Details des Ereignisses eintragen, wobei das aktuell gewählte Datum, die aktuelle Uhrzeit, eine Dauer von einer Stunde und, falls Sie mit mehreren Kalendern arbeiten, der Standardkalender automatisch vorgegeben werden.

Standardkalender: Sobald Sie mehrere Kalender auf Ihrem iPad verwalten, wird einer davon als Standardkalender benutzt, in den neue Termine eingetragen werden. Bei einem neuen Termin können Sie natürlich auch einen anderen als den Standardkalender wählen, für den der Termin gedacht ist. Um sich Tipparbeit zu sparen, sollten Sie als Standardkalender denjenigen wählen, den Sie am häufigsten benutzen. Rufen Sie dazu **Einstellungen > Mail, Kontakte, Kalender** auf und wählen Sie über den Eintrag **Standardkalender** den gewünschten Kalender aus.

Für regelmäßig wiederkehrende Termine können Sie unter **Wiederholen** festlegen, in welchem Rhythmus der Termin im Kalender auftauchen soll. Zur Auswahl stehen dabei **Täglich**, **Wöchentlich**, **Alle 2 Wochen**, **Monatlich** und **Jährlich**.

Nach einem Tipp auf **Fertig** wird der Eintrag im Kalender gespeichert und beim nächsten Sync auch in den Kalender auf Ihrem Computer übernommen.

Ein Ereignis, das Sie auf dem iPad eintragen, wird beim nächsten Sync auch in den Kalender auf den Computer übernommen.

Erinnerungen

Um einen wichtigen Termin nicht zu versäumen, kann Sie Ihr iPad daran erinnern, wobei Sie bis zu zwei Warnhinweise aktivieren können. Als Vorwarnzeit können Sie einen Zeitraum zwischen 5 Minuten und 2 Tage wählen. Einen wichtigen Termin können Sie sich also zum Beispiel am Vortag und eine Stunde vorher anzeigen lassen.

Wenn der Zeitpunkt für den Warnhinweis gekommen ist, piepst Ihr iPad und blendet einen Erinnerungstext ein. Möchten Sie zwar einen Hinweis, aber kein akustisches Signal erhalten, schalten Sie unter **Einstellungen** > **Allgemein** > **Töne** den **Kalenderhinweis** aus.

Termine bearbeiten und löschen

Manchmal wird ein Treffpunkt verlegt, ein Termin verschoben oder komplett abgesagt, oder Sie erhalten nachträglich wichtige Informationen, die Sie sich zu einem bereits eingetragenen Ereignis notieren wollen.

Kein Problem: Starten Sie den Kalender und tippen Sie auf den gewünschten Eintrag, um sich die Ereignisdetails anzeigen zu lassen. In der Tages- und Listenansicht befinden Sie sich automatisch im Bearbeitungsmodus, in der Wochen- und Monatsansicht tippen Sie dazu erst noch auf die Taste **Bearbeiten**. Nun können Sie den Termin nach Wunsch bearbeiten und mit **Fertig** speichern.

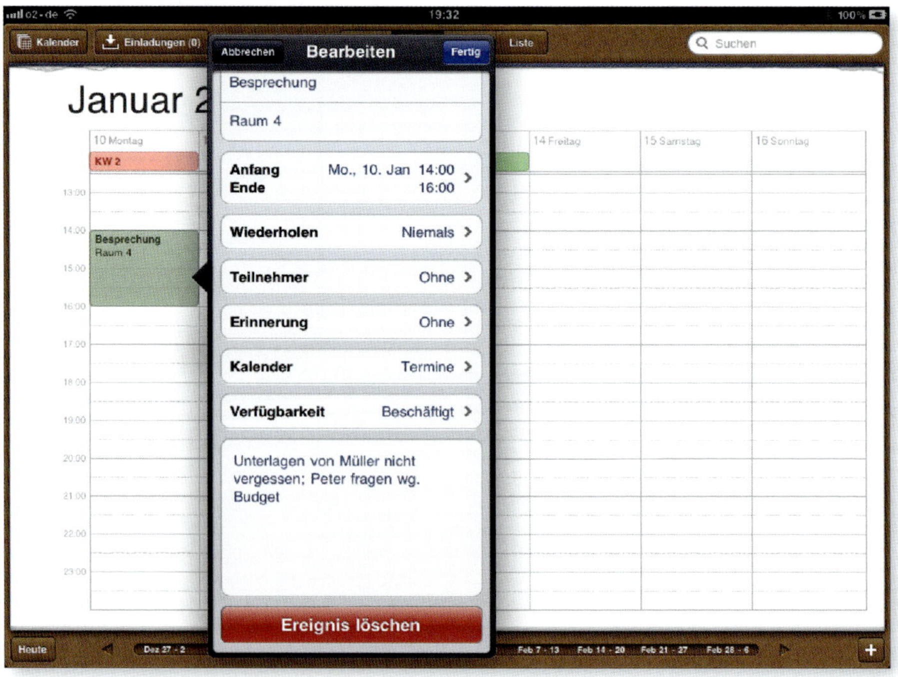

Jeder Eintrag im Kalender lässt sich jederzeit von Ihnen bearbeiten oder auch löschen.

Um ein Ereignis aus Ihrem Kalender zu streichen, wählen Sie hier die große,rote Taste **Ereignis löschen**. Nach einer Sicherheitsabfrage verschwindet der Eintrag auf Nimmerwiedersehen aus Ihrem Kalender.

Termine suchen

Bei einem vollen Terminkalender kann es schon einmal passieren, dass Sie einen bestimmten Termin nicht auf Anhieb wiederfinden. Da hilft die Suchfunktion des Kalenders, die über das Suchfeld rechts oben benutzt wird. Tippen Sie das gesuchte Stichwort ein, und der Kalender zeigt Ihnen blitzschnell die passenden Einträge. Dabei werden auch die Notizen zu einem Termin durchsucht, Sie können also zusammenhängende Termine mit einem bestimmten Stichwort markieren und sie über dieses Stichwort schnell auffinden.

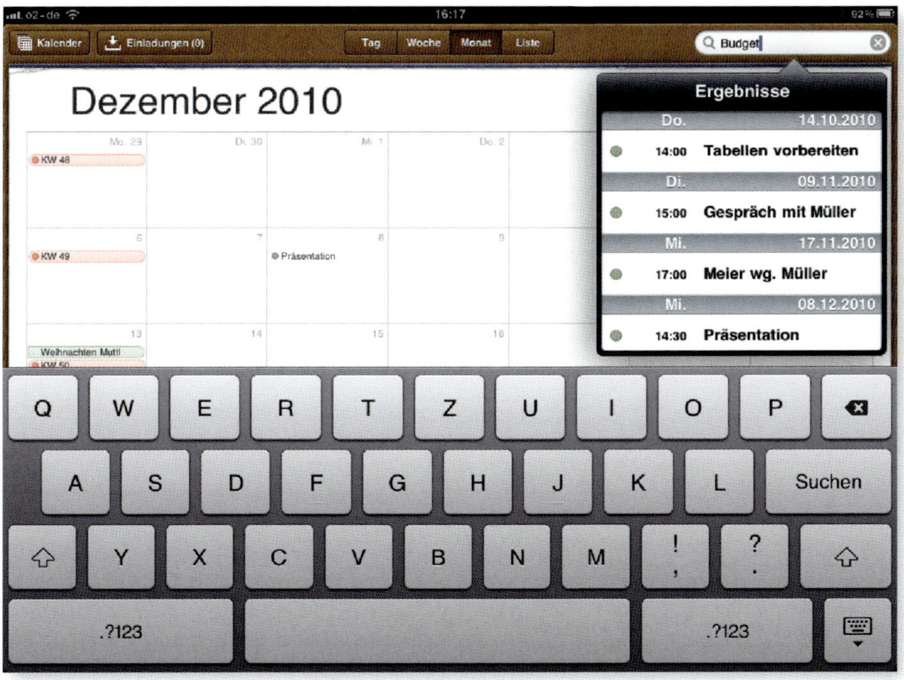

Die Suchfunktion des Kalenders hilft Ihnen dabei, einen bestimmten Termin schnell wiederzufinden.

Termine teilen

Wenn Sie Ihren Kalender über einen Exchange- oder MobileMe-Account verwalten, dann können Sie mit anderen Exchange- bzw. MobileMe-Anwendern Terminabsprachen auch über Einladungen treffen, die per Mail verschickt werden.

Einladung verschicken

Möchten Sie eine Terminanfrage an eine andere Personen schicken, tippen Sie bei der Anlage eines neuen Termins in das Feld Teilnehmer und tragen dort die E-Mail-Adresse der gewünschten Person ein. Über das blaue Pluszeichen können Sie auch bequem die entsprechenden Einträge aus den Kontakten wählen. Sobald Sie den Termin speichern, verschickt das iPad automatisch eine Benachrichtigung an die eingetragenen Person(en), die den Termin dann ihrerseits annehmen oder ablehnen können.

Einladungen bekommen

Bei einem MobileMe- oder Exchange-Account wird eine Einladung zu einem Termin direkt in der Kalender-App angezeigt. Wenn Sie die Einladung akzeptieren, wird der Termin automatisch in Ihren Kalender übernommen. Sobald derjenige, der Sie eingeladen hat, eine Änderung vornimmt – etwa den Termin verschiebt oder das Ereignis im Kalender umbenennt –, werden Sie über diese Änderung informiert und können sie automatisch übernehmen (oder natürlich auch ablehnen).

Sobald eine Einladung vorliegt, wird das Kalender-Symbol um eine kleine rote Zahl erweitert, was Sie auch dann über eine neue Einladung informiert, wenn das Kalender-Programm nicht gestartet ist.

Ton ab: Möchten Sie, dass Sie der Kalender auch akustisch über neue Einladungen informiert, aktivieren Sie unter **Einstellungen > Mail, Kontakte, Kalender** den Schalter **Einladungsmeldungen** aktivieren.

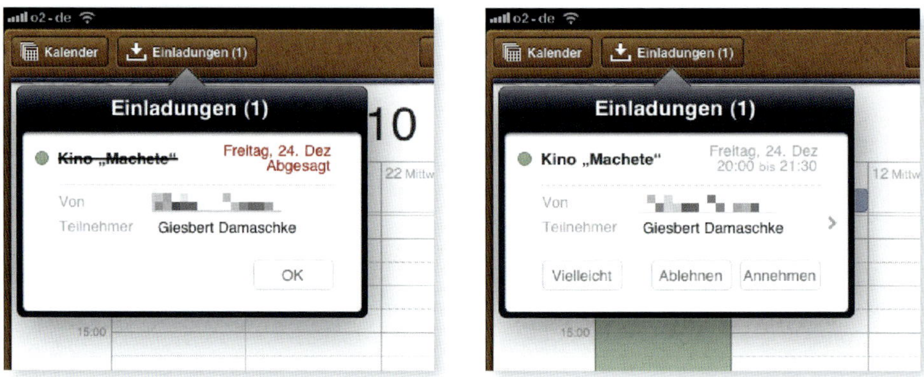

Bei Exchange und MobileMe können Sie gemeinsame Termine auch per Einladung verteilen.

Einladungen an beliebige Mailadressen

Am besten funktioniert das Teilen von Terminen, wenn alle Teilnehmer im gleichen Netzwerk erreichbar sind, also etwa alle in einem Exchange-Netzwerk arbeiten oder einen Account bei MobileMe haben. Aber natürlich können Sie auch an Personen mit beliebigen anderen Mailadressen eine Einladung verschicken, etwa an einen Google-Account.

In diesem Fall erhält der eingeladene Teilnehmer eine E-Mail mit den Termindetails und den Termin in Form einer ICS-Datei. Diese Dateien können etwa von Outlook (Windows) oder iCal (Mac OS X) problemlos importiert werden.

ICS ist ein offener Standard zum Austausch von Kalendereinträgen. Das Format wird von vielen Kalenderprogrammen unterstützt. Es ist auch als iCalender oder iCal (nach dem gleichnamigen Kalenderprogramm von Apple) bekannt.

Auch in diesen Fällen wird eine Rückmeldung verschickt, damit der Einladende weiß, ob ein Termin angenommen oder abgelehnt wurde.

Termine importieren

Es ist ebenfalls möglich, Termine zu importieren, die Ihnen per Mail zugeschickt wurden. Das kann zum Beispiel passieren, wenn Ihr Mailpartner seine Termine mit einem Exchange-Account verwaltet, Sie aber lieber auf Google setzen.

In diesem Fall bekommen Sie eine ICS-Datei per Mail. Mit einem Fingertipp auf den Mail-Anhang können Sie sich dann die Termindetails ansehen und direkt in Ihren Kalender übernehmen.

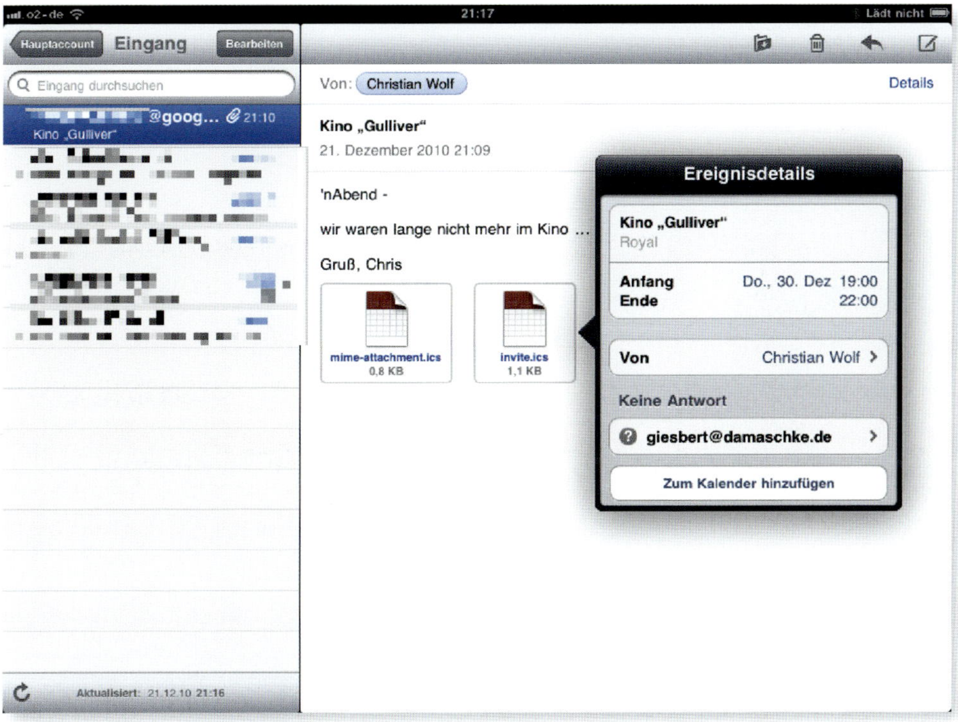

Termine, die Ihnen in Form einer ICS-Datei zugeschickt werden, lassen sich problemlos „Zum Kalender hinzufügen".

Externe Kalender einbinden

Mit dem iPad können Sie nicht nur Ihre eigenen Kalender verwalten, sondern auch Kalender mit Kollegen und Bekannten teilen. Es ist auch möglich, einen Kalender hinzuzufügen, den Sie zusätzlich bei einem anderen Anbieter im Internet pflegen, etwa bei Google. Voraussetzung ist allerdings, dass dieser Anbieter den CalDAV-Standard unterstützt.

CalDAV ist ein plattformunabhängiger Standard zum Austausch von Kalendereinträgen im Internet.

Ein solcher Kalender wird als eigener Account behandelt. Um ihn zu konfigurieren, wählen Sie also zuerst **Einstellungen > Mail, Kontakte, Kalender** und anschließend **Account hinzufügen**. Nun tippen Sie auf **Andere** und dort je nach Format des neuen Kalenders auf **CalDAV-Account hinzufügen** oder auf **Kalenderabo hinzufügen**. Damit sind Kalender im iCal-Format gemeint, die über einen Webserver geladen und zum Beispiel eingesetzt werden, um Feiertage oder Kalenderwochen anzeigen zu können. Um einen so hinzugefügten Kalender wieder zu entfernen, löschen Sie den entsprechenden Account.

Kalenderlinks: Sie müssen die Accountdaten eines Kalenders nicht per Hand eingeben, sondern können sie auch über einen Link einfügen, den Sie per E-Mail erhalten oder auf einer Webseite mit Kalenderabos finden.

Externe Kalender (hier: Feiertage in Bayern) lassen sich als Kalenderabo hinzufügen und werden als eigener Account verwaltet

8

Karten

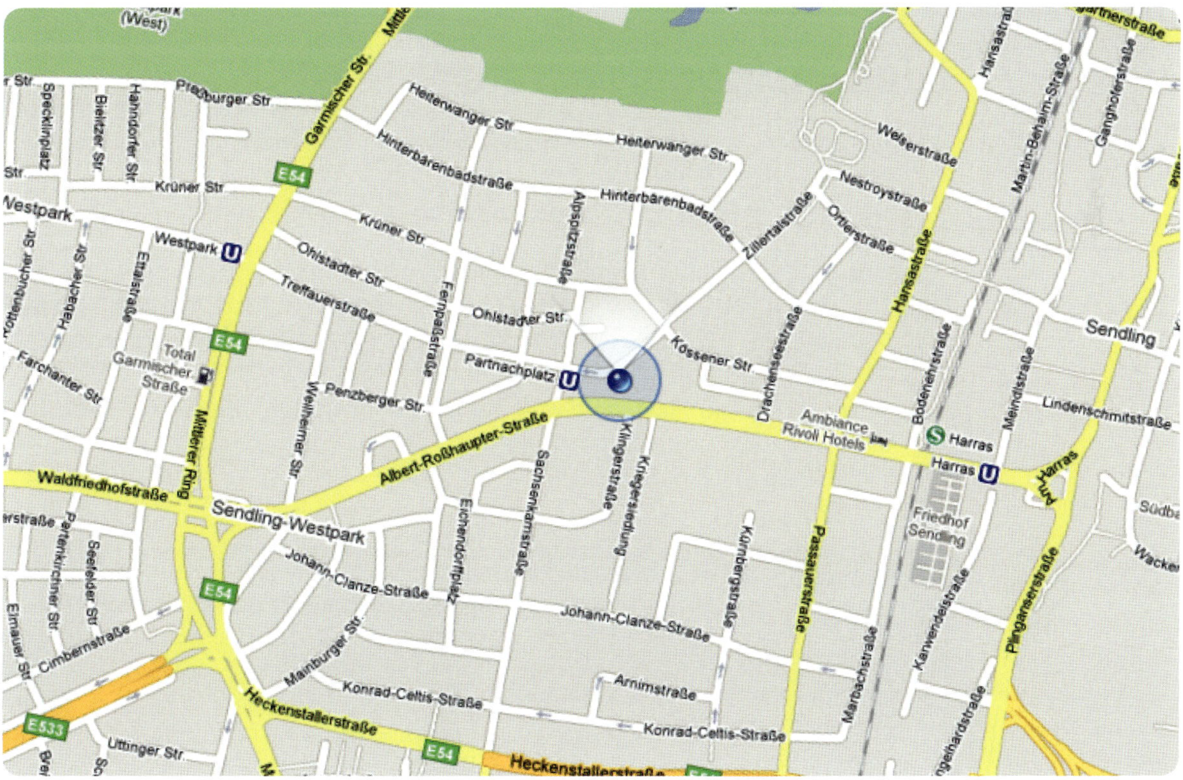

(West)
Garmischer Str.
Heiterwanger Str.
Heiterwanger Str.
Hinterbärenbadstraße
Hinterbärenbadstraße
Weißerstraße
Nestroystraße
Hansastraße
Hansastraße
Martin-Behaim-Straße
Gangholferstraße
Specklinplatz
Bieltzer Str.
Hanndorfer Str.
Krüner Str.
Krüner Str.
Westpark
Westpark
Alpspitzstraße
Zillertalstraße
Ortlerstraße
Ohlstadter Str.
Ohlstadter Str.
Treffauerstraße
Fernpaßstraße
Ettalstraße
Habacher Str.
Kottenbucher Str.
Farchanter Str.
Total
Garmischer Straße
Partnachplatz
Kössener Str.
Drachenseestraße
Bodenseestraße
Meindlstraße
Sendling
Lindenschmitstraße
Penzberger Str.
Weilheimer Str.
Mittlerer Ring
Albert-Roßhaupter-Straße
Klingerstraße
Kriegersiedlung
Sachsenkamstraße
Ambiance Rivoli Hotels
Harras
Harras
Waldfriedhofstraße
Sendling-Westpark
Eichendorffplatz
Friedhof Sendling
Kürnbergstraße
Passauerstraße
Partenkirchner Str.
Seefelder Str.
Johann-Clanze-Straße
Johann-Clanze-Straße
Elmauer Str.
Cimbernstraße
Mainburger Str.
Konrad-Celtis-Straße
Konrad-Celtis-Straße
Arnimstraße
Marbachstraße
Kawendelstraße
Plinganserstraße
Heckenstallerstraße
Heckenstallerstraße
Uttinger Str.
E54
E54
E54
E54
E533

Die ganze Welt auf Ihrem iPad (na ja, fast)

Eine der erstaunlichsten Applikationen auf dem iPad ist Karten. Dabei handelt es sich um eine spezielle Version von Google Maps, das Ihnen vielleicht von Ihrem Computer her bekannt ist. Mit der Karten-App haben Sie jederzeit den richtigen Stadtplan und die richtige Landkarte dabei. Sie kann Ihnen genau sagen, wo Sie sich aktuell befinden, eine beliebige Adresse irgendwo auf der Welt im passenden Stadtplan zeigen und Ihnen natürlich auch verraten, wie Sie von einem Ort zu einem anderen kommen.

Das ist alles sehr nützlich und hilfreich, doch das Programm kann noch mehr. Es liefert Ihnen detaillierte Satellitenbilder von praktisch allen Orten dieser Erde. Sie wollten immer schon einmal den Eiffelturm von oben sehen? Die faszinierenden Inselbauten vor der Küste Dubais? Oder die Sphinx? Mit Karten ist das kein Problem. Und dank „Street View" können Sie sich in vielen Städten weltweit sogar ungefähr auf Augenhöhe eines Passanten durch die Straßen bewegen.

Datenmassen: Die Karten-App bezieht ihre Daten aus dem Internet, Sie müssen also in einem WLAN eingeloggt oder via 3G online sein, damit das Programm funktioniert. Denken Sie daran, dass die App sehr datenintensiv ist. Wird Ihre Onlineverbindung nach Datenvolumen abgerechnet, kann die Karten-App selbst bei mäßigem Einsatz schnell recht kostspielig werden.

Die Ortungsdienste des iPads

Das iPad weiß dank „assisted GPS" und einiger anderer Daten jederzeit, wo Sie sich (oder genauer: wo sich Ihr iPad) aktuell befindet. Diese Information behält das iPad nicht für sich, sondern stellt sie allen installierten Programmen zur Verfügung.

Assisted GPS: Beim „unterstützten GPS" werden zur Positionsbestimmung nicht nur die eigentlichen GPS-Daten herangezogen. Zusätzlich wertet das iPad Informationen aus dem GSM-Funknetz und die Position bekannter WLANs in Empfangsnähe aus.

Nachfrage

Jedes Programm, das auf die Ortungsdienste zugreifen möchte, zeigt Ihnen diesen Wunsch beim Start in einer Anfrage an. Sie müssen den Zugriff explizit erlauben. Wenn Sie sich nicht sicher sind, sollten Sie die Frage lieber verneinen. Keine Sorge, Sie können Ihre Entscheidung später jederzeit wieder ändern.

Vorsicht! Wenn ein Programm auf die Ortsdaten zugreifen möchte, sollten Sie sich kurz fragen, warum es das können sollte. Bei Programmen wie Karten ist das sinnvoll, bei Spielen zum Beispiel nicht immer. Seien Sie mit der Weitergabe Ihrer Daten nicht allzu freigiebig und füttern Sie nicht unbedingt die Datenbanken der Anbieter damit.

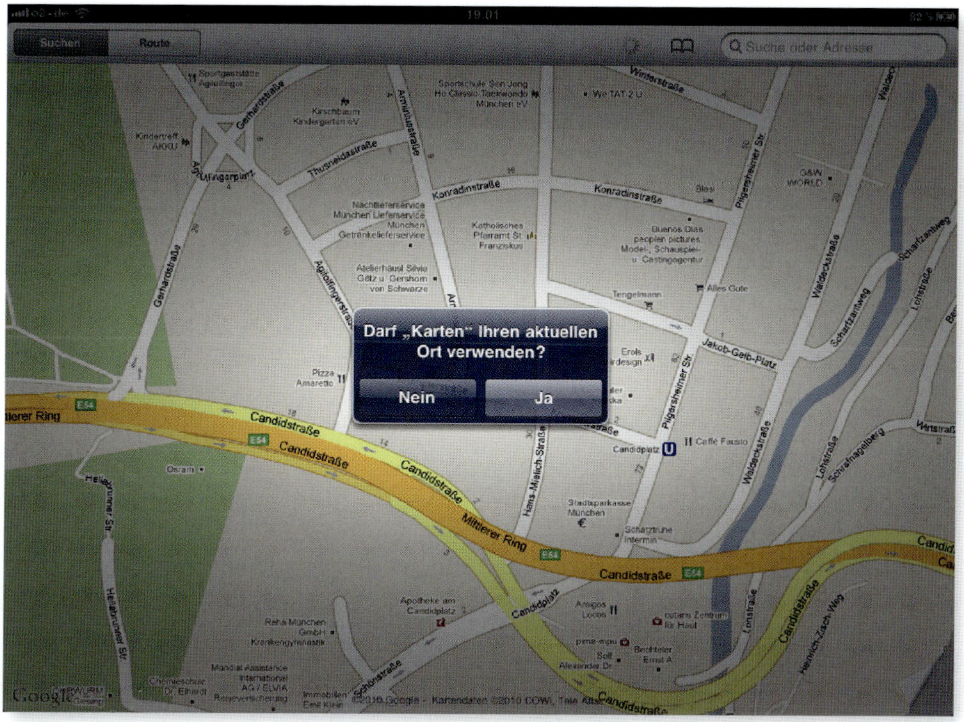

Bevor ein Programm auf die Ortsdaten zugreift, müssen Sie es auch erlauben. Bei der Karten-App ist das natürlich sinnvoll, bei manchen anderen Apps vielleicht nicht.

Sobald eine Applikation die Ortsdaten benutzt, wird oben rechts in der Statusleiste eine kleine Kompassnadel eingeblendet. Dieses Zeichen finden Sie auch bei den Einträgen unter **Einstellungen > Ortungsdienste**. Hier markiert es die Applikationen, die in den letzten 24 Stunden die Ortsdaten des iPads benutzt haben.

Erlaubnis nachträglich ändern

Möchten Sie einer App den Zugriff auf die Ortsdaten wieder entziehen oder ihn nachträglich doch erlauben, rufen Sie **Einstellungen > Ortungsdienste** auf. Hier können Sie für jede App, die bereits einmal nachgefragt hat, die Zugriffsrechte individuell festlegen.

Alles auf Anfang

Wenn Sie den Überblick verloren haben und klar Schiff machen möchten, können Sie auch ganz von vorn anfangen und sämtliche Einträge in den Ortungsdiensten löschen:

1. Rufen Sie **Einstellungen > Allgemein** auf.
2. Wählen Sie **Zurücksetzen**.
3. Tippen Sie auf Ortungswarnungen **zurücksetzen.**
4. Nach einer Sicherheitsabfrage löscht das iPad alle Zugriffseinstellungen der Programme. Jedes Programm, das die Positionsdaten nutzen möchte, muss nun erneut nachfragen.

Ortung ausschalten

Natürlich können Sie die Ortungsfunktion auch vollständig deaktivieren. Wählen Sie dazu **Einstellungen > Ortungsdienste** und schalten Sie die Dienste kurzerhand aus.

Wo bin ich?

Wenn die Ortungsdienste aktiviert sind und Sie der Karten-App die Erlaubnis erteilt haben, auf Ihre Positionsdaten zuzugreifen, kann das Programm Ihnen jederzeit in einer Straßen- oder Landkarte anzeigen, wo Sie sich aktuell befinden.

Im Fadenkreuz

Starten Sie das Programm und tippen Sie auf die Kompassnadel rechts oben, die nun blau markiert wird. Anschließend können Sie Karten bei der Arbeit zusehen. Zuerst stellt das Programm Ihre ungefähre Position fest und zeigt einen entsprechenden Kartenausschnitt.

Ihre Position wird durch einen großen, leicht pulsierenden Kreis markiert. Sobald Karten die Daten ausgewertet hat, wird der Kreis kleiner, und eine blaue Stecknadel zeigt Ihnen Ihre aktuelle Position mehr oder weniger hausnummerngenau.

Doch damit nicht genug, Karten kann Ihnen auch Ort, Postleitzahl und Hausnummer anzeigen. Tippen Sie dazu auf die blaue Stecknadel. Es erscheint ein Infofenster mit den entsprechenden Angaben.

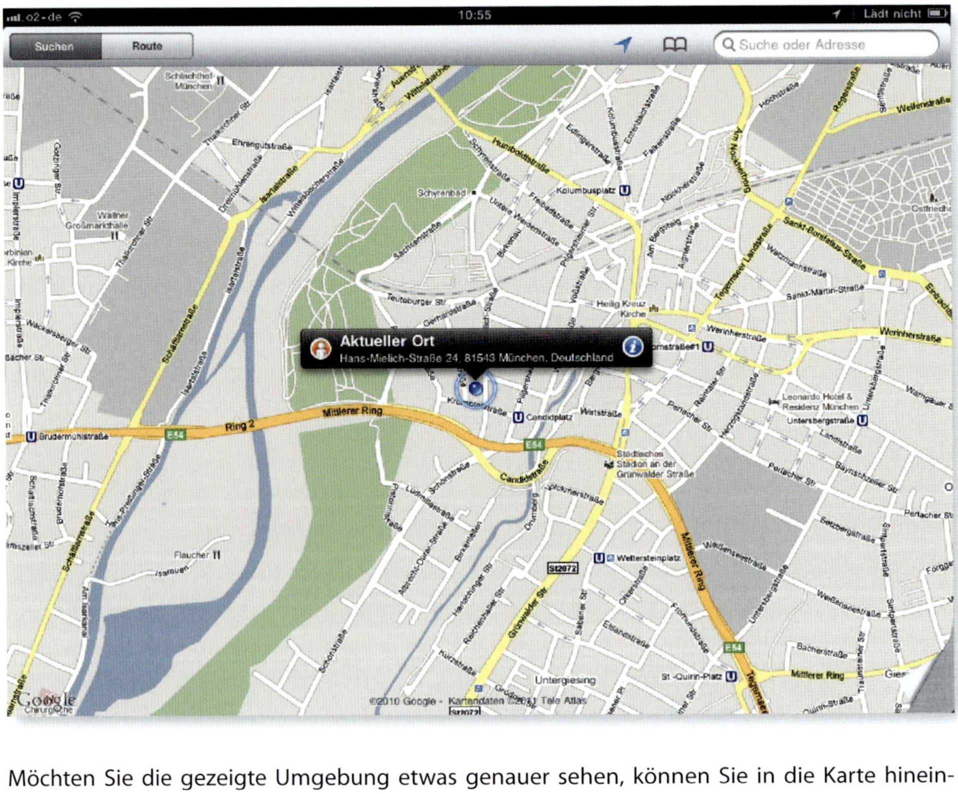

Wo bin ich? Da bin ich: Karten kann Ihre aktuelle Position jederzeit recht präzise ermitteln.

Möchten Sie die gezeigte Umgebung etwas genauer sehen, können Sie in die Karte hineinzoomen, indem Sie sie doppelt antippen oder wie gewohnt mit den Fingern aufziehen. Umgekehrt zoomen Sie wieder hinaus, indem Sie die Karte mit den Fingern zusammenziehen.

Der Kompass

Doch das ist noch nicht alles. Karten kann auch auf einen digitalen Kompass zugreifen und die Darstellung auf dem Bildschirm Ihrer Blickrichtung anpassen – damit die Hauptstraße zu Ihrer rechten Seite auch bei der Kartendarstellung rechts zu sehen ist. Tippen Sie dazu nach der Ortung erneut auf die Kompassnadel oben rechts.

Die Kompassnadel wird um ein symbolisiertes Blickfeld erweitert und oben rechts in die Karte eine Kompassrose eingeblendet, die Ihnen zeigt, wo Norden ist. Gleichzeitig wird die Kartendarstellung Ihrer Blickrichtung angepasst. Drehen Sie sich, dreht sich auch die Karte, gehen oder fahren Sie die Straße entlang, wird die Kartendarstellung mitgeführt.

Durch einen erneuten Tipp auf die Kompassnadel in der Menüleiste der Karten-App werden Ortung und Kompass ausgeschaltet. Der Kompass wird auch deaktiviert, wenn Sie die Karte mit dem Finger verschieben.

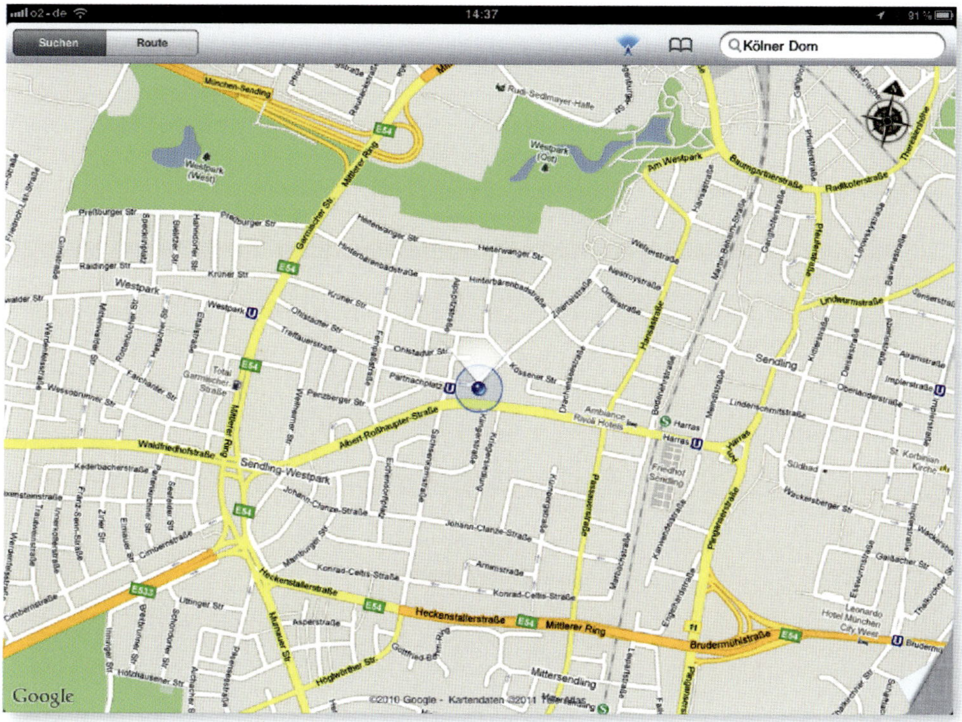

Sie können sich die Orientierung in der Kartendarstellung enorm erleichtern, wenn Sie die Karte nach dem Kompass ausrichten.

Kompass kalibrieren

Der Kompass funktioniert am besten draußen, in Gebäuden gibt es häufig zu starke elektronische Felder, die den Kompass vom rechten Weg abbringen. In diesem Fall erscheint eine entsprechende Meldung auf dem Display, und Sie werden aufgefordert, das iPad in Form einer Acht zu bewegen, um den Kompass zu kalibrieren.

Wo ist das?

Was mit der aktuellen Position geht, geht natürlich auch mit jeder anderen Adresse. Sie können sich jede Anschrift in Ihren Kontakten anzeigen, aber auch jede beliebige andere Adresse suchen lassen – und zwar weltweit. Ob Paris, San Francisco oder einen winzigen Flecken im Bayerischen Wald: Karten findet (fast) immer den Weg.

Kontakt suchen

Um einen Kontakt von Karten lokalisieren zu lassen, tippen Sie oben rechts auf das Buchsymbol. Es öffnet sich ein Auswahlfenster, in dem Sie unten rechts auf **Kontakte** tippen. Sie haben nun vollen Zugriff auf alle gespeicherten Kontakte. Tippen Sie auf den gewünschten Eintrag, und Karten zeigt Ihnen blitzschnell die Adresse an. Falls ein Kontakt mehrere Adressen hat, werden Ihnen zuvor die gespeicherten Adressen gezeigt, und Sie wählen per Fingertipp die gewünschte Adresse aus.

Beliebige Adresse suchen

Eine beliebige andere Adresse lassen Sie sich über die Suchfunktion anzeigen. Tippen Sie dazu in das Suchfeld oben rechts und geben Sie die gesuchte Adresse ein. Dabei müssen Sie nicht penibelst Straße, Hausnummer, Postleitzahl und Ort eintippen. Bei bekannten Sehenswürdigkeiten oder Gebäuden reichen mitunter schon einige Stichworte wie etwa „Oktoberfest München", „Stonehenge", „Kölner Dom" aber auch „Tal der Könige". Sobald Karten den gewünschten Ort gefunden hat, setzt es eine kleine Stecknadel und zeigt den Namen an.

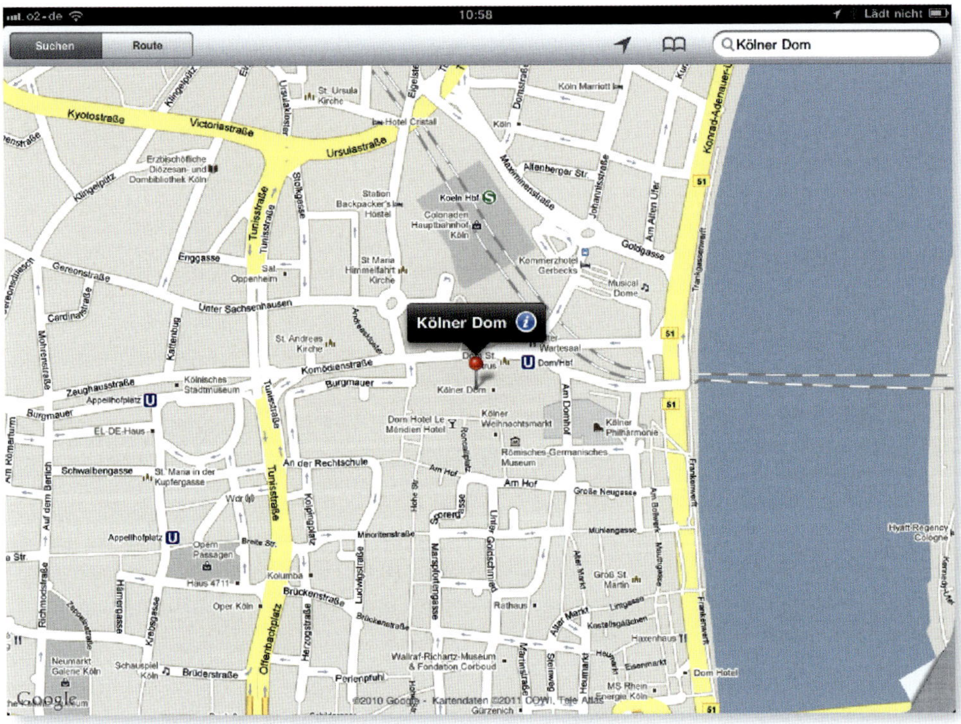

Kein Ort, nirgends? Aber nicht doch, mit Karten finden Sie praktisch jeden Ort und jede Adresse. Bei markanten Punkten führt Sie auch die Stichwortsuche (hier etwa „Kölner Dom") zum Ziel.

Der Routenplaner

Mit dem Routenplaner der Karten-App können Sie sich den Weg von einem beliebigen Ort zu einem anderen beliebigen Ort anzeigen lassen. Auch das funktioniert nicht nur für Deutschland oder Europa, sondern weltweit. Sie tragen lediglich Start und Ziel Ihrer Reise ein und Karten berechnet die Route – mit Entfernungsangaben und voraussichtlicher Fahrzeit. Sie müssen nicht einmal mit dem Auto unterwegs sein, Karten berechnet auch Fußmärsche.

Finde den Weg!

Tippen Sie in Karten auf die Taste **Route** oben links. Das Eingabefeld wird verdoppelt, links geben Sie den Startpunkt, rechts das Ziel Ihrer Reise an. Mit einem Tipp auf den Doppelpfeil zwischen den beiden Feldern vertauschen Sie Start und Ziel.

Standardmäßig wird als Start der aktuelle Standort gewählt, so dass Sie lediglich den Endpunkt angeben müssen (Sie können den Startpunkt natürlich auch manuell festlegen). Dabei ist Karten intelligent genug, um auch stichwortartige Einträge korrekt zu erkennen. Wenn Sie sich etwa in München befinden und „Hauptbahnhof" als Ziel eintragen, kann Karten sich schon denken, dass Sie nicht den Hauptbahnhof von Hamburg meinen. Im Zweifelsfalle bietet Ihnen Karten eine Auswahl aus möglichen Punkten.

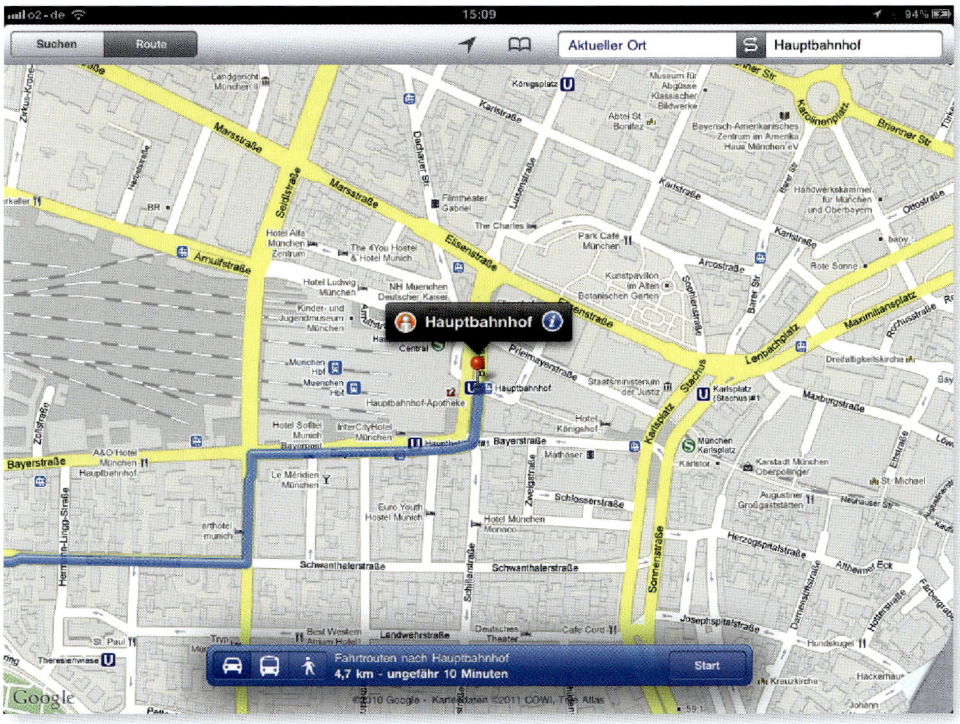

Der Routenplaner von Karten bringt Sie immer und überall auf den rechten Weg – und das nicht nur mit dem Auto (links), sondern auch zu Fuß (rechts).

Bei der Darstellung der Route wählt Karten zuerst ein Format, bei dem Anfangs- und Endpunkt zu sehen sind. So behält man den Überblick und kennt die Lage der beiden Punkte zueinander. Wollen Sie es genauer wissen, zoomen Sie sich wie gewohnt mit den Fingern in die Karte, bis die Straßennamen angezeigt werden.

Per Auto oder zu Fuß?

Bei einer Route blendet Karten im unteren Bildschirmbereich einen blauen Balken mit Informationen zur Route ein. Ein Tipp auf das Auto zeigt Ihnen die Route für Autofahrer, ein Tipp auf das Männchen wechselt zur Routendarstellung für Fußgänger. Die mittlere Taste mit dem Bussymbol ist hierzulande noch funktionslos, informiert aber in ausgewählten Städten in den USA über den öffentlichen Nahverkehr.

Karten sagt Ihnen nicht nur, wie Sie von A nach B kommen, sondern auch, wie lange Sie dafür ungefähr benötigen.

Das iPad als Navi

Doch damit nicht genug, Sie können die Karten-App auch als ein abgespecktes Navisystem benutzen und sich von dem Programm den Weg Punkt für Punkt weisen lassen.

Tippen Sie dazu auf die Taste **Start**. Aus der Taste werden zwei Pfeile, über die Sie sich Punkt für Punkt durch die Strecke tippen können. Dabei werden Richtungsangaben, Distanzen und Entfernungen angegeben.

Bei der Wegbeschreibung können Sie Punkt für Punkt Ihrer geplanten Route folgen.

Die Route im Überblick

Möchten Sie alle zentralen Punkte Ihrer Route in einer Übersicht angezeigt bekommen, tippen Sie in der blauen Leiste links auf das Listensymbol.

Die Karten-App blendet nun eine detaillierte Beschreibung Ihrer Route ein. Tippen Sie auf einen der Listeneinträge, zeigt Ihnen das Programm die entsprechende Stelle auf der Karte.

Verkehrsinformationen

Bei der Routenplanung sind Informationen zur aktuellen Verkehrslage sehr hilfreich, und auch diese kann Ihnen Karten liefern. Das klingt gut, hat aber einen Haken. Es funktioniert nämlich nur für ausgewählte US-Metropolen wie etwa New York, Chicago oder Washington.

Um die Verkehrsinformationen einzublenden, tippen Sie in Karten unten rechts auf die hochgerollte Ecke und aktivieren den Schalter **Verkehr**.

Falls entsprechende Daten verfügbar sind, wird die Verkehrslage nach einem Farbsystem eingeblendet. Auf grün markierten Straßen fließt der Verkehr zügig mit mehr als 80 km/h, bei Gelb wird es schon langsamer, hier sind noch 40 bis 80 km/h möglich. Bei Rot herrscht eine Durchschnittsgeschwindigkeit von unter 40 km/h.

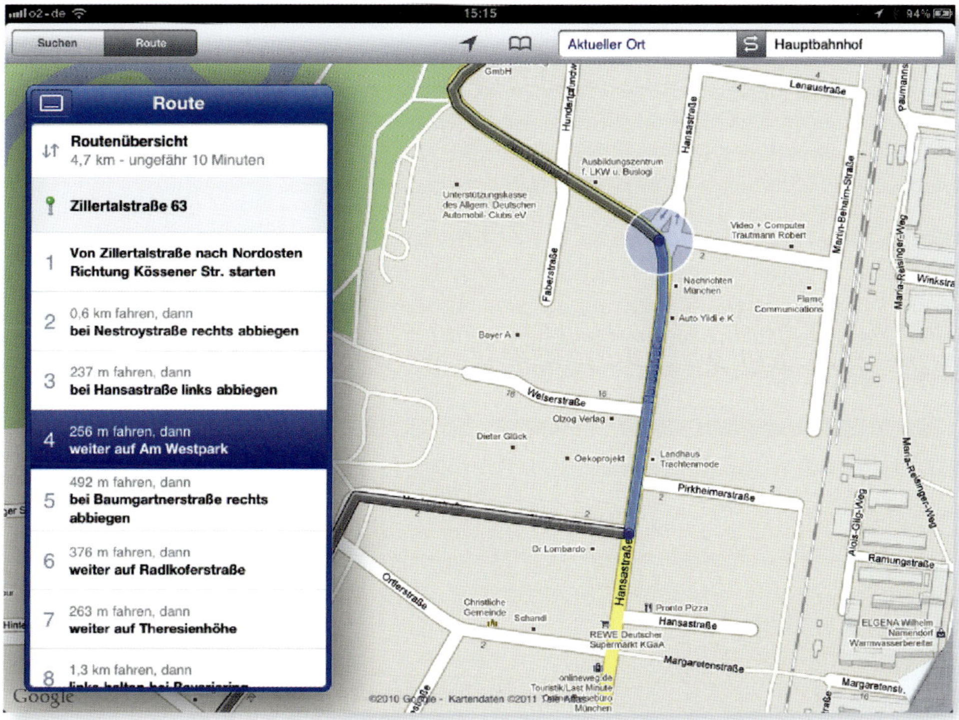

In der Listendarstellung können Sie sich jeden Punkt Ihrer Route auf der Straßenkarte anzeigen lassen.

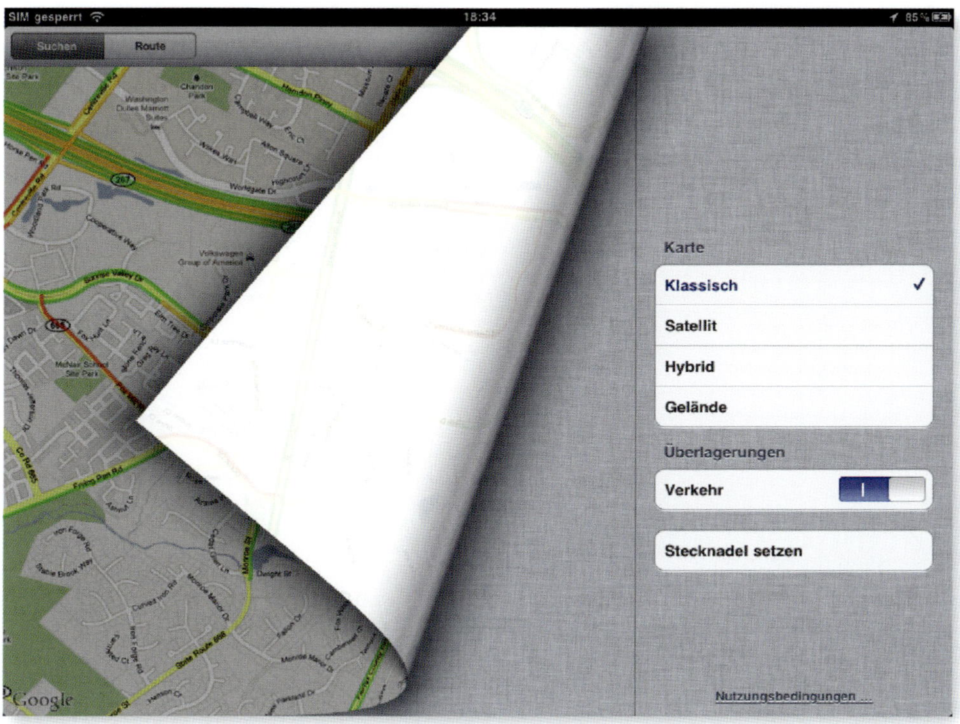

Für einige ausgewählte Metropolen in den USA kann Ihnen die Karten-App auch farbcodierte Informationen zur Verkehrslage anzeigen.

Umgebungssuche

Karten kann Ihnen nicht nur Adressen zeigen, sondern auch verraten, welche Geschäfte, Dienstleister oder Sehenswürdigkeiten sich an einem beliebigen Ort befinden. Suchen Sie zum Beispiel eine Apotheke in Ihrer Nähe, lassen Sie sich in Karten orten und geben als Suchbegriff das Wort „Apotheke" ein. Nach einem Tipp auf **Suchen** zeigt Ihnen Karten die umliegenden Apotheken.

Das ist eine sehr praktische Funktion, aber Wunder dürfen Sie natürlich nicht erwarten. Karten kann Ihnen nur die Dienstleister und Geschäfte in Ihrer Nähe zeigen, die Google in seiner Datenbank aufgenommen hat. Und das sind zwar sehr viele, aber durchaus nicht alle. Obendrein ist der Datenbestand manchmal recht veraltet und es werden etwa Tankstellen angezeigt, die schon längst einem Einkaufszentrum weichen mussten. Einen Versuch ist es trotzdem wert.

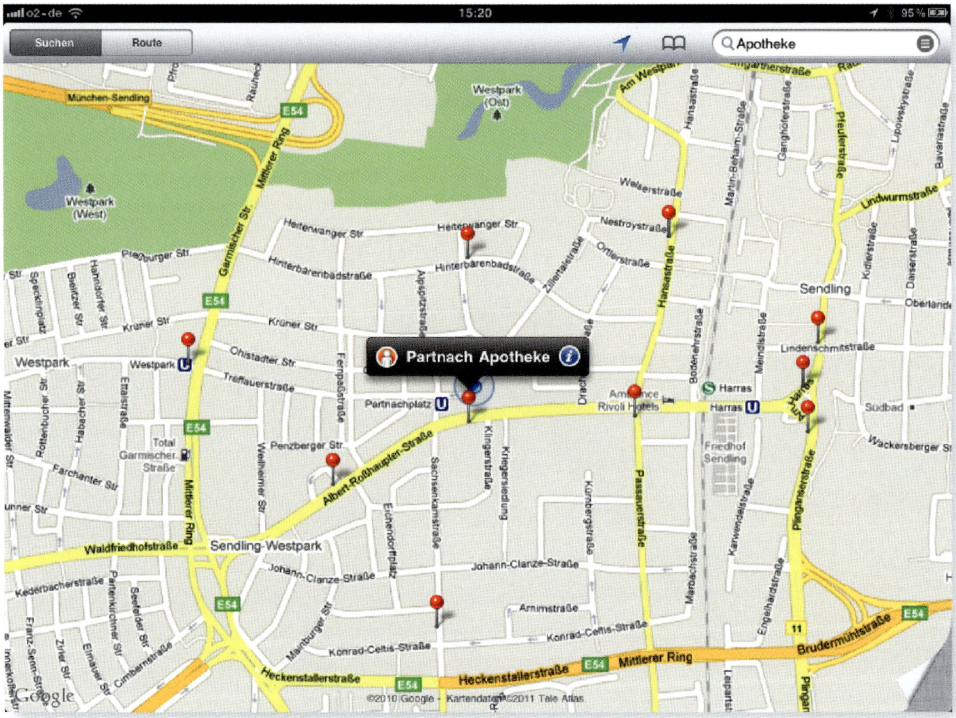

Mit Karten können Sie sich auch Dienstleister, Geschäfte und andere wichtige Punkte in Ihrer Umgebung anzeigen lassen. Wunder dürfen Sie nicht erwarten, aber eine solide Hilfestellung allemal.

Satellitenbilder

Karten ist als digitaler Straßenatlas eine sehr hilfreiche Applikation. Wirklich faszinierend wird es, wenn Sie sich statt der Karten die Satellitenbilder anzeigen lassen. Das funktioniert weltweit und ist vielfach von einer ganz unglaublichen Genauigkeit.

Satellitenfotos in Karten

Um auf die Satellitendarstellung zu wechseln, tippen Sie auf das aufgerollte Blatt unten rechts und wählen **Satellit**. Über den Punkt **Hybrid** können Sie die Karten- und Satellitendarstellung kombinieren, Gelände zeigt Ihnen eine topographische Karte.

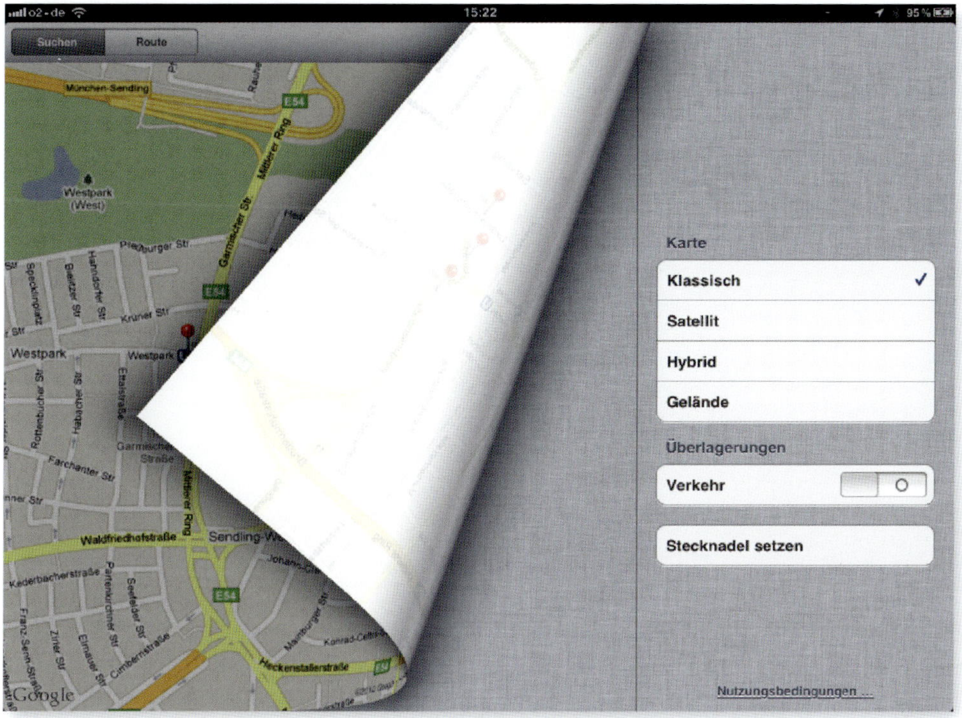

Karten beherrscht verschiedene Darstellungsmethoden, wobei die Satellitenfotos besonders reizvoll sind.

In Kombination mit der weltweiten Suche ist die Satellitendarstellung die vielleicht reizvollste Anwendung von Karten. Sie können sich hier genauso einen Überblick über Ihr nächstes Urlaubsziel verschaffen wie eine Weltreise antreten, ohne Ihr bequemes Sofa verlassen zu müssen.

Virtuelle Weltreisen

Ganz gleich ob Dubai oder Sphinx, Eiffelturm oder das Weiße Haus in Washington, ob Niagara-Fälle oder Helgoland – mit Karten und dem iPad wird der bekannte Slogan „the world at your fingertips" wortwörtliche Realität.

Dabei können Sie sich oft fast so nah an die Gegend heranzoomen, dass Sie Menschen und Autos auf den Straßen erkennen. Verschieben Sie den angezeigten Bildschirmausschnitt mit Ihrem Finger, schon überfliegen Sie fremde Länder und Orte – und zwar in einer erstaunlichen Geschwindigkeit.

Trotz der erheblichen Datenmengen, die Karten bei jedem neuen Kartenausschnitt nachladen muss, wird die Darstellung zügig aufgebaut, es kommt nur selten zu Verzögerungen und längeren Ladezeiten. Zuerst lädt Karten eine grobe, verwaschene Darstellung, die dann in mehreren Schritten verfeinert wird; unter Umständen sollten Sie also ein paar Sekunden warten, um die Fotos in bestmöglicher Qualität zu sehen.

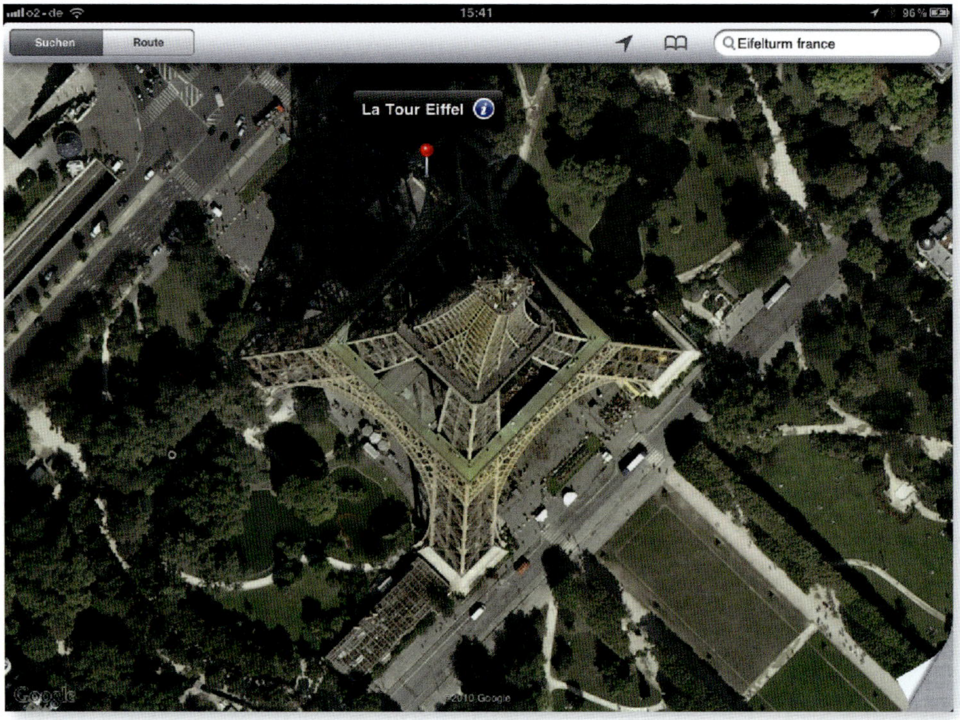

Den Eiffelturm können Sie sich nicht nur in der nüchternen Straßenkartenansicht, sondern auch aus der Luft im Satellitenfoto ansehen. Die Darstellung ist dabei von einer erstaunlichen Genauigkeit und zeigt sehr viele Details.

Street View

Noch einen Schritt weiter als die Satellitendarstellung geht Googles „Street View".

Seit Mitte 2007 lässt Google über spezielle Kamera-Autos die Straßen der Städte dieser Welt fotografieren. In unwegsamen Gegenden setzt Google inzwischen auch Fahrräder ein.

Auf den Autos ist eine 360-Grad-Kamera montiert, die kontinuierlich und automatisch die Umgebung fotografiert. Diese Fotos setzt Google dann zu einem Panorama zusammen, durch das Sie einen virtuellen Spaziergang machen können.

Das Verfahren ist immens aufwendig, und Street View ist weit davon entfernt, weltweit flächendeckend zu funktionieren. Bislang sind vor allem Orte in den USA und einige europäische Großstädte wie London, Paris oder Rom auf diese Weise erfasst worden, aber der Bilderbestand wächst in rasantem Tempo an, und mit etwas Glück finden Sie auch schon Fotos von kleineren Städten und Ortschaften.

Im November 2010 begann Google damit, auch seine deutschen Städteansichten freizuschalten, nun sind auch München, Hamburg oder Berlin in Street View zu sehen. Allerdings gab es in Deutschland große Proteste gegen Street View, was dazu führte, dass vielfach Gebäude „verpixelt“, also unkenntlich gemacht wurden. Die deutschen Städte sind in Street View also mitunter hinter einem Grauschleier verborgen.

Streets of London

Um Street View einmal auszuprobieren, suchen Sie in Karten nach „Tower Bridge UK“ oder „Tower Bridge London“. Nach kurzer Zeit sehen Sie (mindestens) eine Stecknadel mit der Bezeichnung „Tower Bridge“. Da der Datenbestand von Google kontinuierlich überarbeitet wird, kann es auch sein, dass Sie mehrere Punkte in London angezeigt bekommen, die „Tower Bridge“ in ihrem Namen führen.

Jede Stecknadel zeigt links ein kleines, orangefarbenes Männchen. Ist dieses Zeichen blass, bedeutet das, dass zu dieser Position keine Street-View-Daten vorliegen. Ist es dagegen deutlich zu erkennen, tippen Sie es einmal frohgemut an: Karten wechselt in die Street-View-Darstellung.

Mit Street View können Sie eine Kamerafahrt durch die Straßen Londons unternehmen – und nicht nur durch London.

Mit dem Finger können Sie nun eine Kamerafahrt unternehmen und dem Weg des Google-Autos folgen. Tippen Sie auf den großen Richtungspfeil auf der Straße, bewegt sich die Darstellung entsprechend ein paar Meter weiter. Mit dem Finger lässt sich das Bild aber auch drehen, so dass Sie nicht nur die Fahrt- und damit die Blickrichtung ändern, sondern auch die Umgebung in genauen Augenschein nehmen können. Rechts unten sehen Sie eine kleine, runde Orientierungskarte, die die aktuelle Blickrichtung anzeigt. Ein Tipp auf diese Karte bringt Sie zur Standardansicht zurück.

Stecknadel setzen: Wenn der von Google gefundene Ort an einer Stelle liegt, die von keinem Street-View-Auto abgelichtet wurde, dann setzen Sie eine neue Stecknadel und suchen eine Position in der Nähe, zu der Street-View-Daten vorliegen. Wie Sie eine Stecknadel setzen, erfahren Sie weiter unten.

Kritik an Street View

So faszinierend Street View auch ist – Googles Plan, mehr oder weniger die gesamte Welt zu fotografieren und im Internet für jedermann verfügbar zu machen, ist nicht unumstritten. Nicht jeder hat es gern, dass sein Haus, seine Wohnung oder er selbst unverhofft auf Fotos auftaucht, die im Internet publiziert werden. Kurz nach dem Start von Street View wimmelte es im Internet dann auch prompt von allerlei Detailvergrößerungen mit skurrilen oder peinlichen Szenen. Einige Kameraaufnahmen zeigten auch Innenaufnahmen von Wohnungen, weil in dem Moment, in dem die Aufnahme gemacht wurde, just ein Fenster in Kamerahöhe (ca. drei Meter über dem Erdboden) weit geöffnet war.

Kein Wunder, dass Datenschützer angesichts der zum Teil erheblichen Missbrauchsgefahr von Street View alarmiert sind; in manchen Ortschaften haben die Proteste dafür gesorgt, dass Google hier nicht fotografieren darf. Google hat auf die Kritik reagiert.

Inhalte melden

In den Fotos werden nun automatisch Autokennzeichen und Gesichter unkenntlich gemacht. Stoßen Sie bei Street View auf ein Foto, das besser nicht publiziert werden sollte, können Sie dies Google mitteilen.

Dazu tippen Sie einmal auf den Bildschirm. Es wird nun am oberen Rand eine Symbolleiste eingeblendet. Hier sehen Sie links die Taste **Melden**, über die Sie bedenkliche Inhalte an Google melden können. Nach einem erneuten Tipp auf den Bildschirm wird diese Leiste wieder ausgeblendet.

Stoßen Sie bei Street View auf einen „unangemessenen Inhalt“, sollten Sie Google darüber informieren.

Stecknadeln und Lesezeichen

Bei Landkarten auf Papier werden bestimmte Punkte üblicherweise mit einer Stecknadel markiert. Das ist bei der Karten-App nicht sehr viel anders. Allerdings bieten Ihnen die Stecknadeln zusätzliche Möglichkeiten, mit denen eine Papierkarte nicht aufwarten kann.

Info

Jede Stecknadel in Karten hat auf der rechten Seite ein kleines **i**. Tippen Sie darauf, wird ein Fenster mit allen verfügbaren Informationen zum markierten Punkt angezeigt. Falls vorhanden, sehen Sie nicht nur Name, Anschrift oder ein Foto, sondern auch Mail- und Webadresse. Ein Tipp auf diese Einträge öffnet entsprechend Mail, Safari oder wechselt in die Street-View-Ansicht.

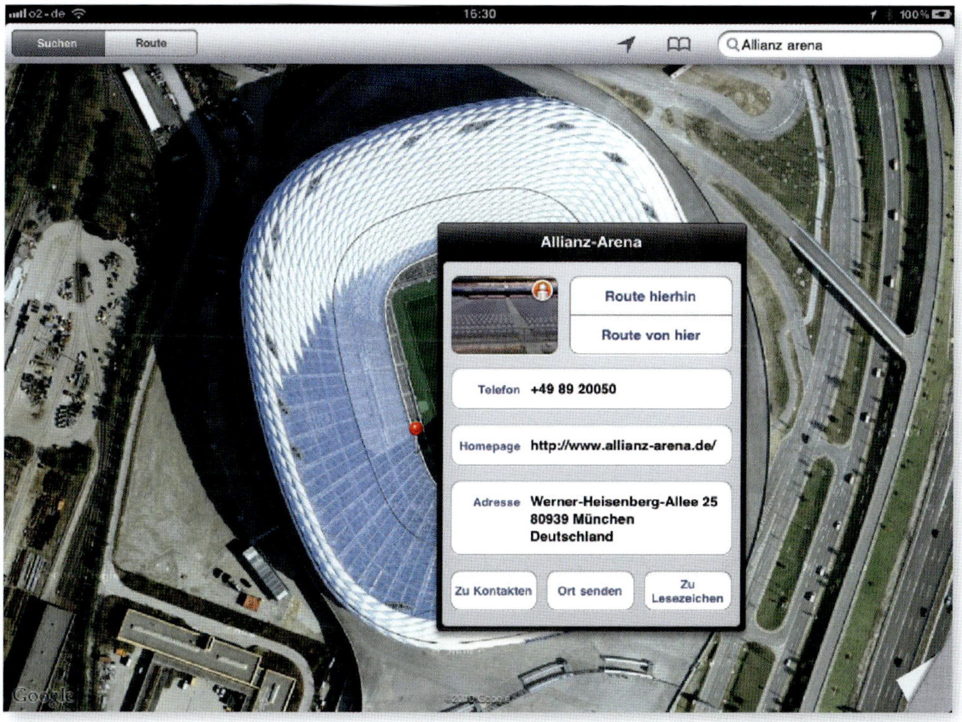

Die Informationen zu jedem markierten Punkt bieten Ihnen eine Reihe von Möglichkeiten, Karten optimal zu nutzen.

Außerdem haben Sie hier verschiedene Möglichkeiten, mit den Positionsdaten zu arbeiten:

- **Route hierhin/Route von hier** Damit können Sie den markierten Punkt in Ihre Routenplanung aufnehmen.
- **Zu Kontakten** Die markierte Position wird Ihren Adressen hinzugefügt.
- **Ort senden** Dabei wird zum einen ein Link verschickt, zum anderen eine Visitenkartendatei im VCF-Format (VCF steht für „vCard File"). Der Empfänger kann diese Datei mit einem Klick in seine Adressdatenbank aufnehmen und über den Link auf dem Computer Google Maps starten, das ihm die Adresse auf einer Karte anzeigt. Arbeitet der Empfänger mit einem iPad, wird natürlich Karten geöffnet und der Ort angezeigt.
- **Zu Lesezeichen** Die Position wird für den späteren schnellen Zugriff als Lesezeichen gespeichert. Auf Ihre Lesezeichen greifen Sie über das Buchsymbol in der Symbolleiste zu.

Stecknadeln setzen

Um eine Stecknadel an einen beliebigen Punkt zu setzen, tippen Sie zuerst auf das aufgerollte Blatt unten rechts und anschließend auf Stecknadel setzen. Auf der Karte erscheint eine lilafarbene Stecknadel, die Sie nun mit dem Finger an die gewünschte Position schieben.

Nur eine Stecknadel

Sie können nur eine Stecknadel benutzen. Um eine neue Stecknadel setzen zu können, müssen Sie die aktuelle Nadel zuerst entfernen. Auch das erledigen Sie im Info-Dialog, den Sie über das blaue **i** einblenden. Hier finden Sie den Punkt Stecknadel entfernen.

Haben Sie vergessen, wo Sie die letzte Stecknadel gesetzt hatten, helfen Ihnen die Lesezeichen weiter. Hier wird die derzeit aktive Stecknadel durch einen lilafarbenen Eintrag markiert. Tippen Sie diesen Eintrag an, gelangen Sie zur entsprechenden Position und können die Stecknadel nun entfernen.

Lesezeichen verwalten

Gespeicherte Lesezeichen rufen Sie über das Buchsymbol oben rechts auf. Über den Punkt **Bearbeiten** lässt sich wie gewohnt die Reihenfolge der Einträge ändern oder ein Eintrag auch löschen.

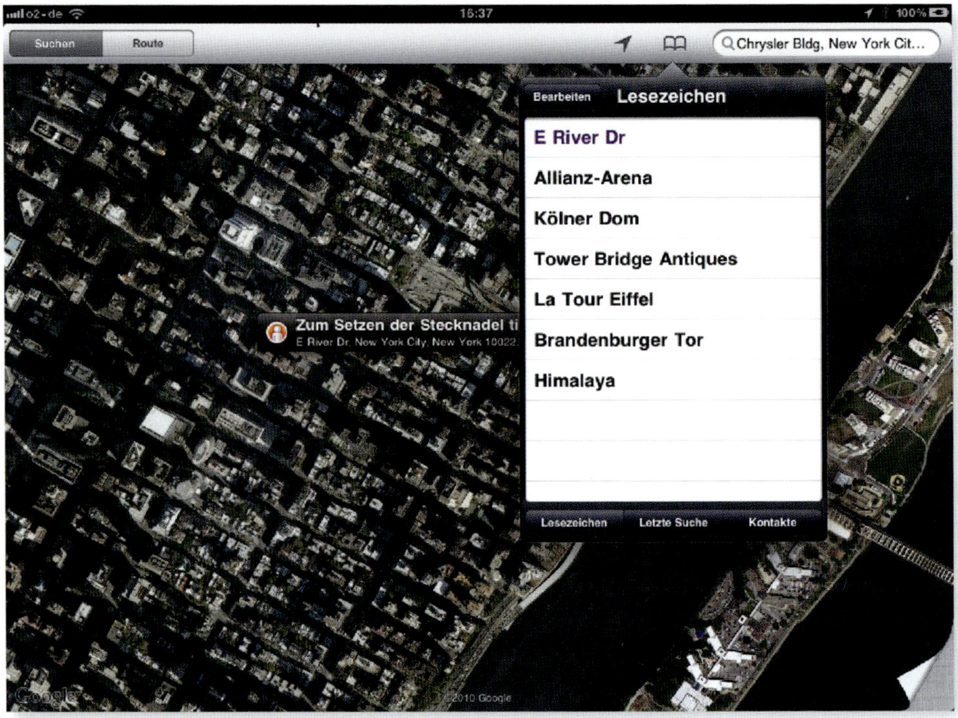

Die Lesezeichen können Sie über **Bearbeiten** verschieben und löschen, eine aktuell benutzte Stecknadel wird als erster Punkt in lila angezeigt

9

Kamera, Fotos und Photo Booth

Die Kameras des iPads

Das iPad besitzt zwei Kameras:

- Die Frontkamera sitzt oben in der Mitte, direkt gegenüber der Home-Taste. Mit dieser Kamera können Sie Fotos in VGA-Qualität (640 x 480 Bildpunkte) schießen.
- Die zweite Kamera befindet sich auf der Rückseite oben links. Sie kann Videos mit 720p aufzeichnen (also im Format 1280 x 720) und macht Fotos mit einer Auflösung von 960 x 720 Bildpunkten. Das entspricht einem knappen Megapixel.

Zwischen beiden Kameras können Sie mit einem Fingertipp umschalten.

Die sehr bescheidenen technischen Daten der Kameras zeigen, dass sie nicht als Ersatz für Ihre Digitalkamera gedacht sind, selbst jedes neuere Smartphone kann hier mit deutlich besseren Werten aufwarten. Vielmehr ist ihr Haupteinsatzzweck die Videotelefonie mit FaceTime (siehe dazu Kapitel 6). Doch für einen gelegentlichen Schnappschuss, der verkleinert etwa auf einer Webseite erscheinen soll, taugen sie allemal. Da bei einem bewegten Bild die eher schlechte Auflösung keine so große Rolle spielt wie bei einem Foto reicht die Leistung der Rückseitenkamera für kleinere Videomitschnitte durchaus aus.

Filme und TV-Sendungen: Mit dem Stichwort „Videos" sind in diesem Kapitel Filme gemeint, die Sie mit dem iPad aufgezeichnet haben. Filme und TV-Sendungen, die Sie etwa im iTunes Store gekauft oder von einer DVD kopiert haben, werden mit der Videos-App wiedergegeben, mit der wir uns in Kapitel 10 beschäftigen.

Aufnahmen mit dem iPad

Die Kamera des iPads aktivieren Sie mit einem Tipp auf das Symbol **Kamera**. Deren Einsatz ist denkbar einfach: draufhalten und abdrücken. Sie müssen sich um nichts kümmern, nicht um die Beleuchtung, nicht um den Weißabgleich – Sie knipsen einfach drauflos. Alle Fotos und Videos werden im Album Aufnahmen der Fotos-App gespeichert, mit der wir uns gleich beschäftigen.

Ein Foto aufnehmen

Als Sucher dient dabei das komplette Display. Sobald Sie die Kamera gestartet haben, verwandelt sich der Bildschirm in eine Fotoblende, die sich nach kurzer Zeit öffnet und das Bild zeigt, das die Linse der Kamera sieht.

So haben Sie die optimale Kontrolle über den Inhalt des Fotos. Dabei fokussiert das iPad die Kamera automatisch. Der fokussierte Bereich wird durch ein Quadrat auf dem Bildschirm markiert. Möchten Sie die Kamera stattdessen auf einen anderen Bereich scharfstellen, tippen Sie ihn auf dem Bildschirm an, und das iPad fokussiert die Kamera nach Ihren Wünschen neu.

Um zwischen den beiden Kameras zu wechseln, tippen Sie oben rechts auf das Symbol zum Kamerawechsel.

Gefällt Ihnen das, was Sie auf dem Display sehen, tippen Sie einmal auf das Kamerasymbol, und das Foto ist im Kasten (bzw. im Speicher des iPads). Das aktuelle Foto wird links unten im Display als Miniatur angezeigt.

Bei einer Auflösung von einem knappen Megapixel können Sie von der Rückseitenkamera keine brillanten Aufnahmen erwarten. Mehr als ein gelegentlicher Schnappschuss ist hier nicht drin.

Digitaler Zoom

Sobald Sie aufs Display tippen, erscheint unten ein Regler, über den Sie den digitalen Zoom der Kamera steuern können. Im Unterschied zu einem optischen Zoom fängt ein digitaler Zoom beim Heranzoomen nicht mehr Bilddetails ein, sondern vergrößert lediglich die Bildpunkte. So bekommen Sie zwar Details formatfüllend ins Bild, müssen aber Abstriche bei der Bildqualität machen. Sein Einsatz ist also nur in seltenen Fällen sinnvoll, etwa wenn Sie ein bestimmtes Detail fotografieren und sofort per E-Mail verschicken möchten. Alle anderen Arbeiten am Foto erledigen Sie sehr viel komfortabler und besser mit einer entsprechenden Foto-App oder mit einem entsprechenden Programm auf dem Computer.

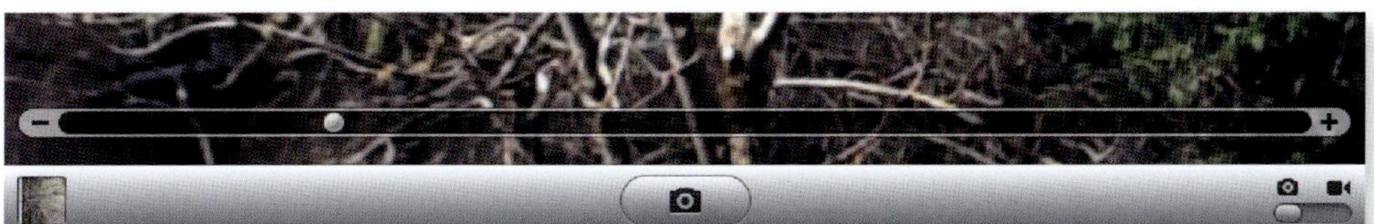

Der digitale Zoom vergrößert lediglich den Bildausschnitt, neue Details fügt er dem Bild nicht hinzu.

Fotobearbeitung auf dem iPad: Mit der kostenlosen App „Adobe Photoshop Express" können Sie Fotos auf dem iPad bearbeiten, schneiden und auch vergrößern. Wie Sie Apps auf dem iPad installieren, erfahren Sie in Kapitel 12.

Ein Video aufzeichnen

Um ein Video aufzuzeichnen, tippen Sie einmal unten rechts auf den kleinen Schalter und versetzen so die Kamera in den Videomodus. Aus dem Kamera- wird ein roter Aufnahmeknopf. Nach einem Tipp auf diesen Knopf hören Sie einen Signalton, und die Videoaufzeichnung startet.

Die Dauer der Aufzeichnung wird oben im Display eingeblendet. Ein erneuter Druck auf den Knopf wird mit einem doppelten Signalton beantwortet. Die Aufzeichnung stoppt, und das Video wird gespeichert. Es ist also nicht möglich, die Aufnahme zu pausieren.

Mit einem Fingertipp schalten Sie zwischen Foto- und Video-Aufzeichnung hin und her.

Geo-Tagging

Die Kamera kann auf die Ortungsfunktionen des iPads zugreifen und Ihre Positionsdaten in den Exif-Daten des Fotos speichern. Man spricht hier vom „Geo-Tagging" eines Bildes. Exif ist die Abkürzung für „Exchangeable Image File Format" und bezeichnet ein standardisiertes Format, in dem Metadaten eines digitalen Bildes in der Bilddatei selbst abgelegt werden können.

Zu sehen ist davon auf dem Foto natürlich nichts, aber fast jedes Fotoprogramm kann diese Daten auslesen. So ist es etwa möglich, ein Foto über seine Positionsdaten mit einem Programm wie zum Beispiel Google Maps auf einer Karte exakt zu lokalisieren. Genau das macht übrigens die Fotos-Applikation, mit der wir uns weiter unten beschäftigen. Auch Angebote im Internet wie der Fotodienst Flickr werten Ortsangaben in Fotos aus und zeigen sie zusammen mit Ihren Fotos an.

Beim ersten Start der Kamera fragt das iPad nach, ob die Kamera auf die Ortsdaten zugreifen darf. Dieser Zugriff kann jederzeit rückgängig gemacht bzw. nachträglich erlaubt werden. Rufen Sie dazu **Einstellungen** > **Allgemein** > **Ortungsdienste** auf. Die Ortungsdienste werden auch in Kapitel 8 thematisiert.

Foto-Kontrolle

In der linken unteren Ecke zeigt die Kamera immer eine Miniatur der letzten Aufnahme. Tippen Sie auf diese Miniatur, wechseln Sie vorübergehend zur Fotos-Applikation und können kontrollieren, ob die gespeicherte Aufnahme dem entspricht, was Sie sich vorgestellt haben. Missglückte Aufnahmen können Sie sofort mit einem Tipp auf den Papierkorb löschen. Mit **Fertig** kehren Sie zur Kamera zurück.

Fotospaß mit Photo Booth

Photo Booth ist eine spaßige Dreingabe zur Kamera des iPads. Hiermit lassen sich Fotos in Echtzeit auf dem iPad mit verschiedenen Filtern verfremden. Die Spaßfotos werden ebenfalls im Album Aufnahmen der Fotos-App gesichert.

Der Einsatz ist ebenso einfach wie lustig. Starten Sie Photo Booth, wählen Sie einen der acht verfügbaren Filter und drücken Sie auf den Auslöser. Manche Filter lassen sich durch Berührung des Bildschirms manipulieren, ein Doppeltipp auf den Bildschirm stellt die Standardeinstellungen wieder her. Mit einem Tipp auf das verwirbelte Symbol links außen gelangen Sie zur Filterauswahl zurück.

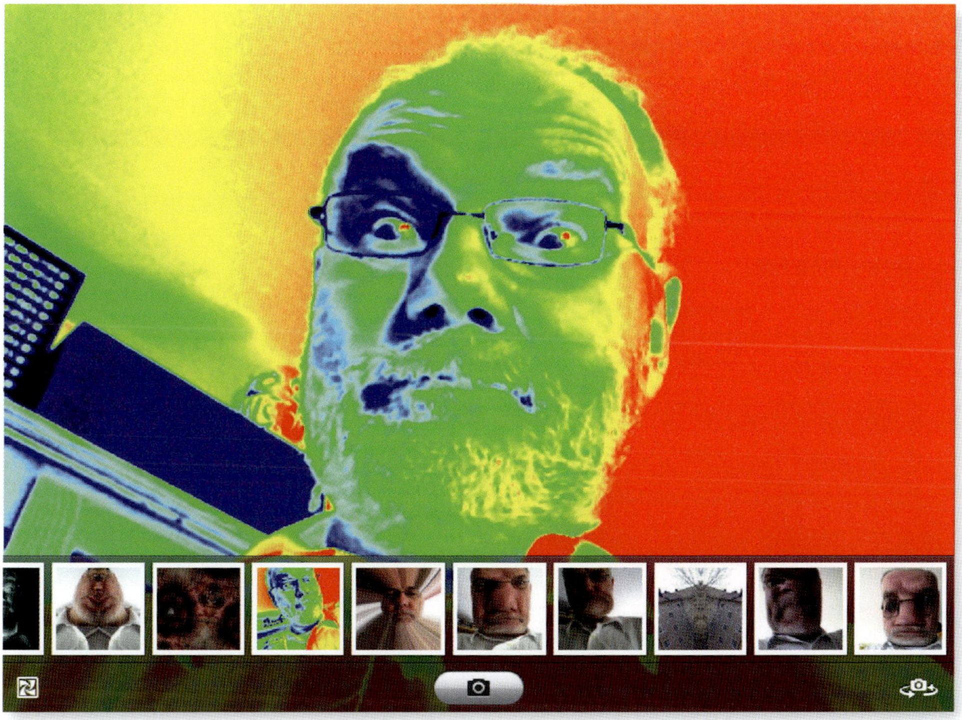

Mit Photo Booth können Sie Fotos in Echtzeit verfremden. Über das Kamerasymbol rechts unten wechseln Sie auch hier zwischen Front- und Rückseitenkamera.

Alle mit Photo Booth gemachten Fotos werden nach der Filterauswahl in einer Bilderleiste angezeigt. Mit einem Tipp auf ein Foto wählen Sie es aus und können es nun noch einmal genauer betrachten. Gefällt es Ihnen nicht, löschen Sie es mit einem Tipp auf das schwarze **X**. Gleichzeitig wird rechts außen eine Aktionstaste eingeblendet, über die Sie Fotos per E-Mail verschicken oder mehrere Fotos gleichzeitig auswählen können.

Ein Foto kann direkt in Photo Booth gelöscht oder über die Aktionstaste rechts unten per E-Mail verschickt werden.

Bilder auf dem iPad speichern

Neben den Fotos, die Sie mit der Kamera des iPads machen, gibt es noch weitere Möglichkeiten, Fotos auf dem iPad zu speichern. So lassen sich zum Beispiel Fotos von Webseiten oder aus einer E-Mail auf dem iPad sichern. Auch Mal- und Bildbearbeitungsprogramme speichern ihre Bilder in der Fotos-App. Auch diese Bilder werden im Album Aufnahmen der Fotos-App abgelegt.

Bilder von Webseiten

Stoßen Sie im Internet auf ein Bild, das Sie gerne speichern möchten, halten Sie den Finger auf das gewünschte Bild, bis ein Auswahlmenü erscheint. Hier wählen Sie **Bild sichern** und das Bild landet im Album Aufnahmen.

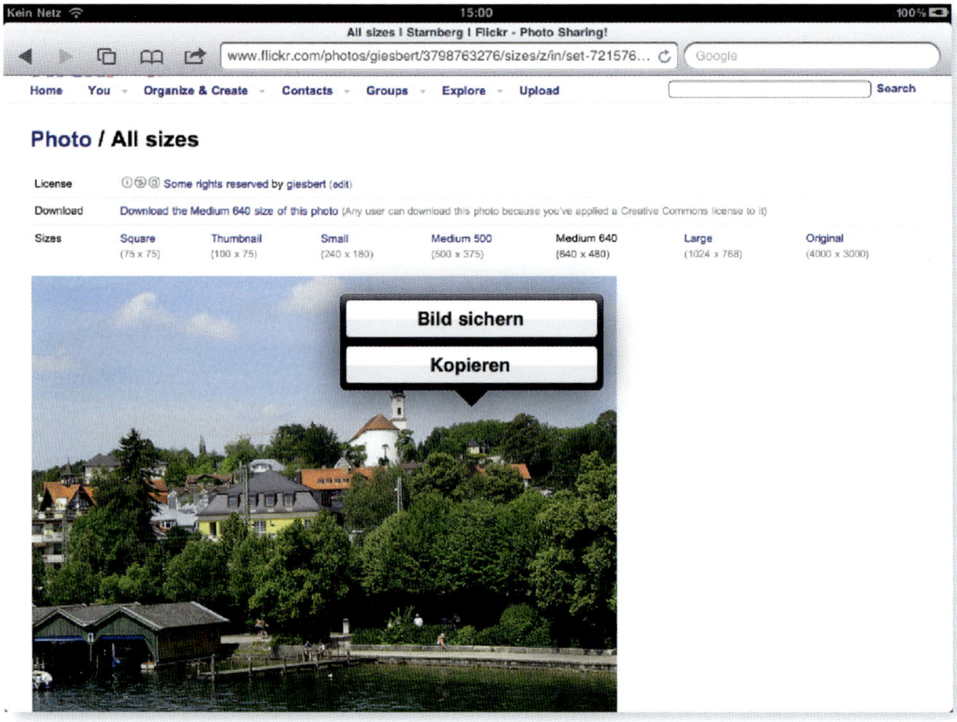

Fotos und Bilder von Webseiten lassen sich problemlos auf dem iPad speichern.

Bilder aus E-Mails

Ein Foto, das Ihnen per Mail zugeschickt wurde, kann ebenfalls problemlos gespeichert werden. Lassen Sie sich die Mail mit dem Foto im Anhang in Mail anzeigen und tippen Sie so lange auf das Foto, bis ein Auswahlmenü erscheint. Auch hier speichern Sie das Bild im Album Aufnahmen der Fotos-App mit einem Tipp auf **Bild sichern**.

Bildschirm-fotos

Außerdem können Sie den kompletten Bildschirminhalt des iPads fotografieren und als Grafik speichern. Drücken Sie dazu die Standby- und die Home-Taste gleichzeitig. Sie hören ein Kamerageräusch, und der Bildschirminhalt wandert als Foto in das Album Aufnahmen der Fotos-App. Die Dateien liegen im PNG-Format vor und werden fortlaufend nummeriert.

Auch Bilder, die Sie per E-Mail empfangen haben, lassen sich auf dem iPad speichern.

Fotos und Videos vom iPad an den Computer übertragen

Alle Fotos und Videos, die Sie mit dem iPad machen, landen im Album Aufnahmen der Fotos-App (mit der wir uns weiter unten ausführlicher beschäftigen). Um diese Aufnahmen an den Computer zu übertragen, benötigen Sie kein besonderes Programm, und auch iTunes hat ausnahmsweise einmal Pause. Denn das iPad wird vom Computer wie eine normale digitale Kamera behandelt. Die Bilder vom iPad lassen sich also genauso übertragen wie die Fotos von Ihrer digitalen Kamera.

Auf dem Mac benutzen Sie entweder Ihr Fotoprogramm (zum Beispiel iPhoto) oder die Programme Digitale Bilder bzw. Vorschau. Auf dem PC greifen Sie ebenfalls zum Fotoprogramm Ihrer Wahl, importieren die gespeicherten Bilder über die Automatische Wiedergabe beim Anschluss des iPads, mit Paint oder benutzen den Explorer, in dem das iPad als Kamera angezeigt wird.

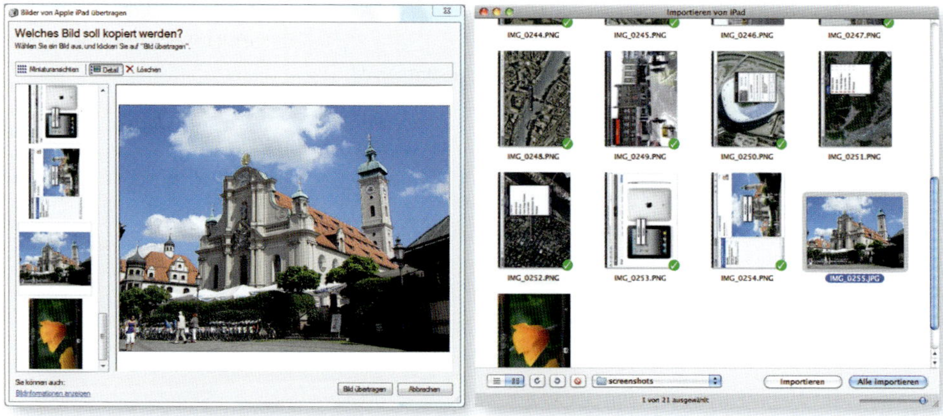

Um Bilder aus dem Album Aufnahmen auf den Computer zu übertragen, benötigen Sie kein Spezialprogramm, sondern können sowohl unter Windows 7 (links) wie unter Mac OS X (rechts) mit Bordmitteln arbeiten.

Nur Aufnahmen: Sie können ausschließlich den Inhalt des Albums Aufnahmen vom iPad an den Computer übertragen. Es ist nicht möglich, Fotos aus anderen Alben auf den Computer zu übertragen. (Wie Sie Alben in der Fotos-App anlegen, erfahren Sie im nächsten Abschnitt.)

Fotos vom Computer zum iPad übertragen

Neben den Fotos und Videos, die Sie mit dem iPad aufnehmen, können Sie natürlich auch Fotos von Ihrem Computer an das iPad übertragen und sich dort anzeigen lassen. Dabei kommt einmal mehr iTunes zum Einsatz.

Camera Connection Kit: Apple bietet als Zubehör das Camera Connection Kit an. Damit können Sie eine digitale Kamera via USB ans iPad anschließen, aber auch eine SD-Karte direkt auslesen.

Vom Computer zum iPad

Bei der Übertragung Ihrer Fotos vom Computer an das iPad gibt es verschiedene Möglichkeiten:

- Auf dem Mac werden Sie Ihre Fotos vermutlich mit iPhoto oder Aperture verwalten und sie in verschiedenen Alben organisieren. Diese Alben können Sie über iTunes auf das iPad syncen. Unterstützt werden auch Ereignisse, Orte und Gesichter, die mit iPhoto '09 eingeführt wurden.
- Unter Windows wird Adobe Photoshop Elements ab Version 3.0 unterstützt.
- Doch es geht auch ohne Programm – Sie können beliebige Ordner auf Ihrer Festplatte als Bilderquelle definieren.

Bilder übertragen

1. Schließen Sie Ihr iPad an den Computer an und starten Sie iTunes.
2. Wählen Sie Ihr iPad in der Seitenleiste aus und wechseln Sie zur Registerkarte **Fotos**.

3. Aktivieren Sie den Punkt **Fotos synchronisieren von** und legen Sie fest, woher iTunes die Bilder holen soll. Wenn Sie einen Ordner wählen, in dem wiederum Unterordner mit Fotos enthalten sind, können Sie entweder den kompletten Ordner auf das iPad syncen oder nur ausgewählte Unterordner.

Fotos auf dem Computer werden mit iTunes ans iPad übertragen. Dabei können Sie als Quelle nicht nur ein Fotoprogramm (hier: iPhoto), sondern auch einen Ordner auf Ihrer Festplatte bestimmen.

Schrumpfkur: Sie müssen sich keine Sorgen machen, dass Ihre Fotos für das iPad vielleicht zu groß sind und dort nur Speicherplatz verschwenden; iTunes komprimiert die Dateien, bevor die Fotos kopiert werden.

Videos einbeziehen

Vielleicht wundern Sie sich ein wenig über den Punkt **Videos einbeziehen** im **Fotos**-Register von iTunes. Die Erklärung ist recht einfach. Praktisch jede digitale Kamera macht heute nicht nur Fotos, sondern kann auch Videos im Quicktime- bzw. MOV-Format aufzeichnen. Diese Videos werden üblicherweise mit dem Fotoprogramm auf dem Computer verwaltet und lassen sich – falls der Punkt **Videos einbeziehen** aktiviert ist – auch auf das iPad kopieren und mit der Fotos-App anzeigen.

Die Filme, auf die Sie mit der Videos-App auf dem iPad zugreifen, werden in iTunes auf Ihrem Computer auf den Registerkarten **Filme** und **TV-Sendungen** verwaltet. Diese Videos liegen als M4V- oder MP4-Datei vor. Mit diesem Thema beschäftigen wir uns in Kapitel 10.

Videos konvertieren: Beim Import von Videos, die Sie mit Ihrer Digicam oder einem Camcorder gemacht haben, kann es passieren, dass das iPad damit nichts anzufangen weiß. In diesem Fall gibt iTunes eine Warnung aus. Ein solches Video muss zuerst konvertiert werden, bevor Sie es auf das iPad kopieren können. Wie das geht, erfahren Sie in Kapitel 10.

Fotos auf dem iPad

Wie das iPad Ihre Bilder ordnet

Die Fotos auf dem iPad werden in verschiedenen Kategorien verwaltet, zwischen denen Sie mit einem Fingertipp wechseln:

- Fotos zeigt sämtliche Fotos aus allen Alben auf dem iPad chronologisch an.
- Alben enthält die Alben bzw. Ordner, die Sie gesynct haben. Dabei werden die Namen der Ordner als Albumname benutzt.
- Ereignisse sortiert die Fotos nach den Ereignissen, die aus iPhoto synchronisiert wurden.
- Gesichter zeigt die Fotos, die Sie in iPhoto oder Aperture einer Person zugeordnet haben.
- Orte wertet eventuell vorhandene Ortsinformationen in den Fotos aus und ordnet die Bilder einer Landkarte zu.

Die gespeicherten Fotos werden nach verschiedenen Kriterien geordnet. Zwischen den Kategorien wechseln Sie wie gewohnt mit einem Fingertipp.

Nur Anzeige: Die Fotos-App dient ausschließlich der Anzeige von Fotos bzw. Videos. Sie können auf dem iPad also weder ein Album oder Ereignis anlegen noch ein Foto einem bestimmten Album zuweisen.

Fotos mit GPS-Informationen

Inzwischen sind einige digitale Kameras mit einem GPS-Chip ausgerüstet und speichern in den Metadaten der Bilddatei die Position, an der das Foto gemacht wird. Wie weiter oben erwähnt, versieht auch das iPad die Fotos auf Wunsch mit Ortsdaten. Diese Daten kann die Fotos-App auf dem iPad auswerten. Sobald Fotos mit GPS-Koordinaten in der Fotos-App verfügbar sind, erscheint neben **Fotos** und **Alben** auch der Punkt **Orte**.

Hier zeigt das iPad Ihnen statt der Fotos zuerst eine Landkarte, auf der alle Orte, an denen Fotos gemacht wurden, mit einer Stecknadel markiert werden.

Tippen Sie auf eine Stecknadel, können Sie sich alle Fotos anzeigen lassen, die zu diesem Ort gehören.

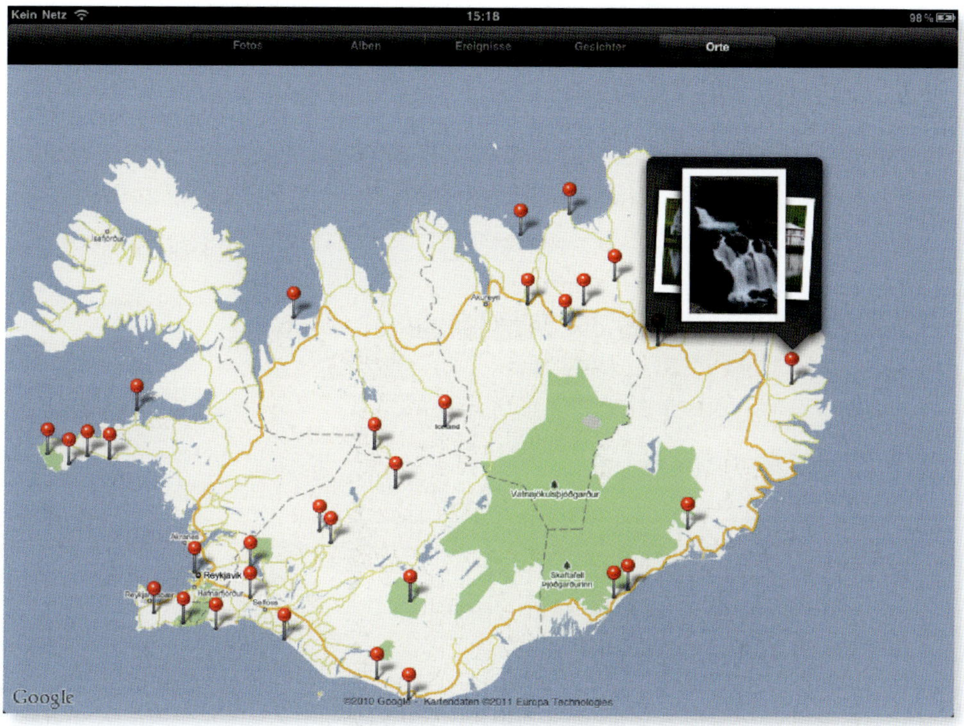

Bei Fotos mit Ortsinformationen zeigt Ihnen das iPad eine Landkarte, auf der alle Fotos lokalisiert werden.

Stapeljob

Im Register **Fotos** werden sämtliche Bilder einzeln der Reihe nach angezeigt, bei **Alben**, **Ereignisse**, **Gesichter** und **Orte** dagegen in Fotostapeln zusammengefasst.

Um einen solchen Stapel zu öffnen, tippen Sie ihn an oder ziehen ihn mit zwei Fingern auf. Sie schließen einen so geöffneten Stapel wieder, indem Sie ihn über die Taste links oben verlassen oder ihn mit zwei Fingern zuziehen.

Foto betrachten

Ein einzelnes Bild öffnen Sie mit einem Tipp auf das entsprechende Miniaturbild. Um in ein Foto hineinzuzoomen, ziehen Sie es mit Daumen und Zeigefinger größer. Um es wieder zu verkleinern, schieben Sie es mit Daumen und Zeigefinger zusammen. Fotos passt das Bild immer der aktuellen Haltung des iPads an.

Bei der Anzeige eines Bildes werden anfangs rund fünf Sekunden lang oben und unten Menüleisten eingeblendet, die anschließend verschwinden und durch einen Tipp auf das Foto wieder hervorgeholt werden können. Über die untere Leiste können Sie rasch durch den Inhalt eines Albums blättern, über die obere Leiste kehren Sie zur Übersicht zurück oder starten eine Diashow und haben Zugriff auf das Aktionsmenü des Fotos (dazu gleich mehr).

Möchten Sie der Reihe nach durch die Fotos blättern, wischen Sie mit dem Finger nach links oder rechts über den Bildschirm.

Die Menüleisten werden mit einem Fingertipp hervorgeholt und verschwinden nach ein paar Sekunden von allein. Wenn Ihnen das zu lange dauert, tippen Sie einfach noch einmal in das Bild.

Eine Diashow auf dem iPad

Statt zu wischen oder zu blättern, können Sie sich die Bilder auf Ihrem iPad auch als Diashow vorführen lassen. Dabei beherrscht das iPad verschiedene Animationen für den Übergang. Besonders gelungen ist „Origami", hier werden die Bilder beim Wechsel auf verschiedene Weisen gefaltet.

Diashow starten

Um eine Diashow zu starten, öffnen Sie den Stapel, dessen Fotos Sie als Diashow betrachten möchten, und tippen oben rechts auf die Taste **Diashow**. Falls Sie Musikbegleitung haben möchten, aktivieren Sie **Musikwiedergabe** und wählen unter **Musik** den gewünschten Titel aus (wie Sie Musik auf Ihr iPad bekommen, steht in Kapitel 11). Wählen Sie nun noch eine Animation für den Übergang zwischen den einzelnen Bildern und tippen Sie auf **Präsentation starten**. Mit einem Tipp auf den Bildschirm beenden Sie die Show.

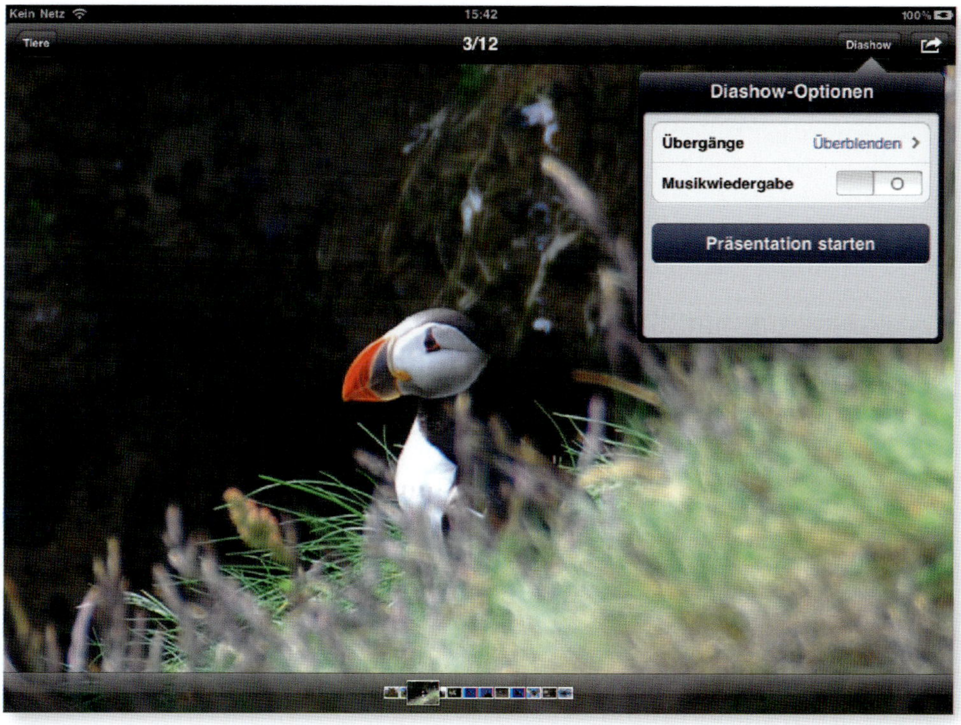

Bei einer Diashow kommt das brillante Display des iPads besonders gut zur Geltung.

Diashow anpassen

Standardmäßig werden alle Bilder einer Diashow in chronologischer Reihenfolge einmal für je fünf Sekunden gezeigt. Das können Sie natürlich anpassen. Wählen Sie dazu **Einstellungen > Fotos**. Hier können Sie nun drei Dinge festlegen:

- **Anzeigezeit pro Dia** Zur Auswahl stehen 2, 3, 5, 10 und 20 Sekunden.
- **Wiederholen** Aktivieren Sie diesen Schalter, wird die Diashow in einer Endlosschleife gezeigt.
- **Zufällig** Damit wechseln Sie von der chronologischen zur zufälligen Reihenfolge der Dias.

Das iPad als Bilderrahmen

Auch wenn Sie Ihr iPad nicht benutzen, kann es sich nützlich machen und als Raumschmuck dienen. Nicht nur weil es unverschämt gut aussieht, sondern weil Sie es mit einem Fingertipp in einen digitalen Bilderrahmen verwandeln, dessen Inhalt sich regelmäßig ändert.

Rahmenbedingungen

Bevor Sie den Bilderrahmen starten, sollten Sie festlegen, auf welche Fotos diese Funktion zugreift. Rufen Sie dazu **Einstellungen > Bilderrahmen** auf. Hier bestimmen Sie den Übergang zwischen den Fotos – Sie haben hier allerdings nur die Wahl zwischen **Überblenden** und **Origami** –, die **Anzeigezeit pro Foto**, ob die Auswahl zufällig oder chronologisch erfolgt und ob Gesichter herangezoomt werden. Als Bilderquelle können Sie Bilder aus **Alle Fotos**, **Alben**, **Gesichter** und **Ereignisse** wählen.

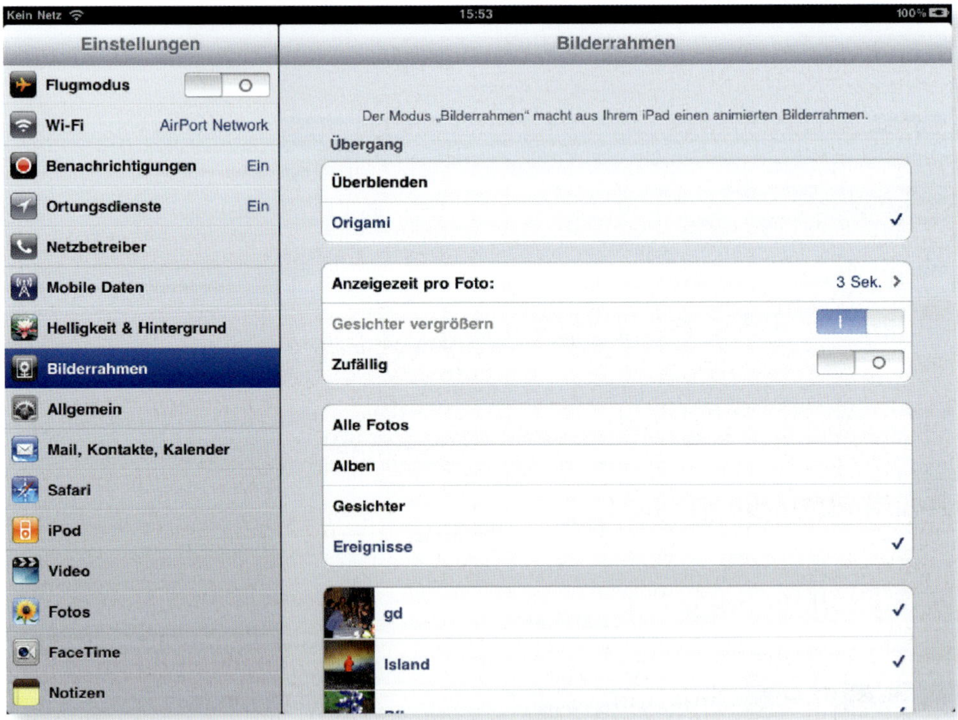

Welche Bilder Sie im Bilderrahmen sehen möchten und wie diese dargestellt werden, legen Sie in den Einstellungen fest.

Bilderrahmen aktivieren

Die Bilderrahmenfunktion wird über den Sperrbildschirm aktiviert. Schalten Sie Ihr iPad also über die Standby-Taste einmal aus und wieder an. Neben dem Schalter **Entriegeln** sehen Sie eine Taste mit einer Blume, über die Sie Bilderrahmenfunktion aktivieren.

Die Bilderrahmenfunktion wird auf dem Sperrbildschirm eingeschaltet.

Aus! Die Bilderrahmenfunktion lässt sich über die Code-Sperre deaktivieren, mit der sich das Kapitel 14 beschäftigt.

Fotos mailen und mehr

Alle Fotos, die Sie auf Ihrem iPad gespeichert haben, können Sie problemlos per Mail in die weite Welt schicken, nach MobileMe hochladen, als Hintergrundbild benutzen, als Kontaktfoto verwenden oder auch drucken. Alle Funktionen zur Weitergabe bzw. -verwendung der Fotos werden über die Aktionstaste (den Pfeil) rechts oben aufgerufen. Die Taste wird sowohl bei der Anzeige eines einzelnen Fotos als auch bei einem geöffneten Bilderstapel eingeblendet.

Über das Aktionsmenü können Sie jedes Foto per Mail verschicken oder anderweitig verwenden.

- **Ein Foto per Mail** Um ein einzelnes Foto per Mail zu verschicken, lassen Sie es sich anzeigen, rufen das Aktionsmenü auf und wählen **Per E-Mail senden**.
- **Bis zu fünf Fotos per Mail** Sie können bis zu fünf Fotos gleichzeitig auf die Reise schicken (vorausgesetzt, die Bilder sind im gleichen Bilderstapel. Öffnen Sie den entsprechenden Stapel (also das Album, Ereignis …) und rufen Sie das Aktionsmenü auf. Tippen Sie nun auf die bis zu fünf Fotos, die Sie verschicken möchten, und wählen Sie anschließend **Per E-Mail senden**.

- **Mehr als fünf Fotos per Mail** Sie möchten mehr als fünf Fotos aus einem Bilderstapel verschicken? Kein Problem: Öffnen Sie den Stapel, tippen Sie auf die Aktionstaste, markieren Sie die gewünschten Fotos und wählen Sie **Kopieren**. Wechseln Sie nun zur Mail-App, öffnen Sie ein neues Mailformular und halten Sie den Finger so lange in das Mailformular, bis die Taste **Einsetzen** erscheint. Ein Tipp auf diese Taste, und die kopierten Bilder werden als Dateianhang hinzugefügt.
- **An MobileMe senden** Falls Sie ein Konto bei Apples kostenpflichtigem Onlinedienst MobileMe haben, können Sie über diesen Eintrag ein Foto publizieren und anderen zugänglich machen. (MobileMe wird im Anhang vorgestellt.)
- **Zu Kontakt zuweisen** Das Foto kann als Porträt eines Kontakts benutzt werden. Dazu wird die Liste aller Kontakte eingeblendet, in der Sie den gewünschten Eintrag auswählen. Anschließend können Sie das Bild skalieren und positionieren. Mit einem Tipp auf **Verwenden** wird das Foto bzw. der markierte Ausschnitt dem Kontakt zugewiesen.
- **Als Hintergrundbild** Das Foto kann dem Sperrbildschirm oder dem Home-Bildschirm (oder beiden) als Hintergrund zugewiesen werden.
- **Drucken** Die Druckfunktion des iPads wird in Kapitel 15 erläutert.
- **Foto kopieren** Das Foto wird in die Zwischenablage kopiert und kann etwa einer Mail als Dateianhang hinzugefügt werden.

Bilder auf dem iPad löschen

Bilder, die Sie auf Ihrem iPad gespeichert haben, können Sie natürlich auch wieder löschen. Wie das geht hängt davon ab, wie die Bilder auf Ihr iPad gekommen sind.

- **Löschen aus Aufnahmen:** Fotos, die Sie direkt auf dem iPad gespeichert haben – also alle Bilder im Album **Aufnahmen** –, können Sie auch direkt auf dem iPad löschen. Tippen Sie dazu beim entsprechenden Bild einfach auf den Papierkorb. Möchten Sie mehrere Bilder auf einen Streich entfernen, öffnen Sie zuerst das Album **Aufnahmen**. Hier tippen Sie oben rechts auf die Aktionstaste, markieren die zu löschenden Fotos und wählen anschließend die Taste **Löschen**.

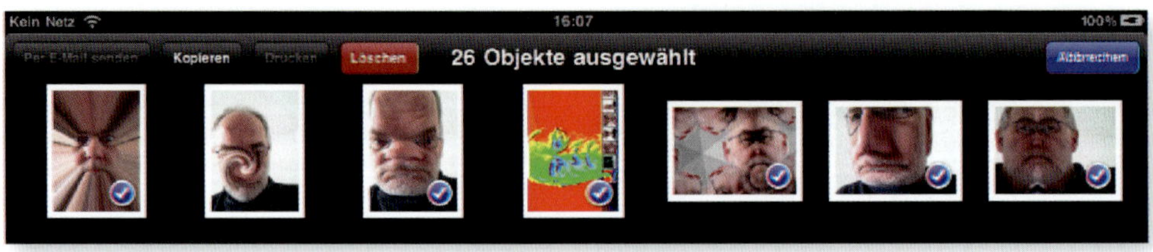

Nur Fotos, die Sie direkt auf dem iPad gespeichert haben, lassen sich auch dort wieder löschen.

- **Löschen gesyncter Fotos:** Bei Fotos, die Sie vom Computer mit iTunes auf das iPad übertragen haben, sieht die Sache allerdings anders aus. Diese Bilder können nicht auf dem iPad gelöscht werden. Um ein Bild aus einem Album auf dem iPad zu löschen, entfernen Sie es zuerst aus dem Album bzw. dem Ordner auf dem Computer und syncen Ihr iPad erneut. Möchten Sie sämtliche übertragene Fotos auf dem iPad löschen, deaktivieren Sie in iTunes den Punkt **Fotos synchronisieren von**.

10

Videos und YouTube

So kommen Videos auf Ihr iPad

Wie (fast) alle anderen Inhalte kommen auch Videos über einen Sync mit iTunes auf Ihr iPad. Die Videos werden also zuerst in iTunes importiert bzw. im iTunes Store gekauft (iTunes wird im Anhang A erläutert, der iTunes Store in Kapitel 12) und anschließend auf das iPad kopiert.

Der umgekehrte Weg ist nur möglich, wenn Sie auf dem iPad einen Film gekauft haben. Dieser wird dann auch in die Mediathek von iTunes übernommen. Sie können Filme, die Sie auf dem iPad gespeichert haben, nicht auf einen anderen Computer kopieren.

Videos in iTunes

Videoinhalte werden von iTunes vor allem in zwei Kategorien verwaltet: **Filme** und **TV-Sendungen**. Außerdem können Videos auch unter **Musik** und bei den **Podcasts** zu finden sein (falls Sie Musikvideos und Videopodcasts in Ihrer Mediathek haben). Je nachdem, welche Art von Videos Sie auf Ihr iPad kopieren, tauchen in der **Videos**-Applikation die entsprechenden Kategorien auf. Videos, die Sie zusammen mit Fotos synchronisiert haben, tauchen in der **Fotos**-App auf (siehe dazu Kapitel 9).

DivX und DVD: Wie Sie Filme im DivX-Format auf Ihrem iPad wiedergeben und Filme von DVD iPad-gerecht aufbereiten, erfahren Sie in Kapitel 15.

Videos übertragen

Um ein Video aus der iTunes-Mediathek aufs iPad zu syncen, gehen Sie folgendermaßen vor:

1. Schließen Sie Ihr iPad an Ihren Computer an und wählen es in der Seitenleiste von iTunes aus.
2. Wechseln Sie zur gewünschten Registerkarte, also Filme, TV-Sendungen, **Musik** oder **Podcasts**.
3. Aktivieren Sie den Sync in der jeweiligen Kategorie.
4. Legen Sie fest, welche Videos auf das iPad kopiert werden sollen.
5. Klicken Sie auf **Anwenden**.

Musikvideos syncen: Standardmäßig werden Musikvideos bei einem Sync ignoriert. Möchten Sie ein Musikvideo auf Ihrem iPad betrachten, müssen Sie den Sync also ausdrücklich aktivieren. Wechseln Sie dazu zur Registerkarte **Musik** und setzen Sie ein Häkchen bei **Musikvideos einbeziehen**.

Leihfilme: Sie können im iTunes Store Videos ausleihen und sie sich auf dem iPad ansehen. Wie das geht und worauf Sie dabei achten müssen, erfahren Sie in Kapitel 12.

Alle Videoinhalte werden via iTunes auf das iPad kopiert.

Fehlermeldung beim Synchronisieren

Nicht alle Videos, die Sie in iTunes auf Ihrem Computer wiedergeben können, können Sie auch aufs iPad kopieren. Das iPad unterstützt nämlich weniger Formate als iTunes bzw. Ihr Computer. Leider erkennt iTunes das nicht bereits im Vorfeld, sondern lässt Sie auch inkompatible Formate für den Sync auswählen – enttäuscht Sie nach Abschluss der Synchronisation allerdings mit einer Fehlermeldung.

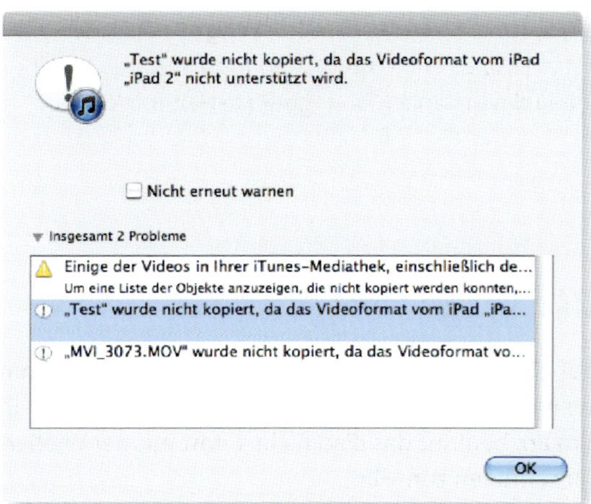

Das ging schief: Wenn ein Videoformat vom iPad nicht unterstützt wird, bemerkt iTunes das erst nach einem erfolglosen Kopierversuch.

Betroffen sind von diesem Problem sehr oft Videos, die Sie mit Ihrer digitalen Kamera oder Ihrer Digicam gemacht haben. In diesem Fall können Sie das Video nicht (wie in Kapitel 9 beschrieben) zusammen mit den Fotos synchronisieren, sondern importieren es zuerst in iTunes und bringen es dort in ein passendes Format. Anschließend syncen Sie es mit iTunes auf Ihr iPad.

Um eine störrische Videodatei iPad-gerecht aufzubereiten, markieren Sie sie in iTunes und wählen **Erweitert > Version für iPad oder Apple TV erstellen**.

Nun konvertiert iTunes die Datei, was je nach Größe der Filmdatei einige Zeit dauern kann, unter Umständen müssen Sie sich also in Geduld üben. Sobald iTunes fertig ist, taucht die konvertierte Datei im **Filme**-Verzeichnis auf.

Die konvertierte Datei trägt den gleichen Titel wie die Ausgangsdatei, was ein wenig verwirrend sein kann. Es ist also keine schlechte Idee, die Datei umzubenennen. Falls Sie nicht mehr wissen, welche der beiden gleichnamigen Dateien die richtige ist, werfen Sie einen Blick in die Informationen. Die Datei sollte eine „MPEG-4 Videodatei" sein und ihre Dateiendung „m4v" heißen.

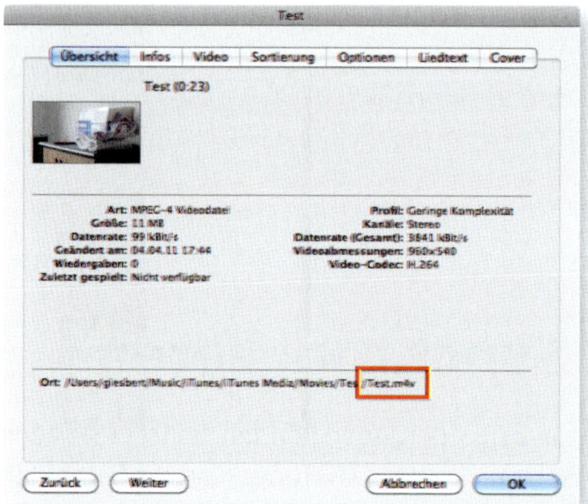

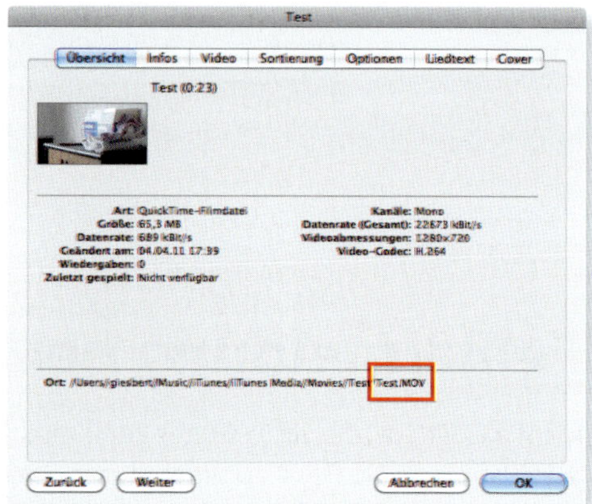

Bevor Sie ein Video Ihrer Digicam aufs iPad kopieren können, müssen Sie es in ein passendes Format konvertieren, was Sie zum Beispiel mit iTunes erledigen können. Eine konvertierte Datei erkennen Sie etwa an der Dateiendung.

Das richtige Werkzeug: Die Konvertierung von Videodateien ist in iTunes zwar möglich, aber nur für den gelegentlichen Gebrauch zu empfehlen. Wenn Sie häufiger umfangreiche Videos umkodieren möchten, sollten Sie zu einem Programm greifen, das für diese Aufgabe optimiert ist. Hier bietet der Markt eine reiche Auswahl, ein populäres und kostenloses Programm, das sowohl für Mac OS X als auch Windows vorliegt, ist etwa das in Kapitel 15 vorgestellte Handbrake.

Videos auf dem iPad wiedergeben

Die Wiedergabe von Videos übernimmt auf dem iPad, wenig überraschend, das Programm **Videos**. Die verfügbaren Videos sind in den Kategorien eingeordnet, unter denen sie auch in iTunes geführt werden. Tippen Sie einen Film an, beginnt das iPad nicht sofort mit der Wiedergabe, sondern zeigt Ihnen zuerst einige Informationen zum Film.

Haben Sie mehrere Folgen einer TV-Sendung auf Ihrem iPad, zeigt Ihnen ein Tipp auf die gewünschte Serie zunächst eine Übersicht der vorhandenen Folgen.

Ein Tipp auf die Playtaste startet die Wiedergabe, wobei sowohl das Quer- als auch das Hochformat benutzt werden kann.

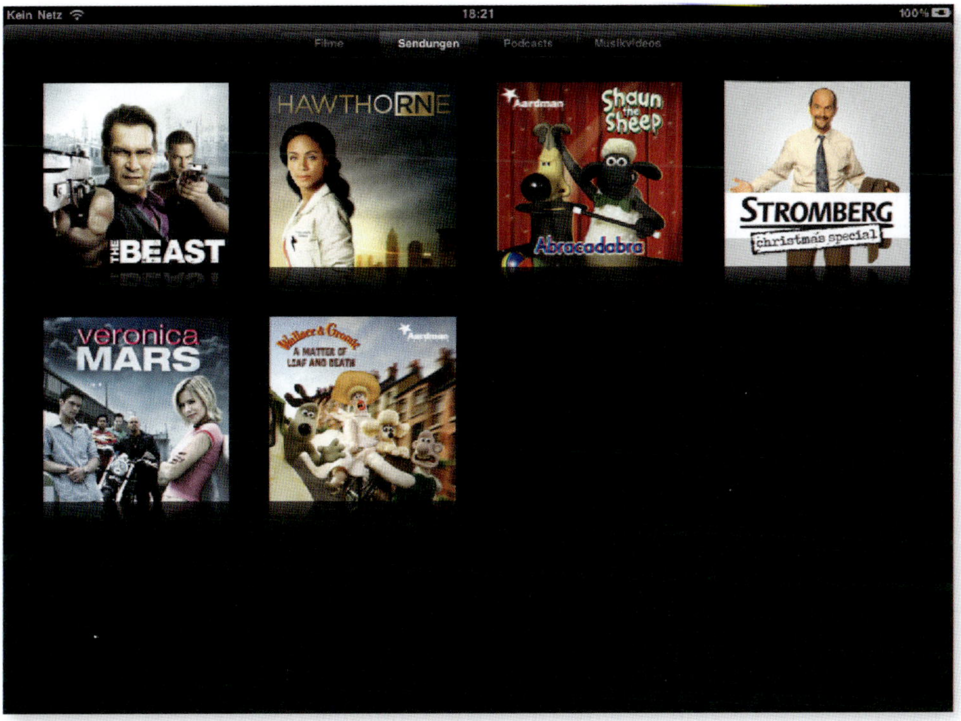

Filme, TV-Sendungen, Video-Podcasts und Musivideos werden über die Applikation Videos verwaltet.

Wiedergabe steuern

Die Wiedergabe eines Videos wird über verschiedene Elemente gesteuert, die auf Fingertipp ein- und ausgeblendet werden.

Oben sehen Sie eine Zeitleiste, in der Sie durch Bewegung des Playheads (also der grauen Murmel in der Leiste) eine bestimmte Stelle im Film ansteuern können.

Für den schnellen Vor- oder Rücklauf halten Sie die Doppelpfeiltasten in der Steuerung etwas länger gedrückt.

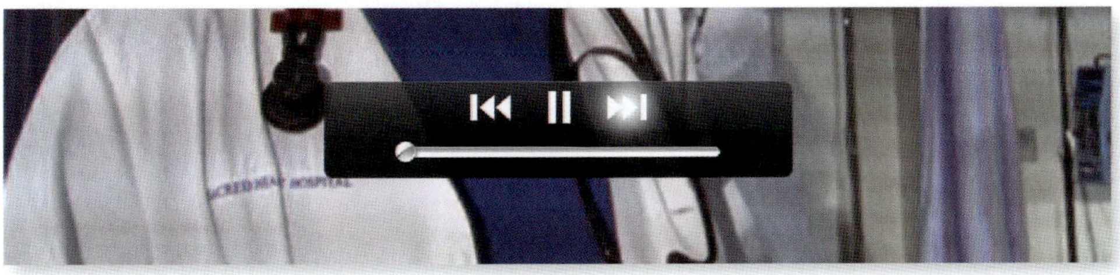

Der schnelle Vor- und Zurücklauf wird über die Doppelpfeiltasten der Steuerung aktiviert.

Scrubbing

Dabei ist auch eine sekundengenaue Positionierung möglich. Tippen Sie auf den Playhead und ziehen Sie Ihren Finger nach unten, ohne das Display loszulassen. Bewegen Sie den Finger nun nach links oder rechts, wird der Film zurück- bzw. vorgespult. Je weiter Sie mit Ihrem Finger dabei nach unten gehen, desto langsamer bewegt sich der Playhead. Dieser Vorgang wird „Scrubbing" genannt. Die aktuelle Geschwindigkeit wird dabei eingeblendet.

Die Geschwindigkeit beim Vor- oder Zurückspulen ändern Sie durch einen Fingerstreich.

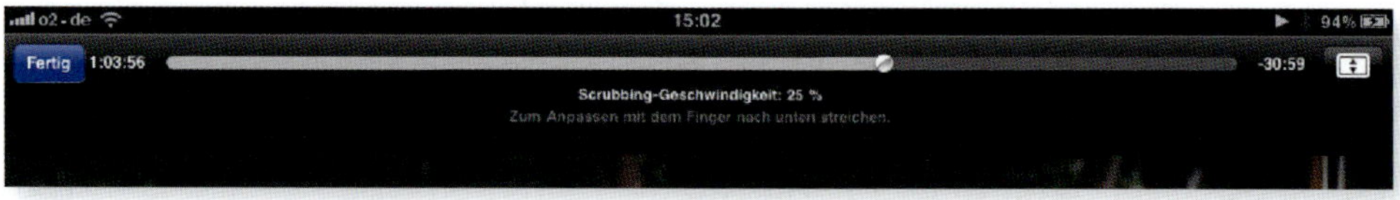

Größe anpassen

Über die Taste mit dem Doppelpfeil oben rechts skalieren Sie die Darstellung und wechseln zwischen korrektem Seitenverhältnis und bildschirmfüllender Darstellung (bei der unter Umständen das Bild an Rändern ein wenig beschnitten wird). Alternativ dazu können Sie auch den Bildschirm doppelt antippen.

Pausieren, Kapitel

Über das untere Steuerelement pausieren Sie die Wiedergabe, setzen sie fort oder springen von Kapitel zu Kapitel. Halten Sie die Tasten gedrückt, wechseln Sie zum schnellen Vor- und Rücklauf. Falls das Video über Untertitel oder andere Sprachen verfügt, werden hier ebenfalls die entsprechenden Tasten eingeblendet. Über den Schieberegler steuern Sie die Lautstärke. Ein Tipp auf **Fertig** beendet die Wiedergabe.

Die verschiedenen Elemente zur Steuerung der Wiedergabe werden auf Fingertipp ein- und ausgeblendet.

Filme vom iPad löschen

Eine Filmdatei kann sehr groß werden, der Speicher des iPads ist allerdings beschränkt. Es ist also keine schlechte Idee, ein Video zu löschen, wenn Sie es sich nicht mehr ansehen möchten. Dabei werden die Videos lediglich von Ihrem iPad gelöscht und bleiben natürlich weiterhin in der iTunes-Mediathek auf Ihrem Computer. Sie können ein auf dem iPad gelöschtes Video also jederzeit erneut aufs iPad synchronisieren.

Ein Video direkt löschen

Um ein Video zu löschen, tippen Sie es in der Übersicht so lange an, bis ein schwarzes Kreuz erscheint. Tippen Sie auf dieses Kreuz, fragt das iPad nach, ob Sie den Film tatsächlich von Ihrem iPad löschen möchten. Bejahen Sie diese Frage, wird das Video entfernt.

Nach dem Kauf syncen nicht vergessen: Falls Sie ein Video mit der iTunes App auf dem iPad gekauft, Ihr iPad nach dem Kauf aber noch nicht mit Ihrem Computer synchronisiert haben, dann ist das Video in der Regel futsch. Nach jedem Kauf sollten Sie Ihr iPad also zeitnah synchronisieren. Der iTunes Store wird in Kapitel 12 vorgestellt.

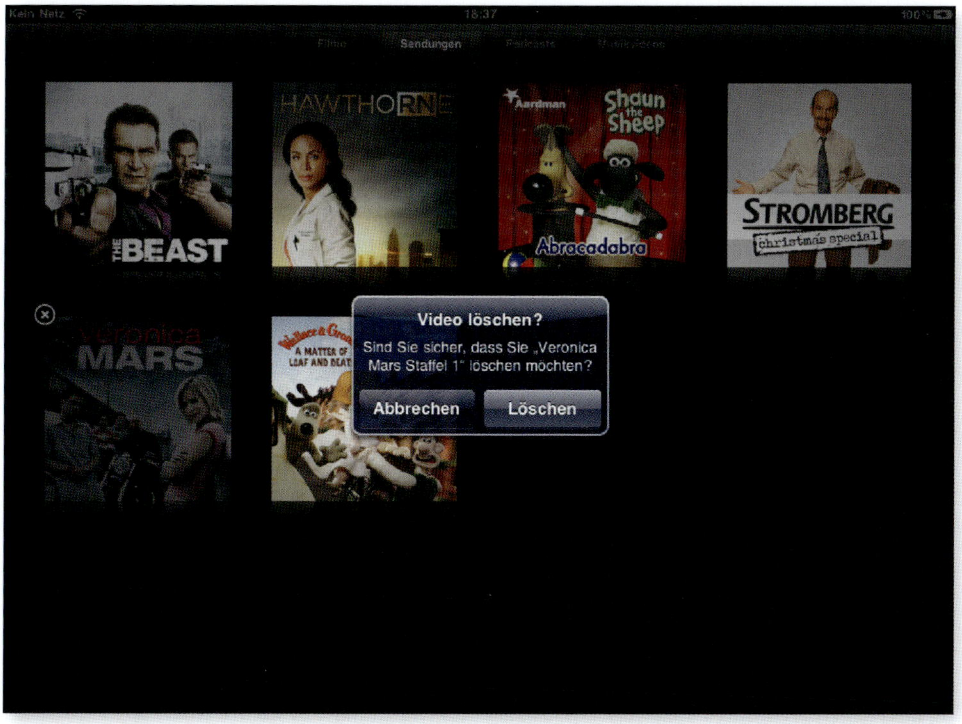

Platz sparen: Filme, die Sie auf dem iPad nicht mehr benötigen, sollten Sie löschen. Das Video kann bei Bedarf jederzeit wieder via iTunes auf das iPad kopiert werden.

Doch Vorsicht! Wenn Sie dies in der Kategorie **TV-Sendungen** oder **Podcasts** tun, dann löschen Sie nicht nur eine Folge, sondern gleich eine ganze Staffel. Um eine einzelne Folge zu löschen, tippen Sie die Staffel an und streichen anschließend die gewünschte Folge durch. Nach einem Tipp auf **Löschen** wird die Folge gelöscht.

Videos in iTunes

Wird ein Video auf dem iPad gelöscht, wird die Datei zwar vom iPad entfernt, aber natürlich nicht aus der Mediathek von iTunes. Stattdessen wird das entsprechende Video in iTunes lediglich vom Sync ausgenommen.

Möchten Sie das Video zu einem anderen Zeitpunkt erneut auf dem iPad dabei haben, müssen Sie es also lediglich wieder für den Sync markieren und das iPad syncen.

Filme von YouTube laden

YouTube ist die derzeit wohl populärste und erfolgreichste Website zur Publikation von Videos aller Art. Hier finden sich Millionen von Filmen, und jede Minute werden etliche Stunden Videomaterial neu hochgeladen.

Zur Wiedergabe von YouTube-Filmen hat Apple dem iPad eine eigene Applikation spendiert, die so heißt, wie der Videodienst selbst: **YouTube**.

Videos suchen und finden

Das YouTube-Angebot ist so riesig groß, dass es praktisch zu jedem Thema ein Video gibt. Am schnellsten finden Sie ein bestimmtes Video über die Suchfunktion. Geben Sie den Suchbegriff oben rechts ein und tippen Sie auf der Tastatur (die automatisch eingeblendet wird) auf **Suchen**.

Möchten Sie im Angebot blättern und stöbern, benutzen Sie die Tasten **Highlights**, **Bestwertung** und **Topvideos**.

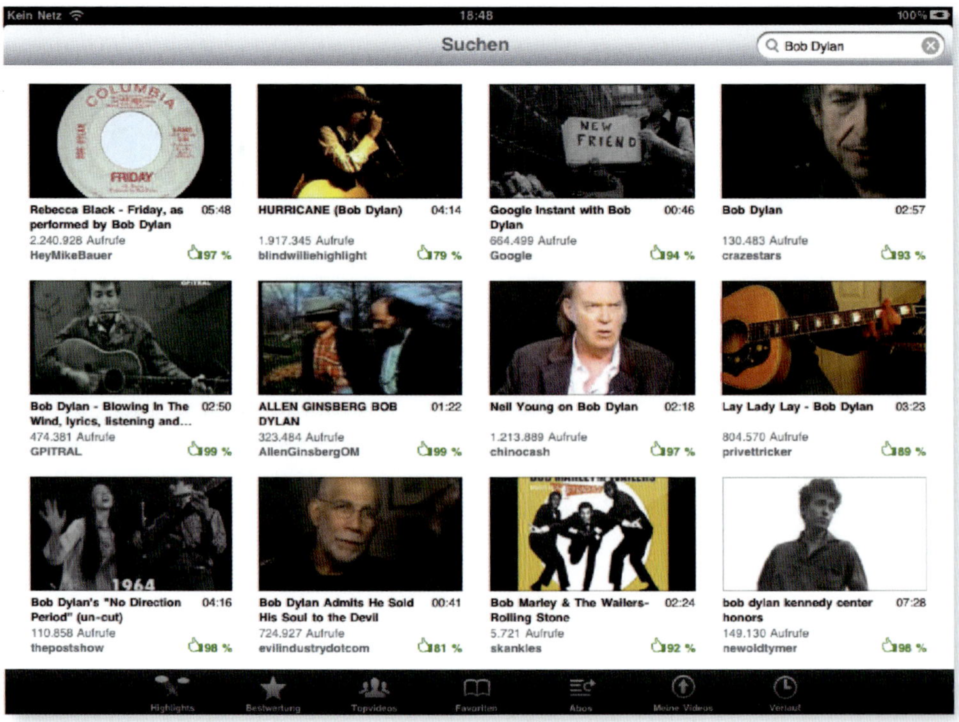

Am schnellsten finden Sie ein gesuchtes Video über das Suchfeld oben rechts. Möchten Sie im Angebot stöbern, benutzen Sie die unteren Tasten.

Videos abspielen

Tippen Sie ein Video an, wird es automatisch in voller Bildschirmauflösung wiedergegeben. Dabei stehen Ihnen ähnliche Steuerelemente zur Verfügung wie bei den übrigen Videos.

Durch einen Tipp auf das Buchsymbol fügen Sie das Video Ihren Favoriten hinzu und können es in Zukunft über die entsprechende Taste in der Übersicht aufrufen, ohne es zuvor suchen zu müssen.

Verkleinern Sie das Video durch einen Tipp auf den Pfeil rechts, wird das Video in eine Seite eingebunden, auf der Sie Informationen zum Video und ähnliches Material in YouTube erhalten.

Hier haben Sie auch die Möglichkeit, einen Link zum Video per E-Mail zu verschicken, das Video zu bewerten oder an YouTube zu melden. Um das entsprechende Menü hervorzuholen, tippen Sie einmal ins Videofenster.

Favoriten und Listen

Wenn Sie einen YouTube-Account besitzen, können Sie außer den Favoriten auch eigene Listen anlegen, in denen Sie interessante Videos besser sortieren können. Das funktioniert allerdings nur in der verkleinerten Ansicht. Tippen Sie hier auf **Hinzufügen** und wählen Sie die gewünschte Liste aus. Ihre Listen erreichen Sie über die Taste **Favoriten**. Tippen Sie dort auf **Bearbeiten**, um Listen anzulegen oder zu löschen. Ihre Favoriten und Listen werden auf dem Server von YouTube gespeichert und sind von jedem Computer aus abrufbar.

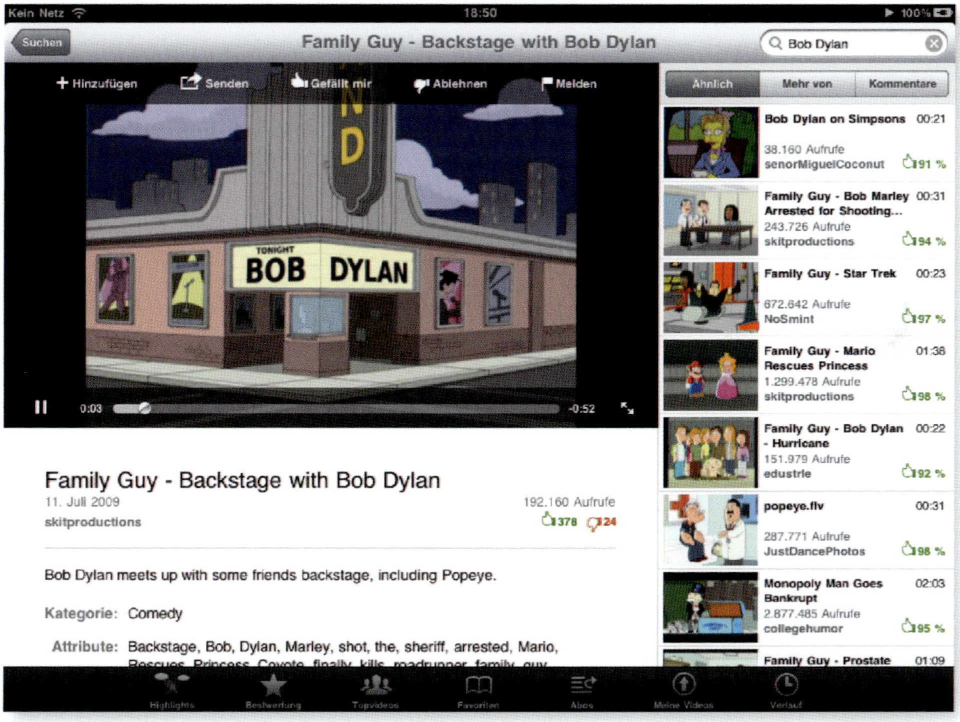

Bei der eingebetteten Wiedergabe von Videos auf YouTube haben Sie mehr Möglichkeiten als beim bildschirmfüllenden Abspielen.

YouTube-Account: Einen YouTube-Account können Sie kostenlos auf der Webseite von YouTube anlegen: www.youtube.com.

11

Der iPod auf dem iPad

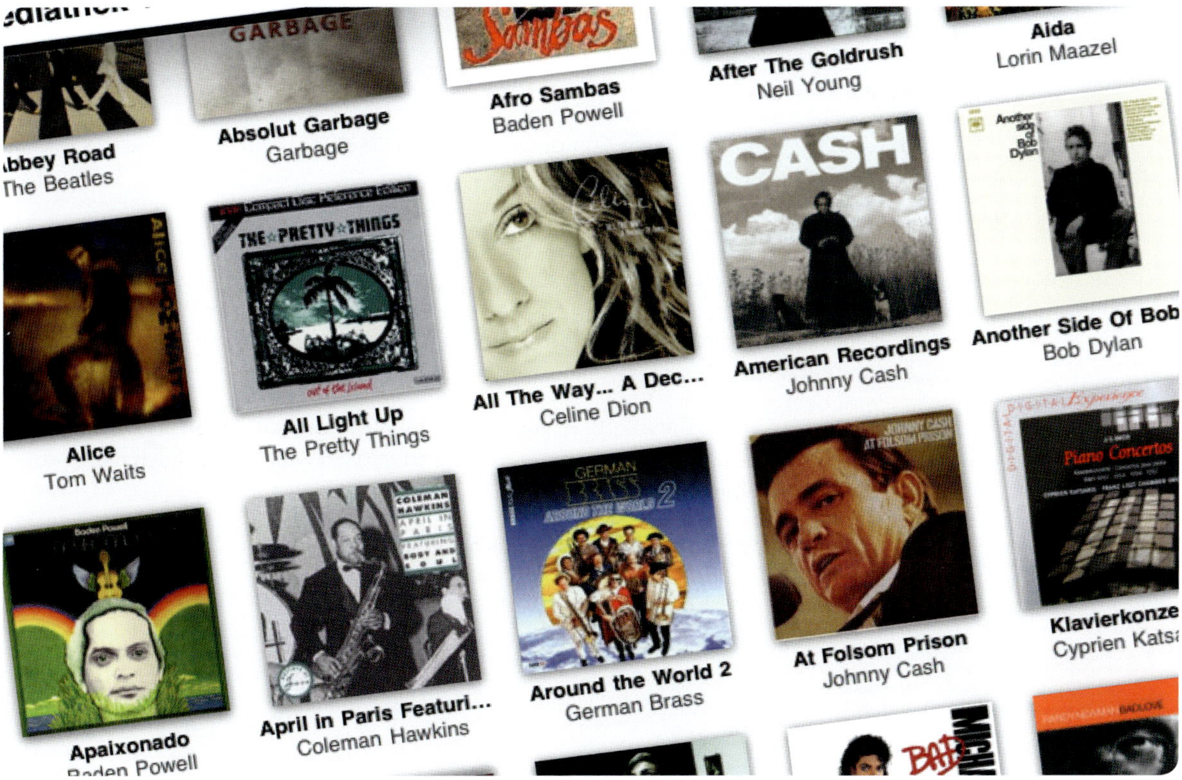

Musik aufs iPad kopieren

Um Ihre Musik auf dem iPad zu hören, müssen Sie sie lediglich via iTunes von Ihrem Computer auf Ihr iPad kopieren. Hier gibt es zwei Möglichkeiten:

- Sie markieren in iTunes die Musik, die Sie auf Ihrem iPad haben möchten, und überlassen iTunes den Rest.
- Sie machen das lieber selbst und verwalten die Musik auf dem iPad manuell.

Musik in iTunes: Wie Sie mit iTunes auf dem Computer Musik verwalten, wird im Anhang A zu iTunes erklärt.

Musik automatisch syncen

Das iPad gibt es mit unterschiedlich großem Speicher. Wenn Ihr Modell genügend Fassungsvermögen hat, um Ihre komplette Musikmediathek von iTunes aufzunehmen, dann ist die Sache einfach: Sie aktivieren den Musiksync, und iTunes übernimmt den Rest.

Mediathek: Sämtliche Inhalte (Apps, Musik, Filme, Bücher …) verwaltet iTunes in einer eigenen Datenbank, die auf den Namen „Mediathek" hört.

Doch meistens dürfte es so sein, dass Sie sehr viel mehr Musik in iTunes verwalten als auf Ihr iPad passt. In diesem Fall legen Sie Wiedergabelisten mit der Musik an, die Sie syncen möchten, und wählen dann diese Listen aus.

Und so geht's:

1. Schließen Sie Ihr iPad an Ihren Computer an, starten Sie iTunes und wählen Sie das iPad in der Seitenleiste aus.
2. Wechseln Sie zur Registerkarte **Musik**.
3. Aktivieren Sie den Punkt **Musik synchronisieren**.

Wenn Sie Ihre komplette Musik von iTunes auf Ihr iPad kopieren wollen, dann sind Sie jetzt fertig und können auf **Anwenden** klicken.

Andernfalls wählen Sie **Ausgewählte Wiedergabelisten, Interpreten, Alben und Genres** und können nun im Detail festlegen, was genau auf Ihr iPad gesynct werden soll. Auch hier bestätigen Sie die Einstellungen mit **Anwenden**.

Anschließend befindet sich die gewählte Musik auf Ihrem iPad.

Welche Musik Sie aus Ihrer iTunes-Mediathek auf Ihr iPad kopieren möchten, legen Sie selbst fest. Die ganze Mediathek sollten Sie nur dann synchronisieren, wenn Sie viel Platz auf Ihrem iPad haben.

Musik manuell verwalten

Natürlich ist es auch möglich, alles selbst zu machen und manuell (oder genauer: mit der Maus) zu entscheiden, welche Songs von Ihrem Computer auf Ihr iPad kopiert werden und welche nicht.

Dazu aktivieren Sie in iTunes auf der Registerkarte **Übersicht** den Punkt **Musik und Videos manuell verwalten**. Mit einem Klick auf **Anwenden** übernehmen Sie die neue Einstellung.

Um nun Musik auf das iPad zu kopieren, markieren Sie die gewünschten Songs oder Alben und ziehen sie auf das iPad-Symbol in der Seitenleiste. Die markierten Titel werden sofort kopiert.

Vorsicht beim Wechsel! Wenn Sie Ihr iPad auf manuelle Verwaltung umstellen, bleiben die unter Umständen bereits auf dem iPad vorhandenen Songs erhalten. Schalten Sie die manuelle Verwaltung allerdings wieder aus, werden die Titel gelöscht und das iPad gemäß den Einstellungen im Register **Musik** mit Inhalten befüllt.

Wenn Sie möchten, können Sie Ihr iPad auch manuell mit Inhalten bestücken.

Musik löschen

Anders als bei Videos-App (mit der wir uns im Kapitel 10 beschäftigt haben) können Sie Musik nicht direkt auf dem iPad löschen, sondern erledigen dies über iTunes auf Ihrem Computer. Wie das genau geht, hängt davon ab, wie die Musik aufs iPad gekommen ist. Je nachdem, ob Sie Musik automatisch oder manuell syncen, unterscheidet sich das Vorgehen.

Automatischer Sync

Die Titel, die vom iPad gelöscht werden sollen, werden vom Sync in iTunes ausgenommen. Anschließend wird das iPad gesynct.

Möchten Sie einen Song in einer Wiedergabeliste nur vom iPad löschen, nicht aber aus der Liste in iTunes, entfernen Sie das Häkchen vor seinem Eintrag in iTunes. Achten Sie aber darauf, dass Sie auf der Registerkarte **Übersicht** die Option **Nur markierte Titel und Videos synchronisieren** aktiviert haben. Übernehmen Sie Ihre Änderungen mit einem Klick auf **Anwenden**.

Manueller Sync

Klappen Sie das iPad-Menü in der Seitenleiste von iTunes auf, lassen Sie sich mit einem Klick auf **Musik** die Inhalte zeigen und löschen Sie in der Liste die entsprechenden Songs. Die Titel werden sofort entfernt.

Musik hören mit dem iPad

Zur Wiedergabe von Musik bietet das iPad das Programm iPod, das Sie mit einem Fingertipp starten.

Läuft und läuft und läuft: Die Wiedergabe von Musik läuft unabhängig von anderen Prozessen auf dem iPad. Sie können im Internet surfen, Ihre E-Mails lesen oder das Gerät in den Standby-Modus versetzen – die Musikwiedergabe zeigt sich davon unbeeindruckt und stoppt erst, wenn ein Stück (oder eine Wiedergabeliste) zu Ende ist oder Sie die Wiedergabe im Programm iPod explizit beenden.

Musikwiedergabe starten

Die Wiedergabe von Musik ist denkbar einfach: Tippen Sie **iPod** an, wählen Sie die Musik, die Sie hören möchten – fertig.

Dabei ähnelt das Programm in seinem Aufbau iTunes auf dem Computer. In der Seitenleiste sehen Sie die verschiedenen Quellen (also etwa **Musik**, **Podcasts**, **Hörbücher** und die verschiedenen Wiedergabelisten), unten die Kategorien, nach denen der Inhalt einer Quelle angezeigt werden soll, also **Titel**, **Interpreten**, **Alben**, **Genres** und **Komponisten**.

Über das Suchfeld oben rechts können Sie auch größere Musikbestände schnell durchstöbern und einen bestimmten Song oder ein bestimmtes Album finden.

Musik hören ist einfach: Sie tippen den gewünschten Titel an – fertig. Die Wiedergabe läuft, bis das Ende einer Wiedergabeliste oder eines Albums erreicht wird.

Wiedergabe steuern

Die Wiedergabe wird in der iPod-App mit den von jeder Stereoanlage vertrauten Reglern für Lautstärke, Wiedergabe/Pause und Vor- und Zurückspringen gesteuert. Dabei bietet die iPod-App zwei Darstellungen:

- **Standard** In der Standardansicht stehen die üblichen Regler zur Verfügung. Interpret, Titel und Cover des aktuellen Songs werden in der Seitenleiste links unten gezeigt.
- **Cover** Tippen Sie auf das Cover links unten, wird das Plattencover bildschirmfüllend angezeigt. Hier stehen weitere Regler zur Verfügung. Die verschiedenen Regler blenden Sie mit einem Fingertipp ein bzw. aus. Um zur Standardansicht zurückzukehren, tippen Sie unten links auf den Pfeil oder ziehen das Cover mit zwei Fingern zusammen.

Möchten Sie einen Song (oder eine Wiedergabeliste bzw. ein Album) in einer Endlosschleife hören, wechseln Sie zur Coveransicht und tippen auf den ovalen Doppelpfeil links oben. Beim ersten Tipp wird der Pfeil blau markiert. Das bedeutet: Die komplette Liste wird wiederholt. Ein weiterer Tipp, und der Pfeil bekommt eine kleine **(1)**: Nun wird nur der aktuelle Titel wiederholt. Nach einem weiteren Tipp sind Sie wieder in der normalen Wiedergabereihenfolge. Möchten Sie Songs aus einer Wiedergabeliste in kunterbunter Reihenfolge hören, tippen Sie in der Coveransicht auf die sich kreuzenden Pfeile rechts.

Darunter sehen Sie den schon von der Videowiedergabe vertrauten Playhead, der Ihnen die aktuelle Position in einem Song anzeigt. Und wie bei der Wiedergabe eines Videos können Sie auch bei einem Song mit „Scrubbing" sekundengenau die Stelle in einem Song ansteuern, die Sie im Sinn haben.

Tippen Sie dazu auf den Playhead, ziehen Sie nun Ihren Finger auf dem Bildschirm nach unten. Bewegen Sie sich mit dem Finger nach links bzw. rechts durch den Song. Je weiter sich Ihr Finger dabei vom Playhead entfernt hat, desto kleinere Sprünge macht iPod bei der Wiedergabe.

Die Geschwindigkeit, in der ein Song vor- und zurückgespult wird, definieren Sie mit einem Fingerwisch.

Wiedergabe ohne iPod-App steuern

Die bisher erläuterten Steuermöglichkeiten stehen Ihnen nur in der iPod-App selbst zur Verfügung. Doch Sie können die Musikwiedergabe auch von jeder anderen App aus kontrollieren, ohne erst zur iPod-App wechseln zu müssen.

Wenn Sie etwa gerade Ihre E-Mails lesen oder im Web surfen und die Musik pausieren oder den nächsten Titel anspringen wollen, dann rufen Sie durch doppeltes Drücken der Home-Taste die Taskbar des iPads auf. Wischen Sie nun einmal von links nach rechts, werden die Steuerelemente eingeblendet. Ein erneuter Druck auf die Home-Taste blendet die Leiste wieder aus. Mit einem Tipp auf das iPod-Symbol wechseln Sie schnell zur iPod-App.

Die Musikwiedergabe lässt sich auch außerhalb der iPod-App jederzeit über die Taskbar steuern.

Steuerung bei Standby

Die Musikwiedergabe läuft auch dann weiter, wenn das iPad im Standby-Modus, also gesperrt ist. Möchten Sie nun die Wiedergabe stoppen oder einen Song vor- oder zurückspringen, müssen Sie aber nicht erst das iPad entriegeln, sondern drücken bei der Anzeige des Sperrbildschirms zweimal auf die Home-Taste. Nun werden oben die Steuerelemente eingeblendet.

Wiedergabelisten auf dem iPad

Üblicherweise werden Wiedergabelisten mit iTunes auf dem Computer erstellt und anschließend auf das iPad gesynct. Doch was tun, wenn man feststellt, dass man seine Musik lieber doch in einer anderen Zusammenstellung hören möchte? Kein Problem: Dann erstellt man eine Wiedergabeliste auf dem iPad.

Eine Liste anlegen

Um auf dem iPad eine neue Wiedergabeliste anzulegen, tippen Sie unten auf das Pluszeichen. Es erscheint ein Dialog, in dem Sie der neuen Liste einen Namen geben und mit **Sichern** speichern.

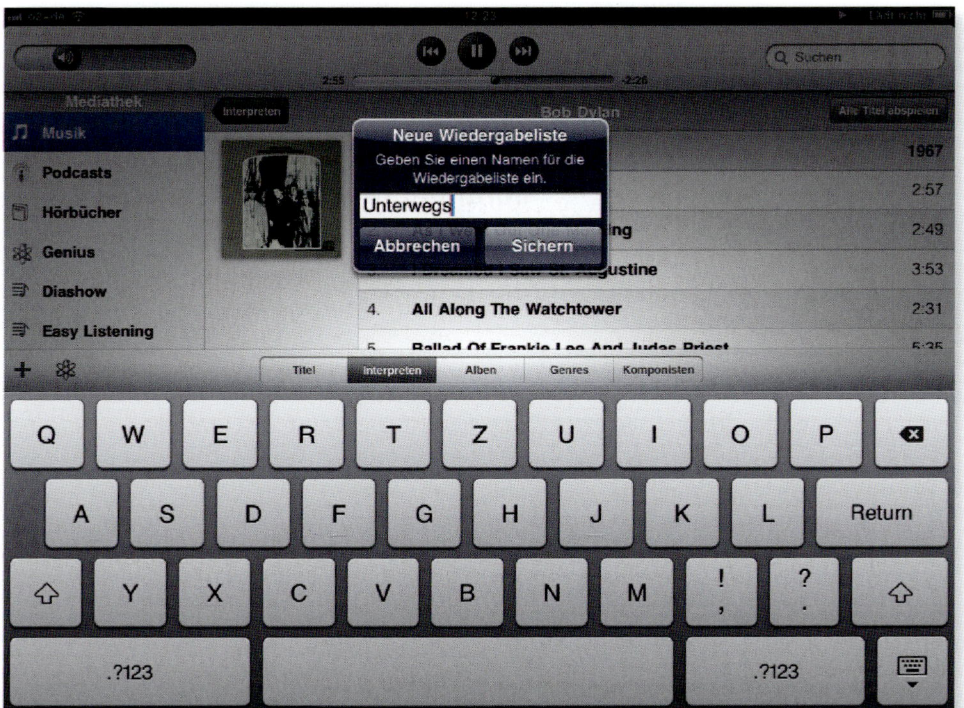

Wiedergabelisten lassen sich auch unterwegs auf dem iPad anlegen.

Listig: Eine auf dem iPad angelegte Wiedergabeliste taucht nach dem nächsten Sync auch in iTunes auf dem Computer auf.

Songs einer Liste hinzufügen

Anschließend werden Sie aufgefordert, zu Ihrer Liste Titel hinzuzufügen. Dabei wird automatisch **Musik** als Quelle gewählt. Einen Song übernehmen Sie mit einem Tipp auf das blaue Pluszeichen rechts. Über die unteren Schaltflächen wechseln Sie zwischen **Titel**, **Interpreten**, **Alben**, **Genres** und **Komponisten**. Das Suchfeld oben rechts hilft Ihnen dabei, rasch einen ganz bestimmten Song zu finden. Möchten Sie in Ihrer Liste Podcasts, Hörbücher oder Songs aus anderen Listen hinzufügen, tippen Sie oben links auf **Quellen** und wählen die gewünschte Kategorie aus. Mit einem Tipp auf **Fertig** speichern Sie die Liste.

In Wiedergabelisten können Sie Medien aus den verschiedensten Quellen nach Belieben mischen.

Listen bearbeiten

Sie können eine Wiedergabeliste auf Ihrem iPad auch nachträglich bearbeiten. Das gilt nicht nur für die Listen, die Sie direkt auf dem iPad erstellt, sondern auch für Listen, die Sie via iTunes auf Ihr iPad gesynct haben. Auch hier werden alle Änderungen beim nächsten Sync in iTunes übernommen.

Um eine Liste zu bearbeiten, lassen Sie sich die Liste zuerst anzeigen, indem Sie sie in der Mediathek auswählen. Falls Sie Ihre Musik aktuell nicht nach Titeln anzeigen lassen, tippen Sie nun unten auf die **Titel**-Taste. Hier können Sie über die **Bearbeiten**-Taste oben rechts die Zusammenstellung und Reihenfolge der Liste ändern, einzelne Songs oder auch die komplette Liste löschen.

- **Liste erweitern** Über die Taste **Titel hinzufügen** können Sie die Wiedergabeliste um weitere Songs aus Ihrer Mediathek ergänzen.
- **Reihenfolge ändern** Die Abspielreihenfolge der Wiedergabeliste ändern Sie über die grauen Griffmarkierungen rechts. Ziehen Sie einen Song einfach an die gewünschte Position.
- **Song löschen** Um einen Song aus der Liste zu entfernen, tippen Sie auf das rote Minuszeichen.
- **Liste löschen** Die komplette Liste löschen Sie mit einem Tipp auf das rote Minuszeichen links neben dem Listeneintrag in der Seitenleiste.

Ein abschließender Tipp auf **Fertig** beendet die Bearbeitung.

Jede Wiedergabeliste auf dem iPad lässt sich nachträglich bearbeiten oder auch komplett löschen.

Genius auf dem iPad

Wenn Sie in iTunes **Genius** aktiviert haben, steht Ihnen diese Funktionalität auch auf dem iPad zur Verfügung (was es mit dieser Funktion auf sich hat, wird im Anhang A zu iTunes erläutert).

Tippen Sie dazu unten auf das Genius-Symbol. Nun gibt es zwei Möglichkeiten:

- **Es wird aktuell ein Song wiedergegeben** In diesem Fall wird der aktuelle Song als Basis für die Liste genommen.
- **Es wird aktuell kein Song wiedergegeben** Hier fordert Sie Genius zur Auswahl eines Basis-Songs auf.

Sobald die Liste erstellt wurde, erscheint der Punkt **Genius** in der Seitenleiste, über den Sie die Liste einsehen können. Mit **Neu** wird die Liste basierend auf dem aktuell wiedergegebenen

Song neu erstellt. Über **Aktual.** wird ebenfalls eine neue Liste gebildet, allerdings bleibt dabei der Basissong gleich. Soll die Liste dauerhaft gespeichert werden, tippen Sie auf **Sichern**. Die Liste wird nun in der Seitenleiste eingetragen und mit dem Genius-Symbol markiert. Als Titel wird der Titel des Basissongs gewählt. Gleichzeitig verschwindet der **Genius**-Eintrag aus der Seitenleiste. Sobald Sie eine neue Genius-Liste erstellen, wird er wieder eingefügt.

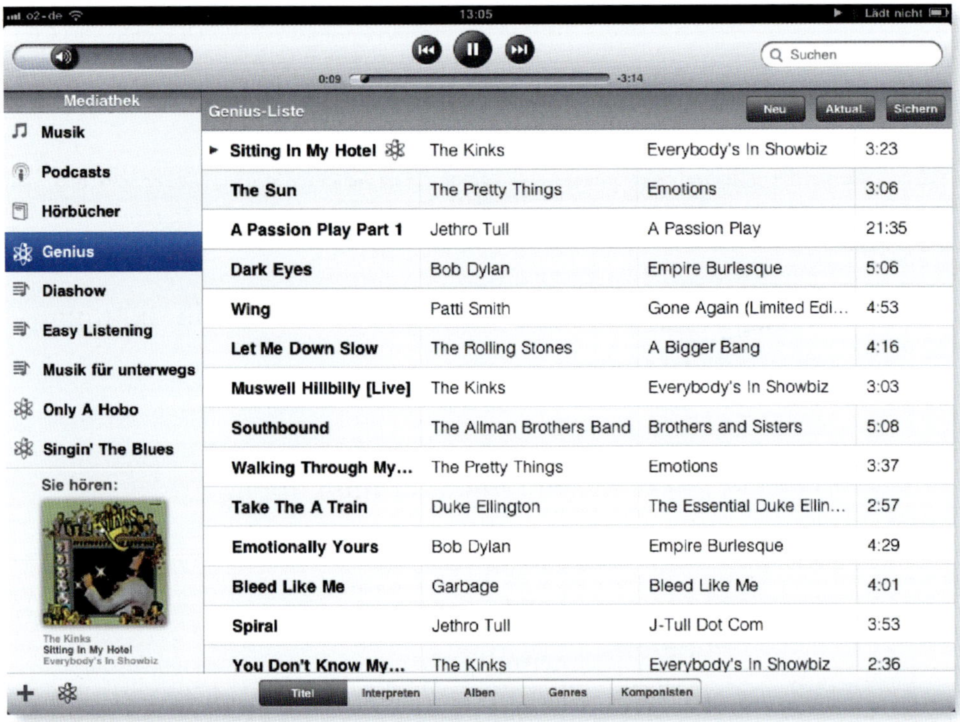

Die Genius-Funktion steht Ihnen nicht nur in iTunes auf Ihrem Computer, sondern auch auf dem iPad zur Verfügung.

Die Masse macht's: Die Genius-Funktion kann natürlich nur dann greifen, wenn Sie genügend Songmaterial auf Ihrem iPad haben, damit ähnliche Songs gefunden werden können.

Die Privatfreigabe

Manchmal ist es schon ärgerlich: Da sitzt man bequem auf dem Sofa im Wohnzimmer und möchte Musik mit dem iPad hören – aber just der gesuchte Song wurde nicht aufs iPad gesynct und ruht auf der Festplatte des Computers im Arbeitszimmer. Was tun? Keine Sorge, Sie müssen in diesem Fall nicht aufstehen, ins Arbeitszimmer gehen und das iPad neu syncen. Sie aktivieren lediglich die Privatfreigabe.

Dann wird iTunes auf dem Computer zum Medienserver, der die Inhalte der Mediathek auf dem Computer via WLAN für bis zu drei iOS-Geräte – also etwa für ein iPhone und zwei iPads – zur Verfügung stellt. Und so geht's:

1. Starten Sie auf dem Computer iTunes und wählen Sie dort **Erweitert > Privatfreigabe aktivieren**.
2. Geben Sie Ihre Apple-ID und Ihr Kennwort ein und klicken Sie auf **Privatfreigabe anlegen**.
3. Auf dem iPad rufen Sie **Einstellungen > iPod** auf.
4. Im Abschnitt **Privatfreigabe** tragen Sie nun ebenfalls Ihre Apple-ID und Ihr Kennwort ein.

Das war's. Ab sofort können Sie mit Ihrem iPad via WLAN auf alle Inhalte in Ihrer Mediathek auf dem Computer zugreifen.

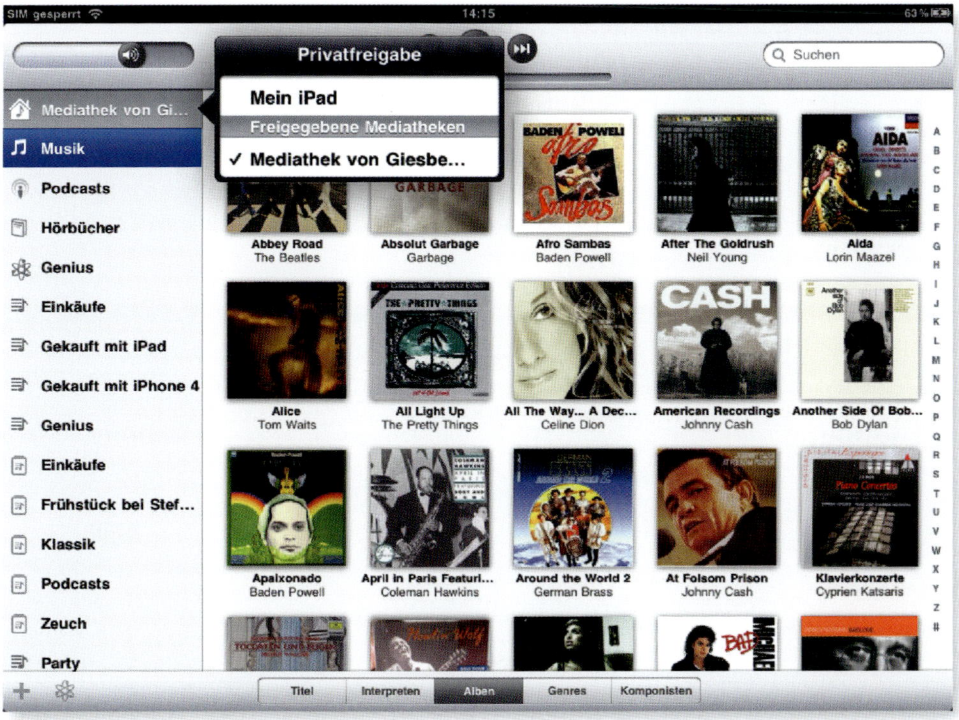

Dank Privatfreigabe können Sie via WLAN mit Ihrem iPad auf die Mediathek des Computers zugreifen.

Um das auszuprobieren, starten Sie auf dem iPad nun die iPod-App. In der Seitenleiste ist die schmale Überschrift **Mediathek** nun deutlich größer geworden. Das muss sie auch sein, denn es handelt sich nun nicht mehr nur um eine Überschrift, sondern um eine Taste. Tippen Sie auf diese Taste und wählen Sie unter **Freigaben** die Mediathek auf Ihrem Computer aus.

Durch die Privatfreigabe wird der Computer übrigens praktisch kaum belastet. Sie können also zum Beispiel die Freigabe aktivieren und an Ihrem Computer problemlos weiterarbeiten, während Ihre Kinder Filme aus Ihrer Mediathek via WLAN auf dem iPad sehen.

Um die Privatfreigabe auf dem iPad zu deaktivieren,wählen Sie **Einstellungen > iPod** und löschen die Einträge unter **Privatfreigabe**.

Die Einstellungen

Das Programm iPod kann in den Einstellungen noch ein wenig angepasst werden. Rufen Sie dazu **Einstellungen** > **iPod** auf.

- **Lautstärke anpassen** Haben Sie in iTunes auf Ihrem Computer festgelegt, dass die Lautstärke der Songs angeglichen werden soll, können Sie diese Einstellungen über diesen Schalter auch auf das iPad übernehmen.
- **Equalizer** Auch auf dem iPad stehen Ihnen einige der von iTunes her vertrauten Möglichkeiten zur Anpassung der Soundqualität zur Verfügung. Wählen Sie eine von gut 20 Abmischungen von **Acoustic** über **Gesang** bis **Rock**.
- **Maximale Lautstärke** Über diesen Regler legen Sie fest, wie laut die Musikwiedergabe maximal werden soll. Mit **Maximale Lautstärke sperren** können Sie den Zugriff auf diese Funktion über einen Zifferncode schützen und so verhindern, dass Ihre Einstellung geändert wird.
- **Text- u. Podcast-Info** Falls Sie in Ihrer Mediathek auch die Songtexte speichern, können Sie sich diese auf dem iPad über diesen Schalter einblenden lassen. Hier steuern Sie auch, ob die Info-Texte eines Podcasts angezeigt werden sollen.

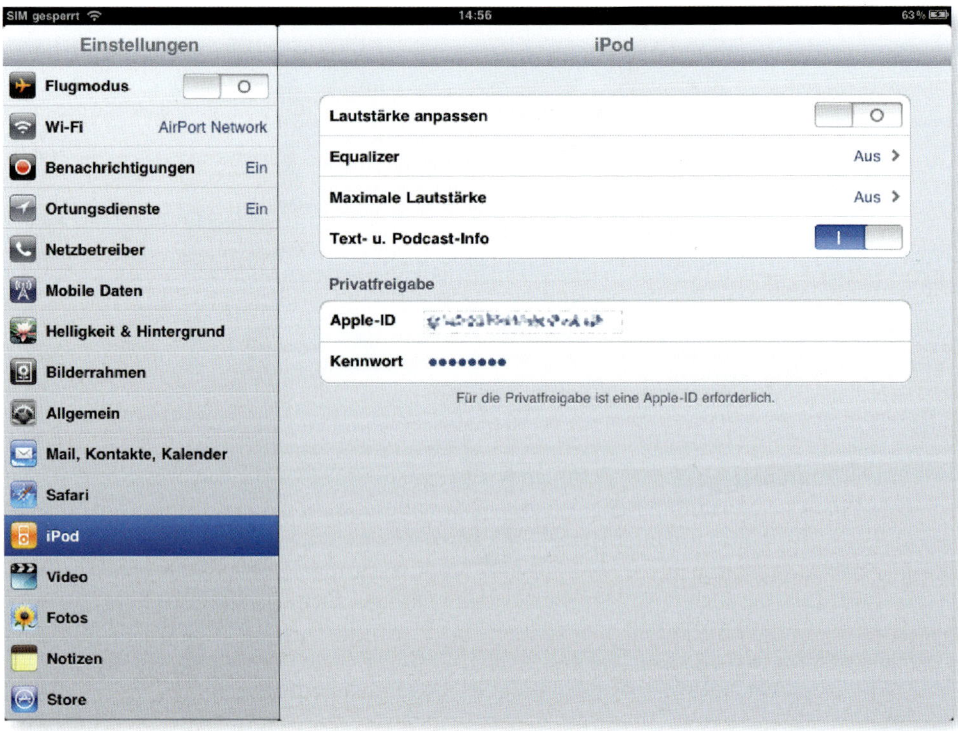

Die Einstellungen der iPod-App bieten noch ein paar Möglichkeiten, die Musikwiedergabe zu optimieren.

12

iTunes und der App Store

iTunes auf dem iPad

Auf dem iPad gibt es ein Symbol **iTunes**. Dabei handelt es sich allerdings nicht um das vom Computer her vertraute Programm, sondern lediglich um den Zugang zum iTunes Store. Über dieses Programm erhalten Sie direkten Zugriff auf Apples Musik- und Video-Kaufhaus und können Musik, Hörbücher, Podcasts, Filme und TV-Serien direkt auf Ihr iPad laden. Sobald Sie Ihr iPad wieder mit dem Computer synchronisieren, werden diese Downloads automatisch der Mediathek von iTunes hinzugefügt.

Über die verschiedenen Schaltflächen wie **Genres**, **Musik**, **Filme** oder **Hörbücher** können Sie im iTunes Store stöbern, für die gezielte Suche benutzen Sie das Eingabefeld oben rechts.

Natürlich müssen Sie nicht die Katze im Sack kaufen, sondern können von jedem Titel eine 30-sekündige Kostprobe anfordern. Tippen Sie dazu auf den Titel in der Songliste eines Albums. Bei Filmen und TV-Sendungen gibt es ebenfalls eine Vorschaufunktion, tippen Sie dazu in der Detailanzeige des Titels auf die Schaltfläche **Vorsch...**.

Über iTunes können Sie unterwegs Musik kaufen und auf Ihr iPad kopieren. Jeder Song kann vor dem Kauf 30 Sekunden lang angehört werden.

Entspricht das, was Sie hören (bzw. sehen), Ihren Vorstellungen und möchten Sie den Song (oder das ganze Album) kaufen, tippen Sie auf den Preis.

Download pausieren

Alle Inhalte, die Sie aus dem iTunes Store auf Ihr iPad laden, werden im Register **Downloads** der iTunes-App verwaltet. Sobald ein Song, ein Film oder ein Podcast heruntergeladen wird, wird das Download-Symbol um eine kleine Zahl ergänzt.

Möchten Sie einen größeren Download vorübergehend unterbrechen, tippen Sie auf **Downloads** und anschließend auf das Pause-Zeichen des gewünschten Downloads mit einem erneuten Tipp auf den Eintrag setzen Sie den Download fort. Ein vollständiger Abbruch des Downloads ist nicht möglich.

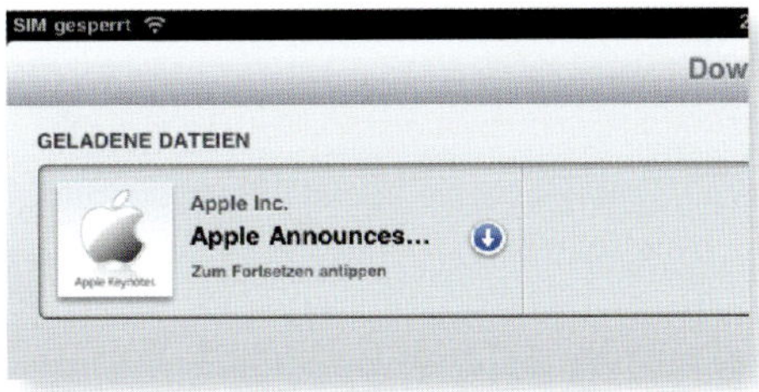

Ein Download aus dem iTunes Store auf dem iPad lässt sich jederzeit pausieren, aber nicht abbrechen.

Leihfilme

Filme können Sie via iTunes nicht nur kaufen, sondern auch ausleihen. Sobald Sie einen solchen Film heruntergeladen haben, haben Sie 30 Tage Zeit, ihn sich anzuschauen. Sobald Sie die Wiedergabe gestartet haben, ist die Datei noch 48 Stunden lang gültig. In diesem Zeitraum können Sie den Film so oft sehen, wie Sie möchten. Nach Ablauf der Leihfrist (30 Tage bzw. 48 Stunden) wird die Datei automatisch aus der iTunes-Mediathek gelöscht.

Einen Leihfilm, den Sie via iTunes auf Ihren Computer geladen haben, können Sie sowohl auf Ihrem Computer als auch auf Ihrem iPad ansehen. Beim Sync wird die Filmdatei aufs iPad kopiert und anschließend in iTunes gelöscht. Das funktioniert anschließend auch in umgekehrter Richtung. Sie können also einen Film am Computer ausleihen, auf dem iPad ansehen und innerhalb der 48-Stunden-Frist noch einmal auf den Computer verschieben und dort ansehen. Es existiert dabei allerdings immer nur eine Kopie der Datei, entweder auf Ihrem Computer oder auf dem iPad. Es ist also nicht möglich, den Film sowohl am Computer als auch auf dem iPad gleichzeitig zu sehen.

Vorsicht, Einbahnstraße! Wenn Sie einen Leihfilm über die iTunes-App auf Ihr iPad laden, können Sie diesen Film ausschließlich auf dem iPad sehen, eine Übernahme in die Mediathek von iTunes auf Ihren Computer ist nicht möglich.

Filme können auch ausgeliehen werden. Doch Vorsicht! Einen Film, den Sie auf dem iPad ausleihen, können Sie nicht auf Ihren Computer kopieren. Umgekehrt ist das kein Problem.

Der App Store

App Store ist die Abkürzung für „Application Store“, was man ungefähr mit „Kaufhaus für Programme“ übersetzen kann. Dieses digitale Kaufhaus ist die zentrale Anlaufstelle für alle, die neue Programme für ihr iPad suchen (und auch für Entwickler, die ihre Programme anbieten möchten). Im App Store können Sie sämtliche Programme für Ihr iPad kaufen – oder genauer: bekommen, denn eine ganze Menge Programme sind kostenlos.

App Store exklusiv: Der App Store ist nicht nur die zentrale, sondern auch die einzige Anlaufstelle für neue Programme. Ohne Eingriffe ins Betriebssystem des iPads ist es nicht möglich, Programme aus anderen Quellen zu installieren.

Der App Store auf dem iPad

Der App Store ist ein wenig anders aufgebaut als der iTunes Store, ähnelt ihm aber sehr. Auch hier können Sie über verschiedene Schaltflächen wie **Highlights** oder **Kategorien** im riesigen Angebot und über das Suchfeld oben rechts gezielt nach einem bestimmten Programm stöbern.

Anstelle der kleinen Kostproben bei Musik oder Video bekommen Sie im App Store Screenshots des entsprechenden Programms und so einen ersten Eindruck davon, was Sie erwartet. Ein Programm kaufen Sie mit einem Tipp auf das Preisschild. Nach Eingabe Ihres iTunes-Kennwortes wird das Programm heruntergeladen und installiert. Danach ist es sofort einsatzbereit.

Programme, die Sie mit dem iPad gekauft haben, werden ebenfalls beim nächsten Sync auf den Computer übertragen.

Beim ersten Start des App Stores auf dem iPad wird Ihnen angeboten, die kostenlose App iBooks zu installieren, mit der wir uns im Kapitel 13 beschäftigen.

Während des Ladevorgangs wird das Symbol der App auf dem Bildschirm abgedunkelt angezeigt. Unterhalb des Symbols sehen Sie einen Fortschrittsbalken, der Sie über den aktuellen Zustand informiert, also etwa „Laden" oder „Installation".

Pausieren

Möchten Sie den Ladevorgang pausieren, tippen Sie einmal auf das App-Symbol. Der Fortschrittsbalken zeigt nun „Pause". Ein erneuter Tipp auf das Symbol setzt den Ladevorgang fort. Es gibt leider keine Möglichkeit, einen Download vollständig abzubrechen.

Sobald die App heruntergeladen und installiert ist, wird das App-Symbol in gewohnter Helligkeit gezeigt und der Name der App angezeigt.

Solange ein App heruntergeladen und installiert wird, wird sie als abgedunkeltes Symbol mit einem Fortschrittsbalken angezeigt.

Programme fürs iPad

Es gibt verschiedene Arten von Programmen, die Sie auf Ihrem iPad installieren können:

Downloadgrenze bei 3G: Über die Funkverbindung mit 3G können Sie nur Apps herunterladen, die nicht größer als 20 MB sind. Für solche Programme benötigen Sie eine WLAN-Verbindung, bei der es kein Downloadlimit gibt.

- **iPad-Apps** Dabei handelt es sich um Programme, die explizit für das iPad programmiert wurden und die die Möglichkeiten des Gerätes ausschöpfen können. Diese Programme können nur auf dem iPad installiert werden.
- **Apps für iPhone/iPod touch** Diese Apps wurden zwar für das iPhone bzw. den iPod touch programmiert, laufen aber auch auf dem iPad. Da das Display des iPads allerdings sehr viel größer ist, werden diese Programme in ihrer Originalgröße von 480 x 320 Bildpunkten in der Mitte des Bildschirms angezeigt. Mit einem Tipp auf die Schaltfläche **2x** wird die Darstellung auf 960 x 640 Punkte, also fast die volle Bildschirmgröße von 1024 x 768 skaliert. Allerdings pixelt die Darstellung dann meist sehr unschön auf.
- **Universelle Apps** Das sind Programme, die Code für iPhone und iPad enthalten und auf beiden Geräten problemlos eingesetzt werden können. Eine solche App wird im App Store mit einem Pluszeichen markiert.

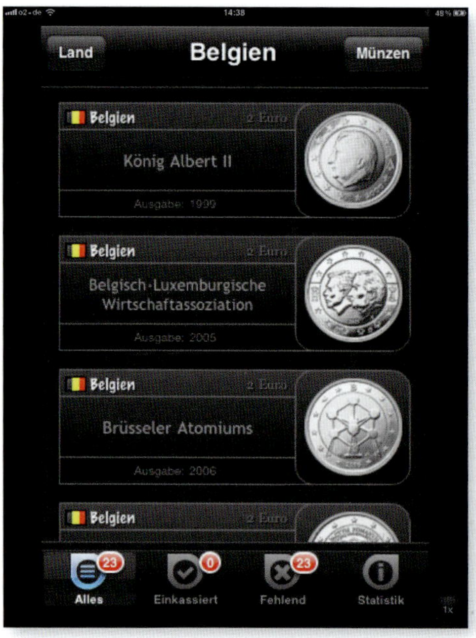

Applikationen, die ursprünglich fürs iPhone konzipiert wurden, lassen sich auch auf dem iPad einsetzen. Allerdings muss man hier Kompromisse machen. Entweder es gibt einen dicken schwarzen Rand, oder die App wird vergrößert und pixelt auf. Das ist hier im verkleinerten Abdruck rechts kaum zu erkennen, auf dem großen Display des iPads kann dies allerdings sehr irritierend wirken.

Apples Kopierschutz

Alle Inhalte – ganz gleich, ob Musik, Video oder Programme –, die Sie aus dem iTunes bzw. dem App Store herunterladen, sind mit einem Kopierschutz (DRM, Digital Rights Management) versehen, der verhindern soll, dass Sie die heruntergeladenen Dateien allzu freizügig verteilen. Da die hier eingesetzte Form des Kopierschutzes nicht ganz so restriktiv ist wie einige andere Verfahren, hat Apple sie ein wenig euphemistisch, aber werbewirksam auf den Namen „FairPlay" getauft.

Eigene Inhalte: Der Kopierschutz gilt natürlich nicht für Inhalte, die Sie selbst, etwa von einer CD, in iTunes importiert haben.

Der Kopierschutz ist auch bei kostenlosen Artikeln aktiv. Es ist also nicht möglich, eine kostenlose App oder ein kostenloses Video herunterzuladen und später für Freunde und Bekannte zu kopieren. Wenn Sie etwa eine App einem Freund empfehlen, dann muss dieser die App mit seinem Account auf seinen Computer oder sein iPad laden, um sie nutzen zu können.

Eine Ausnahme bilden hier Podcasts, die Sie ohne Anmeldung und ohne Account bei Apple herunterladen können.

Accountbindung

Technisch funktioniert der Schutz so, dass jede heruntergeladene Datei mit dem Account verbunden wird, mit dem sie heruntergeladen wurde. Dabei ist es möglich, einen Account für die Nutzung auf bis zu fünf Computer zu aktivieren, etwa für den Computer im Büro und den daheim.

In der Praxis spielt diese Bindung keine große Rolle, da Sie die Datei beim Herunterladen automatisch für Ihren Account freischalten und normalerweise überhaupt nicht bemerken, dass die geladene Datei kopiergeschützt ist. Bei E-Books aus dem iBookstore kann der Kopierschutz allerdings für Irritation sorgen. Mit dem iBookstore beschäftigen wir uns im Kapitel 13.

Wenn Sie wissen möchten, für welchen Account eine bestimmte Datei freigeschaltet ist, lassen Sie sich in iTunes auf Ihrem Computer die Informationen der Datei anzeigen. Klicken Sie dazu in iTunes den entsprechenden Eintrag in der Mediathek mit der rechten Maustaste an und wählen Sie **Informationen**. Auf der Registerkarte **Übersicht** erfahren Sie dann, mit welchem Account die Datei verknüpft ist.

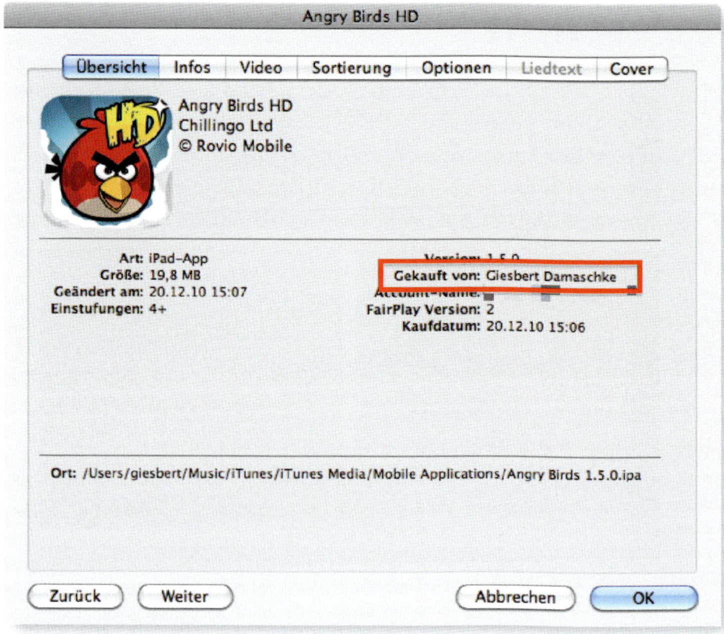

Jede Datei, die Sie von Apple herunterladen, wird an den Account gekoppelt, mit dem sie gekauft wurde.

Apps sind keine Kleinigkeit

Lassen Sie sich durch das neckische Kürzel „App" nicht täuschen. Eine App für das iPad ist keine abgespeckte Version eines „richtigen" Programms. Zwar sind viele Apps kleine Tools und Hilfsprogramme, doch es gibt auch zahlreiche komplexe und aufwendige Programme.

Das ist insofern wichtig, als sich diese Komplexität auch auf die Dateigröße auswirkt. Viele Programme im App Store sind deutlich kleiner als 10 MB, aber es gibt durchaus auch Apps, die mehrere hundert MB oder gar über ein GB groß sein können. Programme, die größer als 20 MB sind, lassen sich nur noch im WLAN direkt aufs iPad laden.

Bei den Schwergewichten unter den Apps ist es ratsam, sie nicht unterwegs direkt zu installieren. Denn der Download sehr großer Dateien zehrt am Akku. Um zu vermeiden, dass der Akku mitten im Download aufgibt, sollten Sie solche Apps also lieber am heimischen Computer laden und von dort auf das iPad syncen. Wie groß eine Applikation ist, erfahren Sie auf der Infoseite zu einer App.

Gutscheine auf dem iPad einlösen

Apple bietet im Einzelhandel iTunes-Geschenkgutscheine an. Dabei handelt es sich um Kunststoffkarten, auf die ein mehrstelliger Code gedruckt ist, den man (vorsichtig!) freirubbeln kann. Über diesen Code lässt sich der Wert des Gutscheins einem iTunes-Konto gutschreiben.

Diese Gutscheine lassen sich nicht nur am Computer, sondern auch auf dem iPad einlösen. Sie finden den entsprechenden Punkt **Einlösen**, wenn Sie in der iTunes-App oder im App Store eine Übersichtsseite nach unten scrollen.

Ein iTunes-Gutschein lässt sich auch auf dem iPad einlösen.

Genius für Apps

So wie die Genius-Funktion in iTunes auf Ihrem Computer Ihnen auf Basis der bereits vorhandenen Musik neue Titel und Künstler vorschlagen kann, können Sie sich im App Store auf dem iPad auf Apps hinweisen lassen, die zu denen passen, die Sie auf Ihrem iPad installiert haben und die Ihnen vielleicht gefallen könnten.

Um sich die Vorschläge anzusehen, tippen Sie im App Store auf den Punkt **Genius**. Beim ersten Aufruf muss die Funktion aktiviert werden, anschließend sehen Sie verschiedene Apps, die Sie vielleicht interessieren könnten. Bei jeder App wird vermerkt, auf welche installierten Apps sich Genius bei seiner Empfehlung stützt. Um die Vorschläge zu verbessern, können Sie Vorschläge, die Sie nicht interessieren, mit einem Tipp auf **Kein Interesse** ablehnen.

Falls Sie nicht nur ein iPad, sondern auch ein iPhone oder einen iPod touch besitzen, können Sie sich über die Taste **iPad Upgrades** zudem darüber informieren lassen, zu welcher iPhone-App, die Sie bereits heruntergeladen haben, es eine iPad-Version gibt.

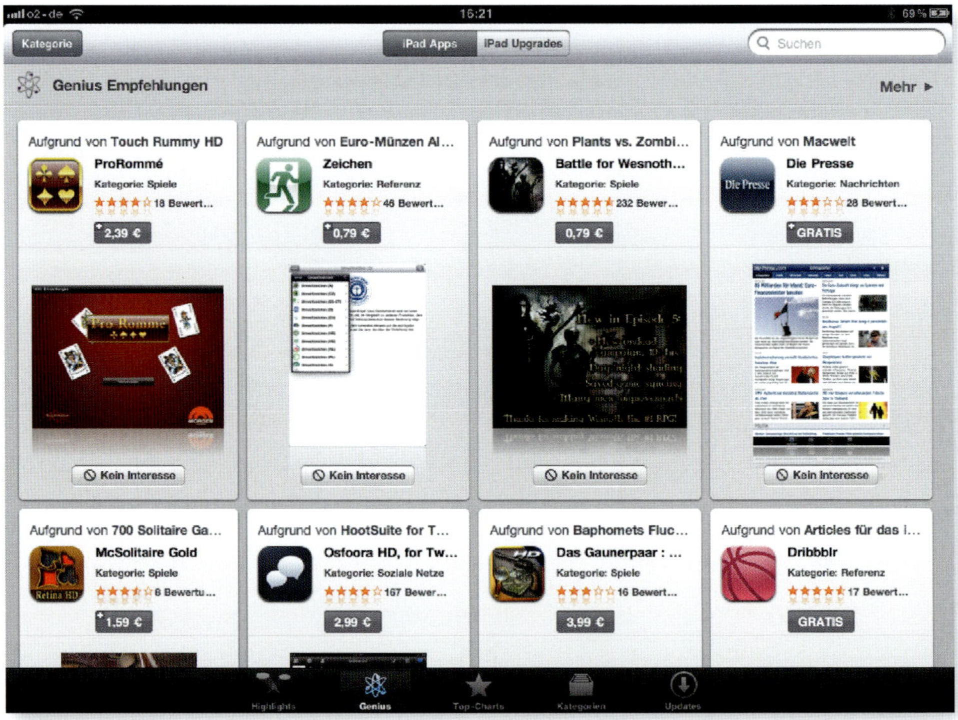

Der Genius im App Store kann Ihnen auf Basis der installierten Apps Vorschläge machen und auf Programme hinweisen, die Sie vielleicht ebenfalls interessieren.

Ausschalten: Um die Genius-Funktion wieder zu deaktivieren, scrollen Sie auf der Empfehlungsseite nach unten und tippen auf Ihren Account. Nun werden Ihre Accountdaten angezeigt. Hier finden Sie die Schaltfläche **Genius für Apps deaktivieren**.

Webapps: Programme im Browser

Neben den Apps, also den Programmen, die Sie aus dem App Store auf Ihr iPad laden, gibt es noch die „Webapps“. Das ist die Abkürzung für „Web-Applications“ und sagt gleich, was diese Programme auszeichnet.

Es handelt sich hierbei um Applikationen, die wie eine normale Webseite in Safari aufgerufen und dort ausgeführt werden. Webapps lassen sich lokal speichern und sind auf den ersten Blick nicht von einem richtigen Programm zu unterscheiden. Webapps lassen sich über die Aktionstaste in Safari als Lesezeichen auf dem iPad sichern und so jederzeit aufrufen und nutzen.

Im Unterschied zu normalen Webseiten, deren Lesezeichen Sie auf dem Home-Bildschirm ablegen, nutzen Webapps zwar die Rendering-Engine – also den Teil von Safari, der für die Darstellung von Webseiten zuständig ist –, werden aber unabhängig von Safari verwaltet. Das bedeutet, dass sie nicht als weiteres Fenster im Browser angezeigt und zusammen mit dem Browser beendet, sondern stattdessen wie eine native iPad-App in der Taskbar einzeln aufgeführt werden und unabhängig vom Browser laufen.

Ein Beispiel für eine nützliche Webapp ist Glyphboard. Damit haben Sie Zugriff auf die grafischen Sonderzeichen, die Ihr iPad zwar beherrscht, die Sie aber nicht über die Tastatur eingeben können. Glyphboard stellt diese Sonderzeichen in einer Tabelle dar, aus der Sie sie mit Copy & Paste in Ihre Notizen, E-Mails oder andere Dokumente übernehmen können.

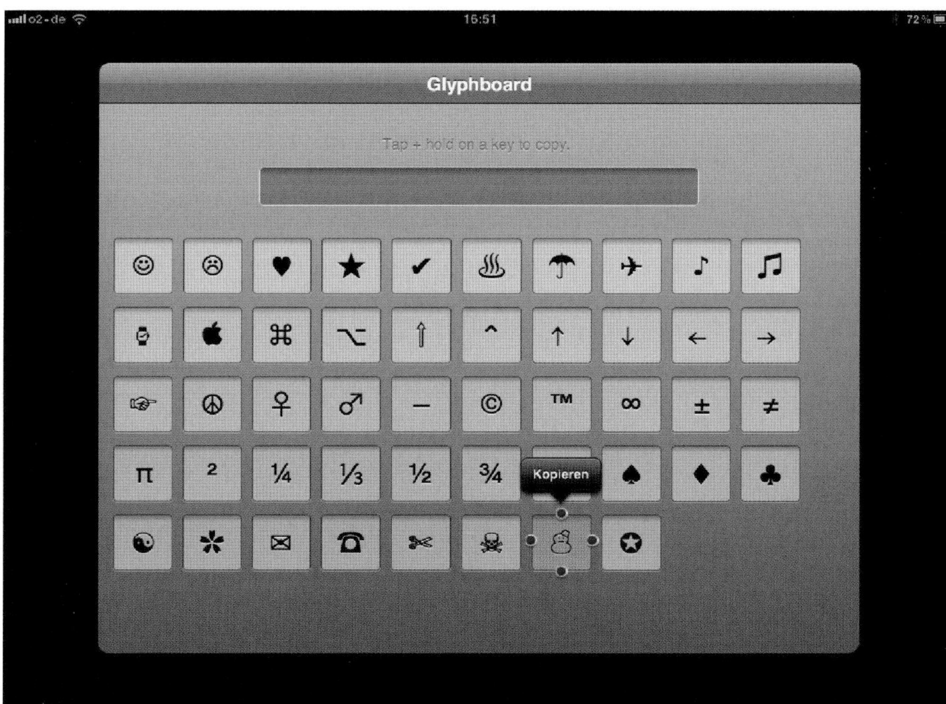

Mit der kostenlosen Webapp Glyphboard bekommen Sie Zugriff auf die über die Tastatur nicht zugänglichen Sonderzeichen auf Ihrem iPad.

Um das nützliche Tool auf Ihrem iPad zu installieren, steuern Sie die Webseite *mrgan.com/gb/* an. Tippen Sie nun auf die Aktionstaste (den Pfeil) und wählen Sie **Zum Home-Bildschirm**. Das war's schon. Anschließend finden Sie den Glyphboard-Eintrag wie eine normale App auf dem Home-Bildschirm.

Rufen Sie Glyphboard wie gewohnt mit einem Fingertipp auf. Tippen Sie auf das Zeichen, das Sie in Ihre Texte übernehmen möchten. Warten Sie, bis das Kopieren-Menü erscheint. Mit einem

Tipp auf **Kopieren** übernehmen Sie das Sonderzeichen in die Zwischenablage und können es nun in andere Dokumente einfügen.

Webapps löschen: Um eine installierte Webapp vom iPad zu löschen, halten Sie Ihren Finger so lange auf das Symbol der App, bis sich die Symbole auf dem Bildschirm bewegen. Tippen Sie nun bei der Webapp auf das **X** links oben, wird sie gelöscht.

Programme verwalten

So wie bei allen anderen Inhalten legen Sie auch bei Apps in iTunes fest, welche Programme auf das iPad kopiert werden sollen und welche nicht.

Programme synchronisieren

Schließen Sie dazu Ihr iPad an den Computer an und wählen Sie es in der Seitenleiste von iTunes aus. Auf der Registerkarte **Apps** aktivieren Sie nun – falls noch nicht geschehen – den Punkt **Apps synchronisieren**. In der linken Spalte markieren Sie die Apps, die gesynct werden sollen, rechts sehen Sie die Aufteilung des Home-Bildschirms Ihres iPads.

Mit den Programmen ist es kaum anders als mit allen anderen Inhalten auch: Sie verwalten sie wie gewohnt via iTunes am Computer.

Entfernen Sie einen Haken, wird die entsprechende Applikation vom iPad gelöscht, bleibt aber in der Mediathek von iTunes enthalten und kann jederzeit wieder auf das iPad kopiert werden.

Sobald Sie ein paar Dutzend Programme beisammen haben (und das geht schneller, als Sie vielleicht glauben), kann die Auflistung der vorhandenen Apps etwas unübersichtlich werden. Hier haben Sie die Möglichkeit, die Liste nach Name, Art, Kategorie, Datum oder Größe zu sortieren.

Datenverlust: Wenn Sie ein Programm vom iPad löschen, das dort Daten abgelegt hat – zum Beispiel die Bestenliste in einem Spiel –, werden diese Daten ebenfalls gelöscht und gehen verloren.

Programme organisieren

Wie Sie die Reihenfolge der Apps auf dem iPad ändern, haben Sie bereits in Kapitel 1 erfahren: Sie versetzen das iPad durch einen längeren Tipp auf ein beliebiges Symbol in den Wackelmodus und schieben die Symbole mit dem Finger an die gewünschte Position.

Das funktioniert allerdings nur dann wirklich gut, wenn Sie nur eine Handvoll Symbole ordnen. Sobald Sie Apps großflächig umgruppieren oder komplette Bildschirmseiten vertauschen möchten, wird das Verfahren sehr schnell sehr lästig. Hier bietet iTunes eine komfortable Lösung.

Schließen Sie Ihr iPad an, wählen Sie es in der Seitenleiste von iTunes aus und öffnen Sie die Registerkarte **Apps**. Hier haben Sie nun folgende Möglichkeiten:

- Um ein Programm auf einem bestimmten Home-Bildschirm abzulegen, ziehen Sie es mit der Maus dorthin.
- Halten Sie die Shift- bzw. Umschalttaste gedrückt, können Sie mehrere Apps markieren und geschlossen bewegen.
- Um eine App vom iPad zu entfernen, klicken Sie auf das kleine schwarze Kreuz, das eingeblendet wird, sobald Sie einer App mit der Maus zu nahe kommen.
- Die Reihenfolge der Bildschirmseiten lässt sich ebenfalls mit der Maus festlegen. Ziehen Sie die Seiten in der rechten Spalte einfach an die gewünschte Position.
- Um einen Ordner anzulegen, ziehen Sie ein Symbol auf ein anderes.

Alle Änderungen, die Sie hier vornehmen, werden beim nächsten Sync automatisch auf das iPad übertragen.

Programme in der Mediathek

Alle Apps, die Sie aus dem App Store herunterladen, werden von iTunes auf dem Computer so behandelt wie alle anderen Inhalte, die das Programm verwaltet: Sie landen in der Mediathek. Um einen Überblick zu gewinnen, welche Apps Sie bereits Ihrer Mediathek einverleibt haben, klicken Sie in der Seitenleiste von iTunes links auf den Punkt **Apps**.

Darstellung ändern

Standardmäßig zeigt iTunes auf dem Computer die Programme in der Rasterdarstellung und sortiert sie alphabetisch nach ihrem Namen. Bei umfangreichen Sammlungen kann es hilfreich sein, sie stattdessen nach Genres zu sortieren. Wählen Sie dazu **Darstellung** > **Rasterdarstellung** > **Kopfbereich einblenden**. Nun können Sie zwischen einer Sortierung nach Namen (**Apps**) und nach **Genres** wählen. Sollten Sie trotzdem den Überblick verlieren, probieren Sie es mit **Darstellung** > **Als Liste**, **Als** Albenliste oder **Als Cover Flow**.

Bei der Darstellung der Programme in Ihrer Mediathek haben Sie die von Musik her vertrauten Möglichkeiten.

Programme löschen

Nicht immer hält ein Programm das, was es anfangs zu versprechen schien und belegt in Zukunft nur noch Platz auf dem iPad. In diesem Fall ist es kein Problem, ein Programm wieder loszuwerden.

Aufräumarbeiten: Es ist empfehlenswert, alle Programme vom iPad zu löschen, die Sie nicht benötigen. Jedes installierte Programm, das Sie nicht benutzen, verlangsamt die Synchronisation und die Installation neuer Programme. Das macht bei einer Handvoll Programme nur einen Moment aus, kann sich aber auch zu ein paar Minuten aufaddieren. Bei Bedarf können Sie die gelöschten Applikationen beim nächsten Sync wieder auf dem iPad installieren.

- **Programme vom iPad löschen** Deaktivieren Sie den Sync des Programms in iTunes. Alternativ dazu können Sie Ihr iPad in den Wackelmodus versetzen und ein Programm durch einen Tipp auf das schwarze Kreuz löschen. Beim nächsten Sync mit iTunes wird das Programm als „nicht zu syncendes" markiert.

- **Programme vollständig löschen** Programme, die nicht gesynct werden, befinden sich zwar nicht mehr auf dem iPad, wohl aber weiterhin in der Mediathek von iTunes. Um sie vollständig zu löschen, klicken Sie in der Seitenleiste von iTunes im Abschnitt **Mediathek** auf **Apps**. Markieren Sie das entsprechende Programm und drücken Sie die Löschtaste Ihres Computers. Sie können das Programm nun aus iTunes löschen (die Datei selbst bleibt weiterhin auf der Festplatte) oder komplett in den Papierkorb werfen und vollständig entfernen.

Erneutes Laden kostet nichts: Was ist, wenn Sie es sich noch einmal anders überlegt haben, die Applikation aber schon längst im digitalen Nirwana gelandet ist? Kein Problem: Laden Sie die Applikation noch einmal aus dem App Store herunter und installieren Sie sie erneut. Der App Store weiß, was Sie geladen haben und rückt die Programme noch einmal kostenlos heraus.

Programme aktualisieren

Mit den iPad-Apps ist es nicht anders als mit anderen Computerprogrammen. Sie werden immer mal wieder überarbeitet und verbessert. In diesen Fällen gibt es auch beim iPad ein Update des Programms. Diese Updates sind kostenlos.

Sie können Ihre auf dem iPad installierten Programme entweder direkt auf dem iPad oder via iTunes auf dem Computer aktualisieren. Beim Update auf dem iPad werden natürlich nur die Programme berücksichtigt, die Sie tatsächlich installiert haben. Beim Update via iTunes auf dem Computer werden alle Programme aktualisiert, also auch die, die Sie vorübergehend nicht auf dem iPad dabeihaben. Normalerweise sucht iTunes auf dem Computer bei jedem Start nach Updates und zeigt Ihnen verfügbare Aktualisierungen automatisch durch eine kleine Zahl im **Apps**-Eintrag der Mediathek in der Seitenleiste an. Falls Sie sicher sein möchten, kein Update zu versäumen, können Sie auch selbst nachsehen: Klicken Sie hier zuerst in der Seitenleiste unter Mediathek auf **Apps** und anschließend in der rechten unteren Ecke auf den Eintrag **Nach** Updates suchen.

Updates von Applikationen lassen sich am einfachsten via iTunes installieren.

Auch auf dem iPad sorgt ein Aufruf des App Stores dafür, dass nach verfügbaren Updates gesucht wird. Sie können diese Suche aber auch gezielt starten. Rufen Sie dazu auf dem iPad den **App Store** auf und tippen Sie unten rechts auf **Updates**. Falls Updates zur Verfügung stehen, die Sie noch nicht geladen haben, erscheint eine kleine Ziffer am App-Store-Symbol.

Die Einstellungen der Programme

Manche Programme besitzen mehr oder weniger umfangreiche Konfigurationsmöglichkeiten. Diese Einstellungen werden standardmäßig an zentraler Stelle vorgenommen, nämlich in den **Einstellungen** des iPads.

Ausnahmen bestätigen die Regel: Nicht alle Entwickler halten sich an die Designregel von Apple, Programmeinstellungen in den iPad-Einstellungen abzulegen, sondern bringen sie in einem eigenen Menüpunkt im Programm unter. Das hat Vor- und Nachteile. Zu den Vorteilen gehört, dass Sie ein Programm nicht verlassen müssen, um seine Einstellungen zu ändern, zu den Nachteilen, dass manche Anpassungen an zwei verschiedenen Stellen vorgenommen werden: im Programm und in den Einstellungen des iPads.

Wenn ein Programm seine Einstellungen in den allgemeinen Einstellungen abgelegt hat, dann finden Sie es unterhalb der Standardeinträge.

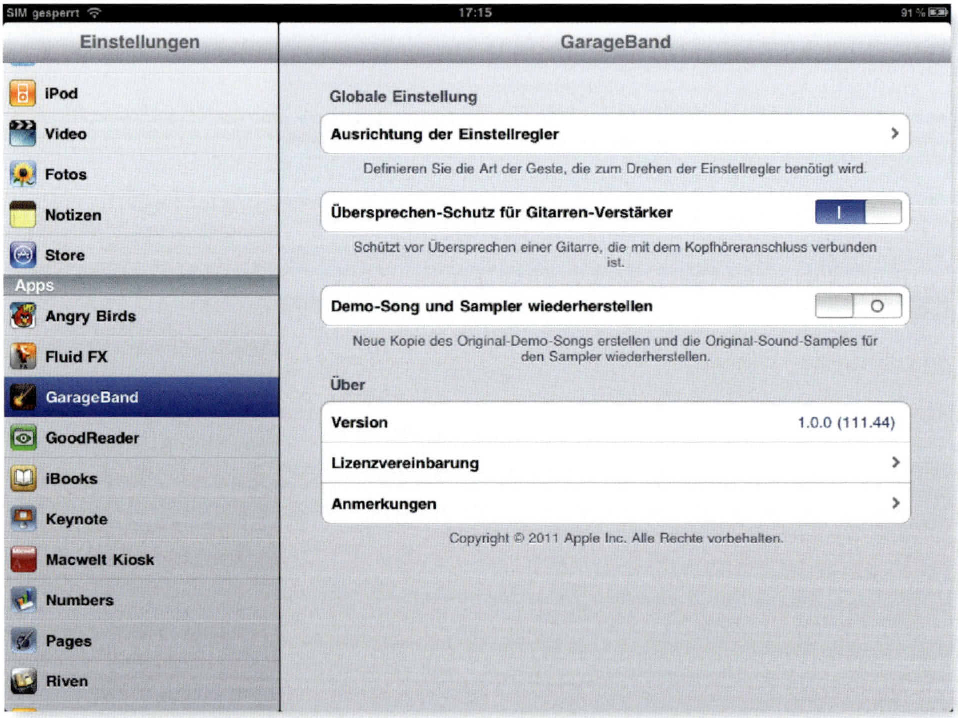

Die Einstellungen eines Programms (hier: GarageBand) werden standardmäßig in den Einstellungen des iPads festgelegt. Allerdings halten sich nicht alle Programme an diesen Standard

13

iBooks

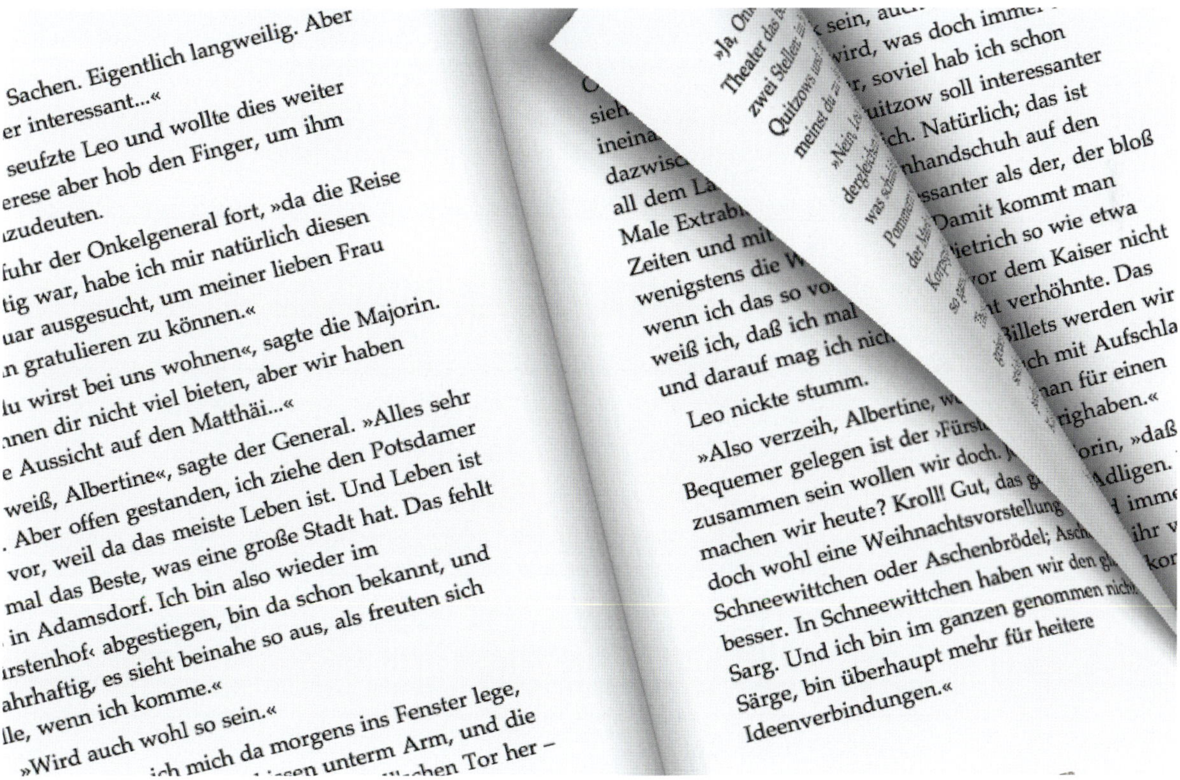
Sachen. Eigentlich langweilig. Aber
er interessant...«
seufzte Leo und wollte dies weiter
erese aber hob den Finger, um ihm
zudeuten.
fuhr der Onkelgeneral fort, »da die Reise
tig war, habe ich mir natürlich diesen
uar ausgesucht, um meiner lieben Frau
n gratulieren zu können.«
lu wirst bei uns wohnen«, sagte die Majorin.
nen dir nicht viel bieten, aber wir haben
e Aussicht auf den Matthäi...«
weiß, Albertine«, sagte der General. »Alles sehr
. Aber offen gestanden, ich ziehe den Potsdamer
vor, weil da das meiste Leben ist. Und Leben ist
mal das Beste, was eine große Stadt hat. Das fehlt
in Adamsdorf. Ich bin also wieder im
rstenhof‹ abgestiegen, bin da schon bekannt, und
ahrhaftig, es sieht beinahe so aus, als freuten sich
lle, wenn ich komme.«
»Wird auch wohl so sein.«
ich mich da morgens ins Fenster lege,
Leo nickte stumm.
»Also verzeih, Albertine,
Bequemer gelegen ist der ›Fürst
zusammen sein wollen wir doch.
machen wir heute? Kroll! Gut, das
doch wohl eine Weihnachtsvorstellung
Schneewittchen oder Aschenbrödel;
besser. In Schneewittchen haben wir den
Sarg. Und ich bin im ganzen genommen nicht
Särge, bin überhaupt mehr für heitere
Ideenverbindungen.«

Das iPad als E-Book-Reader

Die Applikation iBooks ist ein E-Book-Reader, also ein Programm, mit dem Sie elektronische Bücher auf dem iPad lesen können. Dabei unterstützt iBooks zwei populäre Formate, in denen elektronische Bücher und Dokumente üblicherweise vorliegen: PDF und Epub.

- **Epub** ist die Abkürzung von „Electronic Publication" und ähnlich wie HTML eine Seitenbeschreibungssprache, mit der sich dynamische Seiten aufbauen lassen. In der Praxis bedeutet das etwa, dass sich der Seitenumbruch der Bildschirmgröße anpasst oder sich Font und Schriftgröße verändern lassen. Dafür sind die Gestaltungsmöglichkeiten beschränkt. Ein Mehrspaltensatz, aufwendige Zeitschriftenlayouts, Marginalien, umfließender Text und ähnliche Gestaltungen sind mit Epub auf dem iPad nicht möglich.
- **PDF** steht für „Portable Document Format" und bezeichnet einen Standard, mit dem sich beliebige Layouts problemlos auf den unterschiedlichsten Geräten anzeigen lassen. Ganz gleich, ob Sie ein PDF-Dokument auf Ihrem Computer oder Ihrem iPad betrachten – es wird auf beiden Geräten gleich aussehen. Dafür muss man allerdings ein sehr starres Layout in Kauf nehmen. Alle Elemente einer Seite (Textmenge, Umbruch, Fonts, Schriftgrößen und so weiter) sind fest vorgegeben und lassen sich nicht von Ihnen anpassen. Das führt mitunter dazu, dass eine Seite eines PDF-Dokuments entweder nur in starker Verkleinerung oder nicht vollständig angezeigt werden kann und Sie beim Lesen die Seite mit dem Finger hin- und herschieben müssen.

iBooks installieren

Das Programm iBooks gehört nicht zum direkten Lieferumfang des iPads, sondern wird als kostenlose App nachgeladen. Sollten Sie das Programm noch nicht installiert haben und den App Store auf dem iPad aufrufen, wird Ihnen der Download angeboten.

Als kleine Kostprobe wird iBooks zusammen mit der englischen Ausgabe des bekannten Kinderbuchklassikers „Winnie-the-Pooh" von Alan Alexander Milne installiert.

Dabei dient iBooks nicht nur als E-Book-Reader, sondern bietet gleichzeitig Zugang zur digitalen Buchhandlung iBookstore.

Lesezeichen synchronisieren: Beim ersten Start von iBooks werden Sie gefragt, ob Sie „Ihre Lesezeichen und Notizen zum Synchronisieren mit mehreren Geräten in Ihrem iTunes Store-Account sichern" möchten. Mit diesem Thema beschäftigen wir uns weiter unten, für den Anfang ist es keine schlechte Idee, hier sicherheitshalber auf **Sync aus** zu tippen. Keine Sorge, diese Funktion lässt sich später jederzeit aktivieren.

Eigene E-Books auf dem iPad

Sie sind natürlich nicht gezwungen, im iBookstore einzukaufen, sondern können jede kopierschutzfreie Epub- und PDF-Datei auf das iPad kopieren und mit iBooks lesen. Von diesen elektronischen Büchern gibt es im Internet oder auf CD jede Menge.

Mit einem Programm wie dem kostenlosen Tool Calibre lassen sich auch Word-Dokumente, PDF- oder Text-Dateien nach Epub konvertieren. Calibre finden Sie im Internet unter **www.calibre-ebook.com**. Wegen der eingeschränkten Darstellungsmöglichkeiten von Epub kann es allerdings passieren, dass beim Konvertieren einer Datei in Calibre Formatierungen verlorengehen. Hier hilft nur ausprobieren.

Hier bekommen Sie elektronische Bücher: Die ergiebigste Quelle für kostenlose elektronische Bücher im passenden Format ist zweifellos das amerikanische Project Gutenberg, das Sie auch über den iBookstore erreichen. Eine weitere Quelle ist das deutschsprachige MobileRead Wiki. Wie Sie die hier oder aus anderen Quellen geladenen elektronischen Bücher auf Ihr iPad bekommen, erfahren Sie weiter unten in diesem Kapitel.

- Project Gutenberg: www.gutenberg.org
- MobileRead Wiki: wiki.mobileread.com

E-Books aus dem iBookstore laden

Der einfachste und bequemste Weg, um an digitale Lektüre für Ihr iPad zu kommen, führt über Apples iBookstore. Der ist ähnlich aufgebaut wie der iTunes- und der App Store, lässt sich aber (anders als diese beiden digitalen Kaufhäuser) nicht vom Computer aus erreichen, sondern derzeit nur über iOS-Geräte (also iPad, iPhone und iPod touch).

Um den iBookstore zu betreten, starten Sie iBooks und tippen oben rechts auf die Taste Store. Um vom Store zurück zu iBooks zu wechseln, tippen Sie im Store oben rechts auf Bibliothek.

Der iBookstore ist für Bücher das, was der iTunes Store für Musik und Videos und der App Store für Applikationen ist. Sie erreichen den Store über die App iBooks.

Das Angebot im Store lässt sich nun gezielt nach bestimmten Titeln und Autoren oder anhand verschiedener Kategorien durchstöbern. Mit einem Tipp auf einen Titel lassen Sie sich Informationen zum gewählten Buch anzeigen, mit einem Tipp auf das Preisschild und Eingabe Ihres Kennworts kaufen Sie ein Buch, das sofort in Ihre Bibliothek übernommen wird.

Bevor Sie sich dazu entschließen, ein Buch zu kaufen, können Sie einen Auszug herunterladen. Gefällt Ihnen dann, was Sie da lesen, kaufen Sie sich das komplette Buch mit einem Fingertipp.

Alle Bücher, die Sie mit dem iPad im iBookstore kaufen, werden beim nächsten Sync in die Mediathek von iTunes auf Ihrem Computer übernommen, wo sie in der Rubrik Bücher landen.

Kopierschutz: Wie Musik, Videos und Apps sind auch E-Books, die Sie aus dem iBookstore herunterladen, mit einem Kopierschutz versehen und können nur mit dem Account angezeigt werden, mit dem sie heruntergeladen wurden.

E-Books importieren

Der Import von Epub- und PDF-Dateien unterscheidet sich nicht vom Import anderer Medien in iTunes. Sie können die Dateien über **Ablage > Zur Mediathek hinzufügen** (Mac) bzw. **Datei > Datei zur Mediathek hinzufügen** (Windows) Ihrer Mediathek einverleiben. Es ist auch möglich, die Dateien mit Drag & Drop zu importieren. Ziehen Sie dazu eine Datei auf die Seitenleiste von iTunes und lassen Sie sie im Abschnitt Mediathek los.

E-Books übertragen

Wie gewohnt werden auch E-Books in iTunes verwaltet und auf das iPad kopiert. Schließen Sie das iPad an Ihren Computer an, wählen Sie es in der Seitenleiste unter **Geräte** aus und wechseln Sie zur Registerkarte **Bücher**. Hier aktivieren Sie den Punkt **Bücher synchronisieren** und legen Sie fest, welche Titel Sie auf dem iPad lesen möchten.

E-Books aus dem Internet laden: Sobald Sie einen Epub-/PDF-Anhang in Mail öffnen oder eine Epub-/PDF-Datei in Safari laden, erscheint eine Taste **In „iBooks" öffnen**. Ein Tipp darauf – und schon wird die Datei der Bibliothek in iBooks hinzugefügt und in iBooks angezeigt.

Die Bibliothek

In der Bibliothek von iBooks werden alle Bücher auf dem iPad verwaltet. Während iTunes nicht zwischen Epub- und PDF-Dateien trennt, ordnet iBooks die unterschiedlichen Formate von Haus aus in die Sammlungen **Bücher** und **PDF** ein.

In der Mitte der oberen Menüleiste von iBooks sehen Sie, welche Sammlung aktuell angezeigt wird, **Bücher** oder **PDF**. Welche Sammlung Sie angezeigt bekommen möchten, legen Sie über die Taste **Sammlungen** links oben fest.

Sammlung wechseln

Die Bücher und PDF-Dateien auf dem iPad werden üblicherweise chronologisch angeordnet. Dabei stehen die Bücher, die Sie zuletzt aufs iPad geladen haben, am Anfang.

Diese Anordnung lässt sich natürlich ändern. Es ist auch möglich, Bücher vom iPad zu löschen (keine Sorge, das E-Book ist natürlich nach wie vor in iTunes gespeichert und kann jederzeit wieder zurückkopiert werden).

Ordnen und löschen

Um ein Buch im Regal umzustellen, halten Sie es etwas länger gedrückt, bis das Cover vergrößert wird. Nun können Sie das Buch an die gewünschte Stelle im Regal schieben.

Um ein Buch (oder auch mehrere Titel) zu löschen, wählen Sie zuerst **Bearbeiten** oben rechts. Markieren Sie nun die zu löschenden Titel mit einem Fingertipp. Über die Taste **Löschen** entfernen Sie die markierten Bücher vom iPad.

Über die beiden Tasten oben rechts wechseln Sie zwischen einer Gitter-/Cover- und einer Listenansicht. In der Listenansicht lassen sich die Bücher nach Titel, Autoren und Kategorien sortieren oder in der Reihenfolge anzeigen, in der Sie sie im Bücherregal angeordnet haben.

Ansicht

Ziehen Sie das Bücherregal ein wenig nach unten, erscheint ein Feld **Suchen**, über das Sie nach bestimmten Büchern in Ihrer Bibliothek suchen können. Die Suchfunktion berücksichtigt dabei Titel und Autor, nicht aber den Inhalt eines Buches. Eine Volltextsuche in Ihrer gesamten Bibliothek ist also nicht möglich.

Suchen

Die Sammlungen

Die beiden Standardsammlungen **Bücher** und **PDF** sind natürlich etwas grobmaschig. Doch das macht nichts, Sie können nämlich eigene Sammlungen anlegen und dort die verschiedenen E-Book-Typen – also Epub oder PDF – auch mischen.

Um eine eigene Sammlung anzulegen, tippen Sie auf Taste **Sammlungen** oben links. Anschließend wählen Sie **Neu** und geben den Namen der neuen Sammlung ein. Mit **Fertig** legen Sie die neue und noch leere Sammlung an.

Sammlung anlegen

Um diese Sammlung nun mit Titeln zu bestücken, wechseln Sie in die Sammlung, in der sich das gewünschte Buch aktuell befindet. Dort tippen Sie auf **Bearbeiten** und markieren die Bücher, die Sie umordnen wollen. Anschließend wählen Sie **Bewegen**. Es wird die Liste der aktuellen Sammlungen angezeigt. Tippen Sie auf die Sammlung, in der Sie die markierten Titel einordnen möchten.

Sie können hier auch den umgekehrten Weg wählen: Markieren Sie zuerst die gewünschten Titel und wählen Sie anschließend **Bearbeiten**. Hier tippen Sie auf **Neu** und geben den Namen der neuen Sammlung ein. Anschließend wählen Sie die neue Sammlung aus, und die markierten Titel werden verschoben.

Der Name einer selbst angelegten Sammlung lässt sich jederzeit über **Bearbeiten** im **Sammlungen**-Menü ändern.

Listen sind übersichtlicher: Wenn Sie relativ viele Bücher auf einmal verschieben möchten, empfiehlt es sich, zuerst in die Listendarstellung zu wechseln. Hier haben Sie eine bessere Übersicht über den Bibliotheksbestand als in der Gitteransicht.

Sie können alle auf dem iPad gespeicherten Bücher in eigenen Sammlungen verwalten und hier auch Epub- und PDF-Titel mischen.

Sammlung ordnen/löschen

Die Reihenfolge der Sammlungen im Menü legen Sie nach einem Tipp auf **Bearbeiten** fest. Hier verschieben Sie die Sammlung über die Griffmarkierung rechts an die gewünschte Position.

Mit einem Tipp auf das rote Minuszeichen wird die Sammlung gelöscht. Löschen lässt sich eine Sammlung auch, wenn Sie sie in der Liste einfach durchstreichen.

Vor dem Löschen erscheint ein Dialog, der Ihnen die Möglichkeit bietet, nicht nur die Sammlung, sondern auch die darin enthaltenden Titel zu löschen. Mit einem Tipp auf **Entfernen** löschen Sie die Sammlung samt Inhalt, mit **Nicht entfernen** wird lediglich die Sammlung gelöscht. Die darin enthaltenen Titel verbleiben auf dem iPad und werden wieder in der ursprünglichen Sammlung einsortiert.

Ein E-Book lesen

Um ein Buch zu lesen, tippen Sie es einfach an. Je nach Ausrichtung des iPads wird das Buch verschieden dargestellt:

- **Hochformat** Eine Seite wird bildschirmfüllend angezeigt.
- **Querformat** Es werden, wie bei einem Buch, zwei Seiten nebeneinander abgebildet.

Blättern

Geblättert wird fast wie in einem realen Buch. Ziehen Sie mit dem Finger eine Seite nach links oder rechts, wird sie in einer Animation umgeblättert. Sie können auch einfach auf den linken oder rechten Rand einer Seite tippen, um zurück- oder vorzublättern.

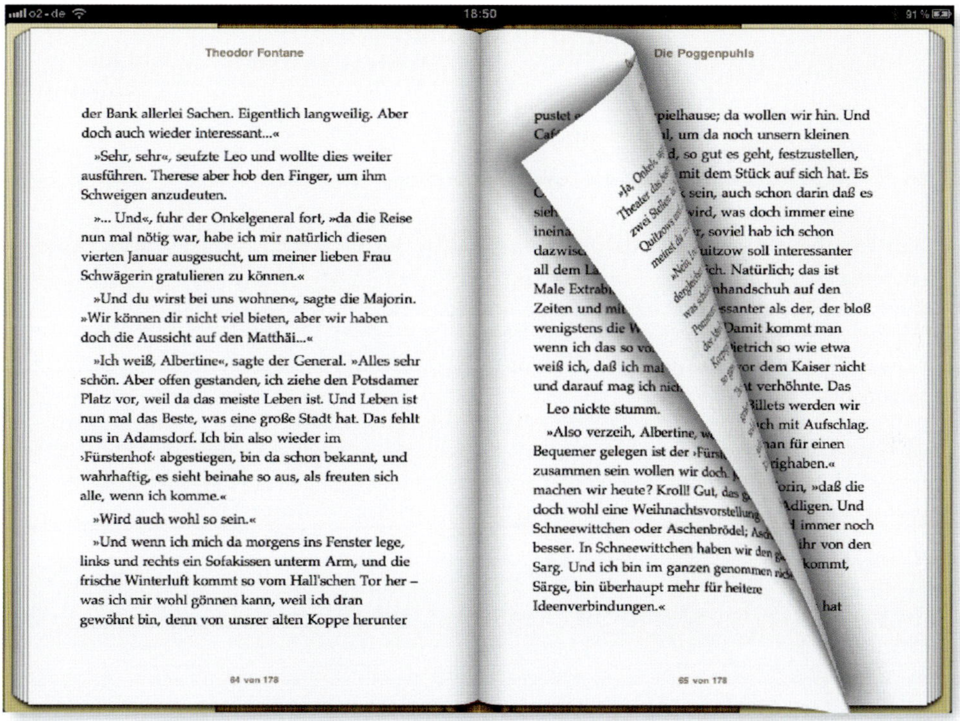

Bei der Gestaltung von iBooks legt Apple großen Wert darauf, die Applikation wie ein richtiges Buch aussehen zu lassen – selbst das Blättern wird imitiert.

Drehung ausschalten: Die automatische Rotation des Bildschirms, die sich besonders bei der Lektüre im Liegen sehr störend bemerkbar macht, lässt sich ausschalten. Wie das geht, erfahren Sie in Kapitel 1.

Schnell durchs Buch

Tippen Sie einmal in die Mitte der Seite, wird ein Menü ein- bzw. ausgeblendet. In der unteren Zeile erfahren Sie, wieviele Seiten das aktuelle Kapitel noch hat, über den Schieberegler können Sie sich rasch durchs Buch bewegen.

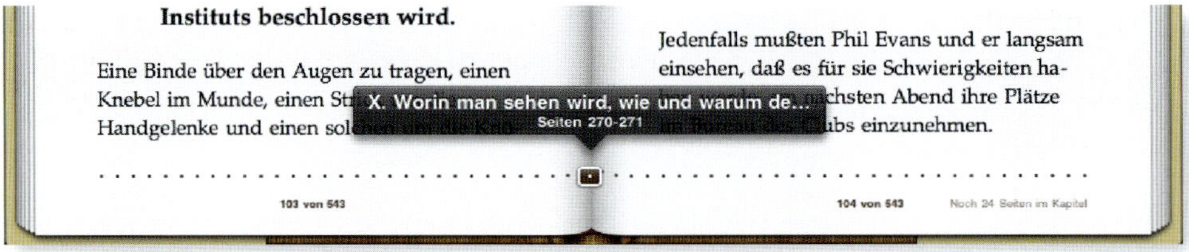

Über den Schieberegler am unteren Rand bewegen Sie sich schnell durchs Buch.

Zurück

Beim Sprung zu einem anderen Kapitel oder einer anderen Stelle im Buch merkt sich iBooks die Seite, von der Sie gekommen sind. Mit einem Tipp auf **Zurück zu S. …** unten links gelangen Sie zu Ihrem Ausgangspunkt zurück. Das ist besonders praktisch, wenn ein Text mit Fußnoten arbeitet. So können Sie eine Fußnote anwählen und über den Link problemlos zur aktuellen Seite zurückkehren.

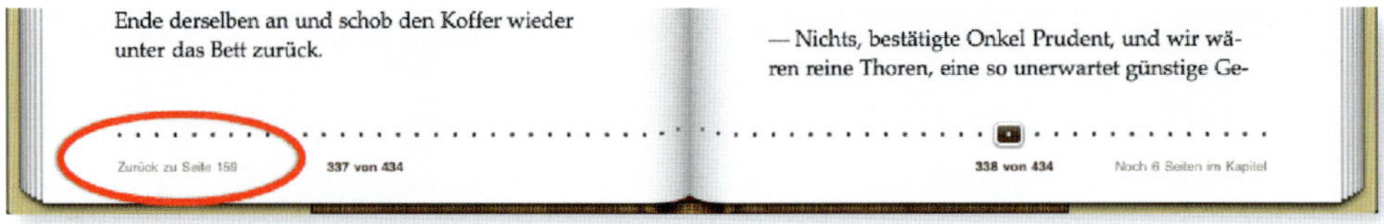

Beim Sprung durchs Buch merkt sich iBooks den Ausgangspunkt und bringt Sie auf Fingertipp wieder zurück.

Inhaltsverzeichnis

Haben Sie sich das Menü durch einen Tipp in die Mitte des Bildschirms anzeigen lassen, können Sie durch die Listenschaltfläche oben links jederzeit zum Inhaltsverzeichnis springen und von dort mit einem Fingertipp zu einem bestimmten Kapitel.

Mit einem Tipp auf **Bibliothek** schließen Sie Ihre Lektüre und kehren wieder zu Ihrem Bücherregal zurück.

Sowohl beim Sprung zum Inhaltsverzeichnis als auch beim Schließen eines E-Books merkt sich iBooks Ihre aktuelle Position im Buch – Sie können also jederzeit Ihre Lektüre dort fortsetzen, wo Sie sie unterbrochen haben.

Bilder: Wenn in einer Epub-Datei ein Bild eingebunden ist, können Sie sich dieses Bild durch einen Doppeltipp darauf bildschirmfüllend anzeigen lassen.

Eine PDF-Datei lesen

PDF-Dateien können zwar komplexe, etwa mehrspaltige Zeitschriftenlayouts mit verschiedenen Schriften darstellen und sind in diesem Punkt einer Epub-Datei überlegen. Doch dafür ist die Darstellung auf dem Bildschirm festgeschrieben. Während bei Epub der Text bei der Anzeige neu umbrochen und auf die Seiten anders aufgeteilt werden kann, bleibt das Seitenformat und die Seitenfüllung bei einer PDF-Datei unveränderlich.

Daher ändert sich auch die Darstellung nicht, wenn Sie eine PDF im Quer- oder Hochformat öffnen. Wenn Ihnen die Darstellung zu klein ist, können Sie sie wie gewohnt mit zwei Fingern aufziehen. Alternativ dazu können Sie eine Stelle mit einem Doppeltipp heranzoomen und wieder verkleinern.

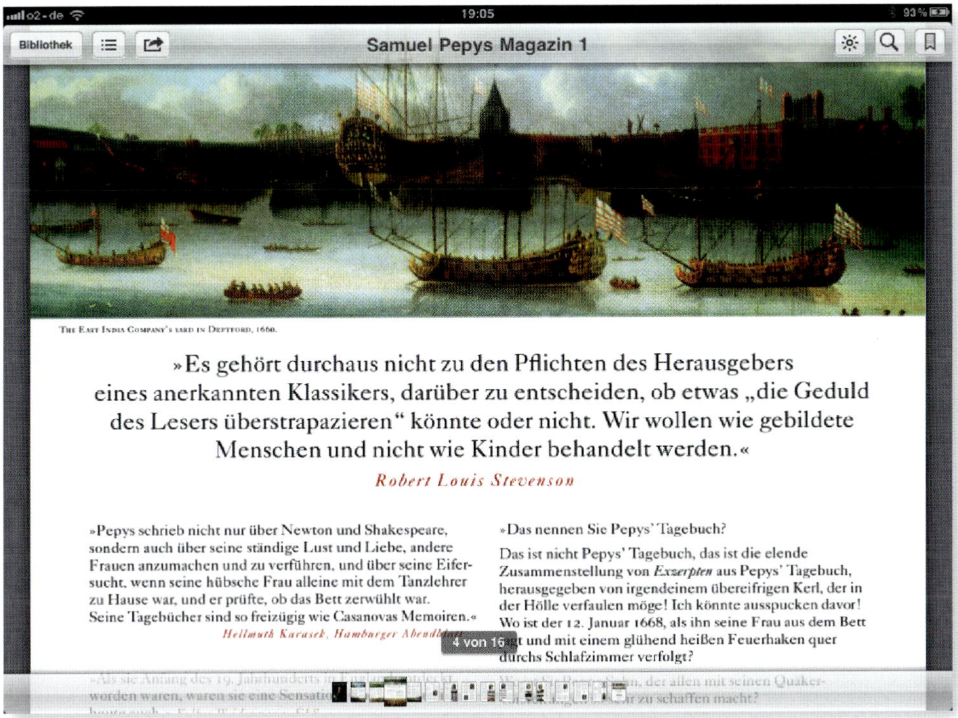

Eine PDF-Datei bewahrt zwar komplizierte Layouts mit verschiedenen Schriften, Spalten und Textaufteilungen, ist dafür aber in der Darstellung auf dem Bildschirm kaum veränderbar. Mehr als Vergrößern/Verkleinern geht hier nicht.

Blättern

Das von E-Books gewohnte Umblättern entfällt bei einer PDF-Datei in iBooks. Stattdessen schieben Sie die Seiten mit dem Finger nach links oder rechts, um zur nächsten bzw. vorherigen Seite zu gelangen.

Springen

Möchten Sie in einer PDF-Datei schnell eine bestimmte Seite anspringen, tippen Sie einmal auf den Bildschirm und blenden so am oberen Rand ein Menü und am unteren eine Navigationsleiste ein, die so ähnlich funktioniert wie in der Fotos-Applikation (siehe Kapitel 9). Die einzelnen Seiten der Datei werden in Miniaturen angezeigt. Mit einem Fingertipp springen Sie zur gewünschten Seite.

PDF drucken/mailen

Über einen Tipp auf die Aktionstaste (also den Pfeil oben links) können Sie eine PDF-Datei auch per E-Mail verschicken oder drucken. Der Druckfunktion des iPads widmet sich das Kapitel 15.

Inhaltsverzeichnis

Wie bei einer Epub-Datei rufen Sie mit einem Tipp auf das Listensymbol oben links auch bei einer PDF-Datei das Inhaltsverzeichnis auf. Dabei werden standardmäßig die Seiten als Vorschaubilder angezeigt. Hier tippen Sie die gewünschte Seite an.

Manche PDF-Dateien besitzen echte Inhaltsverzeichnisse. In diesem Fall ist iBooks nicht auf eine Seitenvorschau angewiesen und blendet oben rechts ein weiteres Listensymbol ein, mit dem Sie das Inhaltsverzeichnis als Text aufrufen.

Die Darstellung anpassen

Die größere Flexibilität von Epub-Dateien sorgt dafür, dass Sie die Darstellung eines E-Books auf dem Bildschirm Ihren Wünschen anpassen können. So lassen sich die Farbe, Helligkeit und die Schriften festlegen. Auch zwischen Blocksatz und rechtsbündiger Darstellung kann gewechselt werden. Das empfiehlt sich vor allem dann, wenn im Blocksatz unschöne Löcher im Text erscheinen.

PDF: Da das Layout einer PDF-Datei fest vorgegeben ist, können Sie hier lediglich die Helligkeit regulieren.

Helligkeit

Um die Helligkeit einzustellen, lassen Sie sich mit einem Fingertipp in die Mitte der Buchseite das Menü einblenden und tippen anschließend auf das Sonnensymbol. Es erscheint ein Schieberegler, über den Sie die Helligkeit bestimmen. Damit legen Sie übrigens nicht nur die Helligkeit für iBooks, sondern für das gesamte iPad fest.

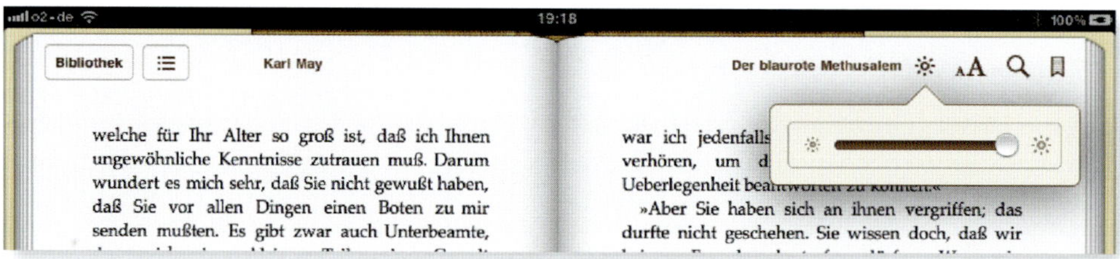

Um lästige Spiegelungen im Display zu vermeiden, kann es helfen, die Helligkeit raufzusetzen.

Schriften, Farbe

Mit einem Fingertipp auf das Schriftensymbol rufen Sie ein Menü auf, in dem Sie die Schriftart und -größe festlegen und auf eine braungetönte Sepiadarstellung umschalten können. Die Einstellungen werden sofort umgesetzt und gelten für alle Bücher in Ihrer Bibliothek. Da bei der Umstellung der Seitenumbruch neu berechnet werden muss, kann sich eine Änderung bei sehr umfangreichen Titeln ein paar Sekunden hinziehen. Normalerweise werden Sie davon allerdings kaum etwas bemerken.

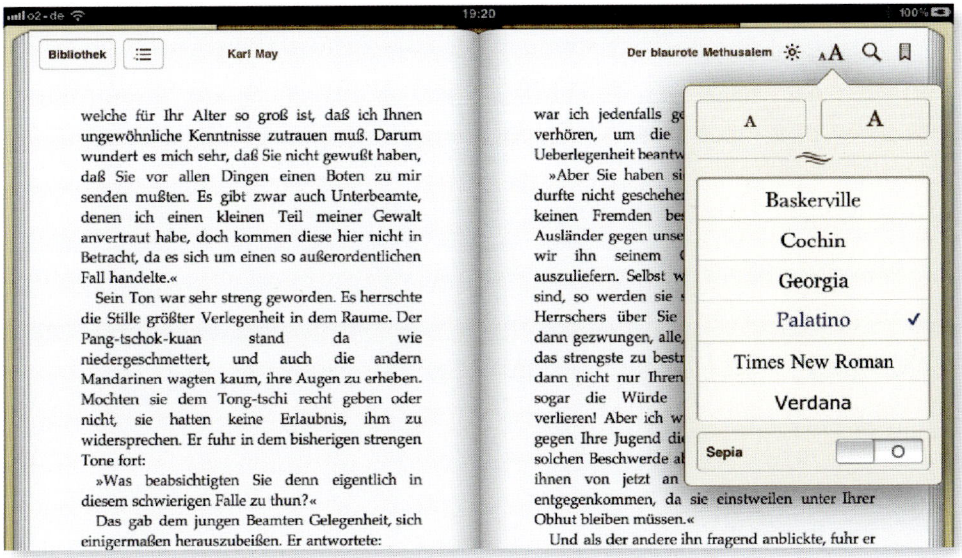

Änderungen von Farbe, Schrift und Schriftgröße werden sofort durchgeführt und gelten für alle Bände in Ihrer Bibliothek.

Blocksatz

Standardmäßig wird ein E-Book von iBooks im Blocksatz dargestellt. Das bedeutet, dass alle Zeilen die gleiche Breite haben. Das ist die vom Buch- und Zeitschriftendruck vertraute Darstellung, kann aber zu unschönen Löchern im Text führen, die den Lesefluss deutlich beeinträchtigen. Hier haben Sie verschiedene Möglichkeiten:

- **Schriftgröße** Ändern Sie die Schriftgröße, verändert sich auch die Zeilenfüllung, was mitunter schon genügt, um die gröbsten Löcher im Text zu stopfen.
- **Trennung** Sie können unter **Einstellungen > iBooks** die **Autom. Silbentrennung** aktivieren, was die Anzahl der hässlichen Lücken deutlich minimiert. Leider wird diese Funktion nicht von allen E-Books unterstützt.
- **Blocksatz aus** Schließlich besteht die Möglichkeit, über **Einstellungen > iBooks** mit dem Schalter **Blocksatz** zwischen Flatter- und Blocksatz zu wechseln. Auch hier gibt es einen Stolperstein: Hat der Autor des Buches in den Metadaten der Buchdatei ausdrücklich Blocksatz festgelegt, hilft Ihnen auch diese Einstellung leider nicht weiter.

Suchen

Der Vorteil eines digitalen Buches besteht unter anderem darin, dass Sie den gesamten Text blitzschnell durchsuchen können. Diese Möglichkeit bietet Ihnen natürlich auch iBooks. Das funktioniert bei E-Books im Epub-Format uneingeschränkt, bei PDF-Dateien nur dann, wenn es sich um echten Text und nicht (wie etwa bei eingescannten Buchseiten) um Grafiken handelt. Der Unterschied ist nicht immer sofort zu erkennen und fällt mitunter erst dann auf, wenn Sie in einer PDF-Datei nicht suchen können.

Suchbegriff eintippen

Zum Eingeben eines Suchbegriffs rufen Sie durch einen Tipp in die Bildschirmmitte das Menü auf und tippen auf die Lupe oben rechts.

Es wird die Tastatur eingeblendet und Sie können Ihren Suchbegriff eingeben. Sobald die Suche läuft, sollten Sie die Tastatur ausblenden, um möglichst viel von der Trefferliste zu sehen. Mit einem Tipp auf einen der Treffer steuern Sie die entsprechende Seite an.

Von der Trefferliste aus können Sie Ihren Suchbegriff auch an Google oder die Wikipedia durchreichen. Dabei verlassen Sie iBooks und starten Safari. Sobald Sie iBooks erneut öffnen, befinden Sie sich wieder an der Stelle, an der Sie das Programm verlassen haben.

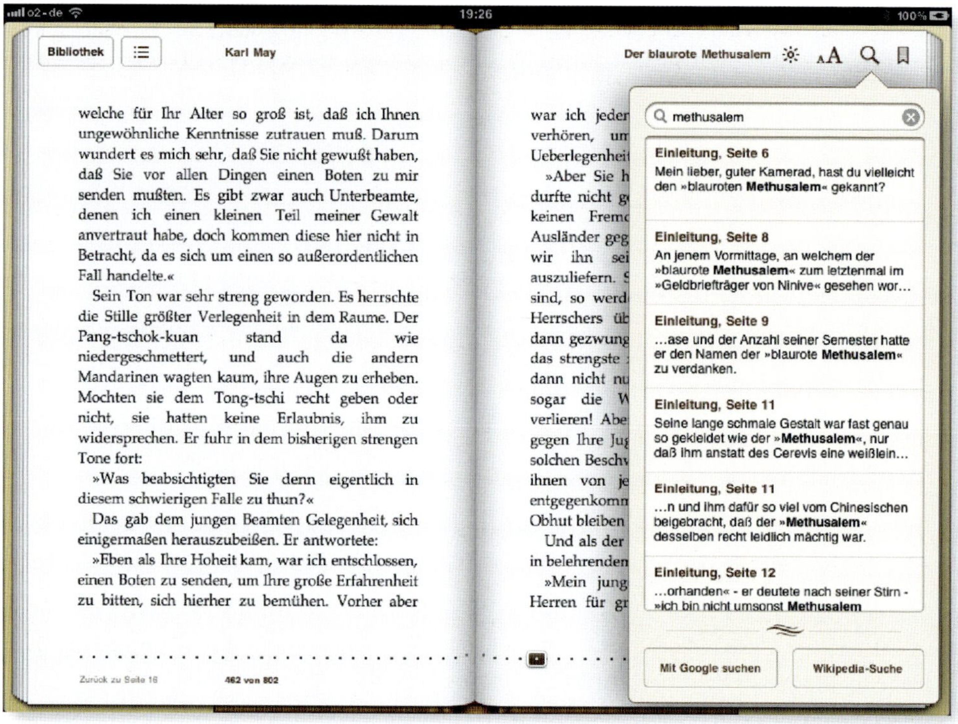

Die Suche durchstöbert blitzschnell das aktuelle E-Book und bietet Ihnen bei einem Suchbegriff auch den direkten Zugriff auf Google oder die Wikipedia.

Suchbegriff markieren

Möchten Sie wissen, ob ein bestimmter Begriff oder eine bestimmte Formulierung im Text häufiger vorkommt, dann müssen Sie den Suchbegriff nicht eintippen, sondern können die gesuchten Wörter auch markieren und suchen lassen.

Nur Epub: Da man in PDF-Dateien keine Markierungen anbringen kann, steht diese Suchfunktion hier nicht zur Verfügung.

Tippen Sie dazu auf das gewünschte Wort, erweitern Sie die Markierung, bis sie die gesuchten Wörter umfasst, und tippen Sie anschließend auf **Suchen**.

Der markierte Begriff wird an die Suchfunktion übergeben und das Ergebnis wie gewohnt am rechten Rand angezeigt.

Text kopieren

Bei der Lektüre von E-Books kommt es immer wieder vor, dass man bestimmte Passagen aus dem Text kopieren und in eigene Dokumente als Zitat übernehmen möchte. Auch das geht mit iBooks – allerdings nur, wenn das entsprechende E-Book keinen Kopierschutz besitzt.

Nur Epub: Da man in PDF-Dateien keine Markierungen anbringen kann, steht die Kopierfunktion hier nicht zur Verfügung.

Das gilt zum Beispiel für alle Texte, die Sie selbst in iTunes importiert und von dort aufs iPad geschoben haben, nicht aber für Bücher, die Sie aus dem iBookstore herunterladen. Eine Ausnahme bilden hier die kostenlosen Bücher aus dem Project Gutenberg, da diese urheberrechtsfrei sind.

Der Kopiervorgang funktioniert genau so, wie Sie ihn aus anderen Dokumenten kennen. Tippen Sie mit dem Finger etwas länger auf die Passage, die Sie kopieren möchten. Das aktuelle Wort wird markiert und ein Dialog mit verschiedenen Optionen eingeblendet. Legen Sie über die Markierungspunkte Anfang und Ende des gewünschten Zitats fest und tippen Sie auf **Kopieren**. Die markierte Stelle wird in die Zwischenablage übernommen und kann nun in andere Dokumente – etwa in eine Notiz oder eine E-Mail – eingefügt werden.

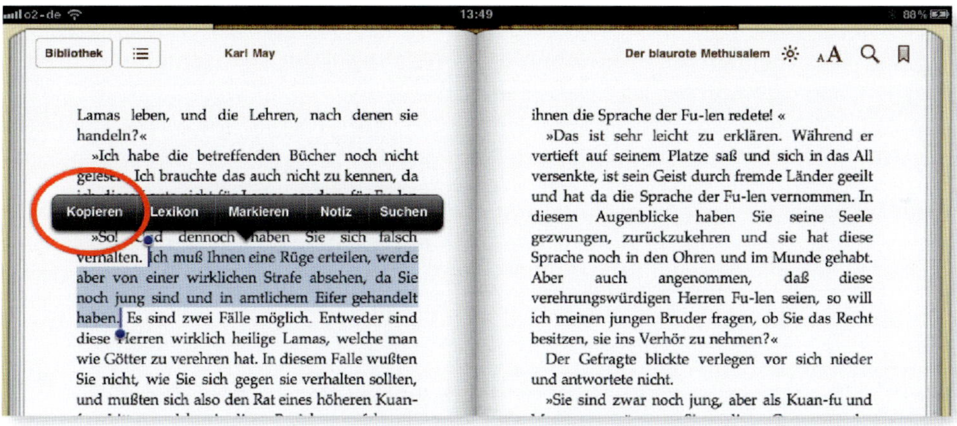

Bei E-Books ohne Kopierschutz lassen sich beliebige Stellen in die Zwischenablage kopieren und in andere Dokumente übernehmen.

Lesezeichen, Markierungen und Notizen

In einem richtigen Buch können Sie an wichtigen Stellen Lesezeichen einlegen oder beliebige Textstellen unterstreichen und Notizen an den Rand kritzeln. Das geht auch bei iBooks. Anders als bei richtigen Büchern lassen sich alle Markierungen und Notizen allerdings rückstandslos entfernen.

PDF: In PDF-Dateien können Sie zwar Lesezeichen setzen, aber keine Markierungen oder Notizen anbringen.

Darüber hinaus können Sie Lesezeichen, Markierungen und Notizen via Internet zwischen verschiedenen Geräten synchronisieren. Lesen Sie dasselbe E-Book auf dem iPad und auf dem iPhone, dann werden Ihre Anmerkungen und Lesezeichen zwischen den beiden Geräten automatisch synchronisiert, ohne dass Sie sich darum kümmern müssten.

Lesezeichen

Um ein Lesezeichen zu setzen, tippen Sie auf das Lesezeichensymbol oben rechts. Die Seite wird mit einem roten Lesezeichen markiert – fertig. Sie können beliebig viele Lesezeichen setzen.

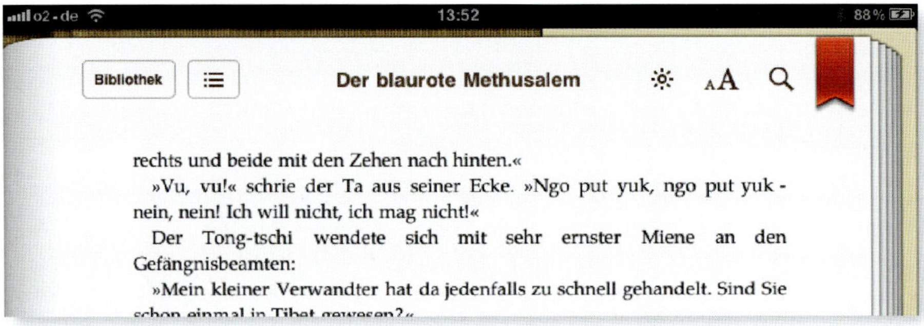

Was bei einem Buch ein Streifen Papier ist, ist beim E-Book eine rote Markierung. Dabei können Sie beliebig viele Lesezeichen anlegen.

So einfach, wie Sie ein Lesezeichen einfügen, so einfach entfernen Sie es auch wieder. Ein Tipp auf das rote Lesezeichen – schon verschwindet es.

Markierungen

Um eine Textpassage farblich zu markieren, tippen Sie an die gewünschte Stelle und lassen den Finger so lange auf dem Display, bis das Kontextmenü eingeblendet wird. Nun legen Sie wie gewohnt Start- und Endpunkt der Markierung fest und tippen anschließend auf **Markieren**. Die markierte Passage wird standardmäßig gelb hervorgehoben (aber das lässt sich auch ändern).

Markierungen bearbeiten

Natürlich können Sie die Farbe der Markierung nachträglich ändern oder eine Markierung auch wieder löschen. Tippen Sie auf die markierte Stelle und lassen Sie den Finger so lange auf dem Display, bis ein Kontextmenü eingeblendet wird. Mit **Markierung löschen** entfernen Sie die Markierung komplett, mit einem Tipp auf eine der **Farben** ändern Sie die Farbe der Markierung. Die jeweils gewählte Farbe gilt bis zur nächsten Änderung für alle folgenden Markierungen.

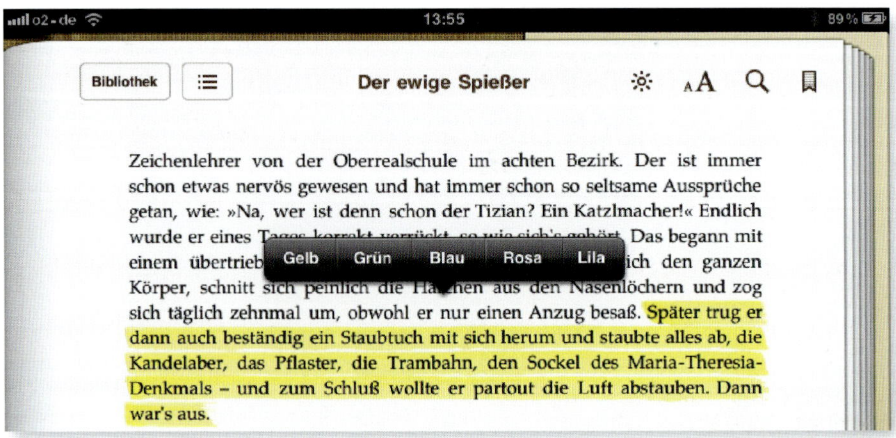

Die Farbe einer Markierung lässt sich nachträglich problemlos ändern.

Notizen

Neben den farbigen Markierungen können Sie zu jeder Stelle in einem Buch auch eine Notiz anbringen. Auch hier markieren Sie zuerst wie gewohnt die gewünschte Stelle und wählen anschließend im Kontextmenü den Punkt **Notiz**.

Der ausgewählte Text wird in der aktuellen Farbe markiert und ein Notizzettel in der gleichen Farbe zusammen mit der Tastatur eingeblendet. Um Ihre Notiz zu speichern, tippen Sie einmal neben den Zettel auf den Bildschirm. Ändern Sie später einmal die Farbe der Markierung, wird auch der Notizzettel entsprechend umgefärbt.

Eine Notiz wird als kleiner Zettel an den Rand der Buchseite geklebt, als Gedächtnisstütze zeigt der das Datum der letzten Bearbeitung. Möchten Sie später einen Blick in Ihre Notiz werfen oder sie bearbeiten, tippen Sie den kleinen Zettel an. Die Notiz wird geöffnet und kann nun gelesen und geändert werden.

Um eine Notiz zu löschen, tippen Sie die markierte Stelle an und wählen **Notiz entfernen**.

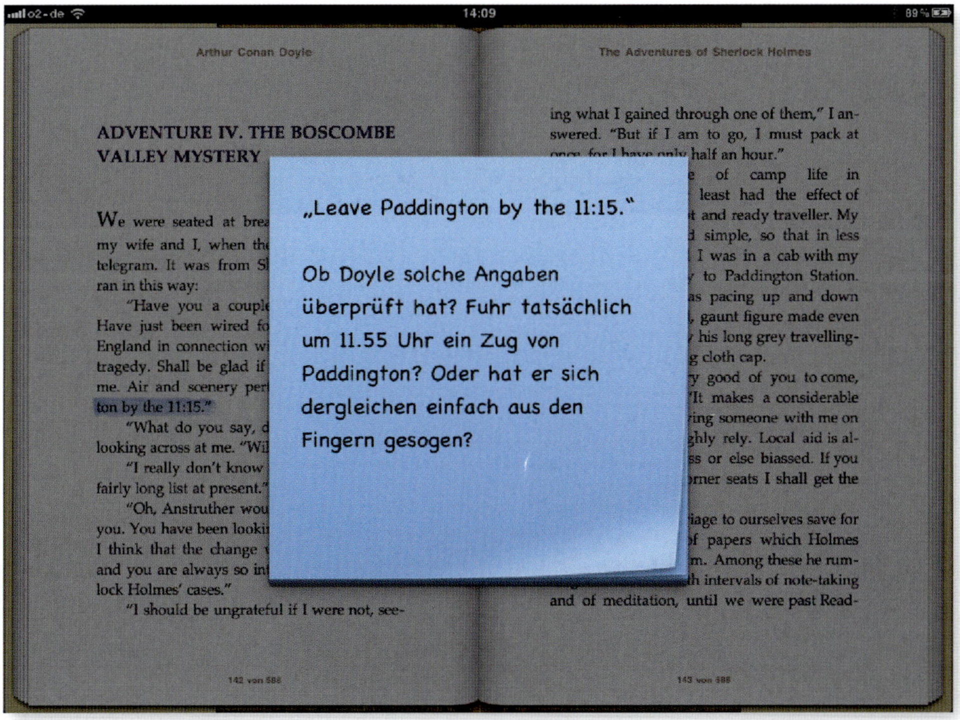

Notizen lassen sich an jeder Stelle in einem E-Book anbringen.

Lesezeichen, Markierungen und Notizen im Überblick

Lesezeichen, Markierungen und Notizen sind natürlich kein Selbstzweck, sondern sollen dabei helfen, sich den Inhalt besser anzueignen und um bestimmte Stellen in einem Buch schnell wiederzufinden.

Daher bietet Ihnen das Inhaltsverzeichnis auch ein Verzeichnis aller Lesezeichen, Markierungen und Notizen. Um zu dieser Übersicht zu gelangen, rufen Sie zuerst mit einem Tipp in die Bildschirmmitte das Menü auf und wechseln anschließend über das Listensymbol zum Inhaltsverzeichnis.

Hier werden im Register Lesezeichen alle entsprechenden Stellen aufgeführt. Ein Tipp auf das kleine Notizsymbol blendet die entsprechende Notiz ein, tippen Sie auf einen Eintrag, springen Sie zur Stelle des Lesezeichens oder der Markierung.

Notizen mailen/ drucken

Mit einem Tipp auf die Aktionstaste (den Pfeil) rechts oben rufen Sie ein Menü auf, über das Sie Ihre Notizen auch per E-Mail verschicken oder drucken können. Mit der Druckfunktion des iPads beschäftigen wir uns in Kapitel 15.

Lesezeichen & Co schnell löschen

In der Übersicht lassen sich Lesezeichen, Markierungen und Notizen auch schnell und gewissermaßen en bloc löschen. Streichen Sie den Eintrag einfach durch und tippen Sie anschließend auf die Schaltfläche **Löschen**.

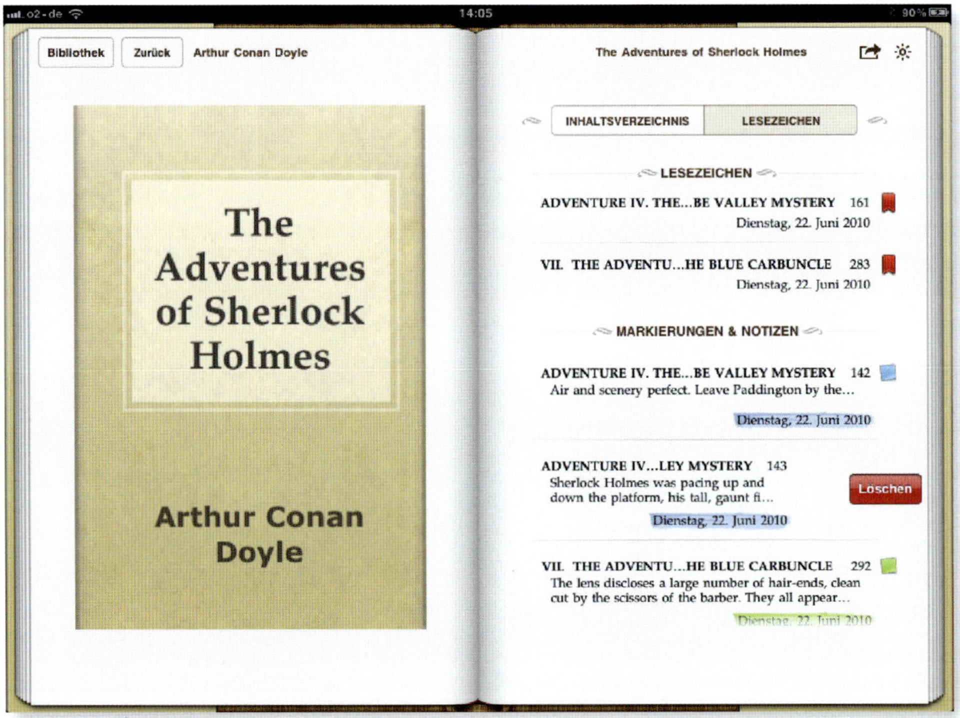

Neben dem Inhaltsverzeichnis finden Sie auch eine Übersicht über alle Ihre Lesezeichen, Markierungen und Notizen.

Sammlungen und Lesezeichen synchronisieren

Wenn Sie Ihre E-Books nicht nur auf dem iPad, sondern auch auf einem iPod touch oder iPhone mit iBooks lesen, dann steht Ihnen die drahtlose Synchronisation Ihrer Sammlungen, Lesezeichen, Anmerkungen und Notizen zwischen den Geräten zur Verfügung.

Dazu kopieren Sie zuerst ein E-Book via iTunes sowohl auf das iPad als auch das iPhone bzw. dem iPod touch. Anschließend aktivieren Sie bei beiden Geräten unter **Einstellungen > iBooks** die Option **Lesezeichen synchr.**[onisieren] bzw. **Sammlungen synchr.**[onisieren].

In Zukunft haben Sie sowohl auf dem iPad als auch dem iPhone/iPod touch alle Notizen, Lesezeichen und Markierungen parat, die Sie bei Ihrer Lektüre angelegt haben.

Das Lexikon

Bestandteil von iBooks ist ein (englisches) Lexikon, in dem Sie jederzeit einen Begriff nachschlagen können (auch diese Funktion steht nur für E-Books im Epub-Format zur Verfügung).

Tippen Sie auf den Begriff, zu dem Sie mehr erfahren möchten, und warten Sie, bis das Kontextmenü eingeblendet wird. Nach einem Tipp auf **Lexikon** wird der entsprechende Eintrag angezeigt.

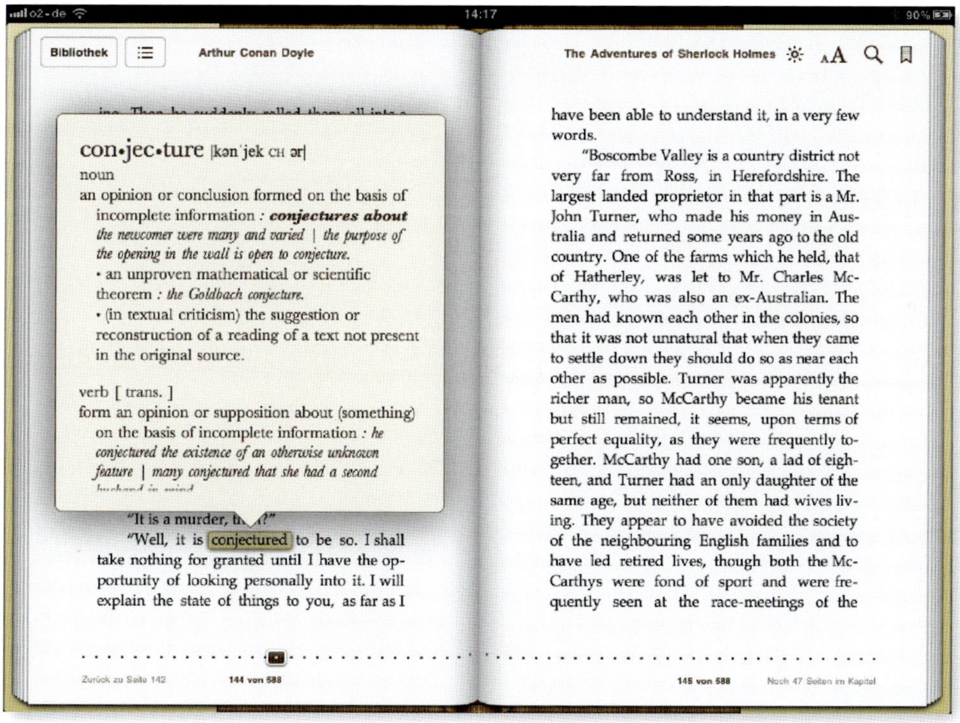

Das Lexikon ist eine willkommene Hilfe bei der Lektüre englischsprachiger Texte.

14 Sicherheit

Das iPad und die Sicherheit

Wenn Sie Ihr iPad verlieren oder es Ihnen gestohlen wird, dann kommt Ihnen nicht nur ein wertvolles Stück Elektronik abhanden. Denn schlimmer noch als der rein materielle Verlust wiegt der Verlust Ihrer Daten – und das gleich in doppelter Hinsicht.

Denn auf dem iPad sind in der Regel nicht nur Informationen gespeichert, die Sie unterwegs zur Hand haben möchten und die nicht immer einfach rekonstruierbar sind. Hier finden sich auch sensible Daten wie Passwörter, vertrauliche Dokumente und anderes, das nicht unbedingt in fremde Hände fallen sollte.

Doch nicht nur unterwegs lauern Gefahren, auch daheim ist das iPad vielleicht nicht ganz so sicher, wie man meinen möchte. Für Kinder ist das iPad zum Beispiel ein faszinierendes Spielzeug – mit dem sie gleichzeitig allerlei Allotria treiben und etwa kostspielige Apps aus dem App Store installieren oder im iTunes Store einkaufen können. Meldungen über Eltern, die erst mit ihrer Kreditkartenabrechnung erfahren, dass ihr Nachwuchs mit dem iPad auf großer Einkaufstour war, machen in schöner Regelmäßigkeit die Runde.

Daher bietet das iPad verschiedene Formen, den Zugriff auf das Gerät zu unterbinden und den Inhalt vor unerwünschtem Zugriff zu schützen.

Die Code-Sperre

Einen guten (wenn auch nicht perfekten) Zugangsschutz bietet die Code-Sperre. Dabei handelt es sich um einen Code, der nach jedem Entriegeln eingegeben werden muss, bevor der Zugriff aufs iPad freigegeben wird.

Ein so gesperrtes iPad wird ohne Deaktivierung der Code-Sperre beim Anschluss an einen fremden Computer nicht erkannt. Beim Start von iTunes wird eine Fehlermeldung gezeigt, der Zugriff mit anderen Programmen ist ebenfalls nicht möglich.

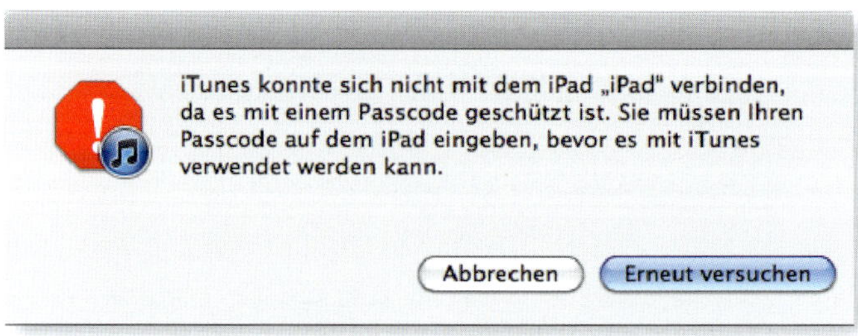

Ein iPad, das mit einer Code-Sperre geschützt ist, verweigert die Zusammenarbeit an fremden Computern.

Code-Sperre aktivieren

Um die Code-Sperre zu aktivieren, rufen Sie **Einstellungen** > **Allgemein** auf. Dort finden Sie den Punkt **Code-Sperre**, über den Sie einen Code festlegen und die Sperre einschalten.

Dabei unterscheidet das iPad zwei Arten. Standard ist Einfacher Code, der aus vier Ziffern besteht. Möchten Sie lieber ein komplexeres Kennwort als Code festlegen, deaktivieren Sie den Schalter **Einfacher Code**. Nun lassen sich für das Kennwort Buchstaben, Ziffern und Satzzeichen mischen.

Sie müssen den Code zur Bestätigung noch einmal eingeben, anschließend wird die Code-Sperre eingeschaltet.

Bei der Code-Sperre können Sie entweder mit einem vierziffrigen Code arbeiten oder ein beliebiges Kennwort aus Buchstaben, Ziffern und Satzzeichen benutzen.

Code-Sperre bearbeiten

Möchten Sie den Code ändern oder die Code-Sperre ganz ausschalten, wählen Sie erneut **Einstellungen > Allgemein > Code-Sperre**. Nach Eingabe des Codes gelangen Sie zu einem Dialog, in dem Sie die Code-Sperre deaktivieren oder den Code ändern können. Auch hier muss jede Aktion über die Eingabe des Codes bestätigt werden.

Ab wann sperren?

Die festgelegte Code-Sperre wird bei jedem Entriegeln abgefragt, was sich in der Praxis mitunter als etwas lästig erweisen kann. Wer sein iPad etwa in den Standby geschickt hat und wenige Sekunden später doch noch rasch etwas auf dem iPad nachschlagen möchte, der muss sich erneut über die Code-Sperre ausweisen.

Da kann es sinnvoll sein, die Zeitspanne, die zwischen Standby und Code-Abfrage vergeht, ein wenig heraufzusetzen. Wählen Sie dazu im Code-Sperre-Dialog den Punkt Code anfordern.

Standardmäßig ist hier als Wert **Sofort** eingetragen, Sie können die Zeitspanne auf **Nach 1 Minute** bis **Nach 4 Stunden** ausdehnen.

Bilderrahmen bei Sperre

In den Einstellungen zur Code-Sperre können Sie auch festlegen, ob der Bilderrahmen bei einem gesperrten iPad aktiv sein soll oder nicht. Standardmäßig ist er immer ein, so dass Sie auch bei aktiver Code-Sperre das iPad als digitalen Bilderrahmen benutzen können (mehr dazu in Kapitel 9).

Automatische Sperre

Um Ihr iPad mit der Code-Sperre zu schützen, müssen Sie es in den Standby-Betrieb versetzen. Das können Sie manuell erledigen, indem Sie die Standby-Taste drücken – Sie können das aber auch dem iPad überlassen und eine Zeitspanne der Inaktivität definieren, nach der sich das iPad automatisch abschalten soll.

Um diese Zeitspanne festzulegen, rufen Sie **Einstellungen** > **Allgemein** auf. Legen Sie unter Automatische Sperre fest, nach wie vielen Minuten das iPad automatisch in den Standby-Modus wechseln soll.

Die Selbstzerstörungsfunktion des iPads

Abschließen ist gut, komplett löschen ist im Falle eines Falles besser. Auch ein gesperrtes iPad enthält immer noch sensible Daten, die potenziell gefährdet sind. Schließlich basiert die Code-Sperre auf Software, und Software ist fehlbar – ein bislang unbekannt gebliebener Bug könnte zum Beispiel dazu führen, dass eine Code-Sperre ausgehebelt werden kann.

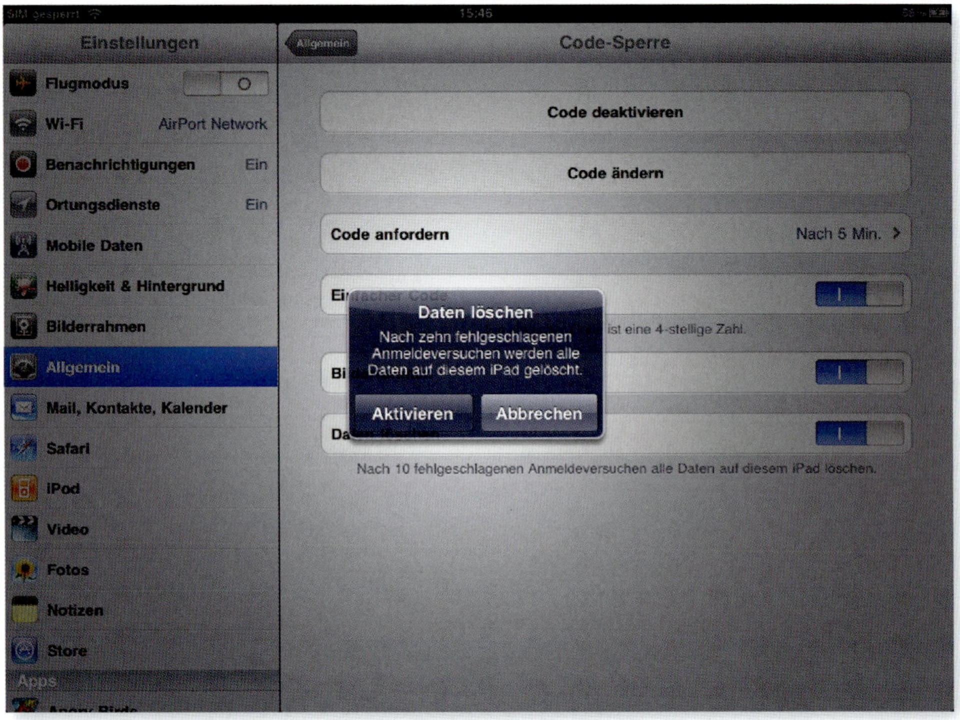

Haben Sie zusätzlich zur Code-Sperre die Löschfunktion aktiviert, löscht sich ein iPad automatisch, sobald zehnmal ein falscher Code eingegeben wurde.

Hier sorgt die Selbstzerstörungsfunktion des iPads für etwas mehr Sicherheit. Ist ein Unbefugter zehnmal an der Code-Sperre gescheitert, löscht das iPad automatisch und unwiderruflich sämtliche gespeicherten Daten.

Wählen Sie **Einstellungen** > **Allgemein** > **Code-Sperre** und aktivieren Sie dort den Eintrag **Daten löschen**. Nach einer Sicherheitsabfrage ist Ihr iPad besser vor Missbrauch geschützt.

Der PIN-Code der SIM-Karte

Bei einem iPad mit 3G bietet die PIN-Abfrage der SIM-Karte eine weitere Zugangssperre, die allerdings nicht sehr weit trägt.

Zum einen ist sie nur nach dem Einschalten des iPads aktiv – also nicht nach dem einfachen Entriegeln beim Wechsel aus dem Standby-Modus –, zum anderen schützt die Abfrage weniger, als man vielleicht meinen möchte.

Denn wer glaubt, mit der PIN-Abfrage bereits aus dem Schneider und auf der sicheren Seite zu sein, der täuscht sich. Die PIN-Abfrage blockiert lediglich die Funktionen der SIM-Karte – und sonst gar nichts.

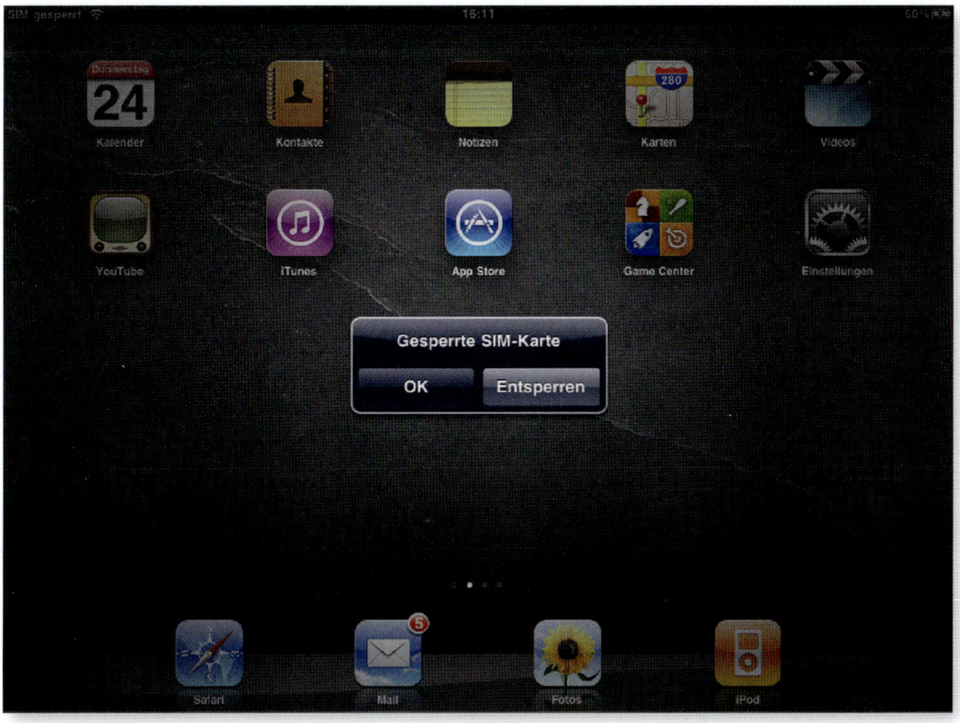

Die Sperre der SIM-Karte verhindert nicht, dass sich jemand an Ihrem iPad zu schaffen machen kann.

Wer den korrekten PIN-Code nicht kennt, der kann mit einem gefundenen iPad nicht über 3G online gehen, aber alle anderen Funktionen stehen ihm zur Verfügung. Dazu genügt es, nach dem Entriegeln bei der PIN-Code-Abfrage auf **OK** zu tippen. Anschließend hat man Zugriff auf alle Programme und gespeicherten Daten wie etwa E-Mails, Notizen, Kontakte, Fotos oder den Verlauf in Safari.

Wenn sich das iPad in einem WLAN befindet, kommt ein Unbefugter mit dem fremden iPad auch problemlos ins Internet und kann dort die Identität des Besitzers teilweise übernehmen, indem er etwa E-Mails abruft oder schreibt.

SIM-PIN ändern/ausschalten

Die SIM-PIN gibt Ihnen zu Beginn Ihr Mobilfunkanbieter vor. Sie können sich diesen Code merken, Sie können ihn aber auch Ihren Wünschen anpassen und in eine Ihnen vertraute Ziffernfolge ändern.

Dazu wählen Sie **Einstellungen** > **Mobile Daten** > **SIM-PIN**. Tippen Sie hier auf **PIN ändern**, um einen neuen PIN-Code festzulegen.

Wenn Ihnen die Eingabe der SIM-PIN generell zu lästig ist und Sie der Meinung sind, diese Sicherheitsmaßnahme sei bei Ihrem Nutzungsprofil überflüssig, können Sie die Abfrage des PIN-Codes der SIM-Karte über den Schalter **SIM-PIN** auch komplett deaktivieren.

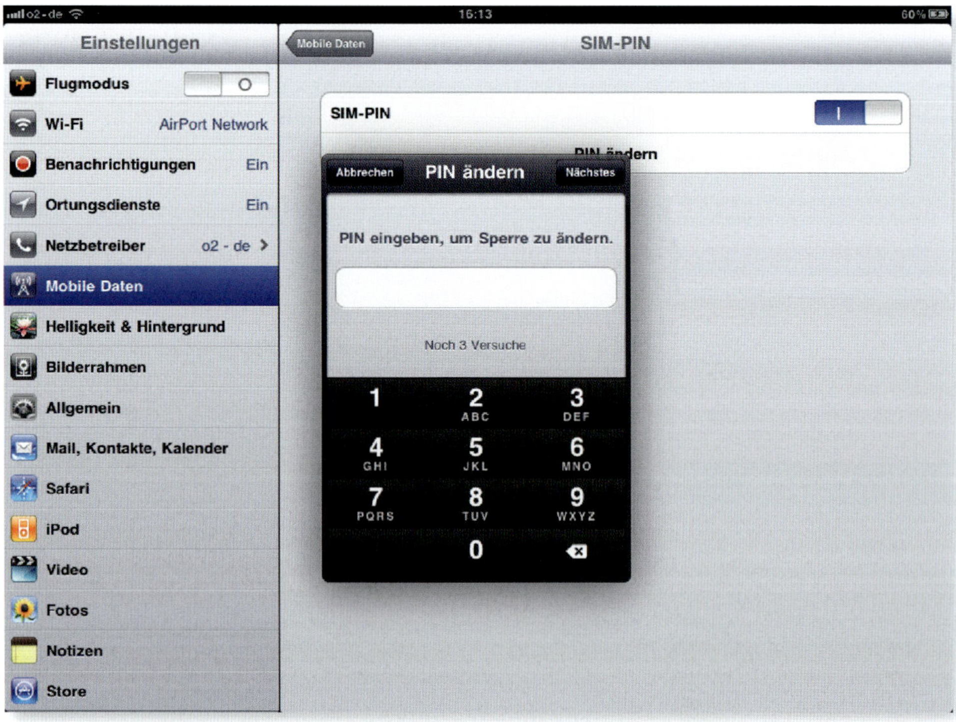

Den PIN-Code der SIM-Karte können Sie natürlich nach Ihren Wünschen ändern.

Zugriff auf Programme und Inhalte beschränken

Über die Zugriffsbeschränkung verhindern Sie, dass bestimmte Funktionen oder Programme aktiviert werden können. So lassen sich etwa Safari, YouTube oder iTunes komplett ausschalten, aber auch die Wiedergabe von bestimmten Inhalten oder die Installation von Software kann unterbunden werden. Um diese Funktion zu aktivieren, rufen Sie **Einstellungen** > **Allgemein** auf und tippen auf Einschränkungen.

Tippen Sie nun auf **Einschränkungen aktivieren**. Nun geben Sie einen vierstelligen Code ein, und nach einer Bestätigung können Sie über die entsprechenden Schalter den Zugriff auf verschiedene Programme ausschalten oder verhindern, dass bestimmte Musikstücke, Filme oder TV-Serien auf dem iPad abgespielt werden können.

Auch In-App-Käufe können unterbunden werden. Dieses Kaufen von Inhalten innerhalb einer App (etwa, um neue Level eines Spiels freizuschalten oder neue Ausgaben einer Zeitschrift herunterzuladen) ist zwar einerseits praktisch, kann aber andererseits bei unbedachtem Einsatz zu erstaunlichen Kosten führen. Um zu verhindern, dass etwa Ihr Kind im Eifer des Gefechts unerwartet Kosten während eines Spiels verursacht, sollten Sie diese Funktion deaktivieren.

Der Zugriff auf einige Applikationen, Funktionen und Inhalte auf dem iPad kann durch einen Zugangscode geschützt werden.

Um diese Sperre wieder aufzuheben, tippen Sie auf **Einschränkungen deaktivieren** und geben den festgelegten Code ein.

Backups verschlüsseln

Bei jedem Datenabgleich legt iTunes ein vollständiges Backup der Daten auf dem iPad ab. Aus diesem Backup lässt sich der Datenbestand eines iPads vollständig rekonstruieren.

Um zu verhindern, dass sich Unbefugte am Backup Ihres iPads zu schaffen machen, lässt sich das Backup in iTunes verschlüsseln. So muss man bei der Wiederherstellung aus dem Backup zuerst ein Kennwort eingeben, bevor man fortfahren kann.

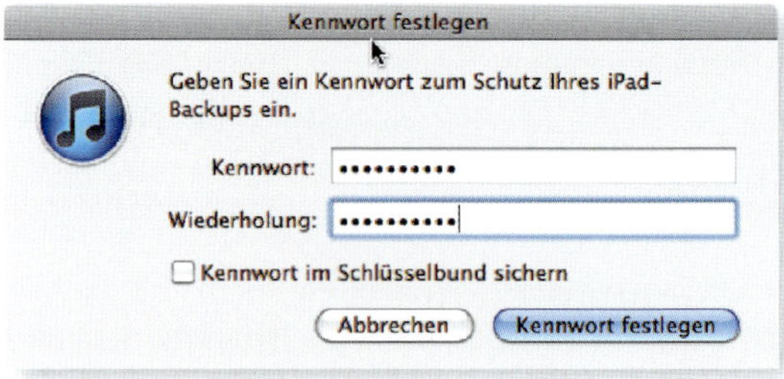

Ein verschlüsseltes Backup lässt sich nur nach der Eingabe eines Kennworts wiederherstellen.

Möchten Sie diese Funktion aktivieren, schließen Sie Ihr iPad an Ihren Computer an und wählen es in der Seitenleiste unter **Geräte** aus.

Auf der Registerkarte **Infos** können Sie nun den Punkt **iPad-Backup verschlüsseln** aktivieren. Sie werden aufgefordert, ein Kennwort festzulegen. In Zukunft werden Ihre gesicherte Daten verschlüsselt gespeichert.

Mein iPad suchen

Apples kostenpflichtiger Onlinedienst MobileMe bietet neben Mail, Kalender, Kontakte und einigen anderen Features auch eine Funktion namens, die allgemein „Mein iPhone suchen" heißt, aber mit allen iPhones, iPads und iPod touchs ab iOS 4.0 funktioniert und auf den entsprechenden Geräten im Namen angepasst wird. Damit ist es möglich, ein verlorenes oder verlegtes iOS-Gerät im Webbrowser auf einer Karte zu lokalisieren oder notfalls auch komplett zu löschen.

Außerdem können Sie das iPad einen Ton abspielen oder eine Nachricht anzeigen lassen. So finden Sie ein verlegtes iPad in Ihrer Wohnung wieder oder informieren einen ehrlichen Finder. Es ist auch möglich, via Webbrowser die Code-Sperre des iPads zu aktivieren bzw. zu ändern.

Um diese Funktion nutzen zu können, müssen Sie lediglich einen kostenlosen MobileMe-Account einrichten und dort „Mein iPad suchen" aktivieren. Rufen Sie dazu **Einstellungen > Mail, Kontakte, Kalender** auf und wählen Sie **Account hinzufügen**. Hier geben Sie Ihre Apple-ID und Ihr Kennwort ein, um den Account einzurichten. Über **Gratis Apple-ID erstellen** können Sie auch einen eigenen Account für diese Funktion einrichten.

Anschließend können Sie im neu angelegten MobileMe-Account die Funktion „Mein iPad suchen" aktivieren.

Falls Sie nun Ihr iPad einmal nicht wiederfinden, starten Sie einen Webbrowser und steuern die Webseite **me.com** an. Dort loggen Sie sich mit Ihrer Apple-ID und Ihrem Kennwort ein und können nun das iPad auf einer Karte orten lassen, eine Nachricht an das iPad schicken, es einen Ton abspielen lassen, die Code-Sperre aktivieren oder das Gerät aus der Ferne komplett löschen.

Fernlöschung/Remote Wipe: Bei einer Fernlöschung wird dem iPad via Netzwerk das Kommando „Sämtliche Daten löschen" übermittelt. Sobald das iPad eingeschaltet wird und Kontakt zum Server aufnimmt, empfängt es als erstes dieses Kommando, das ohne Rückfragen und ohne Eingriffsmöglichkeit ausgeführt wird. Einmal gestartet, lässt sich die Löschung weder aufhalten noch rückgängig machen. Ein Remote Wipe steht auch Anwendern zur Verfügung, die ihr iPad in einem Exchange-Netzwerk verwalten.

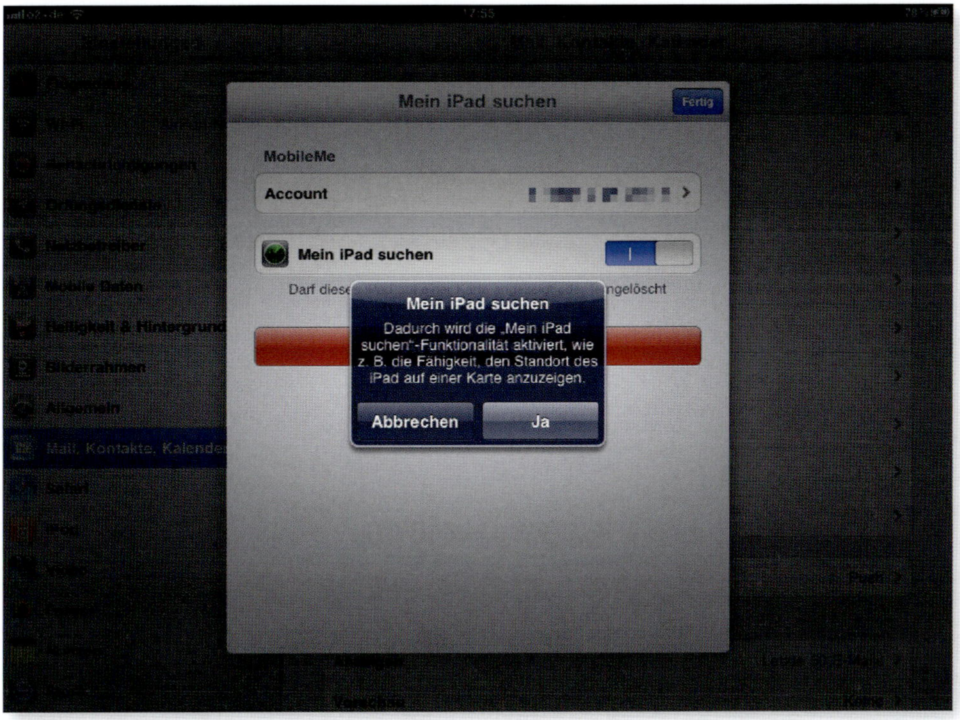

In der kostenlosen Version von MobileMe steht Ihnen die Funktion „Mein iPad suchen" zur Verfügung.

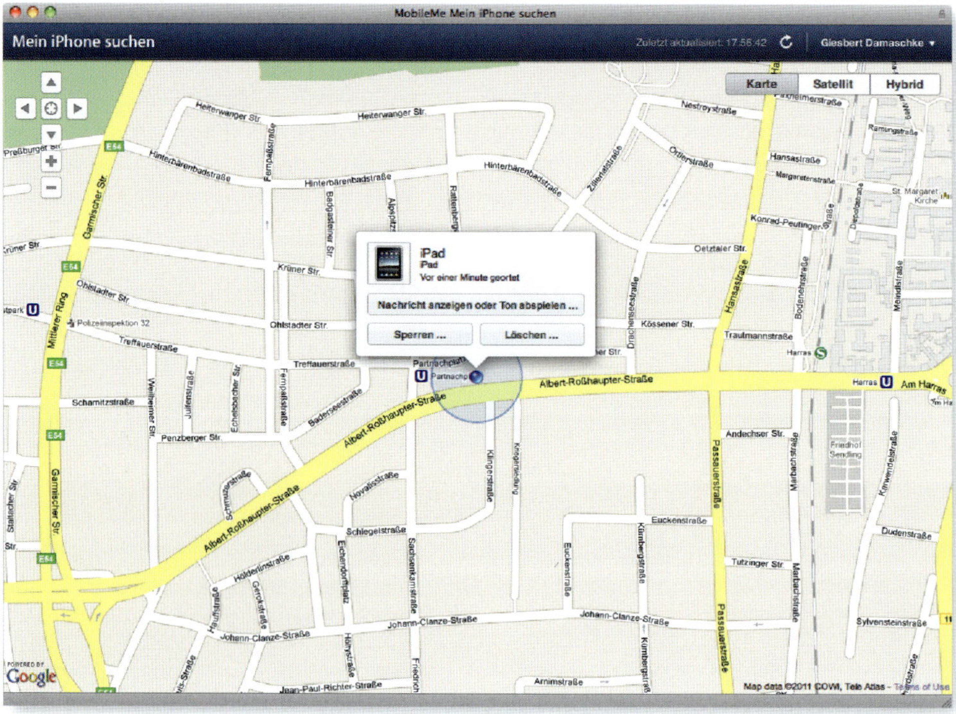

Mit einem kostenlosen MobileMe-Account können Sie ein verlorenes iPad via Webbrowser orten, sperren oder auch komplett löschen.

Exkurs: Jailbreak

Das iPad besitzt ein geschlossenes Dateisystem, auf das Sie normalerweise keinen oder nur einen sehr begrenzten Zugriff haben. Damit ist es für den iPad-Besitzer unmöglich, beliebige Anwendungen zu installieren.

Diese Sperre kann mit entsprechender Software relativ einfach und ohne technisches Spezialwissen umgangen werden. Da beim Öffnen des Dateisystems das iPad gewissermaßen von künstlichen Fesseln befreit wird, spricht man hier von einem „Jailbreak", also einem Gefängnisausbruch.

Bei einem so geöffneten iPad haben Sie vollen Zugriff auf sämtliche Dateien und Ordner auf Ihrem iPad und können beliebige Applikationen installieren – und zwar unabhängig vom App Store.

Jailbreak woher?

Es gibt zu diesem Thema verständlicherweise keine offiziellen Informationen, so dass Sie auf eigene Recherche und mitunter mühevolle Suche im Internet angewiesen sind – wobei es nicht immer einfach ist, korrekte Informationen von Halbwahrheiten und falschen Informationen zu trennen.

Misstrauen Sie generell Anbietern, die Ihnen eine Jailbreak-Lösung verkaufen wollen, hier handelt es sich um Geschäftemacherei. Die Knacksoftware ist prinzipiell kostenlos, ein Jailbreak kann von jedem Anwender am heimischen Computer selbst durchgeführt werden.

Die wohl wichtigste Anlaufstelle für Jailbreak-Interessierte ist das von mehreren Hackern gebildete „Dev-Team“, das es sich zum Ziel gesetzt hat, jede iOS-Version für jedes iOS-Gerät möglichst schnell und zuverlässig zu knacken. Sie finden das Dev-Team im Internet unter der Adresse **blog .iphone-dev.org**.

Risiken und Nebenwirkungen

Bevor Sie sich aber nun frohgemut daran machen, Ihr iPad zu befreien, sollten Sie sich genau überlegen, was Sie da eigentlich vorhaben. Denn auch wenn das Vorgehen eine eher triviale Angelegenheit ist, ist sie doch nicht frei von Risiken und Nebenwirkungen.

Mit einem Jailbreak des iPads umgehen Sie willentlich und wissentlich Sicherheitsstrukturen Ihres iPads. Das bedeutet nicht nur, dass Sie im Falle eines Falles nicht auf den Apple-Support zählen können und auf Garantieleistungen verzichten, sondern auch, dass Sie einiges beachten müssen, um das sich normalerweise Apple kümmert – die Freiheit hat auch beim iPad ihren Preis.

Ist man nach einem Jailbreak in der Lage, auf seinem iPad beliebige Software zu installieren, steht man vor dem nächsten Problem: Wer garantiert für die Sicherheit der Applikationen? So beengend manchen Anwendern und Entwicklern die Bindung an den App Store auch erscheinen mag – die Wahrscheinlichkeit, sich hier Schadsoftware einzufangen, geht gegen Null.

In der freien digitalen Wildbahn sieht das anders aus. Hier kann es durchaus vorkommen, dass man sich mit einem übereilt installierten Programm seine Daten zerschießt oder sich einen Virus oder Trojaner aufs iPad lädt. Denkbar ist es auch, dass ein Programm durch gezielte Übertaktung des Prozessors physikalischen und damit irreparablen Schaden anrichtet.

Gravierend wiegt zusätzlich das Risiko der Datenspionage. Schließlich enthält das iPad sensible persönliche Daten, ist permanent online und bietet praktisch keine Kontrolle darüber, ob es gerade Daten sendet oder empfängt. Wenn ein Programm im Hintergrund zum Beispiel heimlich Ihre Daten ausliest und via Internet verschickt, bekommen Sie davon nichts mit. Sie müssen einfach darauf vertrauen, dass ein Programm die sich ergebenden Möglichkeiten nicht böswillig ausnutzt.

Zudem müssen Sie sich auf ein gewisses Maß an Mehrarbeit einstellen. Denn mit jedem iTunes- oder iOS-Update besteht die sehr reale Möglichkeit, dass das befreite iPad nicht mehr funktioniert oder gar dauerhaft beschädigt wird.

Möchten Sie das verhindern, müssen Sie entweder auf Software-Updates von iTunes und iPad so lange verzichten, bis eine angepasste Jailbreak-Software verfügbar ist – oder Sie entfernen den Jailbreak, indem Sie das iPad über die Wiederherstellung in den Ausgangszustand versetzen.

Hinweis: Mit der Wiederherstellung des iPads beschäftigt sich Kapitel 15.

Wer mit einem entsperrten iPad arbeitet, muss also immer die Möglichkeit in Betracht ziehen, dass es damit eines Tages plötzlich aus ist und die bislang benutzten und unter Umständen auch gekauften Jailbreak-Programme nicht mehr funktionieren.

15

Tipps, Tricks und Tools

Die Benachrichtigungen (Push Notifications)

Einige Apps wie etwa Chat-Programme, Newsticker, Soziale Netzwerke oder bestimmte Spiele können im Hintergrund auf Benachrichtigungen aus dem Internet warten, um Ihnen zum Beispiel mitzuteilen, dass eine neue Nachricht eingetroffen ist, ohne dass Sie dazu das Programm explizit aufrufen müssten.

Drei Arten

Dabei gibt es drei Möglichkeiten, Sie auf Neuigkeiten aufmerksam zu machen, die Sie einzeln oder in Kombination für jedes Programm individuell einstellen können:

- **Meldungen** Die Mitteilung erscheint als Nachricht direkt auf dem Bildschirm.
- **Töne** Das iPad meldet sich mit einem Piepser.
- **Kennzeichen** Am Symbol der entsprechenden App erscheint eine kleine Ziffer, die über die Anzahl der Neuigkeiten informiert.

Stromfresser: Apple gibt an, dass bei aktivierten Benachrichtigungen die Akkuleistung um bis zu 20 Prozent reduziert wird. Lassen Sie bei dieser Funktion also besser Vorsicht walten.

Benachrichtigungen einrichten

Sobald Sie eine App starten, die mit Benachrichtigungen arbeiten will, erscheint eine Dialogbox, in der Sie den Zugriff auf dieses Feature **Erlauben** oder **Ablehnen** können. Diese Entscheidung können Sie nachträglich unter **Einstellungen > Benachrichtigungen** auch wieder ändern.

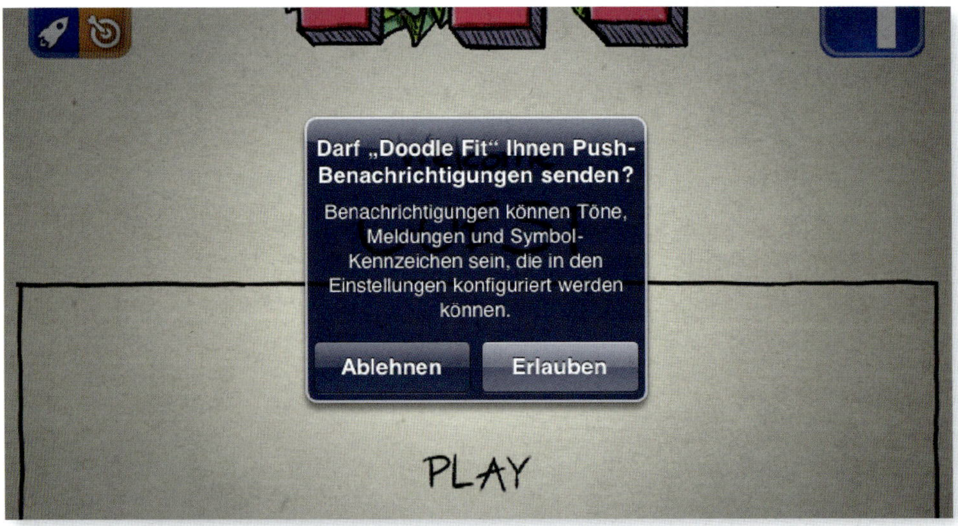

Jede App, die die Benachrichtigungen nutzen will, muss Sie zuvor um Erlaubnis fragen.

Der Menüpunkt **Benachrichtigungen** taucht erst dann in den Einstellungen des iPads auf, wenn Sie ein Programm installiert haben, das dieses Feature nutzt oder zumindest nutzen möchte.

Hier bestimmen Sie, in welcher Form eine App die Benachrichtigungen nutzen darf. Sie können einer App also zum Beispiel erlauben, das App-Symbol um Kennzeichen zu erweitern, ihr aber untersagen, eine Meldung einzublenden oder einen Ton abzuspielen.

Es ist auch möglich, die Benachrichtigungen geschlossen zu deaktivieren und zu einem späteren Zeitpunkt wieder einzuschalten.

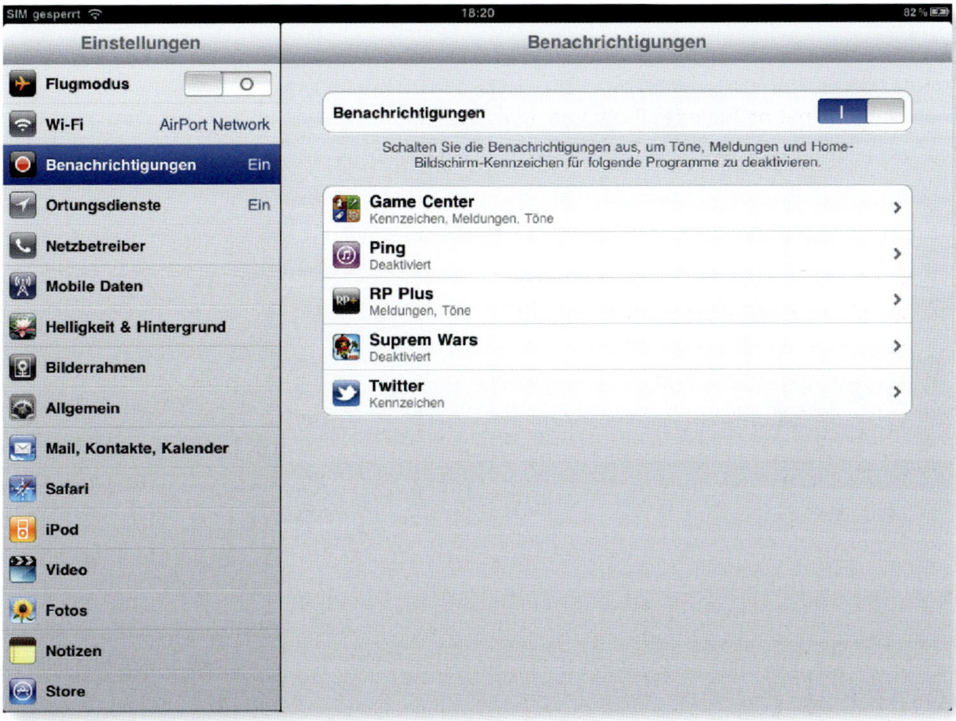

Sie können die Benachrichtigungen jederzeit deaktivieren oder die Rechte eines Programms Ihren Wünschen anpassen.

Das Game Center

Wenn Sie auf dem iPad spielen, dann spielen Sie wohl meist allein. Doch noch mehr Spaß macht es, wenn Sie mit anderen spielen oder sich mit anderen messen können. Mit dem Game Center ist das kein Problem. Über das Game Center können Sie Ihre erreichten Erfolge und Highscores publizieren oder sich etwa mit anderen Spieler via Internet ein heißes Rennen liefern. Voraussetzung dafür ist, dass ein Spiel das Game Center unterstützt, was Sie im App Store an einem entsprechenden Symbol erkennen.

Beim ersten Start des Game Centers melden Sie sich mit Ihrer Apple-ID an und wählen einen Namen, unter dem Sie im Game Center zu finden sind. Das muss nicht unbedingt Ihr realer Name sein. Wenn Sie nicht möchten, dass andere wissen, was Sie auf dem iPad so spielen, sollten Sie sich mit einem Pseudonym anmelden.

Über das Game Center können Sie mit Ihren Freunden via Internet spielen oder sich mit Ihnen in einer gemeinsamen Highscore-Liste spielerisch messen.

Einstellungen

Die Einstellungen des Game Centers werden nicht wie gewohnt über die **Einstellungen** des iPads verwaltet, sondern direkt in der Game-Center-App. Tippen Sie dazu im Game Center auf **Ich** und anschließend auf Ihren Account. Im folgenden Dialog wählen Sie **Überprüfen** und geben Ihr Kennwort ein. Nun können Sie die Einstellungen ändern und sich zum Beispiel einen anderen Kurznamen geben oder festlegen, dass Ihnen keine Spieleinladungen geschickt werden dürfen.

Game Center abmelden

Wenn Sie nicht möchten, dass ein Spiel automatisch Ihre Spielstände an das Game Center überträgt, müssen Sie entweder darauf verzichten, das Game Center einzurichten, oder Sie melden sich mit Ihrem Account wieder ab. Wählen Sie dazu in Ihrem Account den Punkt **Abmelden**.

Spiele im Game Center

Das Game Center selbst stellt keine Spiele zur Verfügung. Haben Sie aber ein Spiel installiert, das das Game Center unterstützt, verbindet es sich beim Start üblicherweise automatisch mit dem Netzwerk – vorausgesetzt, Sie haben sich nicht abgemeldet. Bei erfolgter Kontaktaufnahme wird eine kurze Begrüßungsmeldung eingeblendet.

Wenn Sie bei einem Spiel einen Highscore erzielt oder einen „Erfolg" errungen haben, wird dies an das Game Center übermittelt und in Ihren Account eingetragen.

Erfolge: Viele Spiele verwalten einen Punktestand – die Highscores – und die sogenannten Erfolge. Das sind bestimmte Ziele und Bonuspunkte innerhalb eines Spieles, die dem Spiel einen zusätzlichen Reiz verleihen.

Unterstützt ein Spiel das Game Center, meldet es Sie beim Start üblicherweise automatisch an.

Vernetzen

Um sich mit Ihren Freunden via Game Center zu vernetzen, wählen Sie die Taste **Freunde** oder **Anfragen** und tippen anschließend auf das Pluszeichen oben rechts. Nun können Sie eine Kontaktanfrage an Ihre **Freunde** schicken. Sobald diese Anfrage bestätigt wurde, taucht ein entsprechender Eintrag im Register Freunde auf und Sie können verfolgen, welche Spiele Ihr Freund spielt und welche Highscores/Erfolge er dabei erreicht hat.

Realnamen: Im Game Center sind Sie für andere Teilnehmer nur unter Ihrem Pseudonym zu sehen. Schicken Sie allerdings an einen Teilnehmer eine Kontaktanfrage, wird Ihr richtiger Name genannt.

Die Dateifreigabe

Mit iOS 4 hat Apple die Möglichkeit eingeführt, dass auf dem iPad installierte Apps Dateien direkt mit dem Computer austauschen können, ohne dass dafür spezielle Softwarelösungen oder ein Sync via iTunes benötigt werden.

Datenaustausch

Wenn eine App diese Funktion unterstützt, werden Dateien mit Drag & Drop zwischen iPad und Computer kopiert. Diese Funktion wird zum Beispiel von Programmen verwendet, die das iPad als Festplatte nutzen, es gibt aber auch Apps, die über die Dateifreigabe eine Backup-Funktion zur Verfügung stellen.

Die Funktion selbst soll am Beispiel der App GoodReader gezeigt werden.

GoodReader: Die (kostenpflichtige) App GoodReader gehört für viele Anwender zur Standardausrüstung auf dem iPad. Dabei handelt es sich um einen leistungsfähigen Dateibetrachter, der verschiedene Formate anzeigen kann. Auch ist es möglich, PDF-Dateien mit Anmerkungen zu versehen, Dateien zu einer ZIP-Datei zusammenzufassen bzw. ZIP-Dateien auf dem iPad zu entpacken. Safari und Mail können Dateianhänge direkt an GoodReader übertragen.

Sobald Sie GoodReader auf dem iPad installiert haben, taucht im Register **Apps** in iTunes unter der Liste mit den verfügbaren Apps ein neuer Abschnitt **Dateifreigabe** auf. Klicken Sie hier auf den Eintrag **GoodReader**, sehen Sie eine Liste mit den Dateien, die Sie derzeit mit der App verwalten.

Sie können Dateien mit Drag & Drop auf den Schreibtisch/Desktop oder von dort ins GoodReader-Fenster ziehen. Die Dateien werden wie bei einem externen Datenträger sofort kopiert und stehen anschließend auf dem Computer bzw. dem iPad zur Verfügung. Ein expliziter Sync via iTunes ist also nicht erforderlich.

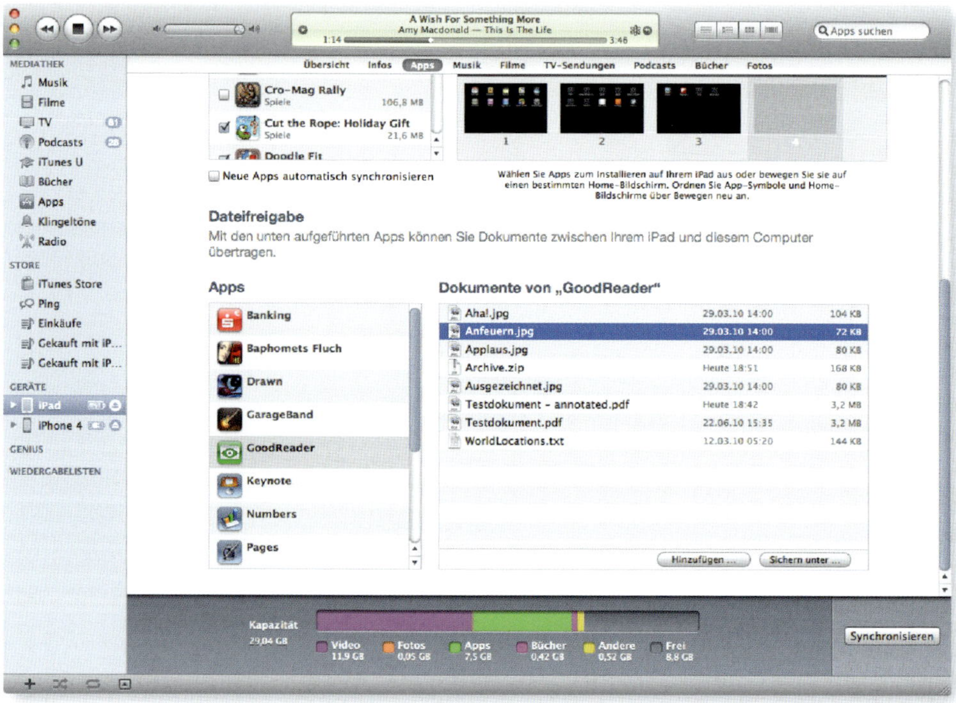

Die Dateifreigabe ist in iOS 4 zwar etwas rudimentär und umständlich implementiert, für den einfachen Austausch von Dokumenten zwischen iPad und Computer ist sie aber gut geeignet.

Drucken mit dem iPad

Mit der Version iOS 4.2.1 hat Apple auch eine Druckfunktion namens AirPrint eingeführt. Sie müssen hier keine Treiber installieren oder diverse Einstellungen vornehmen, sondern können einfach mit wenigen Fingertipps drauflos drucken.

Die Apps, die AirPrint unterstützen, bereiten das zu druckende Dokument auf dem iPad als PDF-Datei auf und schicken diese Datei an den Drucker. Genauer: über das Bonjour-Protokoll an den Computer, an dem der Drucker angeschlossen ist.

Bonjour ist ein von Apple entwickeltes Protokoll zur automatischen Erkennung von Netzwerkdiensten. Bonjour ist auf Macs von Haus aus vorhanden, auf Windows-Computern wird es automatisch zusammen mit iTunes installiert.

Einziger Haken: damit der Ausdruck funktioniert, muss der Drucker AirPrint unterstützen, was aktuell (April 2011) nur einige wenige Drucker tun.

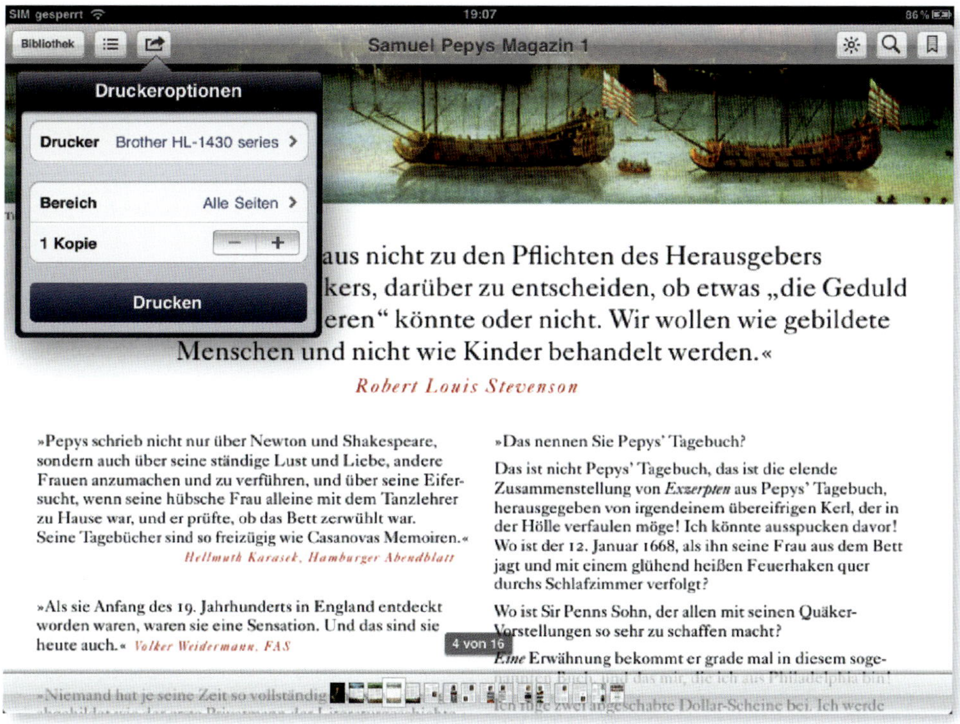

Falls ein AirPrint-fähiger Drucker vorhanden und im Netzwerk freigegeben ist, können Sie vom iPad aus auch problemlos Dokumente drucken (hier etwa eine PDF-Datei via iBooks).

Das iPad durchsuchen

Bei vielen Programmen wie Mail, Kontakte, Kalender oder den Notizen bietet eine Suchfunktion schnellen Zugriff auf gespeicherte Inhalte. Doch was ist, wenn Sie nicht nur in einer Applikation, sondern in allen suchen möchten? Dann schlägt die Stunde von Spotlight.

Spotlight ist eine globale Suchfunktion, die es Ihnen ermöglicht, gezielt nach Informationen und Daten auf Ihrem iPad zu suchen. Dabei werden Einträge in den Kontakten, den Notizen, in Mail und im Kalender berücksichtigt. Außerdem sucht Spotlight nach Musik, Hörbüchern, Podcasts, Videos und nach den Namen von installierten Programmen.

Spotlight nutzen

Um Spotlight aufzurufen, wischen Sie von der ersten Seite des Home-Bildschirms einmal nach rechts oder drücken so oft auf die Home-Taste, bis Spotlight erscheint.

Im Eingabefeld tragen Sie den gesuchten Begriff ein. Dabei zeigt Ihnen Spotlight bereits nach den ersten Buchstaben mögliche Treffer, so dass Sie nur selten den kompletten Begriff eintippen müssen. Um einen gefundenen Eintrag zu öffnen, tippen Sie ihn an.

Mit Spotlight haben Sie blitzschnellen Zugriff auf die Daten Ihres iPads. In diesem Beispiel wird nach „Apple" gesucht, wobei neben Einträgen in den Kontakten auch verschiedenen Apps gefunden werden, die entweder von Apple stammen oder in deren Metadaten das Stichwort „Apple" auftaucht.

Web & Wikipedia

Mit Spotlight können Sie nicht nur das iPad, sondern auch das Internet durchsuchen. Denn die Funktion reicht Ihre Suchanfrage auf Wunsch an die von Ihnen eingestellte Suchmaschine (Bing, Google oder Yahoo) oder an Wikipedia weiter. Scrollen Sie dazu die Trefferliste bis ans Ende und tippen Sie dort auf **Websuche** bzw. **Wikipedia-Suche**.

Safari sucht: Streng genommen sucht nicht Spotlight, sondern der Webbrowser Safari, an den Spotlight die Suchanfrage übergibt. Die Suchmaschine, die Safari benutzen soll, legen Sie unter **Einstellungen > Safari > Suchmaschine** fest.

Spotlight anpassen

Sie können Spotlight auch anweisen, nur bestimmte Daten des iPads zu durchsuchen, und zudem die Reihenfolge der Trefferliste Ihren Wünschen anpassen.

Rufen Sie dazu **Einstellungen > Allgemein > Spotlight-Suche** auf. Hier finden Sie die Liste der Apps bzw. Daten , die Spotlight berücksichtigt. Über die Grifffläche rechts ändern Sie die Reihenfolge, über den Haken links legen Sie fest, was Spotlight suchen soll.

Bedienungshilfen

Das iPad bietet verschiedene Hilfestellungen, um etwa Anwendern mit einer Sehschwäche oder Blindheit die Benutzung des Gerätes zu ermöglichen.

Diese Hilfen aktivieren Sie unter **Einstellungen > Allgemein > Bedienungshilfen**.

Dabei können Sie etwa die Farben von der Standardeinstellung „Schwarz auf weiß" zu **Weiß auf schwarz** ändern oder einen generellen Zoom aktivieren, mit dem es zum Beispiel möglich ist, alle Bildschirminhalte zu zoomen, nicht nur Fotos oder Webseiten.

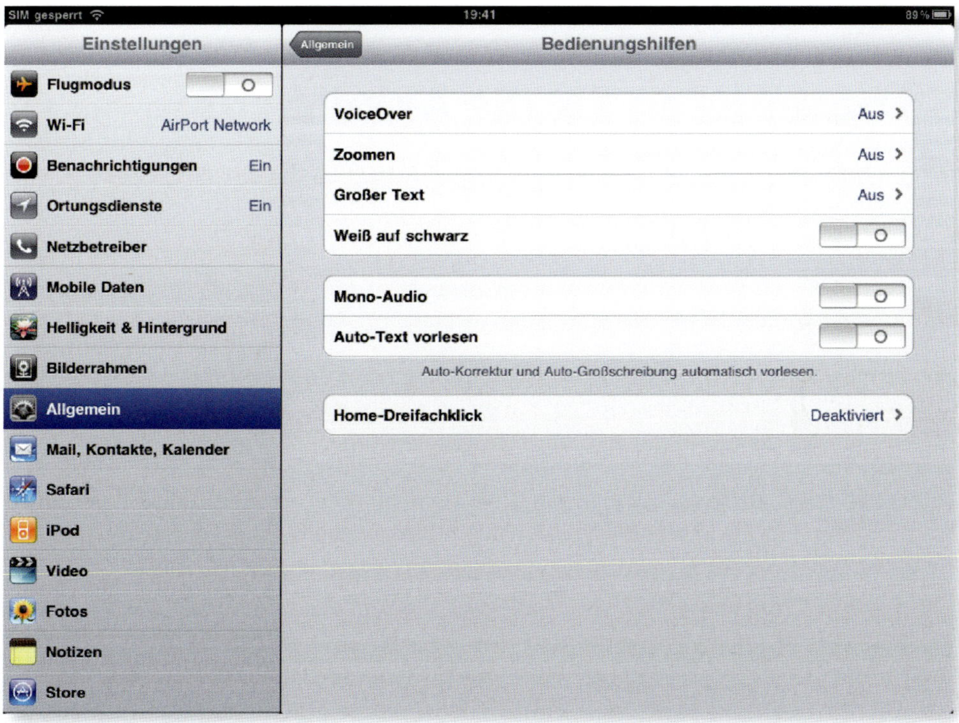

Über die Bedienungshilfen kann man die Bildschirmdarstellung und die Steuerung des iPads persönlichen Bedürfnissen anpassen.

Mit der VoiceOver-Funktion kann Ihnen das iPad Bildschirminhalte auf Fingertipp vorlesen, bevor die entsprechende Aktion ausgeführt wird.

Es ist auch möglich, einzelne dieser Funktionen bei Bedarf zu aktivieren bzw. wieder auszuschalten. Dazu dient ein dreifacher Druck auf die Home-Taste, über den ein entsprechender Dialog eingeblendet wird.

Durch diese Bedienungshilfen wird allerdings die übliche Gestensteuerung des iPads geändert:

- Bei aktiviertem VoiceOver wird mit einem einfachen Fingertipp das angetippte Bildschirmelement vorgelesen (etwa: „Kalender. Zum Öffnen doppeltippen"), ein Doppeltipp führt eine Aktion aus. Zum Scrollen benutzen Sie drei Finger.

- Bei aktiviertem Zoom vergrößert bzw. verkleinert ein Doppeltipp mit drei Fingern den Bildschirminhalt (und zwar ganz gleich, wo Sie sich befinden oder welches Programm aktiv ist). Den vergrößerten Bildschirm verschieben Sie ebenfalls mit drei Fingern. Die Zoomgröße lässt sich Ihren Wünsche anpassen. Tippen Sie dazu mit drei Fingern doppelt auf den Bildschirm, aber heben Sie die Finger nach dem zweiten Tipp nicht hoch. Ziehen Sie nun die Finger nach oben oder unten, um den Zoomfaktor zu vergrößern bzw. zu verkleinern.

Mono statt Stereo: Wenn Sie eine schlecht abgemischte Stereoaufnahme über das Headset lieber in Mono hören möchten, dann aktivieren Sie in den Bedienungshilfen die Funktion Mono-Audio.

So optimieren Sie die Akkuleistung

Der Akku des iPads ist extrem leistungsfähig, er hält problemlos zehn Stunden im Betrieb durch. Doch auch zehn Stunden sind irgendwann einmal vorbei – und wenn der Akku leer ist, nutzt Ihnen Ihr iPad gar nichts mehr.

Prozentanzeige

Da Sie den Akku nicht austauschen, also einen leeren nicht durch einen wohlgefüllten Reserveakku ersetzen können, ist es ratsam, den Stromverbrauch im Auge zu behalten.

Mit der Prozentanzeige haben Sie den Ladezustand besser im Blick.

Den Ladezustand des Akkus zeigt Ihnen das Akkusymbol rechts oben. Sobald die Akkuladung auf 20 Prozent oder darunter fällt, zeigt das iPad eine Warnmeldung an. Wenn Ihnen diese Informationen nicht genügen, können Sie sich zusätzlich die Akkuladung in Prozent anzeigen lassen.

Aktivieren Sie dazu unter **Einstellungen > Allgemein > Benutzung** den Schalter **Batterieladung in %**.

Wenn sie bei bedrohlich sinkender Akkuladung keine Möglichkeit haben, das iPad ans Stromnetz anzuschließen, sollten Sie die größten Stromfresser des iPads drosseln. Das sind der Bildschirm, alle Push-Dienste und natürlich die ständige Online-Verbindung.

Helligkeit reduzieren

Je weniger stark das Display leuchtet, desto weniger Strom verbraucht es. Desto schlechter ist es natürlich auch abzulesen, aber wenn Sie dringend Strom sparen müssen, kann ein etwas schlechter abzulesender Bildschirm ein akzeptabler Kompromiss sein.

Die Helligkeit des Bildschirms steuern Sie unter **Einstellungen > Helligkeit & Hintergrund** mit einem Schieberegler. Damit legen Sie die maximale Helligkeit fest. Der Schalter **Auto-Helligkeit** sorgt dafür, dass sich die Bildschirmhelligkeit dem Umgebungslicht anpasst, aber nie heller wird, als Sie es mit dem Regler vorgegeben haben. Das kann durchaus dazu führen, dass der Bildschirm automatisch etwas dunkler als vorgegeben wird und Sie zusätzlich Strom sparen.

Benachrichtigungen ausschalten

Die weiter oben vorgestellten Benachrichtigungen sind zwar einerseits ein praktisches Feature, andererseits zehren sie am Akku. Wenn Sie Akkuleistung sparen, aber nicht gleich zur großen Keule greifen und alle Funkverbindungen abbrechen möchten, kann es ratsam sein, die Benachrichtigungen vorübergehend auszuschalten.

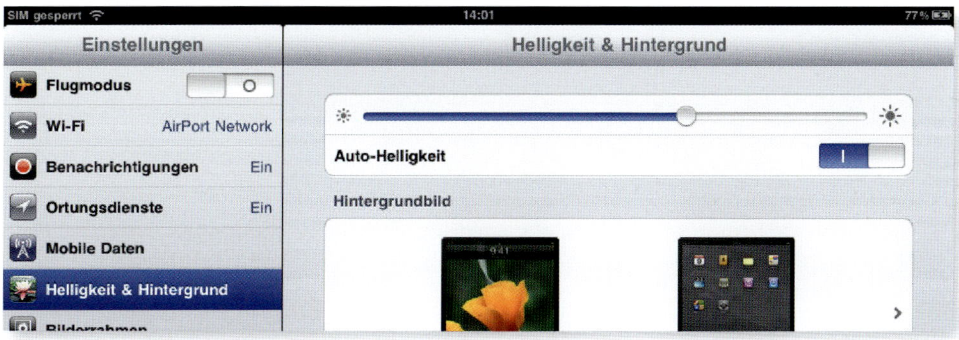

Der Bildschirm gehört zu den größten Stromfressern und sollte im Falle eines Falles dunkler eingestellt werden.

Das erledigen Sie unter **Einstellungen > Benachrichtigungen**. Mit dem Schalter **Benachrichtigungen** steuern Sie diese Funktion. Dabei merkt sich das iPad, welches Programm hier welche Berechtigung hat. Schalten Sie die Funktion später wieder ein, werden diese Berechtigungen wieder hergestellt.

Push ausschalten

Auch der automatische Abruf von Mails oder Terminen zehrt am Akku. So praktisch diese Funktion auch ist – wenn Sie Ihren Akku schonen müssen, sollten Sie darauf verzichten. Rufen Sie dazu **Einstellungen > Mail, Kontakte, Kalender** auf. Hier wählen Sie **Datenabgleich** und deaktivieren den Schalter bei **Push**. Außerdem wählen Sie im Abschnitt **Laden** den Eintrag **Manuell**. Dann werden zum Beispiel Mails nur noch abgerufen, wenn Sie die Mail-App starten oder explizit nach neuen Mails suchen lassen.

Funkverbindungen ausschalten

Die ständige Funkverbindung ist der zweite große Akku-Killer. Das betrifft WLAN, 3G und Bluetooth. Wenn Sie diese Funktionen nicht benötigen, sollten Sie sie deaktivieren:

- **WLAN aus** WLAN schalten Sie über den Schalter **Wi-Fi** unter **Einstellungen > Wi-Fi** ein oder aus.
- **3G aus** Um 3G zu deaktivieren, rufen Sie **Einstellungen > Mobile Daten** auf und schalten den Eintrag **Mobile Daten** aus.
- **Bluetooth aus** Wählen Sie dazu **Einstellungen > Allgemein > Bluetooth** und schalten Sie diese Funktion dort aus.

Der Flugmodus

Möchten Sie sämtliche Funkverbindungen – ganz gleich, ob WLAN, 3G oder Bluetooth – mit einem Fingertipp ausschalten, dann aktivieren Sie den **Flugmodus**. Wie der Name schon sagt, lässt sich Ihr iPad dann problemlos im Flugzeug benutzen. Sie können also auch bei völligem Funkverbot auf Ihrem iPad ein E-Book lesen oder sich einen Film ansehen. Natürlich können Sie diese Funktion zum völligen Ausschalten aller Funkverbindung nicht nur im Flugzeug, sondern auch auf der Erde benutzen.

Den Flugmodus aktivieren Sie in den **Einstellungen**, wo Sie oben links den entsprechenden Schalter **Flugmodus** finden. Sobald diese Modus aktiv ist, erscheint in der Statuszeile statt der Anzeige der Funkverbindung ein Flugzeug.

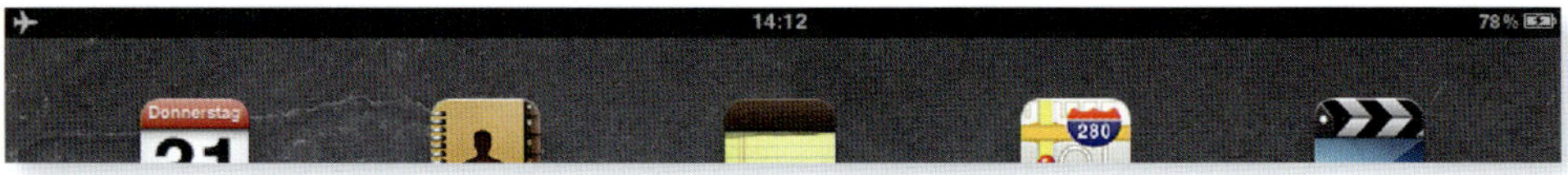

Mit dem Flugmodus (zu erkennen am Flugzeugsymbol links oben) lassen sich alle Funkverbindungen mit einem Fingertipp aus- und wieder einschalten.

Downloads unterwegs: Auch wenn Sie unterwegs im WLAN sind, sollten Sie es bei knapper Akkufüllung möglichst vermeiden, größere Datenmengen herunterzuladen. Der Download verschlingt zum Teil erhebliche Energiereserven, die Sie anderswo vielleicht dringender benötigen.

Kostenfalle 3G

Die Funkverbindung über 3G/UMTS ist zwar unterwegs sehr praktisch, kann aber auch zu einer Kostenfalle werden. Je nach gewähltem Tarif Ihre Mobilfunkproviders steht Ihnen pro Monat ein bestimmtes Datenkontingent zur Verfügung. Überschreiten Sie dieses Kontingent, wird entweder Ihre Geschwindigkeit drastisch reduziert oder es fallen weitere Kosten an. Auch die Reise ins Ausland kann (wie bei einem Handy) unvermutete Kosten verursachen.

Verbrauch im Blick behalten

Damit Sie nicht unvermutet Ihr Datenkontingent überschreiten, sollten Sie Ihren Verbrauch gelegentlich kontrollieren. Dazu wählen Sie **Einstellungen > Allgemein > Benutzung**. Hier finden Sie im Abschnitt **Mobile Netzwerkdaten** eine Übersicht über alle gesendeten und empfangenen Daten. Wenn Sie diese Angabe regelmäßig wieder auf Null setzen – etwa zum Monatsanfang –, haben Sie Ihren Verbrauch gut im Blick. Tippen Sie dazu auf die Taste **Statistiken zurücksetzen**.

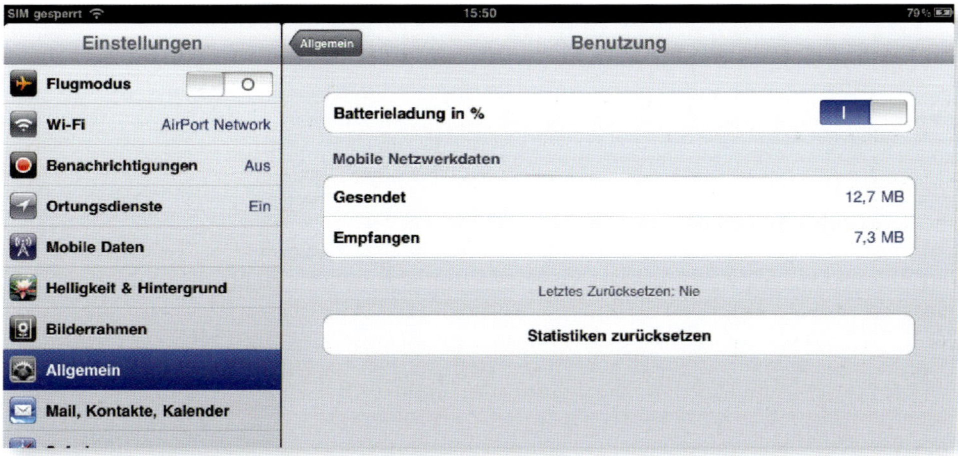

Eine regelmäßige Kontrolle Ihres Datenverbrauchs hilft Ihnen dabei, vor unliebsamen Überraschungen gefeit zu sein.

Roaming

Solange Sie sich mit dem iPad im Bereich Ihres Mobilfunkanbieters bewegen, ist alles ganz einfach. Hier gilt der von Ihnen gewählte Tarif und Sie wissen, was am Ende des Monats auf Ihrer Rechnung stehen wird.

Das ändert sich allerdings, sobald Sie sich im Ausland bewegen. Denn dann fallen Roaminggebühren an. Das sind die Kosten, die sich die verschiedenen Mobilfunkbetreiber gegenseitig in Rechnung stellen, wenn ihre Kunden ein fremdes Netz benutzen. Hier können zum Teil erhebliche Summen zusammenkommen. Sie sollten sich also vor einer Reise ins Ausland bei Ihrem Anbieter unbedingt nach den anfallenden Roaminggebühren erkundigen.

Datenroaming aus

Außerdem sollten Sie das Datenroaming standardmäßig ausgeschaltet lassen. Dann sind Sie im fremden Funknetz zwar offline, aber es entstehen auch keine unverhofften Kosten. Falls Sie unterwegs kein WLAN zur Verfügung haben und trotzdem online gehen müssen, aktivieren Sie für diesen Zweck das Datenroaming und schalten es anschließend wieder aus.

Das Datenroaming schalten Sie unter **Einstellungen > Mobile Daten** mit dem Schalter **Daten-Roaming** ein bzw. aus.

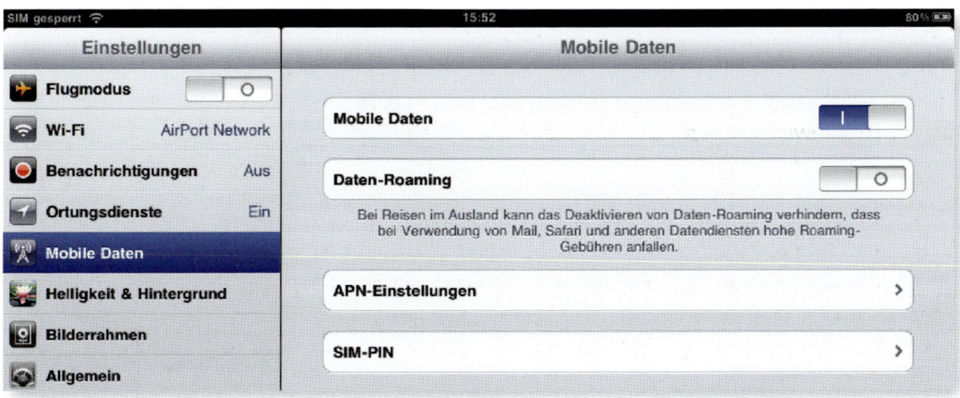

Das Daten-Roaming sollten Sie im eigenen Interesse standardmäßig ausgeschaltet lassen und nur bei Bedarf aktivieren. Denken Sie daran, das Daten-Roaming nach Gebrauch wieder auszuschalten – es könnte sonst teuer werden.

Wenn das iPad einmal zickt

Es sieht zwar gar nicht so aus, aber das iPad ist ein Computer. Und wie jeder andere Computer kann es gelegentlich ein wenig zickig werden. Dann stürzt ein Programm sofort nach dem Start wieder ab oder weigert sich hartnäckig, beendet zu werden.

In diesen und ähnlichen Fällen hilft das, was bei einem Computer auch hilft: ein Reset oder auch ein kompletter Neustart. Schlimmstenfalls müssen Sie das Betriebssystem neu aufsetzen. Das dauert zwar auch beim iPad seine Zeit, ist aber eine Sache weniger Mausklicks.

Programme hart beenden

Programme werden üblicherweise beendet, sobald man sie über die Home-Taste verlässt. Mitunter geht das aber schief und ein Programm weigert sich, in den Hintergrund zu treten. In diesem Fall kann es helfen, ein Programm zwangsweise zu beenden („force quit").

Dazu drücken Sie die Standby-Taste so lange, bis der **Ausschalten**-Schalter erscheint. Anschließend halten Sie die Home-Taste so lange gedrückt, bis das iPad wieder auf den Home-Bildschirm umschaltet.

Das iPad neu starten

Wenn sich ein Programm partout nicht beenden lässt oder das iPad auch nach der zwangsweisen Beendigung eines Programms immer noch nicht richtig arbeitet, sollten Sie das iPad komplett neu starten.

Halten Sie dazu die Standby-Taste so lange gedrückt, bis der rote **Ausschalten**-Schalter erscheint. Schalten Sie Ihr iPad aus und starten Sie es über einen längeren Druck auf die Standby-Taste erneut.

Reset durchführen

Wenn das iPad festhängt und sich auch nicht mehr korrekt ausschalten lässt, bleibt als letzte Notfallmaßnahme ein Reset. Dabei wird dem Betriebssystem gewissermaßen der Boden unter den Füßen weggezogen und ein Neustart erzwungen.

Vorsicht! Ein Reset ist eine Notfallmaßnahme und sollte auch nur in Notfällen eingesetzt werden. Denn bei einem erzwungenen Neustart besteht immer die Gefahr, dass Sie Daten verlieren. Wenn Ihr iPad zum Beispiel aktuell Daten empfängt oder via MobileMe Daten abgleicht, laufen Sie mit einem unbedachten Reset Gefahr, diese Daten oder gar den kompletten Datenbestand zu verlieren. Das ist zwar sehr unwahrscheinlich, aber nicht unmöglich.

Um einen Reset durchzuführen, halten Sie die Home- und die Standby-Taste gleichzeitig gedrückt. Nach ein paar Sekunden sehen Sie den Bildschirm zum Ausschalten des iPads, den Sie aber ignorieren und die Tasten weiter gedrückt halten. Kurz darauf wird der Bildschirm schwarz. Lassen Sie die Tasten nun los. Es erscheint das Apple-Logo, das iPad startet neu.

Das iPad wieder herstellen

Falls alle bisherigen Maßnahmen nicht fruchten und Ihr iPad immer noch nicht reagiert, müssen Sie zu härteren Mitteln greifen und das Gerät wieder herstellen.

Dabei wird es in den Werkszustand versetzt. Anschließend wird via iTunes das Betriebssystem neu installiert, und alle Daten und Programme werden aus dem Backup rekonstruiert. Das Ganze ist eine Sache weniger Mausklicks, aber Sie sollten sich ein wenig Zeit nehmen; eine komplette Wiederherstellung kann, je nach der Datenmenge auf Ihrem iPad, ein bis zwei Stunden dauern.

Schließen Sie Ihr iPad an Ihren Computer an und starten Sie iTunes. Wählen Sie auf der Registerkarte **Übersicht** den Punkt **Wiederherstellen**. Nach einer Sicherheitsabfrage wird das System neu installiert. Anschließend erscheint ein Dialog, der Ihnen anbietet, Ihre gesicherten Daten aus dem Backup auf Ihr iPad zu kopieren.

Wenn gar nichts mehr geht, hilft das Wiederherstellen des iPads.

Das iPad zurücksetzen

Bei der Arbeit mit dem iPad werden die verschiedensten Daten und Einstellungen gespeichert. Das ist natürlich erwünscht, kann aber in seltenen Fällen auch zu Problemen bis hin zu unregelmäßigem Verhalten des iPads führen. Da kann es helfen, die gespeicherten Einstellungen zu löschen und das iPad stufenweise auf die Werkseinstellungen zurückzusetzen.

Rufen Sie **Einstellungen** > **Allgemein** auf. Scrollen Sie bis ans Ende der Seite. Dort finden Sie den Punkt **Zurücksetzen**. Hier haben Sie nun verschiedene Möglichkeiten:

- **Alle Einstellungen** Damit werden alle gespeicherten Einstellungen gelöscht, das iPad wird also in seinen Ausgangszustand versetzt. Die von Ihnen eingegebenen oder auf das iPad kopierten Daten oder Medien werden dabei nicht entfernt.
- **Inhalte & Einstellungen löschen** Hiermit löschen Sie Ihr komplettes iPad, also nicht nur die Einstellungen, sondern auch sämtliche Daten und Medien. Anschließend muss Ihr iPad an iTunes angeschlossen und erneut aktiviert werden. Diese Option sollten Sie nur dann wählen, wenn Sie Ihr iPad für längere Zeit aus der Hand geben müssen, etwa weil es zur Reparatur oder umgetauscht werden muss.

- **Netzwerkeinstellungen** Wenn Ihr iPad mehrere Versuche braucht, um sich in Ihr WLAN einzuwählen oder immer wieder seine Verbindung verliert, sollten Sie versuchen, die gespeicherten Netzwerkeinstellungen zu löschen. Anschließend startet das iPad neu, und Sie müssen Ihr WLAN-Kennwort eingeben.
- **Tastaturwörterbuch** Das iPad merkt sich Ihre Korrekturen der Korrekturvorschläge und ist lernfähig. Leider lernt es auch Fehler oder falsche Eingaben. Möchten Sie das Tastaturwörterbuch wieder in seinen Ausgangszustand bringen, tippen Sie auf diesen Eintrag.
- **Home-Bildschirm** Über diese Option werden alle Programmsymbole auf dem Home-Bildschirm wieder so angeordnet, wie sie es ursprünglich waren. Die von Ihnen installierten Apps bleiben dabei erhalten, allerdings werden alle Apps in alphabetischer Reihenfolge angeordnet.
- **Ortungswarnungen zurücksetzen** Hiermit entziehen Sie allen Programmen die Erlaubnis, auf die Ortungsfunktionen des iPads zugreifen zu dürfen.

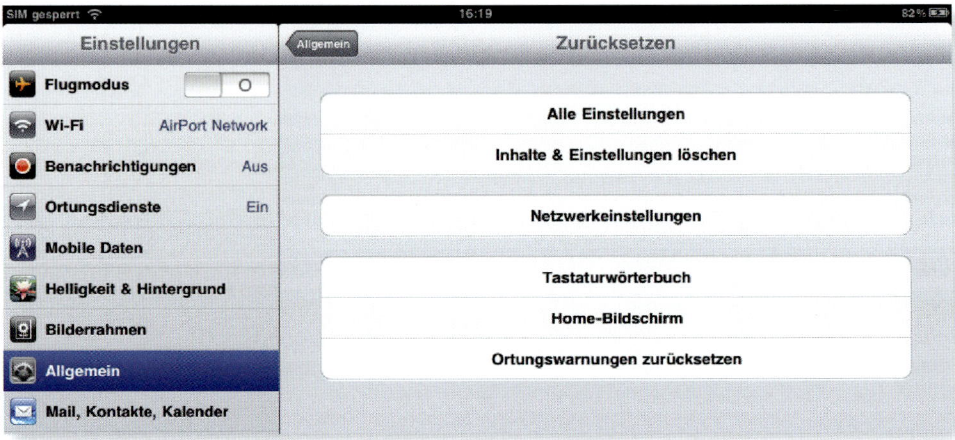

Das Zurücksetzen der Einstellungen ist probates Mittel, das iPad in einen definierten Ausgangszustand zu versetzen, um so Konfigurationsfehler zu beheben.

So installieren Sie SSL-Zertifikate

Bei manchen Web- und Maillösungen kommen individuelle SSL-Zertifikate zum Einsatz, mit denen sich die Server untereinander ausweisen. Diese Zertifikate gehören nicht zum Standardumfang von iOS, und das iPad gibt beim SSL-geschützten Zugriff auf einen solchen Server eine Warnung aus.

Die können Sie zwar mit einem Fingertipp ignorieren, aber bei einem erneuten Zugriff auf den entsprechenden Server wird die Warnung wiederum angezeigt. In diesem Fall können Sie individuelle Zertifikate (etwa das Ihres Unternehmens) manuell nachinstallieren.

Lassen Sie sich dazu vom Betreiber des entsprechenden Servers die Zertifikatdatei per Mail zuschicken und rufen Sie diese Mail auf dem iPad ab. Öffnen Sie den Anhang mit einem Fingertipp. Das Zertifikat wird standardmäßig als „nicht vertrauenswürdig" eingestuft. Zur Kontrolle können Sie sich über **Mehr Details** den Ursprung des Zertifikats anzeigen lassen. Wenn Sie sicher sind, dass das Zertifikat korrekt ist, tippen Sie auf **Installieren**.

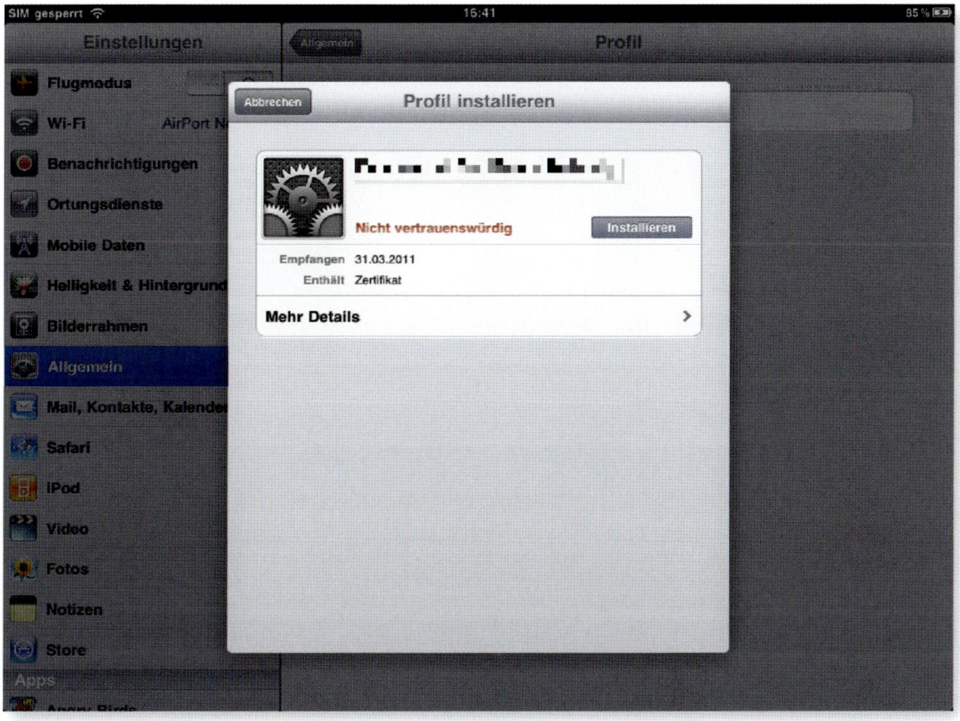

Um fremde SSL-Zertifikate zu installieren, lassen Sie sich die Zertifikatsdatei per Mail zuschicken und tippen auf den Dateianhang. Nach der Installation eines Zertifikats wird es vom iPad als „vertrauenswürdig“ akzeptiert.

Alle installierten Zertifikate werden unter **Einstellungen > Allgemein > Profile** verzeichnet und können dort gegebenenfalls auch wieder gelöscht werden (dieser Eintrag wird erst angezeigt, wenn ein Profil bzw. Zertifikat installiert wurde).

Trau, schau, wem! Installieren Sie auf keinen Fall Zertifikate, die Ihnen einfach so aufs iPad geschickt werden. Im Zweifelsfall lassen Sie sich vom Betreiber des Servers erklären, warum eine Installation notwendig ist.

So installieren Sie Bookmarklets

Vielleicht kennen Sie von Ihrem Computer die sogenannten Bookmarklets, mit denen sich die die Fähigkeiten des Browsers erweitern lassen. Bookmarklets bestehen aus JavaScript-Code, der in Form eines Lesezeichens (Bookmark) im Browser abgelegt wird. Klickt man das Bookmarklet an, wird keine Webseite angezeigt, sondern der im Lesezeichen enthaltenen JavaScript-Code ausgeführt.

So weit, so praktisch. Bleibt nur die Frage, wie Sie Bookmarklets auf dem iPad installieren.

Bookmarklets syncen

Sollten Sie Ihre Lesezeichen (wie im Kapitel 3 erläutert) auf dem iPad via iTunes mit den Lesezeichen Ihres Browsers synchronisieren, ist das Problem bereits gelöst. Denn in diesem Fall werden auch die Bookmarklets, die Sie auf Ihrem Computer installiert haben, anstandslos auf dem iPad installiert.

Bookmarklets sind Pseudo-Lesezeichen, die statt einer Webadresse JavaScript-Code enthalten, den der Browser beim Aufruf des Bookmarklets ausführt.

Ein wenig komplizierter wird die Sache, wenn Sie die Lesezeichen nicht synchronisieren, sondern auf dem iPad und Ihrem Computer unterschiedliche Lesezeichen verwalten. In diesem Fall müssen Sie sich den JavaScript-Code per Mail aufs iPad schicken und dort einem Lesezeichen zuordnen. Das geht so:

1. Legen Sie in Safari auf dem iPad ein beliebiges Lesezeichen an. Es spielt keine Rolle, welche Webseite bzw. Adresse Sie speichern.
2. Legen Sie auf dem Computer das gewünschte Bookmarklet im Browser an. Klicken Sie es mit der rechten Maustaste an und lassen Sie sich die Adresse des Pseudo-Lesezeichens anzeigen. Diese Adresse ist der JavaScript-Code des Bookmarklets.
3. Markieren Sie den kompletten Code und kopieren Sie ihn in eine E-Mail, die Sie an sich selbst schicken und auf dem iPad abrufen.
4. Markieren Sie auf dem iPad den JavaScript-Code und kopieren Sie ihn in die Zwischenablage.
5. Wechseln Sie nun zu Safari und bearbeiten Sie das im ersten Schritt gespeicherte Lesezeichen. Als Adresse fügen Sie den gespeicherten Code ein, als Name tragen Sie den Namen des Bookmarklets ein.

Bluetooth-Gerät koppeln

Das iPad kann via Bluetooth mit verschiedenen Geräten gekoppelt werden, zum Beispiel mit einer Tastatur oder mit einem Kopfhörer. Dazu aktivieren Sie unter **Allgemein > Bluetooth** zuerst das Bluetooth-Modul und schalten das Bluetooth-Gerät ein. Das iPad und das Bluetooth-Gerät nehmen nun automatisch Kontakt miteinander auf und Sie können das Bluetooth-Gerät einsetzen.

Beim Anschluss einer Tastatur werden Sie dazu aufgefordert, einen Code einzutippen, der auf dem iPad erzeugt und angezeigt wird, um die Verbindung zu bestätigen. Anschließend sind die Tastatur und das iPad gekoppelt. Gleichzeitig wird die Softwaretastatur des iPads deaktiviert, bei Texteingaben wird also nicht mehr der halbe Bildschirm von der Tastatur verdeckt.

Geräte entkoppeln

Das iPad merkt sich alle Geräte, mit denen es einmal via Bluetooth gekoppelt war. Um diese Geräte wieder zu löschen, aktivieren Sie zuerst unter **Allgemein > Bluetooth** das Bluetooth-Modul.

Nun sehen Sie alle gespeicherten Verbindungen. Tippen Sie das Gerät an, das Sie entkoppeln möchten, und wählen Sie anschließend **Dieses Gerät ignorieren**. Möchten Sie es später doch noch einmal verbinden, koppeln Sie es einfach erneut.

DVDs mit Handbrake fürs iPad konvertieren

Während Sie Musik-CDs problemlos mit iTunes rippen und die Musik aufs iPad kopieren können, ist das bei Film-DVDs nicht möglich. Bei kommerziellen Filmen verhindert dies ein Kopierschutz und das Urheberrecht. Aber was ist mit Ihren selbstgebrannten Urlaubsfilmen auf DVD, die Sie auch gerne auf dem iPad dabei haben möchten?

Hier gibt es verschiedene Tools, die Ihnen die Arbeit abnehmen, etwa das kostenlose Programm Handbrake (**handbrake.fr**), das für Linux, Mac OS X und Windows vorliegt. Der Kopiervorgang selbst kann, je nach Hardwareausstattung Ihres Computers, einige Zeit in Anspruch nehmen. Als Ergebnis liegt die DVD schließlich als Videodatei im M4V-Format auf Ihrer Festplatte, die Sie in iTunes importieren und von dort aufs iPad schieben können.

DivX-Videos: Möchten Sie Videos im populären DivX-Format auf dem iPad betrachten, benötigen Sie eine App wie etwa den CineXPlayer. Wie Sie Apps installieren, wird im Kapitel 12 erläutert.

Ein Blick ins Dateisystem

Von Haus aus gibt sich das iPad-Betriebssystem iOS ein wenig zugeknöpft. Anders als bei Ihrem Computer gibt es zum Beispiel keine Möglichkeit, einen Blick aufs Dateisystem zu werfen. Lediglich das Album Aufnahmen der Fotos-App kann problemlos vom Computer aus eingesehen werden, von allen anderen Dateien sehen Sie nur das, was iTunes Ihnen zeigt.

Hier helfen verschiedene Tools, die das iPad zu etwas mehr Offenheit überreden und das Dateisystem zugänglich machen.

Mit diesen Tools können Sie etwa im Apps-Verzeichnis blättern und Daten direkt aus den Apps auf den Rechner kopieren. So lassen sich bei manchen Apps zum Beispiel gezielt Backups bestimmter Daten anlegen. Ebenfalls möglich ist der Einsatz des iPads als externe Festplatte, das Auslesen der Kontakte und Notizen oder der gezielte Zugriff auf die verschiedenen Medien (Fotos, Musik, Filme), die Sie auf dem iPad gespeichert haben.

Wie Sie am Namen der Tools erkennen, wurden sie ursprünglich fürs iPhone entwickelt. Doch keine Sorge, sie lassen sich auch problemlos mit dem iPad einsetzen.

- **iPhone Explorer** von Macroplant (**www.macroplant.com**). Kostenlos, liegt für Windows und Mac OS X vor. Sprache: Englisch.
- **iPhone Explorer** von Software4u (**www.iphoneexplorer.net**). Wie sein Namensvetter ist das Tool kostenlos, liegt auf Deutsch, aber nur für Windows vor.
- PhoneView ist kostenpflichtig und bietet die gleichen Möglichkeiten wie die beiden oben genannten kostenlosen Tools, ist aber sehr viel gefälliger gestaltet. PhoneView liegt nur für Mac OS X vor. Download unter **www.ecamm.com**. Sprache: Englisch.

Achtung! Die hier genannten Programme richten sich an erfahrene Anwender. Sie können damit auch Dateien vom iPad löschen, was unter Umständen fatale Konsequenzen haben kann. Setzen Sie diese Programme also nur ein, wenn Ihnen klar ist, was Sie da tun.

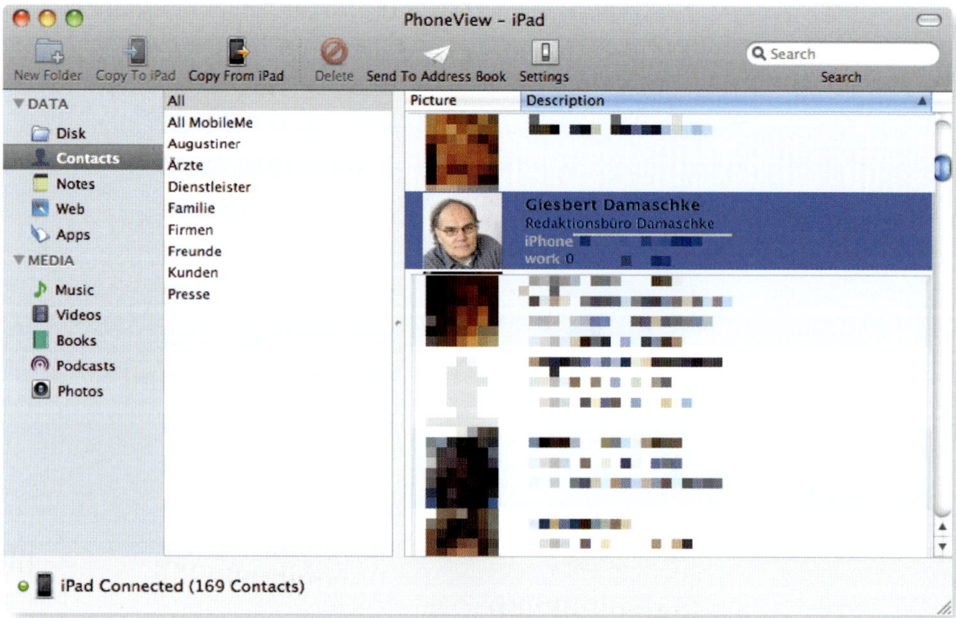

Programme wie PhoneView erlauben den direkten Zugriff auf das Dateisystem des iPads

A

Die Medienzentrale: iTunes 10

Was ist iTunes?

Als Apple im Jahr 2001 iTunes vorstellte, war es ein Programm zum Abspielen von Musikdateien und CDs. Inzwischen ist iTunes bei der Version 10 angekommen und hat sich vom einfachen Player zur Mediendatenbank entwickelt.

Nach wie vor ist die Hauptaufgabe des Programms zwar die Wiedergabe und Organisation von Musik – nicht umsonst zeigt das Programmsymbol zwei Noten –, doch kommt es auch mit Filmen, Fernsehsendungen, E-Books und Podcasts zurecht.

Zudem ist iTunes der Zugang zum weltweit größten Kaufhaus für digitale Medien, dem iTunes Store. Hier können Sie (kostenlose) Podcasts abonnieren oder Musik, Filme und Programme für Ihr iPad kaufen.

Und nicht zuletzt: Mit iTunes verwalten Sie alle Inhalte auf Ihrem iPad, von der einfachen App über das Backup Ihrer Daten auf dem iPad bis zu dessen komplettem Betriebssystem.

Anders gesagt: iTunes ist für das iPad schlicht unverzichtbar.

Zur Schreibweise in diesem Kapitel: Zu den marginalen Unterschieden zwischen der Mac- und Windows-Version von iTunes gehört die gelegentlich unterschiedliche Benennung der Menübefehle. So heißt etwa der Menüpunkt **Darstellung** von iTunes auf dem Mac unter Windows **Anzeige**. Um unnötige Dopplungen zu vermeiden, werden diese wenigen unterschiedlichen Menübefehle gleichzeitig angeführt, wobei zuerst die Mac- und in Klammern die Windows-Version notiert wird. **Darstellung (Anzeige) > Spaltenbrowser** ist also die Kurzform für „Wählen Sie Darstellung > Spaltenbrowser (Mac) bzw. Anzeige > Spaltenbrowser (Windows)".

iTunes installieren und aktualisieren

Apple stellt iTunes für Windows und für Mac OS X kostenlos zur Verfügung. Wenn Sie einen Mac haben, sind Sie fein raus, denn da gehört iTunes zur Standardinstallation. Bei Windows ist das nicht der Fall. Sollte iTunes auf Ihrem Computer noch nicht installiert sein, laden Sie das Programm aus dem Internet (**www.itunes.de**).

Falls iTunes bereits vorhanden ist, sollten Sie sicherstellen, dass es sich um die aktuelle Version handelt. Darum kümmert sich iTunes normalerweise selbst, aber sicher ist sicher.

Unter Windows rufen Sie dazu **? > Nach Aktualisierungen suchen** auf, beim Mac wählen Sie **iTunes > Nach Updates suchen**.

Der iTunes-Assistent

Wenn Sie iTunes zum ersten Mal starten, erscheint der „iTunes-Assistent", der zwei grundlegende Einstellungen abfragt.

Grundeinstellungen

- **Wiedergabe von Audiodateien im Browser** Standardmäßig installiert sich iTunes als Hilfsprogramm für die Wiedergabe von Audiodateien aller Art. Wenn Sie für Ihren Browser bereits ein anderes Programm benutzen, das diese Aufgabe erledigt, sollten Sie die Option **Nein, Internet-Einstellungen nicht ändern** wählen.
- **Automatischer Import von Musikdateien** Um Ihnen das Leben zu erleichtern, bietet iTunes an, automatisch nach MP3- und AAC-Dateien auf Ihrer Festplatte zu suchen und diese zu importieren. Hier sollten Sie allerdings bedenken, dass iTunes üblicherweise sämtliche importierten Inhalte in seine Datenbank, die „Mediathek", kopiert. Die importierten Daten liegen anschließend also doppelt vor: einmal an ihrem ursprünglichen Ort und einmal in der Mediathek). Je nach Größe Ihrer Musiksammlung können dabei schon mal ein paar GB vom Festplattenplatz verschleudert werden. Wenn Sie sich nicht sicher sind, was iTunes hier eigentlich vorhat, empfiehlt es sich, die Option **Nein, ich füge die Dateien später selbst hinzu** zu wählen.

Das iTunes-Fenster

Nach dem ersten Start sind viele Menüpunkte und Einträge von iTunes noch wirkungslos, aber das wird sich schnell ändern. Machen wir uns rasch mit den grundlegenden Elementen vertraut.

Das iTunes-Fenster ist in drei Bereiche unterteilt: die große Symbolleiste oben, die Seitenleiste links und der große Hauptbereich, der beim ersten Start den (noch leeren) Musik-Eintrag zeigt.

Die Symbolleiste

In der Symbolleiste finden Sie auf der linken Seite die Ihnen vermutlich vertrauten Steuerelemente für die Musik- und Videowiedergabe. Derzeit sind diese Elemente natürlich mangels Masse noch funktionslos, es gibt ja noch keine Medien, die iTunes wiedergeben könnte. Das Fenster, in dem Sie das Apple-Logo sehen, zeigt Ihnen bei der Wiedergabe von Medien verschiedene Informationen und enthält auch Statusmeldungen zum iPad. Ansonsten sehen Sie im rechten Bereich der Symbolleiste Tasten, über die Sie die Darstellung im Hauptbereich ändern können und, ganz wichtig, ein Suchfeld. Das wird Ihnen später beim Durchsuchen Ihrer Mediensammlung unschätzbare Dienste leisten.

Die Seitenleiste

Die Seitenleiste ist in verschiedene Bereiche gegliedert. Im Abschnitt Mediathek haben Sie Zugriff auf alle von iTunes verwalteten Medien. Zu Beginn stehen hier die Einträge für Musik, Filme, TV, Podcasts und Radio.

Mediathek: Die Mediathek versammelt sämtliche Inhalte von iTunes. Welche Einträge der Mediathek in der Seitenleiste angezeigt werden, legen Sie unter **iTunes (Datei) > Einstellungen** im Register **Allgemein** fest.

Der Punkt **Store** versammelt alle Einträge, die direkt oder indirekt mit dem iTunes Store zusammenhängen. **Ping** ist ein soziales Netzwerk für Musik, mit dem wir uns weiter unten kurz beschäftigen. Die **Freigaben** sind nur dann interessant, wenn Sie Inhalte aus iTunes für andere Computer in Ihrem Haushalt via WLAN zugänglich machen wollen. Mit **Genius** und **Wiedergabelisten** verwalten Sie individuelle Zusammenstellungen verschiedener Musikstücke (damit beschäftigen wir uns später ausführlicher). Sobald Sie eine CD einlegen oder Ihr iPad anschließen, wird diese Liste noch um den Punkt **Geräte** erweitert.

Unterhalb der Seitenleiste finden sich vier Tasten, die wir aktuell noch nicht benötigen, uns aber trotzdem kurz ansehen:

- Das Pluszeichen dient dazu, neue Wiedergabelisten anzulegen.
- Über die Taste mit den gekreuzten Pfeilen aktivieren Sie die zufällige Wiedergabe der Songs.
- Der kreisförmige Pfeil schaltet iTunes in die Wiederholung einer Wiedergabeliste, eines Albums oder eines anderen gewählten Eintrags in iTunes.
- Das kleine Dreieck blendet das Albumcover des gewählten Eintrags oder des aktuell wiedergegebenen Songs ein bzw. aus.

Der Hauptbereich

Im Hauptbereich (der häufig auch einfach als „iTunes-Fenster" bezeichnet wird) sehen Sie die Inhalte, die zum aktuell in der Seitenleiste gewählten Eintrag gehören – beim ersten Start ist dies der noch leere Musik-Eintrag.

Die Inhalte im Hauptbereich lassen sich in verschiedenen Formen darstellen, die Sie über vier Tasten oben rechts in der Symbolleiste leicht ändern können. Zur Auswahl stehen hier Listen-, Albenlisten-, Gitterdarstellung und Cover Flow. So ganz ohne Inhalte ist das alles noch wirkungslos, aber jetzt haben Sie es immerhin schon einmal gehört.

Der Apple-Account

Damit Sie Ihr iPad einsetzen können, müssen Sie es über iTunes aktivieren. Dazu wird ein Apple-Account benötigt, der von Apple auch „Apple-ID“ oder „iTunes Store Account“ genannt wird. Diesen Account benötigen Sie auch, wenn Sie iTunes-Funktionen wie Genius nutzen (dazu später mehr) oder wenn Sie Musik, Filme und Apps aus dem iTunes Store laden möchten.

AOL: Falls Sie einen Account bei AOL haben, können Sie sich auch mit diesen Daten im iTunes Store anmelden.

Um einen neuen Account zu erstellen, wählen Sie links in der Seitenleiste von iTunes den Eintrag **iTunes Store** und klicken anschließend oben rechts auf die Taste **Anmelden**. Im nächsten Dialog klicken Sie auf **Neuen Account erstellen**.

Apple-Account ohne Kreditkarte

Bei der Neuanlage eines Accounts fragt Apple auch Angaben zur gewünschten Zahlungsweise ab. Die werden aber zum Beispiel dann nicht benötigt, wenn Sie Ihr iPad aktivieren und sich später bei den Downloads aus dem iTunes Store auf kostenlose Angebote beschränken. Um einen Account ohne Zahlungsinformationen anzulegen, gehen Sie folgendermaßen vor:

1. Wählen Sie im iTunes Store die Taste **App Store** und suchen Sie sich eine (beliebige) kostenlose App aus.
2. Klicken Sie auf die Taste **Gratis**.
3. Es erscheint der Dialog zur Anmeldung im Store. Klicken Sie hier auf die Taste **Neuen Account erstellen**.
4. Im Dialog zu den Zahlungsinformationen erscheint nun auch die Option **Keine**.

Exkurs: Was Sie vor dem Musikimport wissen sollten

Sobald Sie eine CD einlegen, bietet iTunes Ihnen an, diese CD zu importieren und der Mediathek hinzuzufügen. Doch bevor Sie frohgemut auf **Ja** klicken, sollten Sie sich kurz überlegen, was bei diesem Import eigentlich passiert. Es könnte ja sein, dass Sie die eine oder andere Voreinstellung Ihren Wünschen anpassen möchten.

Was iTunes tun soll, wenn Sie eine CD einlegen: Unter **iTunes (Bearbeiten) > Einstellungen > Allgemein** bestimmen Sie, wie iTunes auf das Einlegen einer CD reagieren soll. Unter dem Punkt **Beim Einlegen einer CD** können Sie zum Beispiel festlegen, dass iTunes eine CD ohne Rückfrage importieren oder sofort mit der Wiedergabe der CD beginnen soll.

Die einzelnen Stücke auf einer Musik-CD liegen im WAV-Format vor und können von iTunes auch in diesem Format importiert werden. Allerdings sind WAV-Dateien sehr groß (eine Stunde Musik belegt, je nach Qualität, rund 600 MB) und werden üblicherweise beim Importieren (dem sogenannten „Rippen“) in ein wesentlich kompakteres Format konvertiert. Die Größe dieser Dateien hängt von verschiedenen Faktoren wie etwa der Bitrate und dem benutzten Konvertierungsverfahren ab. Als grobe Faustregel können Sie sich aber merken, dass eine Musik-CD im kompakten Format nicht mehr 600, sondern nur noch ein Zehntel, nämlich 60 MB (oder weniger) belegt.

Um diese enorme Ersparnis zu erreichen, werden die Musikdaten komprimiert. Dabei kommen verschiedene Verfahren zum Einsatz.

Komprimierung

- Bei einer **verlustfreien Komprimierung** werden die Daten platzsparender angeordnet, als sie es im WAV-Format sind. So erzielt man kleinere Dateigrößen, ohne dass die Klangqualität verändert würde.
- Standard ist allerdings eine verlustbehaftete **Komprimierung**. Hier werden zum Beispiel Frequenzen, die vom menschlichen Ohr kaum wahrgenommen werden, einfach weggelassen. Damit werden die Dateien zwar sehr klein, aber Sie müssen dafür Kompromisse bei der Klangqualität machen: Eine so komprimierte Musikdatei hat nicht mehr die Klangqualität des Originals.

Bitraten und Klangqualität

Die Qualität von digitaler Musik hängt entscheidend davon ab, wieviele Informationen pro Sekunde kodiert werden. Je größer diese Datenrate (die in Kbit/s gemessen wird), desto besser ist die Audioqualität. Ein Musikstück, das mit 96 Kbit/s importiert wurde, klingt hörbar schlechter als eines, das mit 192 Kbit/s eingelesen wurde. Dafür ist die Musikdatei kleiner.

Hier müssen Sie also einen Kompromiss aus Qualität und Dateigröße finden. Dabei gilt als Faustregel, dass oberhalb von 160 Kbit/s nur noch mit guter Audioausstattung Unterschiede hörbar sind. Doch der Höreindruck ist natürlich sehr subjektiv – was für den einen gut klingt, ist dem anderen dumpf und verrauscht. Da Sie die Datenrate vor dem Import festlegen können, sollten Sie hier einige Tests machen, um die für Sie optimalen Einstellungen finden.

Das Format einer Musikdatei unterscheidet sich vor allem darin, mit welchem Verfahren die Musikdaten kodiert bzw. komprimiert werden. Das hat unter anderem Auswirkungen auf Dateigröße und Klangqualität. So kann eine AAC-Datei, die lediglich mit 128 Kbit/s importiert wurde, es klanglich mit einer MP3-Datei aufnehmen, die mit 196 Kbit/s oder auch höheren Datenraten aufwartet.

Folgende Formate werden von iTunes beherrscht:

Die Audioformate

- AAC („Advanced Audio Coding“) ist das Standardformat von iTunes, das außerhalb der Apple-Welt aber nicht sonderlich gut unterstützt wird (Ihr iPad hat damit natürlich keine Schwierigkeiten). Die Dateiendung einer AAC-Datei lautet „m4a“.
- AIFF („Audio Interchange File Format“) importiert Daten ohne Kompression. So erhalten Sie zwar sehr gute, aber auch sehr große Dateien (ein zehnminütiges Musikstück belegt über 100 MB). AIFF eignet sich als Übergangsformat, da es einerseits die Daten von der CD auf die Festplatte kopiert und andererseits später nach AAC oder MP3 konvertiert werden kann. Die Dateiendung einer AIFF-Datei lautet „aif“.

- Apple Lossless ist ein verlustfreies Kompressionsformat. Dabei werden wie bei AIFF oder WAV sämtliche Informationen der Musikdatei gespeichert, aber die Dateien sind nur gut halb so groß. Die Dateiendung einer Apple-Lossless-Datei lautet ebenfalls „m4a".
- MP3 („MPEG Layer 3") ist das mit Abstand populärste Format für digitale Musik. Wenn Sie sicher sein wollen, dass Ihre Dateien auf praktisch jedem Computer und jedem mobilen Player wiedergegeben werden können, führt kein Weg an MP3 vorbei. Die Dateiendung einer MP3-Datei lautet „mp3".
- WAV („Wave") ist das Format, in dem die Daten auf einer Musik-CD gespeichert sind. Wenn Sie eine Musik-CD also mit WAV importieren, kopieren Sie die Daten verlustfrei von der CD auf Ihre Festplatte. Wie mit AIFF erzeugen Sie dabei natürlich riesige Datenmengen. Die Dateiendung einer Wave-Datei lautet „wav".

Importformat festlegen

Standardmäßig importiert iTunes Musik-CDs im Format AAC mit 256 Kbit/s bei variabler Bitrate (Apple nennt dieses Format „iTunes Plus"). Für den alltäglichen Musikeinsatz ist das völlig ausreichend und bietet einen guten Kompromiss aus Qualität und Dateigröße. Aber natürlich können Sie diese Einstellung ändern:

1. Rufen Sie **iTunes (Bearbeiten) > Einstellungen** auf und wechseln Sie auf die Registerkarte **Allgemein**.
2. Klicken Sie hier auf die Taste **Importeinstellungen**.
3. Nun können Sie sowohl das Kodierungsverfahren (AAC, AIFF, Apple Lossless, MP3 oder WAV) als auch die Bitrate festlegen.

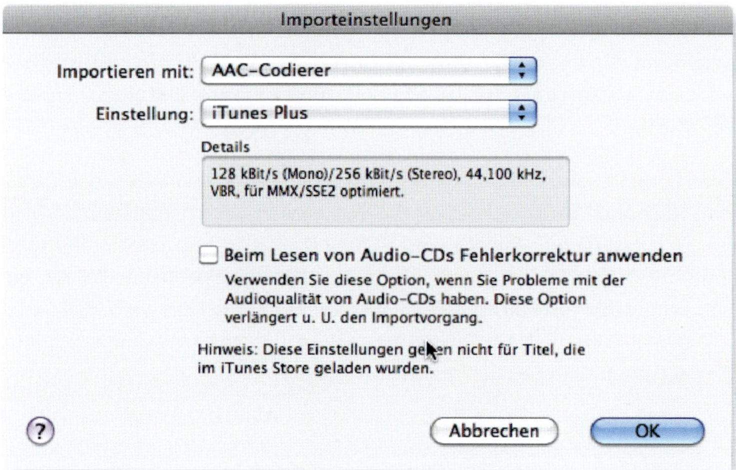

In den Importeinstellungen von iTunes legen Sie fest, welches Format beim Import von Musik-CDs benutzt werden soll.

Musik in iTunes

Beim Musikimport legt iTunes für jeden Song eine Datei an, die aus Tracknummer und -name besteht, und speichert diese Datei in einem Ordner, der den Namen des Albums trägt, der sich wiederum in einem Ordner mit dem Namen des Künstlers befindet. Wenn Sie die Daten des Songs später einmal ändern (zum Beispiel, weil Sie einen Tippfehler bemerkt haben), dann passt iTunes automatisch auch die Ordner- und Dateinamen auf der Festplatte an.

Speicherort: Die importierten Musikstücke werden im iTunes-Ordner gespeichert. Beim Mac finden Sie diesen Ordner in Ihrem Benutzerverzeichnis unter **Musik > iTunes > iTunes Media**, unter Windows liegen die Daten unter **Eigene Dateien > Eigene Musik > iTunes > iTunes Media**.

Musik von CD

Der Import einer CD ist außerordentlich einfach: CD einlegen, auf **Ja** klicken, fertig. Möchten Sie nur bestimmte Stücke und nicht die gesamte CD importieren, klicken Sie auf **Nein**, markieren nur die Stücke, die Sie haben möchten, und klicken anschließend auf **CD importieren** unten rechts.

Musik von der Festplatte

Um einzelne MP3- oder AAC-Dateien zu importieren, wählen Sie beim Mac **Ablage** > **Zur Mediathek hinzufügen** und bei Windows **Datei** > **Datei zur Mediathek hinzufügen**.

Möchten Sie einen kompletten Ordner mit Musik importieren, wählen Sie beim Mac erneut **Ablage** > **Zur Mediathek hinzufügen** und anschließend den gewünschten Ordner. Unter Windows wählen Sie dazu den Eintrag **Datei** > **Ordner zur Mediathek hinzufügen**.

Sollen mehrere Songs importiert und die Dateien dabei auch gleich von ihrer alten Position gelöscht werden, verschieben Sie die entsprechenden Dateien einfach in das Verzeichnis **Automatisch zu iTunes hinzufügen**. Sie finden dieses Verzeichnis beim Mac in Ihrem Benutzerverzeichnis unter **Musik** > **iTunes** > **iTunes Media**, bei Windows unter **Eigene Dateien** > **Eigene Musik** > **iTunes** > **iTunes Media**.

Musik konvertieren

Eine importierte Musikdatei können Sie auch nachträglich in jedes Format konvertieren, das iTunes für den Import beherrscht. So können Sie etwa das Standardformat AAC auch nachträglich in MP3 umwandeln. Dazu wählen Sie zuerst **iTunes (Bearbeiten)** > **Einstellungen** > **Importeinstellungen** und legen hier das gewünschte Zielformat fest, etwa MP3. Anschließend markieren Sie die Titel, die Sie konvertieren möchten, und wählen **Erweitert** > **MP3-Version erstellen**. Nun werden die Titel konvertiert (oder genauer: erneut importiert) und liegen anschließend doppelt vor: einmal im Ausgangsformat (etwa AAC) und einmal im neuen Zielformat (etwa MP3).

Qualitätsverlust: Beim Konvertieren wird die Ausgangsdatei von iTunes als Quelle benutzt und in das neu festgelegte Format importiert. Dabei kommt es unweigerlich zu Qualitätsverlusten.

Informationen bearbeiten

Damit iTunes die verschiedenen Songs und Alben auch korrekt einsortiert, sollten die sogenannten „ID3-Tags" oder „Metadaten" zu jedem Song möglichst vollständig und korrekt sein. Dabei handelt es sich um allerlei Informationen, die zusammen mit der Songdatei gespeichert werden. Sie enthalten zum Beispiel die Namen von Album, Titel und Interpret, aber auch Genres, Cover, Ihre Notizen und ähnliches mehr.

Quellenkunde: Die Quelle für die Informationen von iTunes ist die Gracenote-Datenbank: www.gracenote.com

Beim Import einer CD liest iTunes diese Daten aus dem Internet ein und übernimmt sie automatisch; importieren Sie Musik aus anderen Quellen, können diese Angaben fehlen. Obendrein sind die Angaben aus dem Internet nicht immer korrekt oder entsprechen vielleicht nicht Ihren Vorstellungen. Es empfiehlt sich daher, diese Informationen zu einem Song oder eines Albums nach dem Import zu überprüfen und gegebenenfalls zu korrigieren. Falls Sie das vergessen haben, ist das allerdings auch nicht weiter schlimm, da sich diese Informationen jederzeit ändern lassen.

Um sich die gespeicherten Daten zu einem Song anzusehen, markieren Sie den entsprechenden Eintrag in iTunes und wählen **Ablage (Datei) > Informationen**. Hier können Sie nun auf verschiedenen Registerkarten die unterschiedlichen Informationen zum Musikstück eintragen oder bearbeiten.

Um mehrere Einträge oder Alben auf einen Streich zu bearbeiten (zum Beispiel um die Schreibweise eines Namens zu normieren), wechseln Sie am besten zuerst in die Listendarstellung und blenden die Spaltenübersicht ein. Hier können Sie nun ein komplettes Genre, einen Interpreten oder ein Album anwählen und mit **Ablage (Datei) > Informationen** sämtliche Songs auf einmal bearbeiten. Ein gemeinsames Cover weisen Sie einem Album am einfachsten zu, indem Sie hier auf der Registerkarte **Infos** das Cover in das entsprechende Feld ziehen.

MP3-Dateien als „Hörbuch" einsortieren

Für eine bessere Ordnung sorgt auch die Registerkarte **Optionen**. Hier können Sie nämlich festlegen, in welcher Kategorie iTunes eine Datei einordnet. Das ist besonders bei MP3-Hörbüchern hilfreicher.

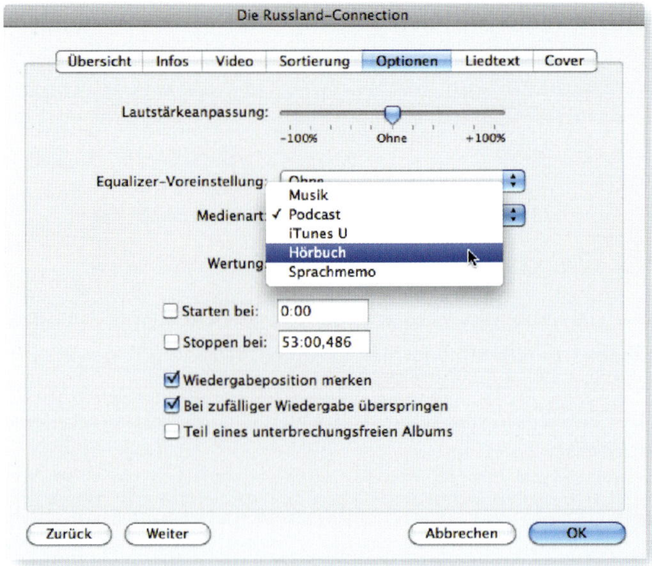

In den Optionen können Sie die Medienart einer Datei festlegen und so bestimmen, wie iTunes sie einordnet.

Hörbücher werden von iTunes automatisch in die Kategorie Bücher in der Seitenleiste einsortiert. Dabei erkennt iTunes die Dateien an der Endung „m4b". Doch viele Hörbücher werden heute als MP3-Datei veröffentlicht. Hier ist iTunes machtlos und kann nicht entscheiden, ob es sich nun um Musik oder um Sprache, also ein Hörbuch, handelt. Konsequenz: MP3-Hörbücher werden als Musik aufgenommen. Da müssen Sie dem Programm ein wenig auf die Sprünge helfen.

1. Markieren Sie in der Listendarstellung alle MP3-Dateien, die Sie von „Musik" nach „Hörbuch" umdeklarieren möchten.
2. Rufen Sie über **Ablage** (Mac) bzw. **Datei** (Windows) die Informationen auf und bestätigen Sie, dass Sie mehrere Titel bearbeiten möchten.
3. Wechseln Sie zur Registerkarte **Optionen**.
4. Hier können Sie nun unter dem Punkt **Medienart** den Eintrag auf **Hörbuch** ändern.

Sortierhilfe: Das beschriebene Verfahren funktioniert auch mit allen anderen Medien. So können Sie zum Beispiel auch längere Podcasts problemlos als Hörbuch einordnen.

Videos in iTunes

Keine Frage, die Wiedergabe und Organisation von Musik ist die Hauptaufgabe von iTunes. Doch das Programm kann natürlich auch mit Videos umgehen. Schließlich werden heute viele CDs mit Musikvideos als Beigabe ausgeliefert, und auch alle möglichen Filme und TV-Serien sind inzwischen digital verfügbar. Da ist es nur logisch, dass sich iTunes als Medienzentrale auch um diese Inhalte kümmert.

Videos in iTunes importieren

Der Import von Videomaterial nach iTunes ist nicht ganz so einfach wie der Import von Musik. Denn anders als bei Musik-CDs ist iTunes aus rechtlichen Gründen nicht in der Lage, eine DVD zu kopieren. Es gibt Programme, die das für Sie erledigen und DVD-Inhalte auf Ihre Festplatte kopieren können, etwa das in Kapitel 15 erwähnte Handbrake.

Eine Filmdatei kann problemlos nach iTunes importiert werden (vorausgesetzt, die Datei liegt im Format MPEG, MOV oder H.264 vor). Ziehen Sie die dazu Datei auf den Abschnitt **Mediathek** in der Seitenleiste. Am einfachsten ist es natürlich, wenn Sie einen Film oder eine Fernsehserie im iTunes Store kaufen. Dann wird die Datei automatisch in iTunes importiert und kann dort genau so verwaltet und organisiert werden wie Musik.

Videos in iTunes wiedergeben

Um ein Video in iTunes zu betrachten, wählen Sie in der Seitenleiste die gewünschte Kategorie – **Filme** bzw. **Fernsehsendungen** – und klicken das Video an, das Sie sehen möchten. Die Wiedergabe erfolgt fensterfüllend und skaliert mit, wenn Sie das iTunes-Fenster vergrößern bzw. verkleinern.

Zeigen Sie mit der Maus in das Bild, werden die Tasten zur Steuerung bzw. zum Schließen der Wiedergabe eingeblendet. Die Wiedergabe beenden Sie auch mit der ESC-Taste.

Die Wiedergabelisten von iTunes

Mit einer Wiedergabeliste lassen sich die Inhalte Ihrer Mediathek in beliebiger Reihenfolge zusammenfassen und mit einem Mausklick abspielen. So können Sie Wiedergabelisten für alle möglichen Anlässe und Stimmungen zusammenstellen und sind nicht auf die Reihenfolge der einzelnen Songs auf einer CD angewiesen.

Dabei kennt iTunes verschiedene Arten von Wiedergabelisten:

Die verschiedenen Listen

- **Standardlisten** Diese Wiedergabelisten erstellen und verwalten Sie selbst.
- **Intelligente Wiedergabelisten** Diese Listen werden von iTunes nach Ihren Vorgaben automatisch erstellt und aktualisiert. Mit intelligenten Wiedergabelisten können Sie Ihren Musikbestand nach so ziemlich allen Kriterien filtern und durchforsten, die Sie sich wünschen.
- **Genius** Damit weisen Sie iTunes an, basierend auf einem Ausgangssong eine Wiedergabeliste mit zusammenpassenden Titeln zu erstellen.
- **Genius-Mixe** sind von iTunes automatisch erstellte Mischungen von Songs aus einem bestimmten Genre.
- **iTunes DJ** Der „Diskjockey" von iTunes spielt zufällig ausgewählte Songs aus Ihrer Mediathek oder bestimmten Wiedergabelisten.

Die Standardlisten

Wiedergabelisten lassen sich von Ihnen auf denkbar einfachste Art anlegen und verwalten: mit Drag & Drop.

Markieren Sie einen oder mehrere Songs (oder auch ein Album, einen Interpreten, ein Genre) und ziehen Sie die Markierung mit der Maus nach links in die Seitenleiste in den Bereich **Wiedergabelisten**. Fertig.

Leere Liste: Um eine neue, leere Wiedergabeliste zu erzeugen, die Sie später mit Songs befüllen, wählen Sie **Ablage (Datei) > Neue Wiedergabeliste**. Alternativ dazu können Sie auch auf das Pluszeichen unten links im iTunes-Fenster klicken.

Die neue Liste wird von iTunes automatisch nach dem Titel des ersten Songs in der Liste benannt. Das können Sie natürlich ändern. Klicken Sie den Namen der Liste an und geben Sie ihr den gewünschten Namen.

Songs hinzufügen und anordnen

Möchten Sie Ihrer Wiedergabeliste weitere Songs hinzufügen, geht das genauso einfach. Wählen Sie die gewünschten Songs in iTunes aus und ziehen Sie sie auf die Wiedergabeliste. Es ist dabei problemlos möglich, einen Song in verschiedene Wiedergabelisten aufzunehmen.

Die Wiedergabereihenfolge der Songs legen Sie ebenfalls mit der Maus fest. Markieren Sie einen Titel und ziehen Sie ihn an die gewünschte Position.

Songs aus Wiedergabelisten löschen

Eine Wiedergabeliste enthält lediglich Verweise auf die entsprechenden Dateien auf Ihrer Festplatte bzw. in Ihrer Mediathek. Löschen Sie einen Eintrag aus einer Wiedergabeliste, entfernen Sie lediglich diesen Verweis, nicht den Song selbst. Sie müssen also keine Sorge haben, dass Sie einen Song versehentlich aus der Mediathek werfen, wenn Sie ihn aus einer Wiedergabeliste löschen.

Daher lassen sich auch komplette Wiedergabelisten gefahrlos löschen, Sie verlieren hier schlimmstenfalls eine bestimmte Zusammenstellung von Songs, nicht aber die Songs selbst, die nach wie vor in Ihrer Mediathek enthalten sind und sich jederzeit wieder zu einer neuen Wiedergabeliste zusammenstellen lassen.

Intelligente Wiedergabelisten

Die Wiedergabelisten sind schon eine feine Sache – aber das ist noch nicht alles. Sie können Wiedergabelisten auch in Abhängigkeit von bestimmten Kriterien definieren und von iTunes automatisch erzeugen lassen. Dabei legen Sie einmal die gewünschten Kriterien fest (etwa: „Alle Titel aus meiner Mediathek, die ich noch nicht gehört habe"), und in Zukunft kümmert sich iTunes darum, dass diese Liste immer auf dem aktuellen Stand ist.

Das bedeutet allerdings auch, dass Sie bei einer intelligenten Wiedergabeliste von Haus aus keine Songs manuell hinzufügen oder löschen können; das regelt iTunes anhand der von Ihnen definierten Kriterien. Es ist allerdings möglich, die Reihenfolge der Einträge mit der Maus zu ändern.

Beispiellisten

Von Haus aus bietet iTunes verschiedene Listen dieser Art, die Ihnen zeigen sollen, was damit möglich ist: **Klassische Musik**, **Meine Lieblingstitel**, **Meine Top 25**, **Musik der 90er**, **Musikvideos**, **Zuletzt gespielt** und **Zuletzt hinzugefügt**. Diese Listen präsentieren Ihnen automatisch die Songs, die Sie als gut bewertet haben, sehr oft hören, aus den Jahren 1990 bis 1999 stammen oder die kürzlich gespielt oder importiert wurden. Eine Sonderstellung nimmt Klassische Musik ein, die Ihnen die Möglichkeiten demonstriert, Kriterien einer intelligenten Liste zu gruppieren.

Intelligente Wiedergabelisten anlegen und bearbeiten

Eine intelligente Wiedergabeliste legen Sie über **Ablage (Datei) > Neue intelligente Wiedergabeliste** an. Es öffnet sich ein Dialog, in dem Sie die Kriterien definieren, die ein Eintrag in der Mediathek erfüllen muss, um in dieser Wiedergabeliste aufzutauchen. Jedes Kriterium wird in einer eigenen Zeile definiert, wobei sich mehrere Kriterien kombinieren lassen. Um ein weiteres Kriterium hinzuzufügen, klicken Sie auf das Pluszeichen, entsprechend löschen Sie eine Zeile durch einen Klick auf das Minuszeichen.

Dabei stehen Ihnen von **Abtastrate** über **Interpret** bis **Zuletzt übersprungen** rund 40 unterschiedliche Kriterien zur Verfügung, um den gewünschten Filter zu definieren. Darunter befinden sich natürlich auch die Angaben, die Sie in den Informationen zu einem Titel in Ihrer Mediathek hinterlegt haben. Auch hier gilt also: Je sorgfältiger Sie die Informationen eintragen, desto leistungsfähiger wird iTunes und desto effizienter können Sie mit einer intelligenten Wiedergabeliste genau die Songs aus Ihrer Mediathek herausfischen, die Sie suchen.

Um einen Eindruck von den Möglichkeiten der intelligenten Wiedergabelisten zu bekommen, schauen Sie sich einfach einmal die von iTunes standardmäßig angelegten Listen an. Dafür klicken Sie den entsprechenden Eintrag mit der rechten Maustaste an und wählen **Intelligente Wiedergabeliste bearbeiten**.

Die Genius-Listen

Bei den Genius-Listen handelt es sich um eine spezielle Form der Wiedergabelisten, die Apple erstmals mit iTunes 8 eingeführt hat. Bei einer solchen Liste stellt iTunes auf Basis eines bestimmten Songs automatisch eine Liste mit zueinanderpassenden Songs zusammen. So erhalten Sie mit einem Mausklick eine in sich stimmige Zusammenstellung von Musik aus Ihrer Mediathek und stoßen so oftmals auch auf Songs, an die Sie vielleicht längere Zeit nicht mehr gedacht haben.

Apple-Account: Für die Nutzung von Genius ist ein Apple-Account notwendig.

Außerdem zeigt Ihnen iTunes passende Songs aus dem iTunes Store an, die Sie noch nicht in Ihrer Mediathek haben. Diese Songs können Sie dann per Mausklick im iTunes Store kaufen.

So funktioniert Genius

Vielleicht fragen Sie sich, wie Genius überhaupt wissen kann, welche Musik zusammenpasst und welche nicht? Nun, ganz einfach. Basis für die Zusammenstellungen ist eine sehr, sehr umfangreiche statistische Auswertung des Anwenderverhaltens. Und nicht nur eines Anwenders

– sondern von Millionen iTunes-Nutzern weltweit. Ende September 2009 nannte Apple erstmals Zahlen zur Genius-Datenbank. Danach werden dort die Mediatheken von rund 30 Millionen (!) Anwendern mit insgesamt 54 Milliarden (!) Songs ausgewertet.

Genius analysiert Ihren kompletten Medienbestand und schickt diese Informationen anonymisiert via Internet an Apple, wo sie dem Genius-Datenpool hinzugefügt werden. Auf der Analyse dieses Datenpools basieren die Empfehlungen und Zusammenstellungen der Genius-Funktion.

Damit Genius funktioniert, muss Ihre Mediathek allerdings einigermaßen gefüllt sein. Eine Handvoll Songs liefern nicht genügend Hinweise, sondern gehen im statistischen Rauschen unter. Anders gesagt: Je umfangreicher Ihre Musiksammlung, desto erfolgreicher und treffsicherer ist Genius.

Spioniert Apple Sie aus? Jetzt kann einem natürlich ein wenig mulmig werden. Möchte man wirklich sein Nutzungsverhalten von iTunes analysieren und das Ergebnis via Internet in die weite Welt schicken lassen? Natürlich nicht. Doch das muss man auch gar nicht. Apple versichert, dass bei Genius keine individuellen Daten erhoben oder gar weitergegeben werden. Es geht, so Apple, ausschließlich um statistische, anonymisierte Angaben, um automatisierte Listen zusammenpassender Songs erstellen zu können. Bleibt nur die Frage, ob Sie Apple vertrauen oder nicht. Wenn Sie der Versicherung von Apple nicht glauben, lassen Sie Genius einfach deaktiviert. Sie verpassen dann zwar ein wirklich cooles Feature von iTunes, aber das Programm bleibt natürlich voll einsatzfähig.

Genius aktivieren

Damit Sie Genius nutzen können, müssen Sie diese Funktion zuerst aktivieren. Am einfachsten geht dies über **Store > Genius aktivieren**. Wenn Sie es sich später anders überlegen, können Sie die Funktion hier auch wieder deaktivieren. Bei der Aktivierung nimmt iTunes Kontakt zum iTunes Store auf, wo Sie sich mit Ihrem Apple-Account anmelden müssen.

Bei der Aktivierung stellt Genius die statistischen Daten Ihrer Mediathek zusammen und schickt sie an Apple. Wenn Ihre Mediathek sehr umfangreich ist, kann das schon mal einige Zeit dauern.

Genius-Listen anlegen

Sobald Genius mit den Vorbereitungen fertig ist, können Sie sich überraschen lassen. Um eine Genius-Liste zusammenzustellen, gehen Sie folgendermaßen vor:

1. Markieren Sie den Song, der als Basis der Liste dienen soll, und klicken Sie auf das Genius-Symbol (das Atomzeichen) unten rechts.

2. Genius stellt nun, basierend auf dem gewählten Song, eine Wiedergabeliste passender Songs zusammen.

3. Über die oberen Tasten der Genius-Liste legen Sie fest, wieviele Stücke in die Liste aufgenommen werden sollen. Natürlich können Sie auch die Reihenfolge verändern oder mit einem Klick auf **Aktualisieren** eine neue Liste zusammenstellen lassen.

4. Wenn Ihnen die Wiedergabeliste zusagt, speichern Sie die Zusammenstellung mit einem Klick auf die Taste **Wiedergabeliste sichern**. Die Liste wird im Abschnitt Genius gespeichert, nicht unter Wiedergabelisten.

Genius hilft Ihnen dabei, musikalisch zusammenpassende Wiedergabelisten zu erzeugen. Je umfangreicher Ihre Mediathek, desto treffsicherer wird Genius.

Mit Genius können Sie nicht nur Ihre Musiksammlung neu entdecken, sondern auch neue Musik, die Sie noch nicht besitzen. Dazu lassen Sie sich die mit einem Klick auf den kleinen Pfeil unten rechts Genius-Seitenleiste einblenden.

Bei jedem Song, den Sie nun in Ihrer Mediathek anwählen, blendet iTunes hier verschiedene Vorschläge passender Songs ein und verbindet Sie auf Mausklick mit dem iTunes Store, wo Sie in die Songs hineinhören und sie natürlich auch kaufen können.

Die Genius-Mixe

Eine Sonderform der Genius-Listen sind die Genius-Mixe, mit der iTunes zu einer Art Spartenradio wird. Je nach verfügbarer Musik in Ihrer Mediathek erzeugt Genius dabei einen Genre-Mix (Klassik, Blues, Rock, Folk …), dessen Zusammenstellung von Ihnen ebensowenig beeinflusst werden kann wie die Reihenfolge der gespielten Songs. Wie beim Radio können Sie lediglich einen Sender wählen – hier also einen bestimmten Mix – und den Rest iTunes überlassen, das Sie mit zusammenpassender Musik eines Genres versorgt. So können Sie mit einem Mausklick etwa einen „Rock Mix" starten und müssen sich anschließend um gar nichts mehr kümmern. Der Genius-Mix läuft und läuft und läuft – bis Sie ihn abschalten.

Es ist allerdings möglich, den Namen eines Mix zu ändern (klicken Sie dazu in den Namen des entsprechenden Mix), einen Mix zu löschen (rechter Mausklick auf den Mix) oder die Reihenfolge der Mixe mit der Maus zu verschieben.

CDs/DVDs brennen

Sie können mit iTunes natürlich nicht nur Musik-CDs importieren, sondern auch brennen.

Video-DVDs können von iTunes weder importiert noch gebrannt werden.

Dazu legen Sie zuerst eine Wiedergabeliste mit den Titeln an, die Sie auf CD oder DVD bannen möchten, klicken die Liste mit der rechten Maustaste an und wählen anschließend **Wiedergabeliste auf Medium brennen**. Anschließend legen Sie fest, ob Sie eine **Audio-CD**, eine **MP3-CD** oder eine **Daten-CD oder -DVD** brennen möchten.

MP3-CD: Beim Brennen einer MP3-CD werden die Songs gegebenenfalls von iTunes intern nach MP3 konvertiert. Das funktioniert allerdings nur bei Musik ohne Kopierschutz.

Ping

Mit Ping versucht Apple auch im boomenden Markt der „sozialen Netzwerke" Fuß zu fassen. Mit Ping können Sie Freunde und Bekannte darüber informieren, welche Musik Sie hören, Sie können Songs bewerten oder kommentieren. Gleichzeitig sehen Sie, was Ihre Freunde so hören oder im iTunes Store kaufen und können auch hier Kommentare abgeben und mit ihnen über die Songs diskutieren. Außerdem stellen verschiedene Bands und Künstler Informationen über neue Alben oder Tourneen via Ping zur Verfügung.

Allerdings hat Ping einen Haken: Gibt es einen Song oder ein Album nicht im iTunes Store, können Sie diese Musik via Ping auch nicht bewerten oder kommentieren. Haben Sie also etwa eine CD importiert, die Apple nicht im iTunes Store anbietet, können Sie Ihren Freunden auch nicht via Ping mitteilen, ob Ihnen diese CD gefällt oder auch nicht.

Letztlich ist Ping weniger das von Apple beworbene „soziale Netzwerk für Musik" als vielmehr eine breite Zubringerstraße zum iTunes Store. Nicht umsonst steht der **Ping**-Eintrag in der Seitenleiste unter **Store**.

Um Ping zu nutzen, müssen Sie es einmalig aktivieren und einen Ping-Account anlegen. Das ist eine Sache weniger Mausklicks. Anschließend können Sie über die Ping-Taste, die iTunes bei jedem gewählten Song einblendet, den Song bewerten oder kommentieren.

Möchten Sie Ping nicht nutzen, lässt sich das Netzwerk auch komplett ausblenden. Wählen Sie dazu **iTunes (Bearbeiten) > Einstellungen > Kindersicherung** und dort unter **Deaktivieren** den Eintrag **Ping**.

Der Diskjockey von iTunes

Eine besondere Form der Wiedergabelisten ist **iTunes DJ**, dessen Name schon sagt, worum es geht. Damit wird Ihr Computer bei Ihrer nächsten Party zum automatischen Diskjockey, der für Musik und Stimmung sorgt (na gut, um die Stimmung müssen Sie sich selbst kümmern).

Dabei fischt iTunes aus Ihrer Musiksammlung eine zufällige Auswahl an Titeln und spielt diese ab. Und zwar so lange, bis Sie die Jukebox beenden. Anders als beim Genius-Mix haben Sie hier allerdings Einfluss auf die gewählten Stücke. Sie können die Quelle bestimmen, auf die der DJ zugreifen soll, Stücke aus der Liste entfernen oder die Reihenfolge ändern.

Und nicht nur das. Wenn Ihr Computer in einem WLAN ist, dann können Sie (oder Ihre Gäste) den automatischen DJ über Ihr iPad um bestimmte Songs bitten.

Remote: Um iTunes DJ via iPad und WLAN zu steuern, benötigen Sie das kostenlose Programm Remote von Apple. Das Programm finden Sie im App Store.

Titel von der Zufallsauswahl ausschließen

Bei der zufälligen Auswahl greift der iTunes DJ kreuz und quer auf Ihren Musikbestand zu. Dabei kann es natürlich passieren, dass zusammenhängende Stücke wie etwa Konzeptalben oder Klassik zerrissen werden. Um das zu verhindern, können Sie einzelne Stücke, Alben oder auch komplette Genres von der Zufallswahl ausschließen. Markieren Sie dafür den gewünschten Eintrag bzw. die Einträge, rufen Sie die Informationen auf und aktivieren Sie auf der Registerkarte **Optionen** den Punkt **Bei zufälliger Wiedergabe überspringen**.

Dateien aus iTunes exportieren und löschen

So einfach, wie Sie Musik und Videos in iTunes hineinbekommen, so einfach bekommen Sie sie auch wieder heraus. Markieren Sie dazu die gewünschten Titel und ziehen Sie sie auf den Schreibtisch. Fertig.

Um Dateien aus iTunes zu entfernen, markieren Sie die gewünschten Titel und drücken die Löschtaste. Es erscheint eine Sicherheitsabfrage, die Sie mit einem Klick auf **Entfernen** bestätigen. Anschließend werden Sie noch gefragt, ob die Titel weiterhin in der Mediathek enthalten bleiben sollen (dabei werden die entsprechenden Dateien zwar nicht mehr in iTunes angezeigt, bleiben aber auf der Festplatte und können später wieder hinzugefügt werden) oder ob Sie sie endgültig loswerden und in den Papierkorb befördern möchten.

Klingeltöne fürs iPad erstellen

Auch wenn die Tonauswahl für FaceTime-Anrufe beim iPad recht umfangreich ist, reicht Sie Ihnen vielleicht nicht aus. Kein Problem. Alles, was Sie brauchen, ist eine passende Klingeltondatei. Neue Klingeltöne importieren Sie nach iTunes, von wo aus sie beim nächsten Sync auf das iPad übertragen werden.

Der Haken: Klingeltöne liegen üblicherweise im MP3-Format vor. Das iPad benutzt hier allerdings das Format M4R. Glücklicherweise ist es kein Problem, MP3-Dateien iPad-gerecht zu konvertieren.

Zuerst stellen Sie unter **iTunes (Bearbeiten)** > **Einstellungen** > **Allgemein** sicher, dass Sie als Importformat AAC gewählt haben. Anschließend importieren Sie den MP3-Klingelton in iTunes. Markieren Sie die importierte Datei und wählen Sie **Erweitert** > **AAC-Version erstellen**.

Nun klicken Sie die neue AAC-Datei mit der rechten Maustaste an und wählen **Im Finder zeigen** (Mac) bzw. **In Windows Explorer zeigen** (Windows). Kopieren Sie die Datei auf den Desktop und löschen Sie die MP3- und die AAC-Version in iTunes.

Benennen Sie die AAC-Datei auf dem Desktop von „.m4a" in „.m4r" um und importieren Sie die Datei wieder in iTunes. Voilà: Der Klingelton wird korrekt als Klingelton erkannt und beim nächsten Sync auf das iPad übertragen.

Es ist auch möglich, aus Ihrer Musik in der iTunes-Mediathek Klingeltöne auszuschneiden (vorausgesetzt, es handelt sich um DRM-freie Stücke, also Songs ohne Kopierschutz).

Klicken Sie den gewünschten Song in iTunes mit der rechten Maustaste an und wählen Sie **Informationen**. Wechseln Sie zum Register **Optionen**. Hier können Sie mit **Starten bei** und **Stoppen bei** den Ausschnitt definieren, den Sie als Klingelton benutzen möchten. Achten Sie darauf, dass der Ausschnitt nicht länger als 40 Sekunden ist. Spielen Sie sich zur Kontrolle den gewählten Ausschnitt vor, indem Sie das Lied anklicken.

Wenn Sie mit dem Ausschnitt zufrieden sind, klicken Sie wieder mit der rechten Maustaste auf den Song und wählen **AAC Version erstellen**. Daraufhin erzeugt iTunes eine Datei in der Länge des Klingeltons. Lassen Sie sich diesen Winzling wieder im Finder (bzw. Explorer) zeigen und kopieren sie die Datei auf den Desktop. Benennen Sie die Dateiendung in „.m4r" um. Löschen Sie in iTunes die erstellte AAC-Datei und importieren Sie die M4R-Datei in iTunes.

B

MobileMe

Das ist MobileMe

Mit MobileMe bietet Apple einen Onlinedienst, mit dem Sie Ihre Adressen, Kontakte, Mails, Fotos, Videos und Daten via Internet verwalten und automatisch mit beliebig vielen Computern, iPhones, iPods und natürlich auch Ihrem iPad abgleichen können.

Da der Dienst über einen Browser zugänglich ist, ist es auch kein Problem, von jedem beliebigen Computer mit Internetzugang – etwa im Internet-Café, beim Kunden oder bei Freunden – auf die Daten zuzugreifen, um etwa einen Termin zu überprüfen, eine neue Adresse einzutragen oder rasch einen Blick in das Postfach zu werfen.

Ändern Sie auf einem Gerät oder via Webbrowser einen Eintrag, wird diese Änderung automatisch auch von allen anderen Geräten übernommen, auf denen Sie MobileMe eingerichtet haben.

Wenn Sie zum Beispiel unterwegs auf Ihrem iPad einen neuen Kontakt eintragen oder im Internet-Café einen Termin im Kalender ändern, dann wird diese Änderung übers Internet an MobileMe gesendet und von da aus an alle angemeldeten Geräte übertragen.

MobileMe bietet Ihnen verschiedene Dienste, die Sie via Internet nutzen und mit denen Sie Daten zwischen verschiedenen Computern und Ihrem iPad austauschen können.

Schalten Sie daheim Ihren Computer ein, nimmt dieser automatisch Kontakt zu MobileMe auf und gleicht den Datenbestand ab; die unterwegs vorgenommene Änderung wird also übernommen, ohne dass Sie sich darum kümmern müssten.

Auch die Lesezeichen in Ihrem Browser können Sie mit MobileMe zwischen verschiedenen Computern und Ihrem iPad abgleichen. Außerdem bietet Ihnen MobileMe eine Galerie, um Fotos oder Filme unkompliziert im Internet zu publizieren.

Falls Sie mit einem Mac arbeiten, können Sie schließlich Ihre Webseite mit iWeb erstellen und automatisch mit MobileMe im Internet veröffentlichen.

Für iPad- oder iPhone-Besitzer sind die Sicherheitsfunktionen von MobileMe interessant. Es ist zum Beispiel möglich, den Standort des iPads auf einer Karte zu orten, Meldungen auf das iPad zu schicken oder es via Internet komplett zu löschen. So lässt sich ein verlorenes oder gar gestohlenes Gerät orten und für den Finder oder Dieb unbrauchbar machen. Diese Funktionen von MobileMe stellt Apple auch kostenlos bereit (dazu mehr in Kapitel 14).

Insgesamt stellt Ihnen MobileMe 20 GB Speicherplatz zur Verfügung; wenn Sie mehr Platz benötigen, kaufen Sie sich einfach ein paar GB dazu.

MobileMe ausprobieren: MobileMe ist kostenpflichtig und schlägt mir rund 80 Euro im Jahr zu Buche. Doch keine Sorge, die ersten 60 Tage sind zum Testen da und kosten Sie nichts. Gefällt Ihnen MobileMe, lassen Sie den Vertrag einfach weiterlaufen. Gefällt Ihnen das System nicht, kündigen Sie innerhalb dieser 60 Tage. Einen Versuch ist MobileMe für iPad-Anwender auf jeden Fall wert – es gibt keinen komfortableren Weg, Adressen, Termine oder Mails zwischen Computer und iPad abzugleichen. Um MobileMe zu testen, rufen Sie im Browser die Adresse **www.apple.de/mobileme** auf und klicken auf den entsprechenden Link. Nach einem kurzen Anmeldeprozess können Sie MobileMe ausprobieren.

MobileMe auf dem iPad einrichten

Auf dem iPad richten Sie Ihren MobileMe-Account – wie jeden anderen Account auch – in den **Einstellungen** ein.

Rufen Sie dazu die **Einstellungen** auf und wählen Sie **Mail, Kontakte, Kalender**. Tippen Sie auf **Account hinzufügen** und anschließend auf das **MobileMe**-Symbol. Nun geben Sie den Mitgliedsnamen und Ihr Kennwort ein, alles andere übernimmt das iPad.

Anschließend legen Sie fest, welche Daten Sie zwischen dem MobileMe-Server im Internet und Ihrem iPad abgleichen möchten (Mail, Kontakte, Kalender, Lesezeichen) und können außerdem die Funktion Mein iPad suchen aktivieren (zu dieser Funktion weiter unten mehr).

Push: Damit das iPad die Daten automatisch mehr oder weniger in Echtzeit abgleicht, müssen Sie Push aktivieren. Das erledigen Sie unter **Einstellungen > Mail, Kontakte, Kalender > Datenabgleich**.

Daten in den Wolken

Als Symbol für MobileMe benutzt Apple eine Wolke, was ein Anspielung auf das Schlagwort vom „Cloud Computing" ist. Gemeint ist damit, dass Daten nicht mehr auf lokalen Festplatten, sondern im Internet gespeichert werden. Daten im Internet liegen natürlich auch auf einem bestimmten Laufwerk, das in einem bestimmten Server steckt, doch wo dieser Server physikalisch tatsächlich steht, spielt (zumindest technisch) keine große Rolle. Es ist auch möglich, dass zusammengehörige Daten auf verschiedenen Festplatten verschiedener Server gespeichert werden, also etwa der Anfang eines Dokuments auf dem einen, der Rest des Dokumentes auf einem anderen Rechner.

Da man beim Datentransport zwischen zwei Rechnern, die via Internet verbunden sind, nicht exakt angeben kann, wo die Daten tatsächlich liegen oder welchen Weg sie von A nach B nehmen, wird in Schaubildern, Präsentationen oder Diagrammen das Internet traditionell mit einer Wolke symbolisiert.

Mail

Zu Ihrem Account gehört eine E-Mail-Adresse, die aus Ihrem Benutzernamen und der Domain **@me.com** besteht. Dabei handelt es sich um ein IMAP-Konto, das Sie natürlich nicht nur mit Ihrem iPad, sondern mit jedem Mailprogramm wie etwa Mail, Outlook oder Thunderbird abrufen können. Zur Einrichtung Ihres Mailprogramms auf dem Computer benötigen Sie die folgenden Angaben:

- **Konto** Ihr Mitgliedsname bei MobileMe
- **Kennwort** Ihr MobileMe-Kennwort
- **IMAP-Server** mail.me.com
- **SMTP-Server** smtp.me.com (SSL, SMTP-Authentifikation)

Mail im Browser

Um Ihre MobileMe-Mails mit dem Webbrowser abzurufen, rufen Sie **www.me.com** auf und loggen sich mit Ihren Accountdaten ein. Standardmäßig zeigt Ihnen MobileMe beim ersten Aufruf Ihr Postfach.

In der Standardeinstellung Breitbild wird der Bildschirm in drei Spalten aufgeteilt. Links sehen Sie die Liste Ihrer Postfächer, in der zweiten Spalte den Inhalt des aktuell gewählten Postfachs und rechts die aktuell ausgewählte Mail. Über die Taste **Ansicht wechseln** lässt sich die Darstellung auch auf die übliche Dreiteilung oder eine kompakte Darstellung ohne Postfachleiste umschalten.

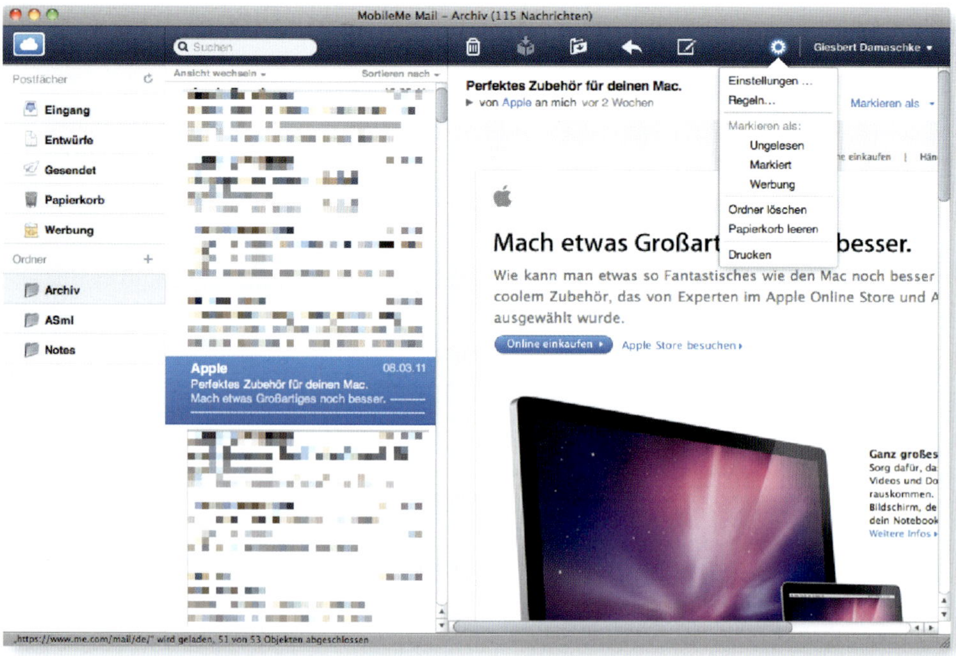

Auf Ihr Postfach bei MobileMe können Sie nicht nur mit Ihrem iPad oder einem Mailprogramm, sondern auch mit dem Browser (hier: Safari unter Mac OS X) zugreifen – ganz gleich, an welchem Computer Sie sitzen.

Über die Symbolleiste können Sie die Mail löschen, archivieren (dabei wird automatisch ein Postfach **Archiv** angelegt) oder in ein anderes Postfach verschieben. Mit der Pfeiltaste beantworten Sie die Mail oder leiten sie weiter. Das stilisierte Blatt Papier mit Stift ist das Symbol für eine neue Mail, das Zahnradsymbol bietet Ihnen Zugriff auf die Einstellungen von Mail und die Möglichkeit, Regeln anzulegen.

Die Kontakte

Wenn Sie Ihre Kontakte mit MobileMe verwalten, haben Sie sie auf jedem angeschlossenen Gerät jederzeit verfügbar – entweder über den Webbrowser oder weil die Daten mit Outlook oder dem Adressbuch auf dem Mac abgeglichen werden. Das iPad übernimmt alle Änderungen automatisch, sobald Sie Push aktiviert haben.

Kontakte im Browser

Um über den Browser einen Blick auf Ihren Kalender zu werfen, rufen Sie **www.me.com** auf, loggen sich ein und klicken auf das Wolkensymbol. Es wird ein Menü eingeblendet, in dem Sie das **Kontakte**-Symbol wählen.

Falls Sie mit dem Mac arbeiten, wird Ihnen die Aufteilung des Bildschirms vertraut sein. Andernfalls finden Sie sich rasch hinein. In der linken Spalte werden die einzelnen Gruppen angezeigt, in der Mittelspalte sehen Sie den Inhalt der gewählten Gruppe und rechts schließlich die Kontaktdaten des aktuell ausgewählten Eintrags.

Über die Symbolleiste legen Sie neue Einträge an, bearbeiten oder löschen sie. Das Zahnrad bietet Ihnen auch hier Zugriff auf bestimmte Aktionen wie den Export der Daten oder den Zugriff auf die Einstellungen der Kontakte.

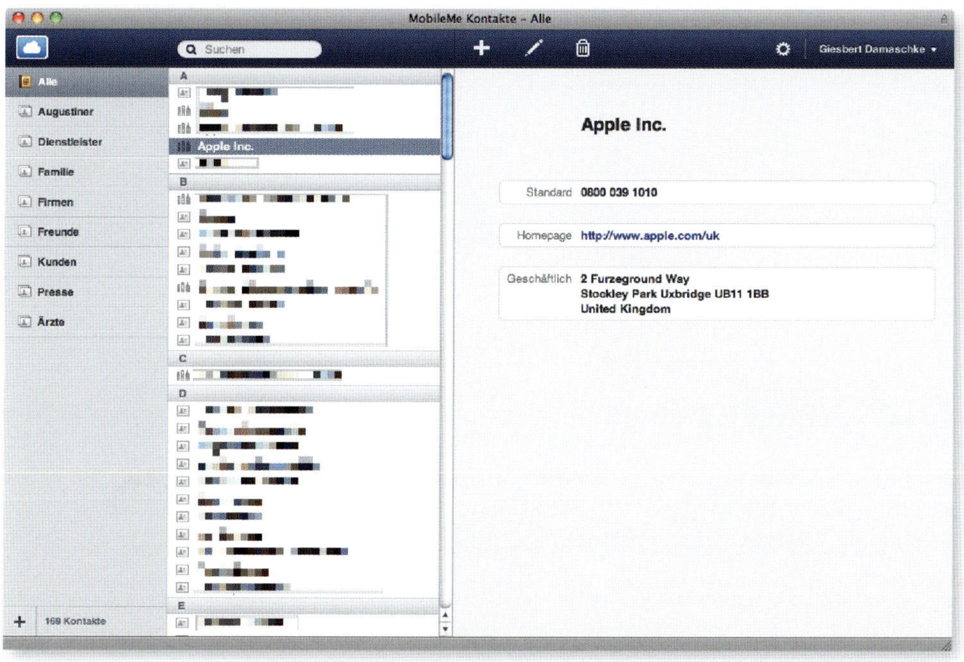

Mit MobileMe sind Ihre Kontakte im Netz, auf Ihrem Computer und natürlich auf Ihrem iPad immer aktuell.

Kalender

Auch Ihre Kalendereinträge lassen sich mit MobileMe zwischen verschiedenen Geräten abgleichen oder mit einem Webbrowser verwalten. Den Kalender erreichen Sie unter **www.me.com** mit einem Klick auf das Wolken- und anschließend auf das Datumssymbol.

In der linken Spalte sehen Sie die verschiedenen Kalender, darunter eine Monatsübersicht, die Sie mit einem Klick auf den stilisierten Kalender unten links ein- und ausblenden können.

Den größten Teil des Bildschirms nimmt natürlich der Kalender selbst ein. Über die Symbolleiste ändern Sie die Darstellung, das Zahnrad bietet Ihnen wieder Zugriff auf verschiedene Aktionen. Mit einem Doppelklick an eine freie Stelle des Kalenderblatts legen Sie einen neuen Eintrag an, entsprechend bearbeiten Sie einen Eintrag, indem Sie ihn doppelt anklicken.

Auch auf den Kalender haben Sie über den Browser jederzeit Zugriff.

Die Galerie

Möchten Sie Fotos oder Filme im Internet publizieren, wählen Sie unter **www.me.com** zuerst das Wolken- und anschließend das Bildersymbol. Damit öffnen Sie die Galerie, in der Sie Alben anlegen, die mit Knopfdruck im Internet zugänglich sind.

Damit Sie ein Foto von Ihrem Computer ins Internet hochladen können, müssen Sie zuerst ein Album anlegen. Dazu klicken Sie entweder auf das Pluszeichen unten links oder wählen das

Zahnrad und nun den Eintrag **Neues Album**. Hier legen Sie den Namen des Albums und die Zugriffsrechte Ihrer Besucher fest.

Obacht!

Alle Fotos, die Sie via MobileMe ins Internet hochladen, sind automatisch öffentlich, also für jedermann via Browser zugänglich. Wenn Sie das nicht möchten, müssen Sie die Sichtbarkeit eines Albums explizit ausschalten. Dazu aktivieren Sie den Punkt **Album auf meiner Web-Galerie-Seite ausblenden**.

In den Album-Einstellungen legen Sie fest, welche Zugriffsrechte ein Besucher Ihrer Web-Galerie hat.

Möchten Sie Einstellungen eines Albums nachträglich ändern, wählen Sie es in der Albenübersicht an und klicken anschließend auf die Reglertaste. Hier können Sie den Titel des Albums und die Zugriffsrechte anpassen. Möchten Sie das Album nachträglich ausblenden, aktivieren Sie den Punkt **Album auf meiner Web-Galerie Seite ausblenden**.

Um Fotos oder Videos in ein Album zu laden, markieren Sie das gewünschte Album und klicken auf den Pfeil in der Symbolleiste von MobileMe. Es wird ein Dialog eingeblendet, über den Sie Fotos auf Ihrer Festplatte auswählen und anschließend mit Mausklick auf den MobileMe-Server laden können.

Fotos und Videos lassen sich über MobileMe kinderleicht im Internet publizieren und von jedem Computer aus abrufen – natürlich auch vom iPad aus.

Die Fotos in einem Album lassen sich drehen, benennen und natürlich auch löschen. Dazu öffnen Sie ein Album mit einem Doppelklick, wählen das gewünschte Foto aus und klicken auf das Zahnradsymbol rechts. Die Reihenfolge der Bilder legen Sie mit der Maus fest – ziehen Sie ein Bild einfach an die gewünschte Position.

Ihre veröffentlichten Alben sind im Internet unter der Adresse **gallery.me.com/(Ihr Mitgliedsname)**, also etwa unter **gallery.me.com/giesbert** zu erreichen.

Die Galerie auf dem iPad: Mit der kostenlosen App „MobileMe Galerie" haben Sie unterwegs auch mit dem iPad Zugriff auf die Galerie, können Bilder und Alben betrachten und Freigaben regeln. Wie Sie Fotos und Videos vom iPad aus in Ihren MobileMe-Alben publizieren, wird in Kapitel 9 erläutert.

iDisk

Mit der iDisk bietet Ihnen MobileMe eine Festplatte im Internet, die Sie genau so benutzen können wie eine Festplatte, die Sie mit Ihrem Computer verbunden haben. Mit dem großen Unterschied, dass Sie auf Ihre iDisk jederzeit zugreifen können, auf Ihre lokale Festplatte jedoch nur von Ihrem Computer aus.

Die iDisk im Browser

Der komfortabelste Zugriff auf iDisk erfolgt über den Browser. Wählen Sie dazu **www.me.com** und melden Sie sich an. Klicken Sie auf das Wolkensymbol oben links und wählen Sie anschließend das iDisk-Symbol, das ebenfalls eine Wolke zeigt.

Über die beiden Pfeile in der Symbolleiste laden Sie Dateien vom Computer auf Ihre iDisk bzw. von Ihrer iDisk auf den Computer. Einen neuen Ordner legen Sie über das Zahnradsymbol an.

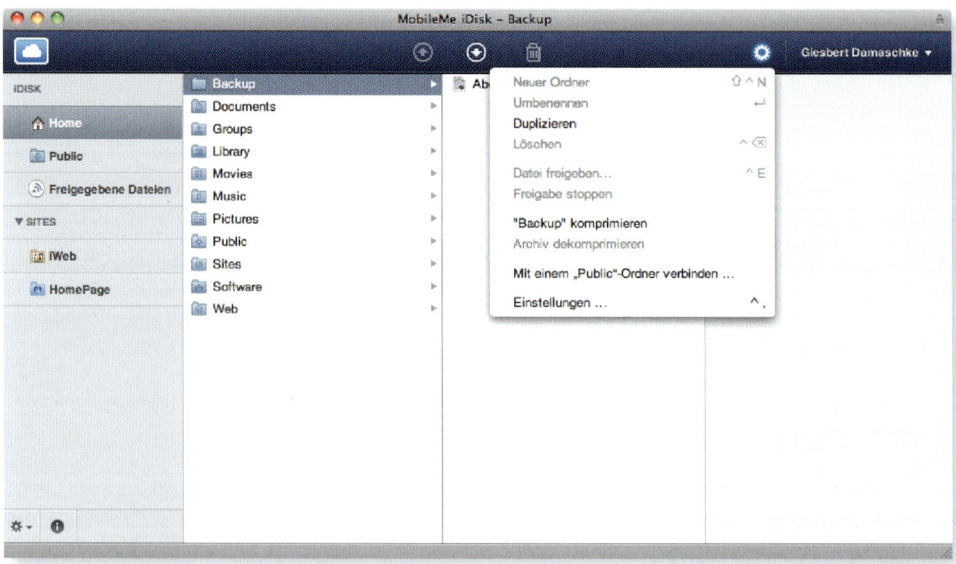

Die iDisk von MobileMe ist eine Festplatte im Internet, auf die Sie via Browser oder Computer zugreifen können.

Freigaben

Alle Dateien, die Sie im Ordner Public ablegen, sind automatisch für jedermann im Internet zugänglich. Ihr Public-Verzeichnis erreichen Sie über die Adresse **http://public.me.com/(Ihr Mitgliedsname)**, also zum Beispiel unter **http://public.me.com/giesbert**.

Sie können Ihren Public-Ordner aber auch mit einem Kennwort versehen und so ungebetene Besucher aussperren. Klicken Sie dazu auf das Zahnradsymbol und aktivieren Sie dort den Punkt **Kennwortschutz Ihres „Public"-Ordners**.

Sie können auch gezielt einzelne Dateien für den externen Zugriff freigeben, die nicht im **Public**-Ordner liegen. Markieren Sie die gewünschte Datei, klicken Sie auf das Zahnradsymbol und wählen Sie Datei freigeben. Im folgenden Dialog finden Sie den Link, unter dem die Datei erreichbar ist. Hier legen Sie auch fest, ob die Freigabe mit einem Kennwort versehen werden soll und wie lange sie gültig ist. Außerdem können Sie einen Bekannten per E-Mail über die Freigabe informieren. Der Empfänger muss dann nur noch auf den Link in der E-Mail klicken, um die Datei auf seinen Rechner zu laden.

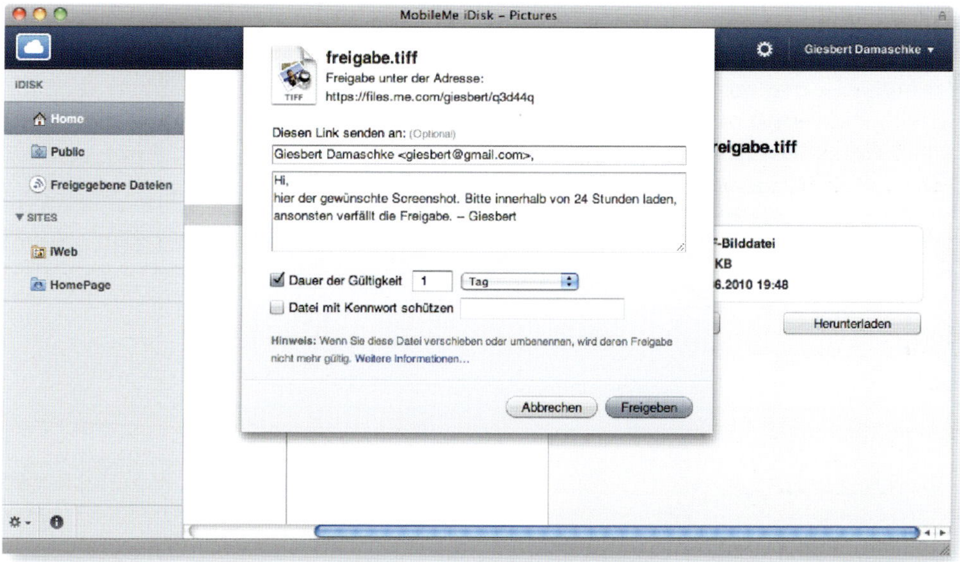

Dateien auf Ihrer iDisk lassen sich gezielt freigeben, um sie für Freunde und Bekannte via Internet zugänglich zu machen.

Die iDisk am Computer

Um die iDisk wie ein normales Laufwerk anzusprechen, müssen Sie sie lediglich als Netzlaufwerk einbinden. Beim Mac ist der iDisk-Zugriff bereits integriert. Klicken Sie dazu im Finder unter **Geräte** auf das iDisk-Symbol und geben Sie die Zugangsdaten Ihres MobileMe-Accounts ein. Falls das Symbol nicht angezeigt wird, blenden Sie es über **Finder > Einstellungen > Seitenleiste** ein.

Unter Windows 7 ist die Sache ein klein wenig komplizierter:

1. Öffnen Sie mit einem Klick auf das Windows-Symbol das Startmenü und wählen Sie **Computer**.
2. Klicken Sie in der Menüleiste auf den Punkt **Netzlaufwerk verbinden**. Sollte dieser Punkt nicht angezeigt werden, drücken Sie die [Alt]-Taste. Es wird eine weitere Menüleiste eingeblendet, in der Sie den Punkt **Extras > Netzlaufwerk verbinden** wählen.

3. Suchen Sie sich einen Laufwerksbuchstaben aus, unter dem die iDisk im Windows-Explorer angezeigt werden soll.

4. Geben Sie im Feld **Ordner** die Adresse der iDisk ein: **http://idisk.me.com/(Ihr Mitgliedsname)**, also zum Beispiel **http://idisk.me.com/giesbert**.

5. Nach einem Klick auf **Fertig stellen** verbindet Windows 7 Sie mit Ihrer iDisk, wo Sie sich mit Ihrem Kennwort anmelden.

6. Anschließend taucht die iDisk wie ein normales Laufwerk im Windows-Explorer auf.

Mit Windows 7 wird iDisk als Netzlaufwerk eingebunden und kann anschließend wie eine normale Festplatte benutzt werden.

iDisk auf dem iPad: Um auf iDisk via iPad zuzugreifen, installieren Sie die App „MobileMe iDisk", die Sie kostenlos aus dem App Store laden können. Damit können Sie Dateien herunterladen und auf dem iPad betrachten (allerdings nicht bearbeiten) und die Dateifreigaben regeln. Es ist also möglich, über iDisk unterwegs auf dem iPad ein Dokument zu laden und zu lesen oder eine Datei für andere freizugeben. Heruntergeladene Dateien werden auf dem iPad gespeichert und sind auch dann zugänglich, wenn Sie offline sind. Wieviel Speicherplatz die App dafür reservieren soll, legen Sie in den Einstellungen der iDisk-App fest.

Mein iPad suchen

Wenn Sie in den Einstellungen des MobileMe-Accounts auf Ihrem iPad die Funktion **Mein iPad suchen** aktivieren, können Sie über MobileMe mit jedem Webbrowser den Standort des iPads ausfindig machen.

Loggen Sie sich dazu unter **www.me.com** ein, klicken Sie oben links auf die Wolke und anschließend auf das Symbol **Mein iPhone suchen** (lassen Sie sich von dem Namen nicht irritieren, damit finden Sie auch Ihr iPad). Um Zugriff auf diese Funktion zu bekommen, müssen Sie sich sicherheitshalber erneut mit Ihrem Kennwort ausweisen.

Suchen für alle: Mit iOS 4.2.1 hat Apple „Mein iPhone suchen" für alle Besitzer von iPad, iPhone und iPod touch kostenlos verfügbar gemacht. Wie Sie diese Funktion einrichten, erfahren Sie in Kapitel 14.

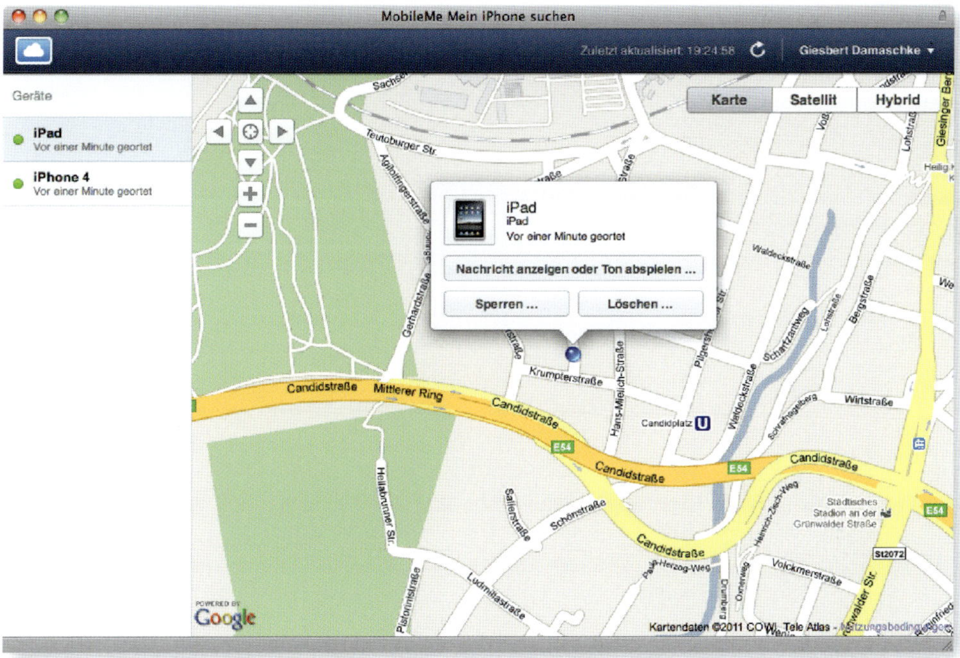

Haben Sie **Mein iPad suchen** auf dem iPad aktiviert, können Sie Ihr iPad auf einer Karte orten, mit einer (neuen) Code-Sperre versehen oder auch komplett fernlöschen.

Hier haben Sie nun folgende Möglichkeiten:

- **Das iPad orten** Falls Sie Ihr iPad einmal vermissen, können Sie es orten und den aktuellen Standort auf einer Karte anzeigen lassen.
- **Nachricht anzeigen oder Ton abspielen** Schicken Sie über das Webinterface einen Nachricht an den (hoffentlich) ehrlichen Finder oder lassen Sie das iPad einen Ton abspielen, der Ton selbst dann abgespielt wird, wenn das iPad stumm geschaltet wurde.
- **Sperren** Über MobileMe lässt sich die Code-Sperre des iPads aktivieren oder neu festlegen. Diese Funktion ist auch dann ganz praktisch, wenn Sie Ihre Code-Sperre vergessen haben. In diesem Fall legen Sie über den Webbrowser und MobileMe einfach einen neuen Code fest.
- **Löschen** Wenn Ihnen Ihr iPad abhanden gekommen ist und Sie vermuten, dass es gestohlen wurde, können Sie über diese Funktion eine Fernlöschung („Remote Wipe") durchführen. Sobald das iPad eingeschaltet wird und online ist, löscht es sich automatisch und muss anschließend neu installiert werden. Achtung: Dieser Vorgang kann weder aufgehalten noch rückgängig gemacht werden.

„Mein iPhone suchen" auf dem iPad: Apple bietet die Funktionalität von „Mein iPhone suchen" mit der kostenlosen, gleichnamigen App auch fürs iPad an. Das klingt auf Anhieb ein wenig widersinnig – was hilft Ihnen schließlich eine App zum Orten Ihres iPads, wenn Sie just Ihr iPad suchen? Sinnvoll wird diese App allerdings, wenn Sie zwei oder mehr iOS-Geräte besitzen, also zum Beispiel ein iPhone, einen iPod touch und ein iPad. Die App lässt sich auf allen diesen Geräten installieren und hilft dabei, die jeweils anderen Geräte zu lokalisieren.

Index

F

G

H

I

N

O

P

R

S

T

U

V

W

Y

Z